U0922124

漢語史學報

第十九輯

浙江大學漢語史研究中心編

上海教育出版社

目　録

“中古漢語青年學者十人談”專欄

佛教語“叉手”“合掌”“合十”流變考 …… 顧滿林(1)

旁指代詞“他、異、餘／别”歷時更替考 …… 胡　波(19)

從于闐文對音材料看中古漢語西北音日母的發展

——兼論于闐文獻下加小勾的功能 …… 李建强(31)

六朝石刻殘損字形例釋 …… 梁春勝(44)

“數＋量＋名”格式的形成機制芻議 …… 梁銀峰(54)

名量詞的構式化和構式變化 …… 劉文正　封景文　吴舟舟(66)

語言接觸對中古漢譯佛經詞彙的多層級影響 …… 邱　冰(86)

中古譯經異文所反映的“一詞多形”現象 …… 真大成(96)

試論《無上秘要》與中古漢語詞彙研究 …… 周作明(114)

南部吴語人稱代詞複數標記來源類型新探

——從浦江(虞宅)方言的人稱代詞談起 …… 盛益民　毛　浩(125)

《説文》聲系、《廣韻聲系》與古文字聲系合證

——以見類爲例 …… 葉玉英(137)

論南部吴語入聲的演變 …… 施　俊(146)

古代漢語詞彙中的語義參項及其歷時變化 …… 董秀芳(157)

“液體沸騰”義動詞“沸”“滚”“開”之歷時演變研究 …… 張美蘭　周瀅照(169)

論出土文獻在漢語語法史研究中的價值 …… 龍國富　范曉露(180)

《金剛經》複合詞翻譯對等完整度的譯者差異 …… 王繼紅(188)

《南海寄歸内法傳》“分别”考 …… 譚代龍(206)

釋睡虎地秦簡《日書甲種・盜者》中的“疵在舌” …… 姚明輝(212)

漢代文賦校釋拾零 …… 郜同麟(214)

敦煌雜字書疑難字詞輯釋 …… 孫幼莉(220)

聯綿詞研究的回顧與展望 …… 付建榮(226)

研究生論壇

《新刻增校切用正音鄉談雜字大全》疑難詞語考釋三則 …………………………… 張　瑩(237)
《蒼頡篇》"發傳約載"補論 ………………………………………………… 岳曉峰　徐　今(244)
《飛跎全傳》詞語瑣記 ………………………………………………………………… 曹　嫄(247)

編者的話 ……………………………………………………………………………………… (253)
《漢語史學報》稿約 ………………………………………………………………………… (254)

佛教語“叉手”“合掌”“合十”流變考*

顧滿林

内容提要　佛教合手禮敬的手勢“āñjalī”，東漢佛經譯爲“叉手”，東晉十六國譯爲“合掌”，連用作“叉手合掌”“合掌叉手”。以原典用語爲依據，出現“合掌”的擴展形式“合指掌”“合爪掌”“合十指掌”“合十爪掌”“合十指爪掌”“合十爪指掌”等13種。从元代起，縮略形式“合十”日漸通行，“雙手合十”在清末民初産生，通行至今，甚至回流到現代佛經譯文。“叉手”借用漢語原有形式，“合掌”“合十”則是新創詞語。隨着時間的推移，漢語對佛教同一個禮敬手勢的表述用語再三改變。

關鍵詞　佛教　叉手　合掌　合十

一　佛經“叉手”“合掌”的消長

(一)最早的漢譯佛經用“叉手”

佛教傳入漢地以來，表示合手禮敬的“叉手”大量用於佛經譯文。東漢佛經即有32例，五個譯人(團體)均各有用例，安世高5例、支讖19例、安玄1例、支曜2例、康孟詳5例。

(1)世間亦天上皆叉手禮佛，是故持頭面爲禮佛。(東漢·安世高譯《道地經》，大正藏15-230c12)①

(2)薩陀波倫菩薩叉手仰向視化佛……見已大歡欣，叉手白化佛言。(東漢·支讖譯《道行般若經》卷九，大正藏8-471b19)

(3)於是甚理家以見大衆理家集會坐定，避坐而起，整衣服稽首長跪，叉手白言。(東漢·安玄譯《法鏡經》，大正藏12-15b17)

(4)侍者阿難整服避坐，叉手啟曰:“佛未嘗虚欣笑，笑必有故，唯願敷演，散告未聞。”(東漢·支曜譯《佛説成具光明定意經》，大正藏15-455b11)

(5)於是目揵連即從座起，前整衣服，長跪叉手白佛言:“唯然世尊，今當承佛威神，持佛神力，爲一切故，當廣説之。”(東漢·竺大力共康孟詳譯《修行本起經》卷上，大正藏3-461b2)

(6)詣門下車，叉手直進，禮拜陳情，却坐男位。(東漢·曇果共康孟詳譯《中本起經》卷下，大正藏4-161c10)

---

* 基金項目:國家社科基金項目“早期漢譯佛經一詞多譯比較研究”(17BYY062);四川大學中央高校基本科研業務費研究專項(哲學社會科學)項目(編號SKJ201001)。

① 本文引用《大正藏》時，標明例句所在册數、頁碼、欄次、列次。

其後,三國、兩晉譯經中"叉手"一直沿用不衰。三國譯經可以確考的有 72 例,其中康僧會 16 例、支謙 56 例。西晉譯經有 326 例,其中竺法護 287 例、無羅叉竺叔蘭 11 例、法炬法立 24 例、聶承遠 4 例。

東晉十六國時期的佛經譯文中"叉手"同樣常用,共有 382 例。其中佛陀跋陀羅 13 例、僧伽提婆 143 例、法顯 3 例(均作"叉手合掌",其中 2 例共佛陀跋陀羅)、佛馱耶舍 29 例、僧伽跋澄 11 例、曇摩難提 40 例、曇無讖 32 例、法衆 3 例(叉手合掌 3)、竺佛念 93 例、鳩摩羅什 15 例。

南北朝以來的佛經"叉手"得到沿用,不再贅述。《大正藏》共有"叉手"1656 例,其中譯經 1349 例,中土佛教撰述 307 例。

(二)東晉十六國新創"合掌""合手"

竺法護譯經中有 2 例"合掌",可能是最早的用例①。

(7)天在虛空皆共叉手合掌歎曰:"今日降魔及官屬力,乃逮甘露無上正真。"(西晉·竺法護譯《普曜經》卷五,大正藏 3-515a10)②

(8)爾時阿難從座而起,稽首禮足,長跪合掌白佛言。(西晉·竺法護譯《佛説㮈女祇域因緣經》,大正藏 14-902a18)

但是,竺法護譯經使用"叉手"多達 287 例。這僅有的 2 例"合掌"(含"叉手合掌"1 例)是否確爲竺法護用語,還有待進一步考證③。

"合掌"真正得到大量使用,是從東晉十六國開始,此期譯經共計有"合掌"877 例。使用"合掌"次數從多到少依次是:鳩摩羅什 240 例,佛陀跋陀羅 218 例(其中 78 例共法顯),佛馱耶舍 187 例,曇無讖 182 例,竺佛念 28 例,法衆 14 例,浮陀跋摩共道泰 4 例,曇摩難提 3 例,道龔 1 例。玆每位譯人各舉一例。

(9)爾時舍利弗踴躍歡喜,即起合掌,瞻仰尊顔,而白佛言。(後秦·鳩摩羅什譯《妙法蓮華經》卷二,大正藏 9-10b29)

(10)爾時善財讚歎樓觀諸菩薩已,合掌恭敬供養;禮訖,於門下立,欲見彌勒菩薩。(東晉·佛馱跋陀羅譯《大方廣佛華嚴經》卷五十八,大正藏 9-772a16)

(11)時尊者阿難從坐起,偏袒右肩,胡跪合掌,白佛言。(東晉·佛陀跋陀羅共法顯譯《摩訶僧祇律》卷二十七,大正藏 22-447b14)

(12)時沓婆摩羅子聞世尊教已,即從坐起,偏露右臂,右膝著地,合掌白佛言。(姚秦·佛陀耶舍共竺佛念等譯《四分律》卷四,大正藏 22-588a15)

(13)爾時十千人聞是偈已,心生歡喜,即起合掌,前禮佛足。(北涼·曇無讖譯《悲

① "合掌"見於一些舊題三國吴支謙譯經,《菩薩本緣經》有"合掌"3 例,《撰集百緣經》有"合掌"10 例,這些佛經的譯出年代和真正譯者有待進一步確考。另外,舊題三國魏康僧鎧《大寶積經·郁伽長者會》中也有 1 例。本文將之一併歸入失譯經用例。

② 此例句中"叉手合掌"在《大正藏》校記中各本無異文,《高麗藏》(16-680 上 5)、《中華藏》(15-423 上 5)也無版本異文。

③ 另外,舊題西晉燉煌三藏譯經中也有 1 例。

華經》卷四,大正藏 3-193c9)

(14)爾時指鬘賊即以劍楯頭上,指鬘投於深澗,叉手合掌,向如來懺悔。(姚秦・竺佛念譯《出曜經》卷十七,大正藏 4-703c21)

(15)爾時華聚菩薩即從座起,偏袒右肩,右膝著地,恭敬合掌,而白佛言。(北涼・法衆譯《大方等陀羅尼經夢行分》卷三,大正藏 21-653c14)

(16)爾時長老摩勒迦子在會中坐,即從座起,偏袒右肩,合掌向佛,而白佛言。(北涼・浮陀跋摩共道泰等譯《阿毘曇毘婆沙論》卷二十七,大正藏 28-197a9)

(17)若比丘欲授清信士、女戒時,教使露臂,叉手合掌,教稱姓名,歸佛、法、衆。(苻秦曇摩難提譯、東晉僧伽提婆定《增壹阿含經》卷二十,大正藏 2-649c27)

(18)畜糞掃衣比丘若入禪定,釋梵四天王長跪合掌,頭面作禮,況餘小天。(北涼・道龔譯《大寶積經》卷一百一十四,大正藏 11-647a7)

此後,"合掌"一語在歷代譯經中廣受歡迎,《大正藏》共有"合掌"7266 例,其中譯經用例 5681 次,中土佛教撰述用例 1585 次。

鳩摩羅什不但力推"合掌"最爲突出,還新創了"合手",與"叉手""合掌"意同,他名下的譯文使用了 20 次。其中《摩訶般若波羅蜜經》2 例,《十誦律》5 例(實由卑摩羅叉續譯),《大智度論》13 例。同期及後代譯人使用"合手"總共僅寥寥三五例。

(19)是女人從座起,偏袒右肩,右膝著地,合手白佛言……爾時阿難從座起,右膝著地,合手白佛。(後秦・鳩摩羅什譯《摩訶般若波羅蜜經》卷十八,大正藏 8-349b20～c2)

(20)長老三菩伽起,合手向上座薩婆伽羅波梨婆羅如是言:"大德上座,鹽浄實浄不?"(後秦・卑摩羅叉續譯《十誦律》卷六十,大正藏 23-455c25)

(21)是時長老阿難一心合手,向佛涅盤方,如是説言。(後秦・鳩摩羅什譯《大智度論》卷二,大正藏 25-69b10)

(三)梵漢對勘材料中的"叉手"與"合掌"

汪禕《從同經異譯看"叉手"一詞的確義》證明"叉手"義同"合掌",主要例子爲西晉竺法護和姚秦鳩摩羅什兩位高僧的 5 組同經異譯的材料。

本文借助朱慶之先生《梵漢對勘雙語語料庫》已公布的資料,在兩部《法華經》對勘語料庫中找到可以證明"叉手"與"合掌"對應同一個梵語詞的 3 組同經異譯材料。

kṛtāñjalī(法華經語料庫:序號 1-71)

(22a)高妙之士,志平等句,向諸導師,恭敬叉手,心懷踴躍,歌詠佛德,以數千偈,歎人中王。(西晉・竺法護譯《正法華經》卷一,大正藏 9-64c15)

(22b)又見菩薩,安禪合掌,以千萬偈,贊諸法王。(後秦・鳩摩羅什譯《妙法蓮華經》卷一,大正藏 9-3a23)

kṛtāñjalī(法華經語料庫:序號 1-190)

(23a)諸懷道意,悉叉手歸。導利世者,今者分别,當雨法雨,柔軟法教,普潤飽滿,履道意者。(西晉・竺法護譯《正法華經》卷一,大正藏 9-67c23)

(23b)諸人今當知,合掌一心待,佛當雨法雨,充足求道者。(後秦・鳩摩羅什譯《妙法蓮華經》卷一,大正藏 9-5b20)

tenāñjaliṃ(法華經語料庫:序號 4-1)

(24a)於是賢者須菩提、迦旃延、大迦葉、大目揵連等,聽演大法,得未曾有,本所未聞;而見世尊授舍利弗決,當得無上正真之道,驚喜踴躍,咸從坐起,進詣佛前,偏袒右肩,禮畢叉手,瞻順尊顏,内自思省,心體熙怡,支節和懌,悲喜並集,白世尊曰。(西晉・竺法護譯《正法華經》卷三,大正藏 9-80a9)

(24b)爾時慧命須菩提、摩訶迦旃延、摩訶迦葉、摩訶目犍連,從佛所聞未曾有法,世尊授舍利弗阿耨多羅三藐三菩提記,發稀有心,歡喜踴躍,即從座起,整衣服偏袒右肩,右膝著地,一心合掌,曲躬恭敬,瞻仰尊顏,而白佛言。(後秦・鳩摩羅什譯《妙法蓮華經》卷二,大正藏 9-16b12)

當然,並不是二經所有的"叉手""合掌"都能一一對應,或許是由於二經詳略各異,或許是二經所用底本原已有别。

根據有限的材料,可以確認"叉手""合掌"均對應梵語 āñjali;竺法護偏好用"叉手",鳩摩羅什偏好用"合掌",個人用語風格之别正好展示了時代差異。

(四)"叉手""合掌"的並存與更替

對比"叉手""合掌"在不同時期漢譯佛經中的使用情況,可以清楚地看到二者用例分布的時代差異。以《大正藏》爲依據,南朝梁僧祐《出三藏記集》以前的漢譯佛經中"叉手""合掌"統計數據列表如下(斜體加粗表示確切年代待考的用例)。

時代	譯人	叉手	合掌	同期二者比例
東漢	安世高	5	0	
	支讖	19	0	
	安玄	1	0	32:0
	支曜	2	0	
	康孟詳	5	0	
三國	康僧會	16	0	72:0
	支謙	56	0	
西晉	竺法護	287	***2***	
	無羅叉竺叔蘭	11	0	
	法炬法立	24	0	326:***3***
	聶承遠	4	0	
	燉煌三藏	0	***1***	
東晉十六國	佛陀跋陀羅	13	218(其中 78 共法顯)	
	僧伽提婆	143	0	
	法顯	3	(另共佛陀跋陀羅 78)	
	佛馱耶舍	29	187	
	僧伽跋澄	11	0	
	曇摩難提	40	3	382:877
	曇無讖	32	182	
	法衆	3	14	
	竺佛念	93	28	
	鳩摩羅什	15	240	

時代	譯人	叉手	合掌	同期二者比例
南北朝	浮陀跋摩共道泰	0	4	
	道襲	0	1	
	吉迦夜	0	14	
	慧覺	11	34	
	佛馱什	2	32	
	僧伽跋摩	0	2	
	功德直	0	12	
	寶雲	30	1	
	曇摩密多	1	12	
	曇無竭	0	4	61：262
	智嚴寶雲	0	17	
	求那跋摩	1	5	
	求那跋陀羅	1	119	
	沮渠京聲	2	5	
	僧伽跋陀羅	12	4	
	曇摩伽陀耶舍	0	1	
	求那毘地	1	0	
早期失譯經		***274***	***186***	***274：186***
合計		1147	1157	1147：1328

迄至《出三藏記集》時代，“叉手”“合掌”用例數之比爲 1147：1328。《大正藏》全文“叉手”共有 1656 例，“合掌”共有 7266 例；其中歷代譯經“叉手”“合掌”用例數之比爲 1349：5681，也就是説《出三藏記集》之後譯經“叉手”只有 202 例，“合掌”則多達 4353 例。此外，歷代中土佛教撰述“叉手”“合掌”用例數之比爲 307：1585。

簡言之，“合掌”大有後來居上之勢，在佛經譯文和中土佛教撰述中均如此①。

就“叉手”“合掌”的使用情況，可以推測，《出三藏記集》以前早期失譯經的語言面貌總體上介於兩晉之間，且更接近於東晉十六國時期。

(五)連用形式“叉手合掌”與“合掌叉手”

佛經譯文中，“叉手”“合掌”有連用的情況。《大正藏》中二者連用 173 次，其中“叉手合掌”有 141 例(譯經 131 例、中土撰述 10 例)，“合掌叉手”有 32 例(譯經 22 例、中土撰述 10 例)。

“叉手合掌”在《出三藏記集》以前的譯經中出現 65 例，其中西晉 1 例，東晉十六國 43 例，南北朝譯經 6 例，失譯經 15 例。此期使用“叉手合掌”的譯人有：竺法護 1 例，佛陀跋陀羅 1 例、法顯 3 例、佛馱耶舍(共竺佛念)6 例、曇摩難提 2 例、曇無讖 4 例、法衆 3 例、竺佛念 22 例、鳩摩羅什 2 例，慧覺 1 例、佛陀什 1 例、寶雲 1 例、曇無蜜多 1 例、求那跋陀羅 1 例、沮渠京聲 1 例。茲每位譯人各舉一例(竺法護例句已見上文 1.2 小節)。

(25)十方諸佛住立空中，叉手合掌贊言。(東晉・佛陀跋陀羅譯《佛説觀佛三昧海

① 唐代黄滔《華嚴寺開山始祖碑銘》：“乾寧二年，忝登甲科，東還薦造金地，歲週二紀，膠掌而拜影堂，腹槁而銘遺美。”此中“膠掌”義同“合掌”，目前僅發現此孤例。感謝譚代龍教授惠示。

經》卷八，大正藏 15-690b6）

(26)純陀長者及諸眷屬，歡喜踴躍亦復如是，五體投地叉手合掌，以偈頌曰。（東晉·法顯譯《佛説大般泥洹經》卷一，大正藏 12-858b6）

(27)淫女見之慚愧，裸身蹲住，即疾疾取衣著已，叉手合掌，仰面空中向阿那律言："懺悔！懺悔！"如是至三。（姚秦·佛陀耶舍共竺佛念等譯《四分律》卷十一，大正藏 22-637c7）

(28)爾時王波斯匿右膝著地，叉手合掌而向世尊，作是説。（苻秦曇摩難提譯、東晉僧伽提婆定《增壹阿含經》卷六，大正藏 2-572c18）

(29)爾時有百千無量億那由他夜叉等，叉手合掌作如是言。（北涼·曇無讖譯《悲華經》卷二，大正藏 3-179c23）

(30)見諸魔王叉手合掌，恭敬圍遶華聚菩薩。（北涼·法衆《大方等陀羅尼經》卷一，大正藏 21-644c17）

(31)有異比丘即從坐起，偏露右臂，叉手合掌，前白佛言。（姚秦·竺佛念譯《出曜經》卷十一，大正藏 4-666a11）

(32)是優婆塞遥見長老羅云來，見已著衣在一面立，叉手合掌向長老羅云。（後秦·弗若多羅共羅什譯《十誦律》卷五十，大正藏 23-368c12）

(33)阿難長跪，叉手合掌，前白佛言。（元魏·慧覺等譯《賢愚經》卷六，大正藏 4-396c29）

(34)種種美食，手自下之，食畢行水，叉手合掌，在一面立。（南朝宋·佛陀什共竺道生等譯《五分律》卷五，大正藏 22-32c4）

(35)浄居天上，諸清浄天，叉手合掌，如未敷藕，齋敬曲躬，永歎菩薩。（南朝宋·寶雲譯《佛本行經》卷一，大正藏 4-59b13）

(36)尊者阿難即從座起，整衣服叉手合掌，遶佛三匝，爲佛作禮。（南朝宋·曇無蜜多譯《佛説觀普賢菩薩行法經》，大正藏 9-389b29）

(37)爾時白浄王叉手合掌，禮諸天神，前抱太子，置於七寶象輿之上。（南朝宋·求那跋陀羅譯《過去現在因果經》卷一，大正藏 3-626a12）

(38)即從座起整衣服，叉手合掌，住立佛前。（南朝宋·沮渠京聲譯《佛説觀彌勒菩薩上生兜率天經》，大正藏 38-286a22）

"合掌叉手"在《出三藏記集》以前的譯經中出現 18 例，佛陀跋陀羅 6 例、曇無讖 1 例、竺佛念 5 例，這 12 例都見於東晉十六國譯經，另外失譯經 6 例。兹每位譯人各舉一例。

(39)時諸小龍合掌叉手，勸請世尊，還入窟中。（東晉·佛陀跋陀羅譯《佛説觀佛三昧海經》卷七，大正藏 15-681a26）

(40)爾時現力菩薩悲泣涕淚，在梵志前頭面作禮，合掌叉手説偈贊言。（北涼·曇無讖譯《悲華經》卷七，大正藏 3-214b13）

(41)爾時彌勒菩薩即從坐起，偏露右臂，右膝著地，合掌叉手，前白佛言。（後秦·竺佛念譯《中陰經》卷上，大正藏 12-1059a29）

"叉手合掌"及"合掌叉手"的使用，是新譯語"合掌"逐漸取代舊譯語"叉手"過程中出現的一種特殊共存現象。"叉手合掌"及"合掌叉手"既强調了該動作的姿勢是"合掌"，又突出了其禮敬含義同於"叉手"；新舊譯語並存甚至並列出現，有助於讀者認識了解其含義。

二 “合掌”擴展形式及“合十～～”系列用語

(一)“合指掌”“合爪掌”“合手爪指”

在“叉手”與“合掌”並存、連用又逐漸被“合掌”取代的過程中,與之同義的用語又出現了不少的多音節形式,有“合指掌”“合爪掌”“合手爪指”等。

(42)今合掌向佛,是我最後時,佛説三不堅,貿易於堅法。我今合指掌,用易堅牢法,如似融石山,求取於真金。(姚秦·鳩摩羅什譯《大莊嚴論經》卷五,大正藏 4-284a8)

(43)或合爪掌,涕淚交流,而復號哭。(隋·闍那崛多《四童子三昧經》卷上,大正藏 12-930c8)

(44)或於餘時,得諸花菓,稱本尊意,應須奉請,然可獻之。當請之時,合手爪指,隨于本方,但至誠心奉請。或以兩手而捧請,或閼伽器而請召之,然後應獻所得之物。(唐·輸波迦羅譯《蘇悉地羯囉經》卷中,大正藏 18-615b7)

值得關注的是,鳩摩羅什等人所創的上述譯語用到“指”“爪”,人的雙手共有十指,標明這個數目,就有了“合十～～”的説法。

(二)“合十～～”系列用語

從《大正藏》來看,“合指掌”“合爪掌”“合手爪指”三譯均未通行。真正得到廣泛流傳的多音節譯語,是鳩摩羅什等人新創的“合十～～”系列用語。

(45)往到佛所,頭面禮足,合十指爪,以偈贊佛。(姚秦·鳩摩羅什譯《妙法蓮華經》卷六,大正藏 9-53c2)

(46)時浄藏浄眼二子到其母所,合十指爪掌白言。(姚秦·鳩摩羅什譯《妙法蓮華經》卷七,大正藏 9-59c14)

(47)是時長者子合十指掌,向女説偈。(姚秦·曇摩耶舍譯《樂瓔珞莊嚴方便品經》,大正藏 14-935b21)

(48)若尊者舍利弗合十爪掌,於大衆中而問於佛。(北涼·浮陀跋摩共道泰等譯《阿毘曇毘婆沙論》卷三十七,大正藏 28-276a25)

(49)爾時,尊者舍利弗合十爪指掌,而白佛言。(北涼·浮陀跋摩共道泰等譯《阿毘曇毘婆沙論》卷四十三,大正藏 28-324a17)①

(50)爾時孫陀羅難陀以偈答言:“澡手合十指,頂禮佛舍利,常供養病人,從是致端。”(南朝宋·求那跋陀羅譯《央掘魔羅經》卷二,大正藏 2-526c14)

(51)婆羅門即從坐起,遶佛三匝,四方作禮而去。合十指爪掌叉手放頂上却行,絶不見如來。更復作禮,回前而去。(南朝齊·僧伽跋陀羅譯《善見律毘婆沙》卷五,大正

① 宋、元、明、宫諸本作“合十指爪”。

藏 24-705c18)

(52)時王夫人即以右手捉於樹枝,從右脅間出一童子,端正可憙,名曰然燈,自然而合手十指掌。(隋·闍那崛多譯《佛本行集經》卷二,大正藏 3-662b6)

(53)故《善見論》云,禮佛時應遶三匝三拜,四方作禮,合十指掌叉手於頂,却行而出。(唐·道世《諸經要集》卷三,大正藏 54-24a13)

(54)一切有形皆有佛性,是諸大衆合十指抓掌,一心諦聽,一心供養。(敦煌寫本《大通方廣懺悔滅罪莊嚴成佛經》卷上,大正藏 85-1341b22)

上文共列"合指掌""合爪掌""合手爪指""合十指爪""合十指爪掌""合十指掌""合十爪掌""合十爪指掌""合十指""合十指爪掌叉手""合手十指掌""合十指掌叉手""合十指抓掌"等 13 種同義用語,它們在《大正藏》中一共出現 192 例。每個用語產生的時間有先有後,得到使用的次數也多少各異。詳見下表。

用語	創始人及用例數	其他使用情況	合計
合指掌	姚秦/鳩摩羅什 1	北齊那連提耶舍 3、失譯 1(題西晉聶道真)、唐輸波迦羅 1	6
合爪掌	隋/闍那崛多 1	唐無畏共一行 5	6
合手爪指	唐/輸波迦羅 3		3
合十指爪	姚秦/鳩摩羅什 1	隋闍那崛多 1、隋智顗 1、唐實叉難陀 1、唐輸波迦羅 3、唐義浄 1、唐杜行顗 2、宋日稱 1、宋宗紹 1、宋宗曉 1	13
合十指爪掌	姚秦/鳩摩羅什 3	東晉法顯共覺賢 1、東晉佛陀跋陀羅 1、南朝梁釋明徽 1、南朝宋法顯 1、南朝宋佛陀什 2、元魏般若流支 1、元魏佛陀扇多 4、北齊那連提舍耶 2、隋闍那崛多 3(含 2 共笈多)、唐道宣 1、唐道世 1、唐菩提流志 1、宋法天 2	24
合十指掌	姚秦/曇摩耶舍 1	東晉竺難提 1、南朝宋求那跋陀羅 1、梁僧伽婆羅 1、北齊那連提耶舍 10、隋智者/灌頂 1、隋達磨笈多 3、隋闍那崛多 79(含 5 共笈多)、唐道世 10、唐玄奘 1、唐義浄 1、唐延壽 1、唐實叉難陀 1、唐般若 1、宋天息災 3、宋日稱 1、宋法天 1、明袾宏 1	117
合十爪掌	北涼/浮陀跋摩共道泰 1	元魏瞿曇般若流支 1、高齊那連提耶舍 1、梁僧伽婆羅 1、宋文素 1	5
合十爪指掌	北涼/浮陀跋摩共道泰 1		1
合十指	南朝宋/求那跋陀羅 1	隋闍那崛多 1、唐金剛智 1、唐禮言 1、唐義浄 6	10
合十指爪掌叉手	南朝齊/僧伽跋陀羅 1	唐道宣 2	3
合手十指掌	隋/闍那崛多 1		1
合十指掌叉手	唐/道世 2		2
合十指抓掌	敦煌寫經 1		1

以上諸用語,"合指掌""合十指掌""合十爪掌""合十爪指掌""合十指爪掌""合十指抓掌""合手十指掌"等 7 個均可視爲"合掌"的擴展形式;以之爲基礎,有了"合十指爪掌叉手""合十指掌叉手"等 2 個"合掌叉手"的擴展形式。這些用語,以及"合手爪指""合十指""合十指爪"等,都在强調合掌必用手指,人之雙手共有十指。

(三)"合十～～"的原典依據

上述"合十指爪掌"等"合十～～"譯語在梵文佛經中有原典依據,日本學者荻原雲來《漢譯對照梵和大辭典》對此有所記載。下面三種梵文佛經所用的"daśa-nakha"意思就是十根手指,其中數詞"daśa"意爲"十",名詞"nakha"意爲"手指"。

一是《妙法蓮華經》梵本 Saddharma-puṇḍarika (by H. Kern and B. Nanjio)有經文 daśanakham anjaliṃ pragṛhya,鳩摩羅什譯爲"合十指爪掌"(大正藏 9-59c14)。

二是《大方廣佛華嚴經》梵本 Gaṇḍa-vyūha (by D. T. Suzuki and H. Idzumi)有經文 daśanakhakṛtakaraputâñjali,唐般若《大方廣佛華嚴經》卷十四譯爲"合十指掌"(大正藏 10-723b2)。

三是《普曜經》梵本 Lalita-vistara (by S. Lefmann)有經文 daśanakha-kṛta-kara-puṭa,竺法護 5 次譯爲"叉十指"(大正藏 3-490a23,3-496c19,3-507a4,3-524a15,3-537c14)。

在此交待一下"叉十指"更多的使用狀況,此語由西晉竺法護首創並使用 9 次,其後僅有 4 次用例。竺法護譯經有:《普曜經》5 次,《正法華經》2 次(9-101a24, 9-132a28),《佛説方等般泥洹經》1 次(12-920a12),《佛説海龍王經》1 次(15-143c28)。其餘用例爲:西晉安法欽譯《佛説道神足無極變化經》1 次(17-809c05),姚秦竺佛念譯《鼻奈耶》2 次(24-852c10,24-854c9),唐善無畏譯《尊勝佛頂真言修瑜伽軌儀》"叉十指合掌"1 次(19-378a21)。

可見,佛經原典中含有 daśa-nakha 的用語最初由西晉竺法護譯爲"叉十指",但真正流行開來的是東晉十六國時期鳩摩羅什等人新創的"合十指爪掌"一類譯語。

(四)《卍新纂續藏經》和《嘉興藏》中的"叉手""合掌""合十～～"

《卍新纂續藏經》經文有 88 册,收録大量中土佛教撰述,可以據此觀察"叉手""合掌""合十～～"等語的使用狀況。

《卍新纂續藏經》中有"合掌"5108 例、"叉手"1425 例、"叉手合掌"9 例、"合掌叉手"22 例。可見"合掌"遠比"叉手"常用。

《卍新纂續藏經》中有"合十指爪"19 例、"合十指爪掌"29 例、"合十指爪掌叉手"3 例、"合十指"1 例、"合十指掌"18 例、"合指掌"2 例。其中"合十～～"70 例。

《嘉興藏》第二十一册至第四十册所收佛教撰述中,檢得"合掌"657 例、"叉手"296 例、"叉手合掌"1 例、"合掌叉手"1 例。總體上,"合掌"數量約爲"叉手"的兩倍。

《嘉興藏》第二十一册至第四十册檢得"合十～～"17 例,其中"合十指"8 例,"合十指爪"5 例,"合十指掌"3 例,"合十爪"1 例。

以上資料表明,這些多音節的"合十～～"譯語一直廣泛沿用於中土佛教撰述。

三　流行至今的“合十”“合什”

(一)“合十”的確立

“合十～～”使用大約千年之後,在元代,雙音節形式“合十”得以産生。

《大正藏》只有1例“合十”,這個用例具有標誌性意義。

(55)居士復招手云:“一歸何處?”余回首合十,遥禮拜謝,默識而行。銘刻心骨,迨今不敢忘也。(元·智徹述《禪宗决疑集》,大正藏48-1015a10)

《卍新纂續藏經》中元代撰述有“合十”4例。

(56)爾時千二百五十大比丘衆,合十讚歎不已。畢竟讚歎何事?八功德水無邊際,穩泛慈航一葉蓮。(元·妙寅等編《月磵和尚語録》卷上,卍新續藏70-517c5)①

(57)只得合十低聲向伊道:“山僧今日小出大遇。”(元·妙寅等編《月磵和尚語録》卷上,卍新續藏70-524b3)

(58)月江,余法屬中,横曉太白,久饜聞其四布薌名。至元乙亥孟夏,南寓雙檜,得觀六會語。乃合十曰:“奚天瑞兄之銜煙樓跨竈者,哀法道幾絶之念釋然。”前浄慈屬,末靈石如芝書。(元·靈石如芝題書《月江和尚語録》跋文,卍新續藏71-158a12)②

(59)予遂合十而謝之曰:“審如是,則此話行矣。”(元·熙仲《歷朝釋氏資鑒》後記,卍新續藏76-254c23)

從漢語造詞理據來説,雙音節的“合十”就是上述多音節的“合十～～”諸譯語的縮略語。除了佛教撰述,“合十”在元代還進入了普通人的日常用語。

(60)把盞難舒手,施禮怎合十?虧他朝朝洗面皮,早是剛拿管筆。便有那舉鼎拔山的氣力,諸般兒都會,怎拿他鞭簡丫錘?(元·趙彦暉《醉中天·嘲人右手三指》)

此例巧妙利用“十”字雙關,足以表明其時用於施禮的“合十”已爲大衆熟知,這是作者和讀者會心一笑的前提。

(二)“合十”的沿用和流行

《卍新纂續藏經》中有“合十”25例,其中元代4例、明代8例、清代13例。兹舉明、清各2例。

(61)萬曆十年,歲在壬午,師講是經於台之聖水。一日入室次,室中虚無人,余合十互跪,以大定之旨請。師但瞪目周視,寂無言説,余於當下,大有省發。(明·傳燈述《楞嚴圓通疏前茅》卷上,卍新續藏14-685a1)

(62)天台門弟子香光居士王立轂合十書於圓伊室。(明·王立轂《性善惡論序》,卍

① 本文引用《卍新纂續藏經》文字及出處均依據《CBETA電子佛典》(2016版)。

② 《月江和尚語録》係宋月江正印撰、元居等編,此例所引爲元人題的跋。

新續藏 57-374b17)

(63)適胤文戴居士以一帙示我,爲欣喜讚歎,合十頂禮,而敬識之。(清·念齋繆彤《金剛經會解跋》,卍新續藏 24-819a17)

(64)康熙己卯春上元節旦,慈雲灌頂行者續法合十題。(清·續法《羯磨儀式緣起》序,卍新續藏 60-745a22)

《嘉興藏》第二十一册至第四十册檢得"合十"33 例,其中明代 9 例,清代 24 例。

(65)老僧合十加額。(明·周理編《曹溪一滴》卷二"古庭禪師語録",嘉興藏 25-245b16)①

(66)發弟子古心率合堂弟子等合十啟。(明·慧機説、幻敏重編《慶忠鐵壁機禪師語録》卷十七,嘉興藏 29-645c29)

(67)故我私心合十此古佛久矣。(清·寂純録、宗上編《荆南開聖院山暉禪師語録》卷十二,嘉興藏 29-87b4)

(68)檇李法弟轆轢大参合十題。(清·嚴大参《虚舟和尚語録序》,嘉興藏 33-365a15)

值得關注的是,《嘉興藏》出現"合什"2 例,均爲清代用例。

(69)其師省中請佛,回庵,合什三拜,即歸寂。(清·隆琦説、海寧等編《隱元禪師語録》卷十五,嘉興藏第 27 册)

(70)每一念及,但紀古人云"粉骨碎身未足酬"一句,了然超百意,且道是那一句。唯合什向空而號曰:先子玉生李公諱善,别字荆山,先母曾氏,字西田,二位肉身菩薩同入大光明藏云耳。(清·拙説、光楧等編《磬山牧亭朴夫拙禪師語録》卷六,嘉興藏 40-522a2)

"什"字本來就用於表示以十個爲單位的事物。古代兵制,五人爲伍,兩伍爲什;古代户籍編制,十家爲"什";《詩經》中《雅》《頌》部分多以十篇爲一組,稱之爲"什",如《鹿鳴之什》《節南山之什》《谷風之什》。"合十"寫作"合什",可以强調十指相合、雙手十指是一個整體。

"合十"作爲佛教用語,隨着佛教的傳布,逐漸進入普通人的日常用語。清代通俗小説中已有較多的"合十"用例。

(71)施公就在蒲團上坐下,歇息歇息。那沙彌復走過來,合十問道:"施主尊姓?從那裏而來?"(清·佚名《施公案》第四三五回)

(72)進了客堂,彼此合十。醉月細説来意,那和尚摇頭道。(清·佚名《木蘭奇女傳》第九回)

(73)四叩起來,深深一揖,恰不行僧人合十之禮。(清·夏敬渠《野叟曝言》第一三六回)

(74)只見濟公走至當殿,朝上合十頂禮説:"僧人濟顛僧見駕,願我皇萬歲萬歲萬萬歲!"(清·坑餘生《續濟公傳》第八十五回)

也有偶作"合什"的。

(75)次夕,一好女至,合什作禮,請問法要。僧不答。(清·紀昀《閲微草堂筆記·

① 本文引用《嘉興藏》時,依據 CBETA 電子佛典(2016 版)所載,標明例句所在册數、頁碼、欄次、列次。

灤陽續録五》)

中華民國以來,"合十"得到沿用,直到今天。

(三)"雙手合十"的産生和使用

晚清民國時期開始,有了"兩手合十""雙掌合十""雙手合十"的説法。

(76)老尼見了賈大少爺,兩手合十,念了一句"阿彌陀佛",動問:"老爺貴姓?是什麼風吹到此地?"(清·李伯元《官場現形記》第二十四回)

(77)蕃連布雙掌合十道:"善哉!善哉!"(民國·張恂子《隋代宫闈史》第二十一回)

最爲常見的,還是"雙手合十"。

(78)喇嘛行了個膜拜,雙手合十,恭恭敬敬叫了聲:"佛爺。"(民國·李伯通《西太后豔史演義》第二十三回)

(79)無數人在喃喃祈禱,雙手合十,眼含熱淚。(張清平《林徽因》)

(80)董素娟的兩隻手放下來,硬功不行,她只好用軟功了。她雙手合十,對着郭彩娣作了一個揖。(周而復《上海的早晨》第三部)

(81)青年人向和尚回報了笑容,和尚雙手合十,青年人也合十爲禮,但兩人都没説話。(李敖《北京法源寺》第二章)

"合十""合什"一定得雙手,單手做不到"合十"。字面上"合十""合什"見不到"手",在使用過程中,爲了方便讀者,世俗文獻就出現了"雙手合十""兩手合十""雙掌合十"這樣的説法,其心理原因似與"叉手合掌""合掌叉手"有相近之處。

《現代漢語詞典》解釋了"合十",舉例時也用到"雙手合十",足見其廣爲通行。

【合十】héshí 动 佛教的一種敬禮方式,兩掌在胸前對合(十:十指):雙手~。

《大正藏》《卍新纂續藏經》和《嘉興藏》均無"雙手合十"這樣的説法,《大正藏》僅有的一例"合十"也是元代中土禪宗著述而非翻譯佛典。由此可知,"雙手合十"一語中"雙手"的出現與佛經原典用語無關,實爲漢語内部創新所致。

(四)"雙手合十"回流佛籍

經過世俗用語加工的"雙手合十",也可以回流到佛教文獻,方廣錩主編的《藏外佛教文獻》現代譯本就有"雙手合十"。

(82)至天黑以後,初夜已過,阿難雙手合十,向世尊禮拜。(鄧殿臣譯《即興自説》之《耶輸闍經》,藏外佛教文獻 5-68-14)

(83)阿難如是白世尊已,世尊仍是默然不語。阿難再次雙手合十,向世尊禮拜,白世尊曰:"大德世尊,初夜已過,現已夜深,遠來諸僧恭候已久,請世尊與之談説。"阿難白世尊已,世尊仍是默然。待天至黎明,旭日初升,阿難即從座起,雙手合十,舉過頭頂,向佛行禮。(鄧殿臣譯《即興自説》之《耶輸闍經》,藏外佛教文獻 5-68-17)

(84)有一天,阿育王雙手合十,向優波笈多鞠躬行禮之後,問道。(任遠譯《寶髻大王菩薩本緣》,藏外佛教文獻 9-201-7)

(85)當他一到,馬上向寶髻的雙足鞠躬,然後雙手合十,向他尋求庇護。(任遠譯

《寶髻大王菩薩本緣》,藏外佛教文獻 9-311-6)

(86)衆神之王親眼見到衆人之主的勇氣,拋開了惡魔的僞裝,現出了原形。他雙手合十,對寶髻説。(克什曼德拉原著、任遠譯《寶髻本緣》,藏外佛教文獻 9-346-16)

任遠譯《寶髻大王菩薩本緣》全文接近四萬字,“雙手合十”就用了 16 次。

四 再談佛經“叉手”的確義

(一)佛經之外的“叉手”

“叉手”二字連用,可以確認的例子最早見於《説文解字》。《説文·𦥑部》:“𦥑,叉手也。从𠂈彐。”段注:“又部曰‘叉,手指相錯也’,此云叉手者,謂手指正相向也。”《説文》的釋義用語“叉手”似乎並不是特定的禮敬方式。關於“叉手”的具體姿勢,段注認爲“手指正相向也”,即“叉”並不是通常理解的“交叉”。

東漢張仲景所著《傷寒論》有 3 例“叉手”和 1 例“手叉”,用來描述病人以手撫心之急迫狀,與禮敬方式無關。

(87)發汗過多,其人叉手自冒心,心下悸,欲得按者,桂枝甘草湯主之。(東漢·張仲景《傷寒論》上編)又同書下編有同一段文字

(88)未持脈時,病人叉手自冒心,師因教試令咳,而不即咳者,此必兩耳聾無聞也。所以然者,以重發汗,虚故如此。(東漢·張仲景《傷寒論》下編)上編同樣内容作“手叉自冒心”

此外,“叉手”較早的用例見於《孔叢子》和《後漢書》。

(89)遊説之士挾强秦以爲資,賣其國以收利,叉手服從,曾不能制①。(舊題孔鮒撰《孔叢子·論勢》)

(90)豈有知其無成,而但萎腇咋舌,叉手從族乎②?(南朝宋·范曄《後漢書·馬援傳》)

此二例“叉手”《漢語大詞典》釋爲“兩手在胸前相交,表示恭敬”,從原書文意看,也可解爲束手無策。《後漢書》中的“叉手”出自傳主馬援的書信,當是東漢原文,而不是晉宋文字。馬援是西漢末至東漢初年人,其書信中的“叉手”比《説文》更早,或可視爲“叉手”首見例。

漢代以後,“叉手”有明確表禮敬的用例,數量不多。

(91)冀其可化,故割地王權,使南面稱孤,位以上將,禮以九命。權親叉手,北向稽顙,假人臣之寵,受人臣之榮,未有如權者也。(三國魏·曹叡《赦遼東吏民公文》)

(92)讓等惶怖,叉手再拜叩頭,向天子辭曰。(《後漢書·孝靈帝紀》)

(93)僧善道者,在新野時,見有一人來寺中會,叉手恭敬,精進過常。(《太平廣記》

① 傅亞庶《孔叢子校釋》(中華書局 2011)引用日本江户時代學者塚田虎《塚注孔叢子》曰:“叉手,拱手也。諸侯皆拱手,服從於遊士之説焉,曾不能自斷制之也。”其説可從。

② 李賢注:“萎腇,耎弱也。”

卷三百八十二)

世俗禮儀的"叉手"早期的具體動作已難確考。黄劍波(2014,12頁)認爲:"從'叉手'禮發展的源流看,作爲佛教禮儀之外的世俗禮儀一種,它於漢、魏晉南北朝時期十分流行。但在唐代之前,因資料和圖像的缺失,已經無法知道這種禮儀的具體動作。"

(二)佛經譯文中的"拱手"

用雙手相合的動作來表示恭敬,先秦以來一直有"拱手"。

(94)桓公變躬頡席,拱手而問曰:"敢問何謂其本?"(《管子·霸形第二十二》)

(95)從於先生,不越路而與人言。遭先生於道,趨而進,正立拱手。先生與之言則對,不與之言則趨而退。(《禮記·曲禮上》)

在《大正藏》所載佛經譯文中,有8例"拱手"使用場合看起來與"叉手"相同①。

(96)胞罽覩佛靈輝,身色紫金,相好甚奇,古聖稀有,心喜踰溢,拱手直進,稽首而曰。(三國吴·康僧會譯《六度集經》卷七,大正藏3-42c7)

(97)國内逝心長者理家,遥見其師,征營竦栗,拱手垂首。(三國吴·支謙譯《梵摩渝經》,大正藏1-885a16)

(98)王即前進,下車却蓋,爲佛作禮,叉手長跪,問訊世尊。佛命令坐,問:"欲所至?"拱手答言:"國大夫人得病經久,良醫神祇,無不周遍,今始欲行,解謝星宿、四山五嶽。爲母請命,冀蒙得差。"(西晉·法炬共法立譯《法句譬喻經》卷一,大正藏4-582a4)

(99)昔舍衛國王名波斯匿,來至佛所,下車却蓋,解劍脱履,拱手直進,五體投地,稽首足下,長跪白佛。(西晉·法炬共法立譯《法句譬喻經》卷一,大正藏4-582b27)

(100)申日見諸師來,即下正殿迎,爲作禮,施好榻机,飯食畢盥,拱手對坐。(西晉·竺法護譯《佛説月光童子經》,大正藏14-815b6)

(101)便詣佛所,下車却蓋,解劍脱履,拱手直進,稽首足畢,長跪白佛。(西晉·竺法護譯《佛説月光童子經》,大正藏14-815c9)

(102)其心常念空無之法,拱手端坐,亦不露齒。(北涼·曇無讖譯《悲華經》卷四,大正藏3-194a2)

(103)下車却蓋,解劍脱履,拱手直進,五體投地,稽首足下。(東晉·竺曇無蘭譯《佛説自愛經》,大正藏17-548c8)

康僧會、支謙、竺法護等人譯經用語本土化程度高,多用文言古語,這是一大特色。

"拱手"的意思和具體動作顯而易見,東漢以來的佛經翻譯大量使用"叉手"而少用"拱手",當是因爲"叉手"在佛經中所表示的含義和具體動作大不同於中土傳統的"拱手"。

隋代智顗就明確指出"拱手"爲中土禮儀,與外國"合掌"不同。

(104)合掌者,此方以拱手爲恭,外國合掌爲敬,手本二邊,今合爲一,表不敢散誕,專至一心,一心相當,故以此表敬也。(隋·智顗説、灌頂記《觀音義疏》卷上,大正藏34-922a17)

① 《大正藏》所載佛經譯文另有5例"拱手",用於醫生對重病患者束手無策。

(三)“直揖”“叉手揖讓”——佛經“叉手”的注脚

東漢康孟詳譯《中本起經》有3例“直揖”,全部用於對佛禮敬。

(105)群臣庶民,各盡其敬,中有作禮者,自名字者,直揖拜者,禮畢却住。佛命令坐,受教就席。(東漢·曇果共康孟詳譯《中本起經》卷上,大正藏4-152b10)

(106)即便嚴出,導從如常,至門下車,群臣俱前,直揖却坐,而白佛言……(東漢·曇果共康孟詳譯《中本起經》卷下,大正藏4-159b24)

(107)拔提弗受命而退,即詣佛所,瞻覩神德威相赫然,弟子法儀恂恂洋洋,敬心踴躍拱袖進前,直揖却坐,而白佛言:“欲請一事,願蒙授解。”(東漢·曇果共康孟詳譯《中本起經》卷下,大正藏4-162a27)

《中本起經》有“叉手”4例,也都用於禮敬佛陀:變畢叉手/長跪白佛(4-152b29),叉手白佛言(4-158a24),叉手當心/低頭直前/頭面禮佛(4-161b29),叉手直進/禮拜陳情/却坐男位/佛告族姓子(4-161c10)。從文意看,“直揖”“叉手”是同一種禮敬方式。“直揖”表明該禮敬方式的動作細節有“直”的特點,或身直,或臂直,或指直;如果著眼於手部,應是强調指直。

《中本起經》之外,“直揖”難覓蹤跡,衹在宋代志怪小説中檢得1例,並非對佛禮敬。

(108)一日游景德寺,訪朝客不值,方假筆劄以志門,偶狂僧嚴法華者自廡下直揖杜君。杜雅聞法華言事多中,因以平生未然之事諮之。(宋·張師正《括異志》卷五)

西晉竺法護譯經又有“叉手”“揖讓”“揖”同時出現。

(109)天人阿須倫諸世間人,當復恭敬揖讓,叉手作禮,亦當得師子座。(西晉·竺法護譯《佛説方等般泥洹經》卷上,12-920b15)

(110)唯世尊!我等爲空無菩薩、善思議菩薩、喜信淨菩薩、神通華菩薩,及大會諸菩薩,及此大經、諸大弟子衆,叉手揖讓,恭敬作禮。(西晉·竺法護譯《佛説方等般泥洹經》卷上,12-0920c2)

(111)前到佛所,叉手揖讓,而白佛言。(西晉·竺法護譯《佛説申日經》,14-818b11)

(112)王遥見佛,下乘步行,前謁却坐。長者梵志,禮拜退坐。中有揖者,有叉手者,説姓字者,遥見默然坐者。(西晉·竺法護譯《舍頭諫太子二十八宿經》,21-411b28)

末例“揖”與“叉手”似有不同,首例“當復恭敬揖讓叉手作禮”及中間二例“叉手揖讓”似乎又不加區分。

(四)佛經譯文中“叉手”與“合掌”義同

從字面來看,“叉手”似乎比“合掌”多出一個“叉”的細節。胡敕瑞《〈論衡〉與東漢佛典詞語比較研究》一書釋“叉手”爲:“雙手相交於胸前,佛典中表示一種禮式。”袁賓《禪宗詞典》釋爲“手掌相合,手指交叉”,蔣宗福、李海霞譯《五燈會元》認爲“交叉手指合十”。這些解釋,讓人覺得:“從《禪宗詞典》的解釋看,叉手像是‘合掌’後再‘叉手’,從蔣氏、李氏的觀點看來,‘叉手’又是先‘叉手’再‘合十’。”(李豔琴2011,7頁)

《漢語大詞典》“叉手”條下“3.佛教的一種敬禮方式。兩掌對合於胸前”,這個釋義將“叉手"等同於"合掌",未提及手指是否交叉。

佛經譯文中的"叉手"是不是一定有一個"交叉手指"或"手指交叉"的細節呢？對此，需要注意以下三點。

第一，"合十""合掌"(añjali)原是古代印度的一般敬禮，佛教沿用之，這一禮敬手勢隨着佛教傳入漢地，當不會因漢語"叉手""合掌"字面之别而跟着産生變化。

第二，東漢時期的佛經翻譯家安世高、支曜、安玄、支曜、康孟詳等都是由西域來華的佛教徒，他們一定熟知且常用這一禮敬手勢。不難設想，在譯經中用到"叉手"一語時，這些譯人大腦中出現的畫面一定是佛教最爲常見的那個禮敬手勢，而不會去糾結手指到底要不要交叉。從這個意義來説，即使漢代中土世俗生活中的"叉手"具體動作無從確考，漢譯佛經中的"叉手"却一定等同於後來的"合掌""合十"。簡言之，借用漢語舊形並不妨礙佛經表達新義①。

第三，上文第一部分第三小節所述梵漢對勘資料表明"叉手"等於"合掌"，二者的連用形式"叉手合掌"及"合掌叉手"同樣等於"合掌"。否則，人們又要糾結到底是先"叉"後"合"還是先"合"後"叉"了，或者説先"叉"後"合"與先"合"後"叉"有何差異呢。

當然，漢譯佛經大量使用"叉手"，並不能阻止"叉手"一語在世俗生活中的通行，更無法改變中土原有的"叉手"本來的手勢。因此，東晉十六國時期，鳩摩羅什等人大量使用新創的"合掌"，來回避"叉手"可能造成的混淆。

辛島静志《道行般若經詞典》對"叉手"的解釋是"joining the palms of the hands in a token of respect"，又《妙法蓮華經詞典》對"合掌"的解釋是"joins palms, puts the ten fingers together"，二者是一致的。

不過，中土佛教撰述也有"叉手"區别於"合掌"的例子。《祖堂集》卷十六："僧在師身邊叉手立，師云：'太俗生。'僧又合掌，師云：'太僧生！'僧無對。"這裏的"叉手"既然不同於"合掌"，應該專指世俗禮敬方式，不同於佛經譯文中的"叉手"，不宜據此反推佛經譯文中"叉手"的含義。

五　結語

自兩漢之際算起，佛教來華已有兩千年，佛教合手禮敬的"āñjalī"手勢始終如一，漢語用來表述這種手勢的用語却再三改變。

1. 最早的漢譯佛經用"叉手"表禮敬，可以推知東漢漢語口語中"叉手"可表禮敬，兩種"叉手"之間内涵有别，動作細節容或有異。從東漢譯經到西晉譯經，"叉手"呈一統之勢，它的形式來自中土世俗用語，却從一開始就表達佛教禮敬含義，其能指一仍其舊，其所指則爲全新。

---

① 上古漢語"天子"指帝王，漢譯佛經中的"天子"却用來指天人。如東漢支讖譯《道行般若經》卷一："爾時釋提桓因與四萬天子，相隨俱來共會坐；四天王與天上二萬天子，相隨來共會坐；梵迦夷天與萬天子，相隨來共會坐；梵多會天與五千天子，相隨來共會坐。諸天子宿命有德，光明巍巍，持佛威神，持佛力，諸天子光明徹照。"(大正藏 8-429a11)

2. 從東晋十六國起，“合掌”興起，後來居上，通行逾千年。佛經譯文中，單用的“叉手”“合掌”，連用的“叉手合掌”“合掌叉手”含義相同。爲了强調雙手合計有十指，以原典用語爲基礎，陸續出現多種“合十指掌”之類的擴展形式，其中“十指”對應梵文原典的“daśa-nakha”；這些擴展形式既是“合～～掌”，又正好是“合十～～”。

3. 元代開始，縮略形式“合十”出現於中土佛教撰述，明清以來日漸流行，並取得絶對優勢①。儘管相比之下，“叉手”“合掌”“合十”三者，最爲貼切的當是“合掌”。“合掌”不像“叉手”有先入爲主之虞，没有“叉”字帶來的困擾；“合掌”又比“合十”具體可感，因爲單用的“十”並不表示十根手指，“合什”的“什”也於事無補。

4. 隨着時間的推移，佛源偶合漢詞的“叉手”，佛源漢創的“合掌”，佛源漢流的“合十”，都只是“雙手合十”的前奏。晚清民國以來，百年之間，“雙手合十”漸成常語，進而回流佛籍。

參考文獻

[1]胡敕瑞.《論衡》與東漢佛典詞語比較研究[M]. 成都：巴蜀書社，2002.

[2]黄劍波.“叉手”禮圖像考[J]. 美術與設計，2014(4).

[3]李豔琴. 從《祖堂集》看“叉手”一詞的確義及其他[J]. 寧夏大學學報(人文社會科學版)，2011(5).

[4]汪禕. 從同經異譯看“叉手”一詞的確義[J]. 大慶師範學院學報，2005(1).

[5][日]荻原雲來. 漢譯對照梵和大辭典[M]. 臺北：新文豐出版公司，1979.

[6]朱慶之. 漢譯佛經梵漢對比分析語料庫 A Database of Chinese Buddhist translation and their Sanskrit parallels for the Buddhist Chinese Studies[EB/OL]. 2014. http://ckc. eduhk. hk : 8080/.

[7][日]辛島静志. 妙法蓮華經詞典[M]. Tokyo : The International Research Institute for Advanced Buddhology Soka Unuversity, 2001.

[8][日]辛島静志. 道行般若經詞典[M]. Tokyo: The International Research Institute for Advanced Buddhology Soka Unuversity, 2010.

On the Development of Chinese Translations for the Buddhist Term “āñjalī”

Gu Manlin

Abstract: The term “āñjalī” was translated as *chāshǒu*(叉手) in the Chinese Buddhist scriptures of Eastern Han. From the Jin dynasty on, a new equivalent *hézhǎng*(合掌) was created for the same term and quickly became widespread, and their combinations *chāshǒuhézhǎng*(叉手合掌) as well as *hézhǎngchāshǒu* (合掌叉手) occurred just at the same period. As time went by, more and more scriptures employed *hézhǎng*(合掌), with a trend to expand this disyllable into polysyllables, such as *héshízhǐzhǎng*(合十指掌), *héshízhuǎzhǎng*(合十爪掌). During the Yuan dynasty, a shortened form *héshí*(合十) finally came into being, which is now the most popular word meaning “āñjalī”. Although the now overwhelming expression *shuāngshǒuhéshí*(雙手合十) has had a history of only a hun-

① 《現代漢語詞典》列有“合十”條目，而未收“叉手”“合掌”，足見“合十”取代前兩者已無懸念。

dred years or so, it is observed to flow back into Chinese Buddhist scriptures translated in recent years.

Key words: Buddhism, āñjalī, *chāshǒu*(叉手), *hézhǎng*(合掌), *héshí*(合十)

通信地址:四川大學中國俗文化研究所(四川大學文學與新聞學院)

郵編:610064

E-mail:gumanlin@163. com,2823296548@qq. com

旁指代詞“他、異、餘/别”歷時更替考[*]

胡　波

内容提要　古代漢語常用的旁指代詞主要有“他”“異”“餘”“别”四個。從它們的歷時發展來看，東漢以前只用“他”和“異”，但“異”在西漢已漸趨消失，至遲在南北朝後期就退出了歷史舞臺；隨着“他”逐漸向專門稱人的方向發展，漢末産生的“餘”和魏晉産生的“别”逐漸興起，並在南北朝後期明顯有取代“他”的態勢；到晚唐五代，“别”的使用頻繁，組合能力逐漸增强；至宋代，“他”的旁指用法急劇萎縮，“餘”已很少使用，“别”則至遲在宋代便完成了它取代“他”和“餘”的歷時更替過程。

關鍵詞　旁指代詞　“他、異、餘”　“别”　歷時更替

旁指代詞，現代漢語常用“别的”“旁的”，古代漢語則常用“他”“異”“餘”“别”四個①。總體來看，東漢以前只用“他”和“異”，魏晉南北朝也用“餘”和“别”，唐代起逐漸普遍用“别”，至宋代則以用“别”爲常。從漢語史的發展來看，旁指代詞“他”“異”“餘”和“别”曾有一個歷時更替的過程。本文旨在考察這一歷時更替過程並將其描寫清楚，以期爲漢語常用詞的演變研究提供一個實例。

一　上古漢語

在東漢以前的上古漢語中，旁指代詞只用“他”和“異”。

（一）先秦時期

从考察的先秦主要文獻来看（見文末所附“主要考察語料目録”，下同），“他”作旁指代詞共見190例。從句法功能來看，“他”主要用作定語，起指示作用，指示的對象可以是人、事物、處所或時間等，共143例。但“指人時總是採取詞組的格式，即以‘他’爲定語修飾‘人’或其它表示人的名詞”（唐作藩 1980:57）。如：

（1）他人有心，予忖度之。（《詩經・小雅・巧言》）

（2）趙旃以其良馬二濟其兄與叔父，以他馬反。（《左傳・宣公十二年》）

（3）孔子之去魯，曰：“遲遲吾行也，去父母國之道也。”去齊，接淅而行——去他國之道也。（《孟子・盡心下》）

---

* 本文的寫作曾承蒙汪維輝教授惠賜寶貴的札記資料，在此謹致謝忱。文中錯誤，概由筆者負責。

① 古書中，旁指代詞“他”又作“它”或“佗”，“余”有時亦假借爲旁指代詞“餘”。爲行文方便，本文除引例外，對此均不再區分。

(4)他日,又求見孟子。(《孟子·滕文公上》)

"他"還用作賓語,起稱代作用,但稱代的對象大多是抽象事物,偶爾是處所,一般不稱代具體的事物,更不稱代人①,共47例②。如:

(5)豈伊異人?兄弟匪他。(《詩經·小雅·頍弁》)按,鄭箋:"'無他',言至親。"

(6)卒之東郭墦間,之祭者,乞其餘;不足,又顧而之他——此其爲饜足之道也。(《孟子·離婁下》)

上引例(5)中的"他",可能會被理解爲"别人",但從鄭箋來看,實際上它是稱代"别的關係"③。

"異"作旁指代詞,最早見於《詩經》(張玉金 2006:306),共38例,要遠遠少於"他",它同樣用作定語,指示的對象可以是人、事物、處所或時間等。如:

(7)豈伊異人?兄弟具來。(《詩經·小雅·頍弁》)

(8)退而思之,異日見我。(《國語·晉語四》)

(9)燕、秦所以不相欺者,無異故,欲攻趙而廣河間也。(《戰國策·秦策五》)

(二)西漢時期

在考察的西漢文獻中,"他"共見148例④,"異"只有25例。可見,旁指代詞在西漢的使用情況與先秦一樣,依然是"他"的天下。但需指出的是:

1."他"出現了用作主語的用例(郭錫良 1980:81)。此時,"他"除了用作定語(136例)、賓語(7例)外,另有5例用作主語,均見於《史記》中。如:

(10)公孫弘爲學官,悼道之鬱滯,乃請曰:"丞相御史言:……請著功令。佗如律令。"制曰:"可。"(《史記·儒林列傳》)按,此爲公孫弘的奏請之辭。

(11)制曰:"計食長給肉日五斤,酒二斗。令故美人才人得幸者十人從居。他可。"

① 俞理明(1993:88)將單獨稱代人的"他"稱作"旁稱代詞",以與旁指代詞"他"相對待。按,這種用法實際上是旁指代詞"他"的意義及用法逐漸向稱人的方向發展。因此,本文爲敘述方便,對此不再細加區分,一概稱爲旁指代詞。

② 另有1例:"曾子曰:'吾聞諸夫子:孟莊子之孝也,其他可能也;其不改父之臣與父之政,是難能也。'"(《論語·子張》)唐作藩(1980:56)認爲此例是"他"與"其"結合在一起,作分句的主語。郭錫良(1980:79)認爲"其他"是一個詞。按,從句子文意來看,"其"的指示性已很微弱,"其他"已有成詞傾向。此從郭説,不認爲其中的"他"用作主語,因爲旁指代詞"他"用作主語的確切用例始見於《史記》(詳見下文),故將其排除。另外,本文統計時也排除"其他(它)"的用例,下同。

③ 周法高(1959:115)認爲:"先秦時期的'非(匪)他',因爲上下文的關係,可以解作'别人',已開其先河;但用法仍有限制。"(見該頁脚注2)唐作藩(1980:57)指出,"'匪他'就是'非他人','他'字直接指稱人。這個'他'字之所以不同于一般的用法,顯然是由於適應詩歌押韻和四言句式的需要。但這種用法畢竟很少,在先秦兩漢其它經籍中並不多見。"按,據考察,東漢前並未出現"他"直接稱代人的用例。

④ 另有1例:"其非吏,他贖死金二斤八兩。"(《史記·淮南衡山列傳》)裴駰集解引蘇林曰:"非吏,故曰他。"《漢書·衡山王傳》引作"它",顔師古注:"爲近幸之人,非吏人者。"王先謙補注引宋祁曰:"姚本正文'非吏它'字下有'者'字。"但韓兆琦(2010:7065)引作"其非吏也贖死金二斤八兩",並注曰:"其非吏也:對於那些不是官吏的犯人。通行本原文作'非官吏他','他'字顯爲'也'字之訛,今正。"按,此例中的"他"所指到底爲何,是否爲"也"字之訛,至今尚無定論,故暫存於此,以俟達者。

(《史記·淮南衡山列傳》)按,司馬貞索隱:“謂他事可其制也。”

2.“他”在西漢不論是用作賓語還是主語,均不直接稱代人。不過,魏培泉(2004:318)則認爲:“‘他’到了漢代已經可以用如‘他人’,但不多見。”所舉用例爲:

(12)是以明王之於言,必自他聽之,必自他聞之,必自他擇之,必自他取之,必自他聚之,必自他藏之,必自他行之。(《説苑·君道》)

(13)(田)子方曰:“可。子勉之矣,魏國之相不去子而之他矣。”(《説苑·臣術》)

上揭例(13)中“他”可能理解爲“别人”,但實際上,它與前引例(6)“又顧而之他”中的“他”一樣,所稱代的是“别的地方”。此外,《荀子·王霸》又有:“彼其人苟壹,則其土地且奚去我而適它?”可見,例(13)與它極爲相似,“之他”就是“適它”,即指的是“跑到别的地方”的意思。例(12)中的7例“他”,向宗魯(1987:25)認爲:

盧(按,指盧文弨)曰:“‘他’,賈(按,指賈誼《新書》)作‘也’,下並同,此似誤。賈無‘必自他聞之,必自他取之’二句,似此衍。”俞樾曰:“七‘他’字皆不可解……‘他’乃‘也’字之誤,‘也’乃語詞,言自聽之自聞之也。又案‘聽’與‘聞’無異義,‘取’與‘聚’古字通用,既云‘聽之’又云‘聞之’,既云‘取之’又云‘聚之’,語意重複,《賈子新書》述此文作‘必自也聽之,必自也擇之,必自也聚之,必自也藏之,必自也行之’,‘他’字正作‘也’,而無‘聞之’‘取之’兩句,可據以訂正。”承周案:“‘也’與‘他’古通用,説詳見王氏《讀書雜志·〈史記·韓非傳〉》‘乃自以爲也故’條下,彼文‘也’讀爲‘他’,此文‘他’讀爲‘也’,盧、俞並未徹。又案盧、俞以‘必自他聞之,必自他取之’二句爲衍亦非,疑本書自作‘必自他聞之,必自他取之’,《賈子》自作‘必自也聽之,必自也聚之’,二文義同字異,校者旁注異文,遂誤入正文耳。”

此外,左松超(2001:72)于此作注時同引俞説,趙善詒(1985:26)則徑作:“是以明王之於言也,必自也聽之,必自也擇之,必自也聚之,必自也藏之,必自也行之。”並且疏證道:“以上五‘也’字原文均作‘他’。又‘必自也聽之’下原衍‘必自他聞之’一句,‘必自也擇之’下原衍‘必自他取之’一句,均從俞樾《讀書餘録》删改。”可見,此處“他”有異文,而且很有可能爲“也”字之誤。因此,暫還不能以此作爲“他”用如“他人”的確切用例。

3.“他”用作定語時,指示的對象爲人的有42例,一般以“他人”“他子”“他姬”“他盜”等形式出現,但《史記》中出現了比較特殊的用例。如:

(14)景公卒,兩相高、國立荼,是爲晏孺子。而田乞不説,欲立景公他子陽生。(《史記·田敬仲完世家》)

(15)孝文帝既立,乃復封噲他庶子市人爲舞陽侯,復故爵邑。(《史記·樊酈滕灌列傳》)

上引例(14)、(15)中的“他子”“他庶子”,本來是不定指的,後加人名構成同位短語後,其所指似乎就是有定的了。但這樣的用例不多,僅見4例。

4.“異”至西漢雖然還有25例,但它幾乎都是沿用前代成詞,其中“異日”就有17例,“異時”有5例,“無異故”有2例。僅見1例用於修飾其他名詞作定語:

(16)然是富給之資也,不窺市井,不行異邑,坐而待收,身有處士之義而取給焉。(《史記·貨殖列傳》)

可見,在當時人們的實際口語中,旁指代詞“異”可能已經不怎麽使用了,它已經漸漸趨於消失之中。

二 中古漢語

東漢前期，旁指代詞“他”的“用法和意義仍然與先秦相同”(郭錫良 1980：82)，没有發生什麽變化。但是，“漢末已經出現了專門稱人的‘他’”(俞理明 1993：75)，而且伴隨着“他”的意義逐漸向稱人的方向發展，漢魏時期又産生了一些新的旁指代詞，主要是“餘”和“别”①。此外，旁指代詞“異”至遲在南北朝後期就已經退出了歷史舞臺。現縷述如下。

(一)專門稱人的“他”

郭錫良(1980：76－82)曾經指出，漢末以前的旁指代詞“他”都只能作“别的”解，不能作“别人”解，即“他”不能用於稱代人，用於稱代人的“他”要在東漢後期安世高所譯的《佛説罪業應報教化地獄經》中才能見到用例。周法高(1959：115)、唐作藩(1980：59)也都引用過此經中的例句，認爲“他”可作“别人”解。但梅祖麟(1986)“疑心這部佛經不是安世高譯的”，並且認爲“他字作别人講是從魏晉開始”。許理和(2001：306-309)後附的安世高譯經中也並無此經。可見，這些用例的可靠性還很值得懷疑，郭錫良(1980：82)對此也曾説：“但是安世高所譯别的佛經，用‘他’字時，没有作‘别人’解的。”據俞理明(1993：75)的研究，“他”作“别人”解確實是始見於漢末，而不是魏晉。他所舉的用例爲：

(17)衆人問佛：“向者一女，並舞至此，瞿曇豈見之耶?”佛告衆人：“且自觀身，觀他何爲?”(東漢曇果共康孟詳譯《中本起經》卷1，4/149c)

(18)王覺，求諸妓女，而見坐彼道人之前。王性妬害，惡心内發，便問道人：“何故誘他妓女，著此坐爲? 卿是何人?”(東漢曇果共康孟詳譯《中本起經》卷1，4/148c)②

例(17)中“他”與“自”相對，作“别人”解應該没有疑問。但例(18)中的“他”，宋、元、明三本均作“他人”，因有異文，可能還不能作爲“他”稱代人的確切用例。此前，西漢也有類似用例，如《新序・節士》：“而二人謀取他嬰兒，負以文褓匿山中。”《史記・趙世家》則作：“乃二人

① “邊”有時也可用同旁指代詞，不過俞理明(1993：134)認爲：“‘邊’是個形容詞，用作旁指不太普遍。由於它的基本意義‘旁邊’的影響，以及‘餘’和‘别’的盛行，它在實際上並没有成爲一個真正的旁指代詞。”因此，本文對“邊”不作討論，詳情可參見俞理明(1993：134－135)的相關内容。另外，還有一個“旁(傍)”。《漢語大字典》“旁”字條：“别的，其他。《韓非子・顯學》：‘無豐年旁入之利而獨以完給者，非力則儉也。’”按，張覺(2010：1241)説：“入：……藏本、陳本作‘人’。”因有異文，且此例又爲孤例，故暫此存疑。但可以明確的是，東漢已見“旁(傍)”作旁指代詞的用例，如《論衡・偶會》：“自然之道，適偶之數，非有他氣旁物厭勝感動使之然也。”《漢語大詞典》首引《魏書・長孫稚傳》，稍晚。但從總體來看，“旁”的使用比較少見，本文對它也暫不作討論。

② 梁銀峰(2011)認爲例(18)中的“妓女”在上文中已出現過，後文又重新提及，從語義上説根本無需用旁指代詞“他”再加以區别，“他”已完全失去了指别義。梁文對東漢至唐五代時期頻繁使用的“他＋N”格式中的“他”進行了詳細討論，認爲此處的“他”在喪失了指别功能以後，既没有發展成第三人稱代詞，也不是第三人稱代詞的虚指用法，而是發展成了定冠詞(後來進一步發展成了標補詞)，其語法功能是使N的所指獲得一定的有定性。按，雖然這種結構中的“他”已經不一樣了，但這些格式中“他”只是旁指代詞進一步向前發展的結果。因此，本文對此暫不討論，仍將它們都視爲旁指代詞。

謀取他人嬰兒負之，衣以文葆，匿山中。”兩書記載的是同一件事情。從異文來看，“他嬰兒”就是“他人嬰兒”，即“他”作“别人”解，作“嬰兒”的定語。但此例“他”是否爲劉向所改，文字上是否有脱漏，現已無從得知，而且此例還爲孤例。因此，爲穩妥起見，並且綜合考慮漢末以前“他”的實際使用情況來看，本文暫不認爲此類例句中的“他”作“别人”解。

漢末以後，“他”逐漸轉向稱人的方向發展。“但是，‘他’在東晉以前仍多作指示代詞，意思是‘别的’，東晉以後才以稱人表示‘别人’爲常”(俞理明 1993:76)。據考察(參見下表 1)，“他”作“别人”解，魏晋時期只見 12 例，南北朝時期則達到了 93 例，差不多與作“别的”解的用例持平(97 例)。此後，“他”在唐代又逐漸發展成爲第三人稱代詞(王力 1958:270-271；郭錫良 1980:85；唐作藩 1980:63 等)。可見，魏晋南北朝的“他”正處於由旁指代詞向第三人稱代詞轉變的過渡階段(唐作藩 1980:62)①。

(二)“餘”“别”興起，“異”已消失

盧烈紅(1998:101)指出，“餘”在先秦時就已經用作旁指代詞了，主要是以“其餘”“餘子”“餘夫”的形式出現②。但據本文的考察來看，“餘”用作旁指代詞最早應當是見於《太平經》中，共 5 例。如：

(19) 天使人爲善，故生之，而反爲惡。故使主惡之鬼久隨之不解，有解不止，餘鬼上之，輒生其事。(《太平經》卷一百十《大功益年書出歲月戒》)

胡敕瑞(2002:208)指出：“‘餘’義爲‘其它’‘别的’，這是東漢産生的一個新義。”在東漢譯經文獻中“餘”有較多的用例，如《道行般若經》中有 43 例，《中本起經》中有 2 例。但“多見於前期譯經，後期譯經罕見”(胡敕瑞 2002:162)。如：

(20)善男子、善女人，病終不著身，所止處常安隱，未常有惡夢，夢中不見餘，但見佛，但見塔。(東漢支讖譯《道行般若經》卷 2,8/435b)

(21)何謂四事？一者乞令我心保善莫移……四者乞令世尊常住教授，莫詣餘國。(東漢曇果共康孟詳譯《中本起經》卷 2,4/161c)

到魏晋南北朝，“餘”已見 182 例(見下表 1)，主要用作定語，也可用作主語或賓語。如：

(22)昔有一人，欲得王意，問餘人言：“云何得之?”(蕭齊求那毘地譯《百喻經》卷 2,4/546c-547a)

(23)王藍田拜揚州，主簿請諱，教云：“亡祖、先君，名播海内，遠近所知。内諱不出於外，餘無所諱。”(《世説新語・賞譽》)

---

① 周法高(1959:115)説：“我們現在可以設想‘他’字在解作‘别的’和用爲第三人稱代詞之間，可能經過一個階段，‘他’字可以解作‘别人’。”至於“他”是如何轉變成爲第三人稱代詞的，詳情可參見周法高(1959:113-117)、唐作藩(1980:57-63)、郭錫良(1980:82-88)、俞理明(1993:75-80)等的相關論述，對此本文不作討論。

② “餘子”“餘夫”中的“餘”多少還有“剩餘”之義，可能還不宜視爲旁指代詞。至於“其餘”，它即使到了現代漢語中，也不免存有“剩餘”之義，如吕叔湘(1999:438)“其餘”條：“〔指〕指示剩下的人或事物。……〔代〕代替剩下的人或事物。”張斌(2001:429)“其餘”條：“指示代詞。指代剩下的人或事物。”中國社會科學院語言研究所詞典編輯室(2016:1024)“其餘”條：“指示代詞。剩下的：除了有兩個人請假，～的人都到了。”因此，本文在統計時，將“餘子”“餘夫”“其餘”中的“餘”均予以排除，下同。

下表統計的是旁指代詞“他”“異”“餘”“別”在魏晉南北朝時期的使用情況。

表1　魏晉南北朝時期旁指代詞使用情況表①

詞項＼文獻		魏晉				合計	南北朝							合計
		六	三	生	抱		世	賢	雜	百	周	齊	顏	
他	“别的”	11	69	33	42	155	15	24	25	15	2	5	11	97
他	“别人”	1	4	3	4	12	0	28	38	27	0	0	0	93
異		13	10	9	7	39	0	18	13	1	1	0	1	34
餘		7	21	21	2	51	8	58	30	9	7	16	3	131
别		0	2	4	4	10	4	1	1	0	18	15	1	40

由上表可見，“餘”在魏晉南北朝已發展成爲一個重要的旁指代詞，並且逐漸有了取代“他”的態勢，唐宋仍然還見使用，但最終它還是被後起的“别”所取代(詳見下文)。

“别”在上古漢語就可以用於修飾名詞②，如《韓非子·定法》：“韓者，晉之别國也。”又《史記·項羽本紀》：“諸别將皆屬宋義，號爲卿子冠軍。”另外，還有“别館”“别郡”“别名”“别本”等。這些“别”，指的是“與正、嫡、主相對，表示次要的、輔助的、非正統的”(俞理明 1993：139)，可能還不是旁指代詞。鄧軍(2008：262)指出：“在東漢譯經中‘别’已經出現了用作旁指的用法。”所舉用例爲：

(24)本處别宫中，衆宫妓侍衛，獨在山樹間，如何不恐懼？(東漢曇果共康孟詳譯《中本起經》卷1，4/155b)

(25)美音悦解，喜前白佛：“我有别宅，願爲精舍。唯哀垂救，濟度群生。”(東漢曇果共康孟詳譯《中本起經》卷2，4/157b)

“别宫”“别宅”可能還有與“正宫”“正宅”相對之義，仍有不够典型之嫌，但可以由此看出，“别”正處於向旁指用法的演變之中。

據本文的考察，“别”作旁指代詞始見於魏晉，共10例。例如：

(26)謹遣親人董岑、邵南等託叛奉牋。時事變故，列於别紙。(《三國志·吴志·周魴傳》)按，這裏的“别紙”指的是相對於周魴給曹休的第一封密信而言的另一封密信。同傳另有1例“别紙”出自周魴給孫權的表章中③。

(27)即從座起，與眷屬俱，前行奉迎，稽首佛足，請坐别床。(西晉竺法護譯《生經》

① 本文統計時排除了旁指代詞同義連文或旁指代詞與“諸”“自”等詞連用的用例，如“餘他”“他異”“别餘”“諸别”“自餘”等，下同。關於這些連文或連用形式的情況，詳情可參見俞理明(1993：135-140)、鄧軍(2008：269-276)的相關論述，此不贅述。另外，表格中文獻的簡稱信息具體參看文末所附“主要考察語料目録”的説明，下同。

② 先秦時，“别”還可作副詞修飾動詞，用作狀語，義爲“另外”。如《今文尚書·康誥》：“别求聞由古先哲王，用康保民，弘於天若。”盧烈紅(1998：99-100)認爲此例爲旁指代詞“别”的最早用例，並指出：“‘别’在先秦主要表‘區别’之義……旁指是它們(按，指“别”和“餘”)兼有的極次要的用法。”此用法先秦似僅此一見，但是漢代較爲常用，如：《史記·高祖本紀》“使沛公、項羽别攻城陽。”按，本文認爲“别”用於修飾動詞作狀語時是副詞，而不是旁指代詞。至於“别”是怎樣成爲一個旁指代詞的，筆者將另文探討。

③ 關於“别紙”的源流演變情況，詳情可參見陳静(1999)。

卷 5,3/100c)

“别”在南北朝共見 40 例,其中在《周氏冥通記》《齊民要術》中就有 33 例。它與“他”(190 例)、“餘”(131 例)相比,還處於比較劣勢的地位。但需要指出的是,此時“别”的組合能力已經有所增强,組成的詞語有“别屋”“别器”“别絹”“别甕”“别鐺”“别廨”“别宇”“别夢”“别小名”“别目”“别記”等,似乎已經有了取代“他”的趨勢。如:

(28)往别屋見季胤、平子。(《世説新語·容止》)

(29)明日,汲水浄洗,出别器中,以鹽、酢浸之。(《齊民要術》卷三“種胡荽”)

(30)十二年秋,其家中表親族來投山居,乃出就西阿别廨住。(《周氏冥通記》卷一)

另外,還有“别人”和“别日”。汪維輝(2017:58)指出:“指‘别的人’,上古漢語説‘他人’,也説‘異人’,中古漢語多説‘旁(傍)人’,近、現代漢語則説‘别人’(有時也説‘旁人’)。”“旁人”表示“旁邊的人”義,最早見於秦簡(吉仕梅 2004:79)。關於中古漢語“旁(傍)人”的使用情況,汪維輝(2017:58-67)已有很周密的研究①。另外,此時“餘人”也出現有較多的用例,共見 30 例,如上引例(22)②。現代漢語所説的“别人”,據譚代龍(2006)的研究,最早見於北周天和五年,即公元 570 年,稍後的隋闍那崛多譯的《佛本行集經》中也有用例③。如:

(31)時彼世中正定深滿功德威持呪神王者,亦非别人,即是海妙深持自在智通菩薩摩訶薩是也。(北周闍那耶舍譯《大乘同性經》卷 1,16/646b)

(32)復有别人,來乞於願,隨願亦成。(隋闍那崛多譯《佛本行集經》卷 34,3/814b)

“别日”的産生要略早於“别人”。從本文所掌握的情况來看,最早見於《世説新語》,另在《阿育王經》《南齊書》及《論語》皇侃疏中也均有用例。如:

(33)主人貧,或有酒饌之費,見與甚有舊,請别日奉命,征西密遣人察之。(《世説新語·任誕》)

(34)一日與二比丘往其家。復别日獨往。(南朝梁僧伽婆羅譯《阿育王經》卷 10,50/169c)

(35)别日上禮,宫臣亦詣門稱賀,如上臺之儀。(《南齊書·禮志上》)按,又見嚴可均輯《全齊文·王儉〈皇孫南郡王冠議〉》。

(36)他日,又别日也。孔子又在堂獨立也。(《論語·季氏》“他日又獨立”皇侃疏)

“别日”的用例雖然不多,但是從上引例(36)皇侃所作的疏來看,“别日”在當時可能已經是比較常見的説法了。不過,《漢語大詞典》《現代漢語詞典》均未收“别日”。在本文考察的唐宋 12 種主要文獻中,也僅見 4 例。可見,並非時間越往後,“别日”的用例就越多。若僅就例(36)皇侃疏一例就説“當時‘他日’已爲‘别日’所取代”(魏培泉 2004:321-322),這一説法恐怕還需再作斟酌。

總之,隨着旁指代詞“他”專門稱人的用法在魏晉南北朝得到普遍使用,此時“餘”“别”逐

① “旁(傍)人”指“别的人”,東漢《太平經》中已見用例,如:“或言人且度去,或言人且富而貴,或言人且貧而賤,或譽旁人,或毁旁人,或使人大悦喜,或使人常苦大忿。”(《太平經》卷九十八《神司人守本陰佑訣》)《漢語大字典》《漢語大詞典》首引例均爲南朝宋鮑照《代别鶴操》,嫌晚。

② 關於“他人”“餘人”“旁(傍)人”“别人”等詞的發展演變情况,可參見景盛軒(2006)。

③ 景盛軒(2006)認爲“别人”最早的用例爲:“旃陀羅者,常令别人恩愛别離,怨憎集會。”(北涼曇無讖譯《大般涅槃經》卷 23,12/499c)按,此例中的“别人”應是另一詞,表示“離别的人”。

漸興起,並且在南北朝後期明顯有取代"他"之勢。此時,"異"已經逐漸退化爲一個文言詞,而且用例較少。它或者沿用前代成詞,如"異日""異時""異人""異國""異物""無異故"等;或者與"他"對舉時出現,如"他谷異境""他日異夜""他鄉異縣"等。尤其是在《百喻經》《周氏冥通記》《齊民要術》《顏氏家訓》中,"異"僅見3例。可見,在"餘""别"的强勢衝擊下,"異"至遲在南北朝後期就已經退出了旁指代詞的歷史舞臺。後世雖仍見使用,但那已只不過是仿古的用法罷了。

三 近代漢語

郭錫良(1980:88)指出:"初唐'他'開始具有第三人稱代詞的語法功能,盛唐以後才正式確立起作爲第三人稱代詞的地位。"唐作藩(1980:63)也説:"大約在盛唐以後,才最後完成這個向第三人稱代詞轉變的過渡階段。"到晚唐五代,"他"作旁指代詞的例子已經明顯減少(見下表2),作第三人稱代詞已經成爲了"他"的主要用法,而且第三人稱代詞已經呈現出歸併於"他"的趨勢(吴福祥 1996:23)。

也正是在此時,"别"迅速崛起,使用頻率越來越高,組合能力也越來越强。特别是在晚唐日僧圓仁在中國求法巡禮時所記的日記《入唐求法巡禮行記》(838-847)中,表現得尤爲明顯。該書"他"雖有3例作旁指代詞(另有1例作第三人稱代詞),但有2例是以"他界"的形式出現。如:

(37)打路府兵入他界不得,但在界首。……見説:"……國家兵馬元來不入他界,恐王怪無事,妄捉無罪人送入京也。"(卷四)

"别"則出現了18例①,它的組合能力很强,組成的詞語有"别人""别僧""别兵""别處""别房""别寺""别狀""别物""别紙"等。如:

(38)〔七月〕廿六日,晡時,下船。宿住於江南官店。兩僧各居别房。(卷一)

(39)具狀,送寺家畢。其〔狀〕在别紙。賣買,得六貫餘錢。(卷一)

(40)軟鞋一量、錢二貫文,數在别紙也。(卷四)

另有13例"别"比較特殊,似作動詞的賓語,其中"在别"8例,"如别"5例。如:

(41)〔十月〕四日,齋後,兩僧各别紙造情願狀,贈判官所。其狀如别。(卷一)

(42)〔八月〕九日,得張大使送路信物。數在别。(卷四)

例(41)前有"别紙",且與例(39)的"其〔狀〕在别紙"類似;例(42)也與例(40)的"數在别紙"極其類似②。

此外,旁指代詞還有"餘",共見12例,並非"别"的一統天下。如:

(43)街裏男女不憚深夜入寺看事,供燈之前隨分捨錢,巡看已訖,更到餘寺看禮捨錢。(卷一)

《入唐求法巡禮行記》是晚唐難得的口語性資料,其中出現了如此多的"别",這説明在當

---

① 其中1例:"兩軍中尉不肯,仍奏云:'差别人去即得。然趙歸真求仙之長,不合自去。'"(卷四)董志翹(1999)説:"抄本及他本均作'别人',白本脱'人'字。"此從董説。

② 這些"别"是否爲"别"的一種特殊的省略用法,尚不清楚,故暫此存疑。

時人的口語中,"別"的使用已經比較普遍了,這些"別"應該是圓仁在巡禮途中習得的一個口語詞。董志翹(1999)曾據此認爲"別"取代了"他"。不過,綜合敦煌變文和《祖堂集》使用情況來看,雖然"別"的使用越來越多,但"他""餘"的使用還占有相當大的比例。因此,此時"別"取代其他旁指代詞的過程可能尚未完成。請看下表:

表 2　唐宋時期旁指代詞使用情況表

詞項＼文獻		唐五代						合計	宋代						合計
		王	壇	遊	行	變①	祖		取	奏	岳	會	朱	張	
他	"別的"	19	2	1	2	41	69	134	0	1	1	12	48	3	65
	"別人"	75	1	8	1	28	53	166	0	0	0	0	9	0	9
	第三人稱	5	0	7	1	99	241②	353	7	3	8	33	801	218	1070
餘		0	4	2	12	28	11	57	0	0	0	4	3	0	7
別		4	1	1	18	26	57	107	2	3	0	6	30	14	55

不過,到了宋代,旁指代詞的使用情況就已經有了很大的變化(見上表 2)。在《大唐三藏取經詩話》中,"他"共出現 7 例,全部用作了第三人稱代詞;《王俊首岳侯狀》中,第三人稱代詞共出現 8 例,也一律用"他"。這説明,宋代第三人稱代詞已經完成了歸併於"他"的過程,"他"成爲了第三人稱代詞的基本形式。此時,"他"的旁指用法已經急劇萎縮,基本只見於"他人""他時""他日""他事""無他""別無他意"等書面語詞中。"餘"的使用則更加少見,僅見 7 例。尤其在《張協狀元》中,"他"作旁指代詞雖然有 3 例,但僅見於"他人""他殺"中,與作第三人稱代詞的用例(共 218 例)相比,幾乎可以忽略不計,而"餘"則未見有用例。

"別"雖然用例不多,但它在當時的實際口語裏,可能已經占據絶對優勢了(如《張協狀元》裏),且出現了"別個""別底"這樣非常口語化的表達,而"他""餘"則未見。如:

(44)他只緣私欲不能克,臨事只見這個重,都不見別個了。(《朱子語類輯略·力行》)

(45)一堂神道你須知:"我門非別底,你不是男兒!"(《張協狀元》第二十齣)

據此可以推測,"別"至遲在宋代就已經取代了"他"和"餘"。

爲能更好地説明問題,本文還考察了元代三種直講作品(貫雲石《孝經直解》,許衡《直説大學要略》《大學直解》)和一部朝鮮時代的漢語口語教科書(《原本老乞大》③)中旁指代詞的使用情況。在這些作品中,旁指代詞幾乎只用"別"(共見 38 例),而"他"或用於文言詞"他人"(《大學直解》中 4 例)中,或引用俗語時使用(《原本老乞大》中 1 例)。此外,更有將"人""他""他人"直接翻譯爲"別的"或"別人"的。如:

(46)a. 愛親者不敢惡於人,敬其親者不敢慢於人。(《孝經》)

---

① 吴福祥(1996)在《引言》中説:"就總體而言,變文的語言特點是半文半白、文白夾雜。不同題材的作品,其口語化程度也不盡相同。大體説來,演述佛教故事和民間傳説的作品,其口語化程度要高於演述歷史故事的作品;在同一部作品裏,韻文部分的口語化程度又常比散文部分爲高。"本文主要考察的是《敦煌變文校注》卷四至卷六三卷的内容,這三卷都是演述佛教故事的作品。

② 另有 9 例"他家",作第三人稱代詞。

③ 汪維輝(2005)説:"《原本》反映的是元代後期的北方地區官話。"

(46)b. 存著自家愛父母的心呵,也不肯將別人來小看有。存著自家敬父母的心呵,也不肯將別人來欺負有。(《孝經直解》)

(47)a. 故不愛其親而愛他人者,謂之悖德;不敬其親而敬他人者,謂之悖禮。(《孝經》)

(47)b. 這般呵,把自家父母落後了,敬重別人呵,阿的不是別了孝道的勾當那甚麼。(《孝經直解》)

(48)a.《秦誓》曰:"若有一個臣,斷斷兮無他技,其心休休焉,其如有容焉。"(《大學》)

(48)b. 曾子引《秦誓》說:"若有一個大臣斷斷然誠一,沒有別的才能,只是易直好善容受得人,還有甚麼物可比他的度量?"(《大學直解》)

可見,到元代口語裏,表旁指時只用一個"別"了。"別"取代"他""餘"的過程,應當在此之前早已完成。因爲"漢語的文言詞彙系統有着極大的保守性,即使新詞實際上已經取代了舊詞,舊詞往往也不會輕易退出詞彙系統,而是採取'和平共處'的方式跟新詞長期並存。這是書面語詞彙系統的一個特點,一般來説,在口語中這種情況是不大可能存在的"(汪維輝2017:413)。因此,綜合元代口語裏旁指代詞的使用情況來看,前文推測,至遲在宋代"別"已經取代了"他"和"餘",應當離事實不會太遠。

四 小結

古代漢語旁指代詞,東漢以前只用"他"和"異",而且是"他"的天下,"異"在西漢已漸趨消失;"他"在東漢前期的用法和意義沒有發生什麼變化,但它於漢末已逐漸轉向稱人的方向發展。

至魏晉南北朝,旁指代詞"他"專門稱人的用法已經普遍運用開來,漢末產生的"餘"和魏晉產生的"別"則隨之興起,並且在南北朝後期明顯具有取代"他"的態勢;而與此同時,"異"已經退化爲一個文言詞,並且在"餘"和"別"的强勢衝擊下,它至遲在南北朝後期就退出了旁指代詞的歷史舞臺。

到晚唐五代,"他"用作旁指代詞的例子已經明顯減少,"別"則迅速崛起,使用也更加頻繁,且組合能力逐漸增强;至宋代,雖然"別"的用例不多,但"他"已經成爲第三人稱代詞的基本形式,其旁指代詞的用法急劇萎縮,"餘"也很少見使用。

總之,根據宋、元旁指代詞的使用情況可以推測,"別"至遲在宋代的口語裏就已經取代"他"和"餘"而成爲旁指代詞的主導詞。

附:主要考察語料目録(下加波浪綫爲正文表格中的簡稱)

(1)**先秦兩漢**:今文尚書、詩經、論語、左傳、國語、孟子、荀子、韓非子、吕氏春秋、戰國策、淮南子、史記、新序、説苑、論衡、太平經、道行般若經、中本起經

(2)**魏晉南北朝**:六度集經、三國志、生經、抱朴子、世説新語、賢愚經、雜寶藏經、百喻經、周氏冥通記、齊民要術、顔氏家訓

(3)**唐宋**：王梵志詩、敦煌本六祖壇經、遊仙窟、入唐求法巡禮行記、敦煌變文校注（卷四一卷六）、祖堂集、大唐三藏取經詩話、乙卯入國奏請（並別録）、王俊首岳侯狀、三朝北盟會編、朱子語類輯略、張協狀元

參考文獻

[1]陳静．“别紙”考釋［J］．敦煌學輯刊，1999(1).
[2]鄧軍．魏晉南北朝代詞研究［M］．上海：上海人民出版社，2008.
[3]董志翹．《入唐求法巡禮行記》的詞彙特點及其在中古漢語詞彙史研究上的價值［J］．中國語文，1999(2).
[4]郭錫良．漢語第三人稱代詞的起源和發展［M］// 語言學論叢（第 6 輯）．北京：商務印書館，1980：99-122.
[5]韓兆琦譯注．史記［M］．北京：中華書局，2010.
[6]胡敕瑞．《論衡》與東漢佛典詞語比較研究［M］．成都：巴蜀書社，2002.
[7]吉仕梅．秦漢簡帛語言研究［M］．成都：巴蜀書社，2004.
[8]景盛軒．旁稱代詞“别人”的産生和發展［J］．浙江師範大學學報（社會科學版），2006(6).
[9]梁銀峰．東漢至唐五代時期“他＋N”格式中“他”的語法功能及其流變［J］．語言科學，2011(3).
[10]盧烈紅．《古尊宿語要》代詞助詞研究［M］．武漢：武漢大學出版社，1998.
[11]吕叔湘主编．現代漢語八百詞（增訂本）［M］．北京：商務印書館，1999.
[12]梅祖麟．關於近代漢語指代詞——讀吕著《近代漢語指代詞》［J］．中國語文，1986(6).
[13]譚代龍．漢文佛典裏的“别人”考［J］．語言科學．2006(3).
[14]唐作藩．第三人稱代詞“他”的起源時代［M］// 語言學論叢（第 6 輯）．北京：商務印書館，1980：55-63.
[15]汪維輝．《老乞大》諸版本所反映的基本詞歷時更替［J］．中國語文，2005(6).
[16]汪維輝．東漢—隋常用詞演變研究（修訂本）［M］．北京：商務印書館，2017.
[17]王力．漢語史稿（中）［M］．北京：科學出版社，1958.
[18]魏培泉．漢魏六朝稱代詞研究［M］．臺北：“中研院”語言學研究所，2004.
[19]吴福祥．敦煌變文語法研究［M］．長沙：岳麓書社，1996.
[20]（漢）劉向撰，向宗魯校證．説苑校證［M］．北京：中華書局，1987.
[21]［荷］許理和著，顧滿林譯．關於初期漢譯佛經的新思考［M］// 漢語史研究集刊（第 4 輯）．成都：巴蜀書社，2001：286-312.
[22]俞理明．佛經文獻語言［M］．成都：巴蜀書社，1993.
[23]張斌主編．現代漢語虚詞詞典［M］．北京：商務印書館，2001.
[24]張覺．韓非子校疏［M］．上海：上海古籍出版社，2010.
[25]張玉金．西周漢語代詞研究［M］．北京：中華書局，2006.
[26]（漢）劉向撰，趙善詒疏證．説苑疏證［M］．上海：華東師範大學出版社，1985.
[27]中國社會科學院語言研究所詞典編輯室．現代漢語詞典（第 7 版）［M］．北京：商務印書館，2016.
[28]周法高．中國古代語法：稱代編［M］．臺北：“中研院”歷史語言研究所，1959.
[29]（漢）劉向撰，左松超集證．説苑集證［M］．臺北：編譯館，2001.

Study on the Chronological Substitution of Residual Demonstrative Pronoun “*tā*(他)”, “*yì*(異)”, “*yú*(餘)” and “*bié*(别)”

Hu Bo

Abstract: The most commonly used residual demonstrative pronouns in ancient Chinese are "*tā*(他)", "*yì*(異)", "*yú*(餘)" and "*bié*(别)". Through the investigation of their diachronic development process, residual demonstrative pronoun only use "*tā*"(他) and "*yì*"(異) before the Eastern Han Dynasty, but "*yì*"(異) was seldom to be used in the Western Han Dynasty, and it was almost completely disappeared no later than Northern and Southern Dynasties. With the word "*tā*"(他) specialized used as a personal pronouns gradually, the word "*yú*"(餘) emerged in the late Han Dynasty and the word "*bié*"(别) emerged in the Wei and Jin Dynasties were commonly used. In the late of Northern and Southern Dynasties, the words "*yú*"(餘) and "*bié*"(别) almost nearly substitute the word "*tā*"(他). Until Late Tang and Five Dynasties, "*bié*"(别) was common used and the capability of composed with the other words more and more strengthen. In the Song Dynasty, the function of residual demonstrate of the word "*tā*"(他) was sharp contraction, at the same time the word "*yú*"(餘) was seldom used, and the word "*bié*"(别) was already substitute the words "*tā*"(他) and "*yú*"(餘) no later than Song Dynasty.

Key words: residual demonstrative pronoun; "*tā*(他)", "*yì*(異)", "*yú*(餘)" and "*bié*(别)", chronological substitution

通信地址:重慶市北碚區天生路2號西南大學漢語言文獻研究所
郵編:400715
E-mail:amberhubo@163.com

從于闐文對音材料看中古漢語西北音日母的發展*

——兼論于闐文獻下加小勾的功能

李建强

内容提要　于闐文對音材料中，日母字對ś'，一般認爲讀爲和ś相對的濁擦音，這是對于闐文中下加小勾功用的誤解。把下加小勾理解爲表示濁音，會和漢語語音史的諸多結論不符，從于闐語本身也解釋不通。這個符號的作用當爲提示區別，與藏文中的小a類似。在漢語濁音清化的大背景下，日母和微母形成新的雙向對立。微母有讀零聲母的綫索，日母有可能相應讀零聲母了。這個音系是從以不空對音爲代表的西北方音演變而來的。

關鍵詞　中古音　域外對音　濁音清化　日母　微母　零聲母

一　日母的中古擬音及演變

高本漢《中國音韻學研究》構擬日母中古音時，頗費些躊躇，由於日母字在現代方言中一派讀成濁擦音，一派讀成鼻音，又找不出一個合適的音作爲這兩派讀音的共同來源，把日母中古音構擬成[ȵʑ]是無奈之舉。蒲立本(1984)把中古漢語分爲早期和晚期兩個階段，他認爲這不僅僅基於歷史語音演變，而且更是基礎方言轉換的結果。他把早期中古漢語日母擬爲齶化的舌面中鼻音[ɲ]，主要依據是越南漢字音，後來鼻音成分消失(denasalize)，變爲捲舌的可持續音，晚期中古漢語日母擬爲[r]。王力先生(1985)分隋—中唐音系和晚唐—五代音系爲兩個階段，前一階段日母擬音爲[ȵ]，後一階段日母擬音爲閃音[r]，指出這個[r]是從舌面前鼻音[ȵ]演變而來。

施向東(1983/2009)、劉廣和(1984/2002)等人梵漢對音的研究認爲，至少從初唐①開始，北方方音就分爲中原音和西北音兩大方言區，中原音日母對梵文舌面鼻音[ȵ]，這種對音形式由來已久，可上溯到後漢三國，而不空西北音日母字對 j[ʤ]，同時也對[ȵ]，一般把日母西北音構擬爲[ȵʥ]，要是寫得嚴格一點兒，可以寫作[ⁿʥ]。日母讀音[ȵ]和[ⁿʥ]的差異是方言的分歧。

---

*　中國人民大學科學研究基金項目成果(批准號 15XNL014)。本文曾經在 The 29th North American Conference on Chinese Linguistics、浙江大學漢語史研究中心中古漢語工作坊等會議上宣讀過，黄笑山、王洪君、黎新第、儲泰松、陳以信、邊田鋼、鄧强、橋本貴子等諸位先生都提出過寶貴意見，橋本先生還介紹了日本學者的相關研究，並提供珍貴的資料，揚州大學李香老師在日語文獻研讀方面給予指導和幫助。向諸位先生表示真誠的謝意。文中的所有不足之處，概由本人負責。

①　菩提流志神龍三年在西崇福寺譯的《不空羂索神變真言經》已經表現出明顯的西北音特點，距玄奘譯經大概只差五十年。根據橋本貴子先生的介紹，水谷真成先生早在 1957 年就發現了這個現象。

林燾(1996/2001)主要著眼於不空日母字梵文對音中的 ja 的形式,主張至少在中唐時期,日母在通語已經讀成[ʐ]一類的音了。不空之後不久,[ʐ]大約就已經開始向通音[r]轉化。而日母擬成[ȵ],是代表當時的吴音,以吴語爲核心的東南部地區,日母一直以讀鼻音爲主。

項夢冰(2006)認爲北方漢語日母的演變遵循的也是鼻音弱化爲零聲母的音變,即 ȵ→∅ 音變。讀濁口音[ʐ]是晚期的變化,是 i 介音擦化的結果。

陳以信 (2006)接受蒲立本中古音分期的思想,不過拿不空對音作爲"晚期中古漢語"聲母擬音的重要依據,日母擬音爲[ⁿdʑ],他認爲,不空對音音系中的日母[ȵdʑ]是從早期中古漢語的鼻音[ɲ]演變而來,演變的規律是鼻音後頭加上同部位的塞音,由於音系中没有出現和[ɲ] 同部位的[ɟ],故而用舌面前濁塞擦音[dʑ]代替。

具體到晚唐五代西北音中日母的研究,邵榮芬(1963/2009)發現,日母和疑、影、以三母可以代用,例子集中在魚韻和止攝三等上,這表明日母在在 i 韻前,和疑、影、以三母合併,不過由於例子太少,不便過於肯定。黎新第(2011a)發現更多同類的例子,他認爲,日母在 i 韻前,和疑、影、以三母已經合流,或者退一步説,即便没有完全合流,也是合流正在進行。在非 i 韻前,日母字依然保持獨立。

漢藏對音材料中,日母主體上是保持獨立的,一般轉寫藏文的ཞ(ʑ),有時前面加上前加字འ('),羅常培(1933/1961)、高田時雄(1988)先生都把日母擬爲/ź/,是舌面濁擦音。

從當前的研究來看,人們對晚唐五代時期日母的面貌以及日母的演變途徑均有分歧。本文打算主要利用于闐文對音材料並參考其他研究,對這些問題進一步探討。

二 于闐對音文獻中,日母字的對音形式及下加小勾的使用情況

編號爲 IOL Khot S 7(Ch. 00120)的文獻是用婆羅迷字母轉拼漢語《金剛經》[1]。在這份文獻中,日母全部轉寫爲ś'[2],比如"若"字音節的前一部分用婆羅迷字轉寫,下部有個小勾,拉丁轉寫爲śa'[3],是在śa[ʃa]的基礎上,加了一個下加小勾以示區别。研究這份對音文獻的學者都認爲此處加小勾表示濁音[4]。這種認識應該是參考了于闐文中下加小勾的作用。

婆羅迷字母不專門記録于闐語,現在發現的寫卷中,用婆羅迷字母來記録梵語的也很常見,但是在 IOL Khot S 7 中出現大量下加小勾以及字母 ä,這是于闐語特有的,用婆羅迷字母記録的梵語寫卷中,還没見到過下加小勾,所以,這個符號的用法,還得追溯到于闐語。本文中把這類婆羅迷文字稱爲于闐文,也是這個道理。

Emmerick 的《于闐語簡介》(An Introduction to Khotanese 打印本) § 4.3、4.4 中説,原始于闐語中,元音間的 * š 濁化爲 * ž,在古于闐語中 * ž 常常消失,有時表現爲下加小勾的

① 開頭的一小塊殘片,在伯希和的藏品中,編號爲 P. 5597。

② 也有人轉寫爲ṣ̂。

③ 在該文獻的第 45 行。"若"字的入聲韻尾單獨用一個婆羅迷字符 hä:表示。

④ 所以各位學者都把日母擬爲濁擦音。

ṣ。由於元音間 * š 的消失而產生的元音融合(hiatus)可能會被/d//ɣ/填上而中止,或在相關元音後加上/w/,同樣要標出下加小勾。比如 bei'(毒物,單數陽性主賓格)< * biṣä< * viša-,阿維斯陀語(Avestan)就作 viša-。這個下加小勾可能有(may have had)語音學的甚至是音位學的意義。

張清常(1946/1963)、水谷真成(1959)、匈牙利學者陳國(Csongor1972)、高田時雄(1988b)、蒲立本(1993)都對 IOL Khot S 7 對音文獻做過相關研究。他們對於表示日母的ś'的看法没什麼分歧,都認爲是表示ś的濁音,這恐怕和人們對這個符號在于闐文中用法的認識不無關係。但這個小勾有時還出現在其他字符下面,比如 h'、hv'、c'、kṣ'、k'、kh'等,對這些現象的解釋,就不太統一了,有的學者存疑,有的學者試圖從清濁對立或其他角度解釋,而且都有所保留。這是因爲他們也意識到,這些解釋和漢語語音史的研究多有不合之處,具體的情況後面還要分析。其實,把表示日母的ś'理解成濁音,從漢語語音史的發展來看,也是有問題的。下面按照所轉寫漢語聲母的類别分類討論。

1. 日母

IOL Khot S 7 中,規律最明顯的是用ś'轉寫日母,一共出現 71 次,比如"若"用śa' hä:轉寫 2 次;"如"用śū'轉寫 24 次,用śū'tä 轉寫 2 次。日母字無一例外全部用ś'轉寫①。而單純的ś,用來轉寫書母以及船母和禪母,有時也轉寫生母。比如書母字"舍"用śa 轉寫 2 次;"世"用śe 轉寫 4 次,用śi 轉寫 1 次,用śī 轉寫 2 次,用śīyi 轉寫 1 次。船母字"食"用śihä:轉寫 1 次,用śaihä:轉寫 2 次;"神"用śīṃnä 轉寫 1 次。禪母字"樹"用śū 轉寫 1 次;"是"用śī 轉寫 18 次。生母字多數用ṣ轉寫,有時也用ś轉寫,比如"所"用ṣū 轉寫 8 次,用śū 轉寫 2 次,用śūvä 轉寫 1 次,用śūtä 轉寫 2 次。

按照《切韻》音系,書母就是清擦音,該用ś轉寫;而船母和禪母在這個方言中也用ś轉寫,説明發生了濁音清化,而且清化的規律也很有特色,不管平仄均讀清擦音,比如禪母字"常""城"不念塞擦音,而分别轉爲śa、śe。船禪母對音形式相同,説明兩個聲母合流了。生母應該讀捲舌音,大多數情况下還是用ṣ轉寫。而有個别地方用ś轉寫,大概是音近替代。

按照前賢的觀點,轉寫日母字的ś'表示與ś/ʃ/ 相對應的濁音,那麼日母也應該是濁擦音了。但是在這份文獻中,濁音清化的表現非常明顯。全濁聲母群母轉成 kh、定母轉成 th、並母轉成 ph,分别與溪母、透母、滂母的對音形式相同,而與見母 k、端母 tt②、幫母 p 的對音形式對立,澄母轉成 kṣ[tʂ']的 14 次,轉成 ch[tʃ'] 3 次,轉成 c[tʃ]也是 3 次。全濁塞音、塞擦音聲母轉成濁音字母的幾乎没有,無論平仄轉成送氣清音的占絶大多數,可見它所記録的漢語全濁聲母清化了,而且無論平仄都變爲送氣清音,與漢藏對音材料《大乘中宗見解》所記録的漢語濁音清化現象大體一致。擦音③中,除了上述船禪兩母之外,邪母字只有兩個,與心母混同,總之,一派濁音清化的景象。如果把日母理解成一個濁擦音,那麼在整個音系當中,其他的濁擦音都清化了,爲何日母孤零零地保持着濁音特徵?

2. 匣母

① IOL Khot S 7 中第 7 行 j 是轉寫梵文詞 vajra,漢文本的"日"是對梵文的 j,和于闐文對音没關係。

② 草體的于闐字,經常把兩個 t 疊起來用,表示清輔音[t]。

③ 匣母的對音後面還要詳説。

匣母字對不帶小勾的 h①:有 31 次左右,帶小勾的有 8 次。水谷真成(1959)認爲,h 和 h'的對立,是否像其他例子中的一樣也意味着清濁的區别,具體情況還不清楚。陳國(Csongor1972)只是泛泛談到下加小勾表示濁音,並在括號中補充説明這些帶小勾的形式包括ś'、h:'、hv:'、k'、kh'、p'。不過,k'、kh'、p'只對漢語的清音,他本人所整理的對音表中也是這麽列的。觀點和材料之間的差異他好像没有詳細解釋。高田時雄(1988b)認爲,h 下面帶小勾,一般來説,是表示濁音的,但是有些曉母字也對 h',因此小勾的作用尚不能斷言。也可以認爲是在漢語的匣母清化後,用小勾表示陽調的相對重濁。蒲立本(1993)認爲這和漢語匣母部分無聲化(partially devoiced Chinese/xɦ/)有關。

從梵漢對音材料看,匣母清化的證據比較早。

從後漢三國一直到南北朝的劉宋,匣母開口對 g,合口對 v,只有少數幾個字對 h(參看俞敏 1984,Coblin1981、1993,劉廣和 2001/2002、1991/2002、2015,施向東 1999/2009、2000/2009、2004/2009,儲泰松 1999/2014)。

到了南朝梁,匣母對音形式發生大的變化。南朝僧伽婆羅對音,匣母字"睺、害"對 h,不過不再對 g,對 g 的"伽咎桀其祁耆求瞿乾鉗"全是群母字。匣母也没見着對 v。劉廣和(2004)説,"至少可以説匣紐出現的對音字已經跟曉紐合流"(參看柯蔚南 1990、劉廣和 2004)。

從周隋時期,匣母主要對 h(參看尉遲治平 1982、1985)。

初唐玄奘對音,匣母字絶大多數對 h,這個 h 不僅出現在兩個元音中間,詞開頭的 h 也用匣母字譯。施向東(1983/2009)説:"除了承認匣紐已清化之外,無法解釋這種現象。"

義淨的對音,匣母有不同的功能,最多的是放在來母字前面和來母一起描寫梵文的 r、ṛ。如"曷羅"對 rā,"頡利""頡裹"對 ṛ。有的對 h,如"頡裹"對 hṛ。匣母合口有的對過 v,如"杜和羅"對 dvāra。匣母同樣不再對 g 了(參看劉廣和 1994/2002)。

不空、慧琳對音匣母和曉母混成一團,没有區别。曉匣合流(參看劉廣和 1984/2002、聶鴻音 1985/2014)。

北宋天息災和施護對音,都是匣母字全部對 h,曉匣合流(參看張福平 1996、儲泰松 1996/2014)。

從上面研究可以看出,雖然對匣母開始清化的時間有分歧。不過,從南朝梁開始,匣母字已經不再對濁音 g 了。從保守的角度看,也得承認此時匣母音值發生了顯著變化。

漢藏對音材料中,曉母和匣母字都拿藏文 ha 爲基字的字母來記,這同樣説明在這個方言中,曉匣合流,匣母已經清化(參看羅常培 1933/1961、高田時雄 1988a)。

按照一般的規律,濁擦音的清化應該在濁塞音和塞擦音之前(辛世彪 2001),在 IOL Khot S 7 中,全濁的塞音、塞擦音都已經清化了,那濁擦音匣母也應該已經完全清化,如何僅僅是"部分無聲化"?

高田時雄(1988b)猜測,下加小勾可能表示匣母清化後所讀陽調的重濁特徵。但這個解釋不具有普遍性,依此説,群、定、從、邪、牀、禪、並諸聲母字都該讀陽調,不過轉寫形式中一

---

① 多數匣母對音形式後面有類似冒號的兩個小點":"。蒲立本(1993)説,在晚期于闐語中,h:經常出現在兩個元音中間,而在開頭的位置時,還是寫作 h。他們認爲晚期于闐語喉音[h]在兩個元音中間變成軟齶音[x]。漢語的曉匣母是軟齶擦音,用婆羅迷字記音時,就都得用 h:了。

個下加小勾的字母也没有，而清聲母影、曉、見、溪、知、非敷母字應該讀陰調，却有一些用下加小勾的字母轉寫。可見，從聲調陰陽角度探討下加小勾的作用，還需要再斟酌。

3. 喻三、疑、影母

該文獻中，還有個别影母、喻三、疑母字的對音出現了 h'，這些字爲影母字：意 hī'1 次、恩 heṃ'：nä1 次，占 4.8%；喻三聲母字：爲 hvī'：1 次，占 2.9%；疑母字：我 ha'：5 次、義 hī'：2 次，占 21%。同轉爲 h'的影母、喻三、疑母字一共才 5 個，各位學者都没再從清濁角度來找原因。水谷真成(1959)認爲，疑母字有對 h：'的，顯示出疑母有摩擦的傾向，這一點和喻四比較接近，值得深入研究；喻三對音形式較爲複雜，有一些對 h：'和 g，反映出是個舌位偏後的濁音。高田時雄(1988b)也提到了個别疑母字轉成 h：'，但是認爲這種例子顯示疑母本身具有何種程度的摩擦性，還是個問題。蒲立本(1993)認爲這是疑母和喻三合流、疑母和影母合流的先聲。在這裏，大家都回避了下加小勾的功用問題。若順着原先對日母、匣母的對音形式ś'、h'的解釋，就應該回答，疑母和影母的對音形式中的 h'是清還是濁？如果像先前一樣理解成濁音，那麽影母該如何解釋？把影母理解成濁音顯然與漢語語音史的發展不相符。另外，影母字"於"還對過 yū'1 次(占 2.4%)，疑母字"語"還對過 gū'1 次(占 3%)，這些現象都不好從清濁角度解釋。

4. 其他聲母字

還有一些帶小勾的形式所對的漢語音節，按照《切韻》音系，聲母有清有濁，由於單個聲母所占的比例都不多，放在一起説才方便看出規律。

曉母字：希 hī'1 次，占 1/12＝8.3%。見母字：皆 ka'1 次、ke'yi1 次、歸 kvī' 1 次、界 ke'yi1 次、戒 ke'yi1 次①、敬 ke' 1 次、罽 kviṃ'nä1 次，共 7 次，占 7.7%。溪母字：開 khi'yi1 次，占 4.1%。知母字：長(長老)cā'1 次，占 1/6＝16%。幫母字：百 pa'hä：2 次，占 5.4%。非敷母字：非 hvī'：6 次、不 hvū'：2 次，福 hvū'：hä：1 次，占 9/50＝18%。以上爲《切韻》音系清聲母字。

澄母字：長(長壽)cā'1 次、著 kṣa'hä：3 次、持 kṣī' 3 次，占 7/20＝35%。奉母字：復 hvū'：hä：1 次，占 2.5%。以上爲《切韻》音系濁聲母字。

漢語的入聲韻尾，于闐文也用一個單獨的音節來轉寫，這個表示韻尾的音節，偶然也會出現小勾。這些字有：毒 thūhä'：1 次，若śa'hi'：1 次，復 hvū：hä'：1 次。

對於上述對音現象，水谷真成(1959)提出過一些解釋。他認爲，"皆戒敬"對 k'，在其他文獻中没見到過，或許是誤讀。非敷奉對 hv'：，這個音是唇化軟齶音，正如今天山西文水或閩語中一樣。至於知母字"長"對 cā'，是讀成澄母音。高田時雄(1988b)説，像"皆戒敬"之類對 k'的現象，其實在其他于闐文書中也有，並非只在這份文獻中出現，不過這個符號使用的條件還不明確。幫母"百"的對音形式下的小勾，附加條件也不明確。其他的就没再多談。以上例子中的下加小勾，蒲立本(1993)也未詳細解釋。

① 在第 70 行，這個字符是删除 ki 後補寫的，字符下的小勾寫在了第 71 行 mä 的元音符號之處。蒲立本的轉寫和對音字表都没把這個小勾轉出來，不過第 11 頁注釋 37 是轉出小勾的。

三　于闐文對音文獻中的下加小勾功能的探討

對音研究具有雙向性，分析下加小勾的作用，要充分利用漢語音韻學的研究成果。清聲母字對音形式中出現不少下加小勾的現象，看來它的功用不可能是表示濁音，得從其他角度來思考。出現比例比較高的是下面幾組聲母：

1. 非組

非敷母對 hv:'，奉母也對 hv:'，另外，非敷奉母大量對 hv:。輕唇音非敷奉已經從重唇分化出來，從于闐文的對音形式看，都有 u 介音，這一點和敦煌時期的漢藏對音相同，合口介音比較突出，區別在於，漢藏對音中非敷母主要對 ph，有也少數幾個對 h，多數情況下，這些基字前面要加上前加字 a-chung；而于闐文對音形式中，ph 一個也没有，全部是 hv:、hv:'。所以水谷真成先生的推測輕唇音可能讀唇化軟齶音是值得重視的。不過也不能排除其他的可能，同是根據漢藏對音，羅常培(1933/1961)把當時西北音非敷母擬爲唇齒塞擦音[pf]、[pf‘]，高田時雄(1988a)擬爲唇齒的擦音[f]，如果依照羅先生和高田先生的構擬，不管具體是哪種讀法，于闐文用 hv:來表示非敷奉是音近替代，附上小勾，是凸顯二者有區別。

2. 知組

知母對ṭ、c'，澄母對 c'、kṣ、kṣ'、c、ch、cch，與章昌母的對音形式 c、ch 有重合的。水谷真成(1959)認爲，此處的 kṣ表示近似 ts 的拗音，與梵文中的 kṣ讀音不同。至於帶小勾的 kṣ讀音更不太好確定，小勾是不是表示濁音，還要再推敲。陳國(1972)注意到了這份寫卷有多處改動，有一些恰和知莊章三組聲母相關，比如第 12 行"除"的轉寫，從 chvū 改爲 kṣvū，73 行"種"的轉寫ṭūṃ下頭有個刪去的字母，似乎是 cūṃ。他推測，這份寫卷是抄手照着一份"原本"抄的，在"原本"中，知組用ṭ、kṣ等轉寫，章組用 c、ch 等轉寫，分得很清，由於抄手審音水平有限，留下了這份卷子中的知組混入章組的對音混亂形式。高田時雄(1988b)雖然注意到了于闐文對音情況，但是更多地參考同時期的漢藏對音，認爲最恰當的看法當是知章二系没有區別。實際上，按照于闐文的對音，章組字基本上没有混用知組的對音形式。章昌兩母對 c、ch，船審禪都對擦音ś，只有一個章母字"種"的對過ṭūṃ，而且對音形式還是改動過的。可見章組和知組是區分的。至於知組對音形式出現 c、ch，這要用歷史的、發展的眼光去考察。按照唐代梵漢對音的規律①，知組字一般對捲舌塞音ṭ之類，莊組的初母字對 kṣ，kṣ此時理解成捲舌塞擦音，章組字對 c、ch 之類，c、ch 一般理解成舌葉音。于闐文對音與此相比，知組字大量對 kṣ和 c，反映了向塞擦音的轉化，這在澄母字對音形式中表現尤爲突出，除對 kṣ2 次，住對 kṣ5 次，持對 kṣ'1 次，著對 kṣ'1 次，重對 kṣ1 次，共 10 次，而澄母字對 c、ch、cch 的一共也有 6 次，都是塞擦音，没再對過塞音。對 kṣ②的數量相對較多，説明更加接近捲舌塞擦音，澄母清化，不論平仄都讀送氣的塞擦音[tṣ‘]。知母字知、中對ṭ5 次，長對 c'1 次。一些知母

---

① 此處以反映中原音的玄奘對音爲例，是因爲規律比較清晰。不空 c、ch 等的對音涉及到精組字，kṣ的對音可能和所傳的梵音有關，這些都需要討論，此處不宜展開過多的頭緒，參看施向東(1983/2009)，劉廣和(1984/2002)。

② Emmerick 後來把于闐字母 kṣ讀音擬爲[tṣ‘]，當然，和漢語的對音材料是他的重要證據。

字對捲舌塞音ṭ，音近替代的可能性比較大，于闐字母中没有與kṣ對應的表示不送氣塞擦音[tṣ]，要突出捲舌的特徵，只有用清塞音ṭ；當然也可能包含守舊的因素。像知組這樣難以描寫的音，用于闐文字轉寫時，加上小勾是可以理解的。至于漢藏對音中知章組的關係，將來有機會了再繼續深入探討。

3. 見組

最突出的是匣母，對h'：有8次，占21%，這些字有：解he'yi1次，行he'：1次，降haṃ'：ṅä1次，號hau'：1次，後hau'：3次、護hau'：1次。見溪曉母字對音形式中有小勾的，上文已經列過了，群母没出現對小勾的。這些對小勾音節的見組字中，一等字4個：號、後、護、開，對含有小勾的音節6次；二等字6個：解、行、降、皆、戒、界，對含有小勾的音節7次；三等字3個：歸、敬、希，對含有小勾的音節3次；四等字1個：羂，對含有小勾的音節1次。規律似乎凸顯出來了，二等字最多，而且都是開口二等。

爲了更清楚地表現這個規律，還要計算各等見組字對含有小勾音節的比例。

見母一等字有：孤、故、固、告、剛、廣、國、根8個，對k37次。溪母一等字有：可、苦、開、口、空5個，對kh13次，對kh'1次。曉母一等字有：訶、火2個，對h4次。匣母一等字有：何、號、後、黄、弘、斛、合7個，對h：22次，對h'：5次。總計一等見組字出現22個，對音共82次，帶下加小勾的有6次，占7%。

見母二等字有：皆、戒、界、教4個，對k'4次，對k3次。曉母二等字有：化1個，對h：1次。匣母二等字有：下、解、壞、行、降、還6個，對h：6次，對h'：3次。總計二等見組字出現11個，對音共17次，帶下加小勾的有7次，占41%。

見母三等字有：俱、句、歸、究、竟、敬、經、恭、供、訖、今、金、給13個，對k37次，對k'1次。溪母三等字有：起、丘、乞3個，對k5次。群母三等字有：其、祇、求、極4個，對kh8次。曉母三等字有：虚、希、香、況4個，對h：6次，對h'：1次。喻三對h'：只有1次，不統計了。總計三等見組字24個，對音共58次，帶下加小勾的有2次，占3%。

見母四等字有：見、肩、堅、羂4個，對k8次，對k'1次。溪母四等字有：啟、稽2個，對kh3次。匣母四等字有：賢1個，對h：2次。總計四等見組字出現7個，對音14次，帶下加小勾的有1次，占7%。

這麽比較下來，二等字對下加小勾的比例，在四個等中更顯優勢了。尤其引人注目的是，這些對音形式中出現小勾的二等字"解、行、降、皆、戒、界"全是開口，合口二等字"化、壞、還"對音形式中没出現過小勾。看來此處的小勾，應該和見系二等開口牙喉音齶化有關。

二等開口見系牙喉音齶化，是《切韻》音系之後發生的一種重要音變。陸志韋（1939/1999）根據神珙《四聲五音九弄反紐圖序》區分"東方喉音"（見組一等開口）與"中央牙音"（見組二等開口），認爲"唐代若種方言中k系與c系必有分别"。邵榮芬（1979、2011）發現《集韻》開口二等牙喉音反切上字改用三四等切上字的趨勢很明顯，認爲這些字已經前生前齶介音了。張渭毅（2002/2006）在此基礎上還討論了開口二等牙喉音和同韻三等開口牙喉音的合流問題。近些年來，有學者整理敦煌吐魯番漢文文獻異文通假，也發現了一些二等牙喉音字與三四等字混用現象，解釋起來有分歧。廖名春（1992）從"晏"（影母諫韻）"堰"（影母願韻）的互代推測，"《切韻》二等開口喉牙字主要元音[a]在北方話裏發展爲齊齒呼，即加上韻頭[i]這一音變現象，竟在公元七世紀左右的西北方音裏就出現了"。黎新第（2011b）發現了更多這類例子，他認爲，"或可據以推測開口二等韻母的見系字可能也已經開始孳生i介音"。

不過,見組三四等字和精組字已經出現了一些代用的,而一二等字幾乎没有與精組代用,黎新第(2015)認爲見組聲母已經開始有細微差别,三四等韻的可擬爲舌面中音[c]組,一二等韻的仍然是[k]組。最近,鄧强(2017)認爲,"既然一些見系開口二等字已産生-j 介音,變與三四等字同韻母,那麽在見系三四等字聲母發生齶化進而變爲與精組三四等相近的舌面音聲母的時候,産生-j 介音的原見系開口二等字聲母在相同音韻條件下就會跟着見系三四等字一起變爲舌面聲母,於是便出現了見系開口二等字與精組開口三四等字的互代。這一互代的語音實質和精組與見系三四等字的互代是相同的。……有部分字聲母已露出了變爲舌面音的痕跡。"

以上諸位先生的共識是,在所討論的文獻中,二等開口牙喉音字已經産生出 i 介音,分歧在於,聲母是否前化或齶化。

在這個背景下,于闐對音文獻中,見系二等字對音形式帶小勾的比例明顯多於其他等,恐怕是用小勾提示讀音發生了變化。具體是介音還是聲母有差異,將來有機會再詳説。

4. 疑母

疑母對音形式帶小勾的比例偏大,對 h'和對 g'的合在一起,共有 8 次,占 24%。其他主要是對 g,有 24 次,占 73%;對 h1 次,各占 3%。可見疑母有變零聲母的趨勢了,加上小勾,表示與單純的 h 或 g 都不同。

5. 小結

總的來看,于闐文對音文獻中的下加小勾,應該是個區别符號,表示與單純的字母讀音有異。只有這樣,才能够較爲統一地解釋前面討論過的對音現象,也和于闐詞彙拼寫形式中下加小勾的作用相一致,因爲那也是在提示區别,最初或許有提示濁音的作用,但是隨着 š 音的脱落,這個濁音成分已經没有著落,應該相應地轉變爲其他的語音區别。比如前面舉過的 bei'(毒物,單數陽性主賓格),是從 * bišä-演變而來,元音間的 š 後來脱落了,但是字母下面留下了小勾。原先的兩個元音發生了融合,形成一個音節,小勾也就相應地寫在了 bei 的下頭。這個小勾應該有語音或音位學上的作用,即 bei'和單純的 bei 讀音應該有别,否則,人們拼寫相關詞語時,不會這麽統一地帶上小勾。根據 Bailey 的《于闐塞語詞典》,文獻中出現的 bei'的其他語法形式還有 bä'tu、be'、ba'、bei'ṇa、bei'ṇei、bi'nai 等等,絶大多數在第一個音節下面加有小勾,如果不是反映自然語言當中的語音區别,小勾僅僅是抄手根據對傳統的記憶、或者根據學術傳承人爲添加的,那麽從早期于闐語發展到晚期于闐語,經歷數百年時間,爲什麽文獻中的標記如此統一?至於所表示的語音區别是什麽,在此例中,肯定不會是清濁對立。于闐字母 b 本來就記録濁音,如果再用小勾表示濁音,實無必要。總之,小勾的作用,應該是表示該音節讀音與慣常不同,具體有哪些不同,還需要再深入細緻探討。

于闐文對音文獻中下加小勾的作用與漢藏對音文獻中的前加字 a-chung(拉丁轉寫爲')的功能頗爲類似。柯蔚南(2002)探討藏文古文獻中前置音 a-chung 功能,提出 a-chung 是個表示區别的符號,其功能是提醒讀者該字母通常或普通的讀法可能與所記録的音不完全一致。他的證據主要是敦煌文獻中,用藏文轉拼漢字音及用藏文轉拼梵文的材料。比方説,藏文没有唇齒音[pf][pf']之類,轉寫這組音,就得用'p、'ph、'hw 等了。漢語的曉母是個舌根軟齶音[x],而藏語的 h 發音部位靠後,一般認爲是喉部擦音,記録漢語的[x]就得在 h 前面帶上 a-chung。李建强(2013)也曾討論過其他包含的 a-chung 對音形式,比如,在有的藏文對音文獻中,出現大量用's 對漢語心母字的現象,那是因爲在特定藏語方言中,清擦音 s 帶有很强的送氣成分,與漢語心母讀音有異,所以要加上 a-chung。又如有一些 a-chung 加上濁音字母來對漢語的全濁聲母,這或許反映了藏語單濁音聲母開始清化了。這些相似之處,對探索藏文的創制有一定的參考價值。一般認爲,藏文的創制,參考了梵文(薩爾吉 2010),但是梵文系統中,没有類似 a-chung 的符號。而藏文的 a-chung 與于闐文的下加小勾不僅在功能上,而且在形體上也有些相似,這二者之間的關係確實值得進一步研究。

四 于闐文對音形式ś'所反映的日母音值蠡測

按照前面的分析,于闐文對音形式ś'中的小勾只是提示與單純的清擦音ś讀音有别,不一定是清濁之别。破除了這個成見,就可以爲探討日母的音值,開拓了廣闊的空間。從語音的系統性考慮,日母音值的探討可以和微母結合起來。

邵榮芬(1963/2009)在敦煌變文中發現微母與云母、以母代用各一例,由於例子太少,並未算作微母消失的跡象。黎新第(2011a)擴大了研究材料,又發現了一些微母和疑、云、影、日母字互代的現象,這些例子,占微母字代用出現總數(包括微、微代用+微母與其他聲母字代用)的 44%,綜合考慮之下,他認爲,微母讀音至少已經發展到讀 v 或 w 的階段了。

從對音證據來看,也能支持這個判斷。

在 IOL Khot S 7 中,微母對 v29 次,對 yv1 次。顯然,對 v 是正例,對 yv 是例外①。這個對音現象得綜合分析。

梵漢對音中,奉微母字對 v,大概是從唐代大量出現的。從玄奘、不空對音開始,梵文以 v 開頭的音節一般不再用匣母字和于母合口字對,玄奘用奉母,不空主要用微母字對。用微母字對 v,也是西北音與中原音的一項區别。IOL Khot S 7 中依然是微母字對 v,這符合西北音的一般規律。不過,相同的對音形式背後,漢語的實際讀音恐怕不同。

玄奘、不空等人對音材料中,全濁的塞音、塞擦音聲母都還完好保留②,輕唇音奉母或微母出現不久,可以理解成濁擦音,但音系中的其他濁擦音都清化了,奉微母的濁音音色應該很不穩定。而且,在 IOL Khot S 7 中,濁音清化的進程比玄奘、不空音系更向前發展了一步,不僅單獨的擦音已經清化了,單獨的塞音也清化了。整個音系當中,船、禪、邪等濁擦音都清化了,奉微母不大可能還保持着典型的濁音特徵,結合語音史的發展,最合理的推測是向零聲母轉化。

這種推測在敦煌漢藏對音材料中能找到證據。根據高田時雄(1988a)的研究,微母的轉寫在不同材料中存在分歧。轉寫成'b、b 主要出現在《千字文》《金剛經》《阿彌陀經》《大乘中宗見解》《天地八陽神咒經》中,轉寫成 w、'w③ 主要出現在《道安法師念佛讚》《心經》中,在

---

① 有學者僅根據這一條材料就認爲在 10 世紀河西方音中,已經發生了某種"唇擦化"音變,證據實在太單薄。參看鄭偉(2011)。

② 劉昀(2017)據房山石經中標爲不空譯的《般若波羅蜜多心經》認爲,不空時代的長安音全濁的塞音、塞擦音已經開始清化。根據劉廣和《不空梵漢對音字譜》,漢語全濁聲母字對梵文不送氣清音的只有 5 個,對占全濁聲母字總數的 5/94=5.3%,對送氣清音的只有 1 個,這個比例太小了。即便是處在清化過程中,清濁對音比例的差距也不該如此懸殊。

③ 這是高田先生的轉寫,恐怕還需要再斟酌。

《南天竺國菩提達磨禪師觀門》中，兩類都出現。他認爲，明母當時讀成[mb]，所以該用'b 轉寫，明母輕脣化後分化出微母讀[ɱv]，也可以用'b 來轉，有的材料用 w 轉寫，説明進一步朝[v]發展了。這裏有兩個細節可以商榷。爲了方便討論，我們先舉個例子。在《南天竺國菩提達磨禪師觀門》(P. t. 1228)中，奉、微母字可以拼成འབ，也可以拼成འྭ，有時འྭ前面還可以加前加字འ(轉寫成')。比如第 1 行：微母字問[illegible]；第 7 行：奉母字梵[illegible]；第 14 行：微母字無[illegible]。高田先生所説的 w，就是指的འྭ這個字母，是把它認成藏文的ཝ，可這在對音原理上是講不通的，འྭ多數情況下是用來轉拼喻三合口，喻三合口除了對འྭ之外，還轉拼以འ爲基字的音節，此處的འྭ應該是基字འ下加བ，表示喉音 ɦ 和 w 的結合，可轉寫爲 ɦw。另外，藏文字母没有 ba 和 va 的區分，都用同一個字母བ表示，比如梵文詞 bhagavate(世尊)，在敦煌藏文卷子中的寫法，亂極了，原因之一就是不分 b 和 v。照此來推，微母字對音形式中的བ，有兩種可能，一種是表示雙唇音[b]，另一種是表示脣齒音[v]。從總體的演變趨勢來看，到了晚唐五代，輕脣音已經分化的證據非常明顯，如果還把微母對音形式འབ理解成[mb]，解釋起來太迂曲。奉微母讀近似[v]音的可能性更大，這樣能够更加順暢統一地解釋材料。明母輕脣化之後，從[ᵐb]演變爲[ᶬv]，聽感上[v]的成分是主要的，所以漢藏對音材料中，絕大多數轉成བ[v]；在བ[v]前面加前加字འ，是表示讀音與[v]略有不同，區别恐怕在兩個方面，一是表示[v]前頭還有個比較弱的鼻音[ɱ]，另外可能是朝半元音演變了。奉微母字在有的材料中還可以用 ɦw 來轉拼，説明在這種方言中，脣音成分恐怕已經減弱了，半元音 w 的成分比較明顯。有時在 ɦw 前面又加上前加字འ，是表明與喉音 ɦ 有别。綜合起來看，至少在《道安法師念佛讚》《心經》以及《南天竺國菩提達磨禪師觀門》這些主要用 ɦw、'ɦw 來轉拼微母的材料中，微母讀成零聲母或半元音的可能性最大。

從于闐文對音形式ś'來看，日母應該是擦音，與微母形成雙向對立。按照語音的系統性原則，"處於雙向對立中的音位，如果某一個區别特徵或音位的組合關係發生了變化，往往會波及到聚合群中的所有的音位，使音變具有系列性的特點"。(徐通鏘 2014)如果于闐文對音材料中，微母已經向半元音或通音轉化，那麼相應的日母也應該有類似的變化。

日母讀音向半元音轉化，這與漢藏對音材料不矛盾。敦煌漢藏對音材料中，日母一般轉寫藏文的ཞ(ʑ)，可是考慮到藏語單濁音聲母已經開始開始清化，用ཞ來表示日母，可能是强調摩擦的特徵，而並非强調濁，而且有時前面加上前加字འ以示與單純的ཞ讀音有别。記録于闐語的婆羅迷字母没有和ś對應的濁音符號，轉拼漢語日母字時用ś'，以下加小勾提示讀音有别，與藏文的記音形式内在原理是一致的。日母的發音部位大概與ś接近，所以選擇在ś之下加小勾來表示日母。

從不空的梵漢對音，到晚唐五代的于闐文對音，日母、微母的演變是大體平行的。

微母的前身是明母，西北音中，明母讀爲ᵐb，這個音發生輕脣化音變，或許經歷了ᵐb>ᶬv 的過程，所以西北音能用微母對 v。如果 IOL Khot S 7 中，微母已經向零聲母[ʋ]轉化，那麼它前面的來自 m 的鼻音成分應該已經非常微弱或消失了。

在不空對音音系中，禪母對 j，是塞擦音，船母字很少出現，秫字對śud。在 IOL Khot S 7 中，船、禪兩母都對擦音ś，那應當是二者合流，禪母讀成擦音。不空音系日母對 ñ 又對 j[ʤ]，假定其中的 j 也發生了讀爲擦音的音變，那麼日母該讀成[ⁿʑ]，與微母[ᶬv]都是鼻音後有同部位的濁擦音，可以形成雙向對立。在濁音清化的大潮流影響下，日母和微母一樣，不可能保持穩定，最合理的變化是向半元音或通音[j]轉化，同時，前面的鼻音成分弱化脱落，和微母形成新的雙向對立。當然,日母此時的讀音,與喻四依然有别,或許發音部位並不相同,而且摩擦的成分更强一些,所以日母和喻四對音形式是嚴格區别的。

本文的結論與黎新第(2011a)的最爲接近。不過,在 IOL Khot S 7 中,所有日母字的對音形式都是相同的①,包括止攝開口字“而爾二”、魚韻字“如汝”,還有“若然人入”四字,而且“如、若然”出現的次數都比較多,看不出按照 i 韻母和非 i 韻母分化的跡象,這是與黎先生結論的不同之處。差異的原因,還值得繼續探討。

参考文獻

[1][匈]陳國(Csongor). A Chinese Buddhist Text in Brahmi Script,Unicorn10,1972:36-77.

[2]陳以信. A Reconstruction of Late Middle Chinese[M]. 香港:香港大學,2006.

[3]儲泰松. 鳩摩羅什施譯音研究[A]. 儲泰松. 佛典語言研究論集[C]. 蕪湖:安徽師範大學出版社,2014:38-47.

[4]儲泰松. 施護譯音研究[A]. 儲泰松. 佛典語言研究論集[C]. 蕪湖:安徽師範大學出版社,2014:48-72.

[5]鄧强. 唐五代西北方音見系開口二等演變考[J]. 敦煌研究,2017(6).

[6][瑞]高本漢,趙元任、羅常培、李方桂合譯. 中國音韻學研究[M]. 北京:商務印書館,2003.

[7][日]高田时雄. 敦煌資料による中國語史の研究——九・十世紀河西の方言[M],東京都:創文社,1988.

[8][日]高田時雄. コータン文書中の漢語語彙[A]. 汉語史の諸問題[C],京都大學人文科學研究所研究報告,1988b:71-128,(中譯本)鍾翀譯. 敦煌・民族・語言,北京:中華書局,2005:213-305.

[9][美]柯蔚南(W. South Coblin). Note on the Dialect of the Han Buddhist Transcriptions, Proceedings of the International conference on Sinology, Section on Linguistics and Paleography. Academia Sinica. Taipei. 1981:121-183.

[10][美]柯蔚南(W. South Coblin). BTD Revisited-A Reconsideration of the Han Buddhist Transcriptional Dialect,《歷史語言研究所集刊》第 63 本第 4 分,1993:867-943.

[11][美]柯蔚南(W. South Coblin). Notes on Sanghabhara's Mahāmāyūrī Transcriptions,Cahiers de linguistique-Asie Orientale Volume X IX,Numéro 2,1990:195-251.

[12][美]柯蔚南(W. South Coblin). On Certain Functions of ʻa-chung in Early Tibetan Transcriptional Texts,Linguistics of the Tibeto-Burman Area,Volume 25. 2,2002:168-184.

[13]黎新第. 唐五代西北方音中的微、日二聲母——敦煌寫本别字異文所見[A]. 中文學術前沿(第 2 輯)[C]. 杭州:浙江大學出版社,2011:14-19.

[14]黎新第. 敦煌别字異文所顯示的異等韻母相混現象[J]. 語言研究,2011(4).

[15]黎新第. 對幾組聲母在五代西北方音中表現的再探討[J]. 語言研究,2015(1).

[16]李建强. 從敦煌吐蕃漢藏對音文獻看藏語濁音清化[M]// 語言學論叢(第 6 輯). 北京:商務印書館, 2013:258-273.

[17]廖名春. 從吐魯番出土文書的别字異文看五至八世紀初西北方音的韻母[J]. 古漢語研究,1992(1).

[18]林燾. 日母音值考[A]. 林燾. 林燾語言學論文集[C]. 北京:商務印書館,2001:317-336.

[19]劉廣和. 不空譯咒梵漢對音研究[A]. 音韻比較研究[C]. 北京:中國廣播電視出版社,2002:1-118.

① 除了第 7 行中直接轉寫梵文詞 vajra 的“日”字(j)。

[20]劉廣和. 西晉譯經對音的晉語聲母系統[A]. 音韻比較研究[C]. 北京:中國廣播電視出版社,2002:178-188.

[21]劉廣和. 東晉譯經對音的晉語聲母系統[A]. 音韻比較研究[C]. 北京:中國廣播電視出版社,2002:148-159.

[22]劉廣和.《大孔雀明王經》咒語義浄跟不空譯音的比較研究[A]. 音韻比較研究[C]. 北京:中國廣播電視出版社,2002:131-147.

[23]劉廣和. 南朝梁語聲母系統初探[A]. 音韻論叢[C]. 濟南:齊魯書社,2004:213-230.

[24]劉廣和. 南朝宋齊譯經對音的漢語音系初探[A].《西域歷史語言研究集刊》(第八輯)[C]. 北京:科學出版社,2015:167-180.

[25]劉昀. 不空譯《心經》梵漢對音及相關問題研究[J]. 古漢語研究,2017(1).

[26]陸志韋. 三四等韻與所謂"喻化"[A]. 陸志韋語言學著作集(二)[C]. 北京:中華書局,1999:477-506.

[27]羅常培. 唐五代西北方音[M]. 北京:科學出版社,1961.

[28]聶鴻音. 慧琳譯音研究[A]. 古代語文論稿 [C]. 北京:中國社會科學出版社,2014:23-37.

[29][加拿大]蒲立本(E. G. Pulleyblank). Middle Chinese: A study in historical phonology[M]. Vancouver :University of British Columbia Pr,1984.

[30]蒲立本、恩默瑞克(Emmerick&Pulleyblank). A Chinese Text in Central Asian Brahmi Script—New Evidence for the Pronunciation of Late Middle Chinese and Khotanese[M]. Roma :Istituto italiano per il Medio ed Estremo Oriente,1993.

[31]薩爾吉. 藏文字母起源的再探討[J]. 西北民族大學學報,2010(2).

[32]邵榮芬. 敦煌俗文學中的别字異文和唐五代西北方音[A]. 邵榮芬語言學論文集[C]. 北京:商務印書館,2009:200-276.

[33]邵榮芬. 漢語語音史講話[M]. 天津:天津人民出版社,1979.

[34]邵榮芬. 集韻音系簡論[M]. 北京:商務印書館,2011.

[35]施向東. 玄奘譯著中的梵漢對音研究[A]. 音史尋幽——施向東自選集[C]. 天津:南開大學出版社,2009:1-79.

[36]施向東. 十六國時代譯經中的梵漢對音[A]. 音史尋幽——施向東自選集[C]. 天津:南開大學出版社,2009:100-116.

[37]施向東. 北朝譯經反映的北方共同漢語音系[A]. 音史尋幽——施向東自選集[C]. 天津:南開大學出版社,2009:117-132.

[38]施向東. 鳩摩羅什譯經與後秦長安音[A]. 音史尋幽——施向東自選集[C]. 天津:南開大學出版社,2009:88-99.

[39]水谷真成. Brahmi 文字転写『羅什訳金剛経』の漢字音[A]. 名古屋大學文學部十周年紀念論集[C]. 名古屋市:名古屋大學文學部,1959:749-774.

[40]王力. 漢語語音史[M]. 北京:中國社會科學出版社,1985.

[41]尉遲治平. 周、隋長安方音初探[J]. 語言研究,1982(2).

[42]尉遲治平. 論隋唐長安音和洛陽音的聲母系統[J]. 語言研究,1985(2).

[43]項夢冰. 客家話古日母字的今讀——兼論切韻日母字的音值及北方方言日母的音變歷程[J]. 廣西師范大學學報,2006(1).

[44]辛世彪. 濁音清化的次序問題[J]. 海南大學學報,2001(1).

[45]徐通鏘. 歷史語言學[M]. 北京:商務印書館重印本,2014.

[46]俞敏. 後漢三國梵漢對音譜[A]. 中國語文學論文選[C]. 東京:光生館,1984:269-319.

[47]張清常. 唐五代西北方音一項參考資料——天城梵書金剛經對音殘卷[J]. 内蒙古大學學報,1963

(2).

[48]張福平. 天息災譯著的梵漢對音研究與宋初語音系統[A]. 薪火編[C]. 太原:山西高校聯合出版社,1996:264-339.

[49]張渭毅. 集韻的反切上字所透露的語音信息[A]. 中古音論[C]. 開封:河南大學出版社,2006:121-177.

[50]鄭偉. 探索不同材料所反映的漢語以母字的音變[J]. 語言研究,2011(4).

The Evolution of *Ri*-initial in North-west Dialect of Middle Chinese Based on the Khotanese-Chinese Transcription Materials

Li Jian-qiang

Abstract: In the Khotanese-Chinese transcription materials, initial *Ri* renderss'which is usually regarded as the voiced consonant opposite to ś. But this reconstruction is in fact based on a misunderstanding of the function of the subscript hook of Brahmi akṣara. The view of subscript hook denoting voicing can conform to any consensuses neither of Chinese historical phonology nor of Khotanese language itself. Actually the subscript hook, just like a-chung in Tibetan, functioned as a diacritic indicating difference in pronunciations. In the trend of devoicing of Chinese initials, the initial *Ri* and *Wei* formed a new bilateral opposition. The initial *Wei* was becoming zero initial, so the the initial *Ri* was also becoming zero initial correspondingly. This dialect was a successor of North-west dialect of Tang dynasty proposed from Amogha Vajra' transcriptions.

Key words: subscript hook, diacritic, devoicing, initial *Ri*(日), initial *Wei*(微), zero initial

通信地址:北京市海淀區中關村大街59號中國人民大學國學院
郵編:100872
E-mail:ljq@ruc.edu.cn

六朝石刻殘損字形例釋*

梁春勝

内容提要 六朝石刻有不少殘損較爲嚴重,因此對殘損字形的辨釋就成爲石刻整理和研究的一項重要内容。殘損字形的考釋,往往需要綜合運用多種方法。文章從根據殘存字形、上下文意、押韻規律、前人録文、出典、善拓六個方面,對殘字的辨釋做了初步探索。

關鍵詞 六朝 石刻 殘損字形

六朝石刻歷時久遠,由於自然或人爲因素的破壞,往往存在不同程度的殘損。如果殘損傷及字形,就會造成殘字,給釋録帶來困難。另外,時代較晚、質量不高的拓本,以及經過縮印的拓本的圖版,與較早的善拓和清晰的圖版相比較,殘損也往往更爲嚴重。前人在六朝石刻釋録方面的問題,有不少就是由於拓本(包括圖版)字形殘損而導致的。因此,對於殘損字形的辨釋,就成爲石刻整理和研究的一項重要内容。對於殘損字形,可以根據具體情況,從多個方面展開考釋。筆者不揣譾陋,以下從六個方面分别舉例加以説明。

一 根據殘存字形考釋殘字

六朝石刻上的殘損字形,殘泐程度並不一致。殘泐嚴重者,往往殘缺關鍵部分,整字看不出輪廓;最嚴重者,則連片殘泐,文不成句。這樣的殘字,辨認難度很大,甚至無法辨釋。而那些殘損不太嚴重、輪廓猶存的字形,則常常可以根據殘存的字形,結合上下文意來加以考釋。例如:

1. 東魏元均墓誌:“方當剋壯難老,補兹廥闕,誰謂與人,遽同過牖。”(《校注》7/383)①

按:“廥”拓本作“[illegible]”,字形雖有殘損,但仍可看出上從“䜌”,下從“衣”,其字當是“衮”字俗寫。《玉篇殘卷·舟部》“服”字下釋文“衮”作“[illegible]”(418),《龍龕手鏡·䜌部》“衮”俗作“[illegible]”(181),皆可比參。“衮闕”指帝王職事的缺失,語出《詩·大雅·烝民》:“衮職有闕,維仲山甫補之。”(《十三經注疏》569a)②趙超(2008:361)、韓理洲等(2010:383)録作“黄”,亦非。

2. 東魏穆良墓誌:“君稟靈秀異,不師如自高;學以訓成,負墉而桀立。”(劉新暉,2015:94)

* 本文是中國博士後科學基金特别資助項目(課題號:2013T60263)的階段性成果。小文曾在2017年浙江大學“中古漢語青年學者十人談”工作坊(12月2日)上宣讀,承蒙方一新、汪維輝、謝國劍等先生賜教,謹此致謝!

① 毛遠明《漢魏六朝碑刻校注》,簡稱《校注》。斜綫前的數字表册數,後表頁數。下同。

② 古書影印本若每頁分上下兩欄,本文分别以a、b表示;若分上中下三欄,則分别用a、b、c表示。

按："墉"拓本作""(趙君平、趙文成，2012：52)，據字形輪廓當是"牆"字俗寫。魏高猛妻元瑛墓誌"牆宇千刃"之"牆"作""(《校注》6/1)，魏元曄墓誌"循牆彌恭"作""(《校注》6/91)，皆可比參。"負牆"典出《禮記・孔子閒居》："子夏蹶然而起，負牆而立，曰：'弟子敢不承乎。'"鄭玄注："承，奉承不失隊也。起負牆者，所問竟，辟後來者。"(《十三經注疏》1618a)後遂以"負牆"作爲就學之典。此處是説誌主天資聰穎，不從師而已自然高人一等；從師就學後，更是桀然卓立。

3. 北齊標異鄉義慈惠石柱頌："達□好施於前，公復踵福於後。"(《校注》9/107)

按：缺字拓本作""，不够清晰，《八瓊室金石補正續編》卷九(353a)、《寶鴨齋題跋》卷中(《新編》2/19/14353a)①其字亦缺録，《定興縣志》卷一六(《新編》3/23/612b)、《魯迅》(1/6/1070)②、顔娟英(2008：198)、韓理洲等(2008：46)録作"摩"，非是。達摩爲禪宗之祖，不聞其好施。根據字形輪廓，其字當是"拏"字。"達拏"指須達拏太子，以好施著名，正合於文意。

4. 隋鞠遵墓誌："君龍門已踵，乃在弱齡。"(《隋彙》3/167)③

按："踵"拓本作""，不甚清楚，但仍可以看出乃是"蹈"字。《世説新語・德行》："李元禮風格秀整，高自標持，欲以天下名教是非爲己任。後進之士，有升其堂者，皆以爲登龍門。"劉孝標注引《三秦記》："龍門一名河津，去長安九百里。水懸絶，龜魚之屬莫能上，上則化爲龍矣。"(6)"龍門已蹈"即本此，指得到有名望者的援引而身價提升。魏元顯墓誌："始蹈龍門，實膺造士。"(《校注》5/340)可以比參。羅振玉《京畿冢墓遺文》卷上誤録作"踵"(《新編》1/18/13617b)，《隋彙》沿誤。韓理洲(2004：209)録作"躍"，亦非。

二　根據上下文意考釋殘字

字形與文意相結合，是考釋石刻文字的基本方法。在殘損字形辨識方面，上下文語境往往可以提示殘字應該是什麽字，從而給我們的考釋提供重要綫索。例如：

5. 魏韓虎墓誌："君早薨□怙，晚丁母憂，居喪□毁，至性幾殁。"(王連龍，2013：47)

按：第一個缺字拓本作""，字形殘泐嚴重，根據文意，並參考字形殘劃，其字當是"乹"字，爲"乹"之增筆俗字，"乹"同"乾"。魏張正子父母鎮墓文"坐乾向巳"之"乾"作""(《校注》3/223)，魏吴光墓誌"仰俠乾日"作""(《北圖》4/33)④，皆其比。"乾怙"代指父親，典出《易・説卦》"乾，天也，故稱乎父"和《詩・小雅・蓼莪》"無父何怙"。"君早薨乾怙，晚丁母憂"，即謂誌主早年喪父，晚年喪母，文意通順。與"乾怙"結構和意義相同的還有"乾覆"，如魏寇臻墓誌："公早傾乾覆，奉嚴母以肅成。"(《校注》4/64)魏張猛龍碑："既傾乾覆，唯恃坤慈，冬温夏凊，曉夕承奉。"(《校注》5/143)又有"乾蔭"⑤，如魏元靈曜墓誌："少傾乾蔭，孤苦

① 新文豐出版公司編輯部《石刻史料新編》，簡稱《新編》。"2/19/14353a"表示第2輯第19册14353頁上欄。下仿此。

② 魯迅《魯迅輯校石刻手稿》，簡稱《魯迅》。"1/6/1070"表示第1函第6册1070頁。下仿此。

③ 王其禕、周曉薇《隋代墓誌銘彙考》，簡稱《隋彙》。

④ 北京圖書館金石組編《北京圖書馆藏中國歷代石刻拓本匯編》，簡稱《北圖》。

⑤ 《漢語大詞典》將"乾蔭"釋作"父親的庇蔭"，未確。

自立。"(《校注》5/200)魏長孫季墓誌:"慶昆弟五人,早傾乾蔭,實資[聖]善,義等鳲鳩。"(《校注》6/392)魏穆景胄墓誌:"君夙丁閔凶,乾蔭傾覆。"(齊運通,2012:25)皆可以比勘。

第二個缺字拓本作"▇",據文意和字形殘劃,其字當是"哀"字。"哀毀"一詞墓誌習見,指居親喪過度悲哀而毀損身體,正切合文意。

6. 魏元鷙墓誌:"履歷四牧,清風一致。"(《校注》4/52)

按:"致"拓本作"▇",殘泐較甚,趙超(2008:46)録作"□",蓋闕疑也。據字形輪廓,其字當是"敷"字俗寫,魏元襲墓誌"本枝爰敷"之"敷"作"▇"(《北圖》5/175),《龍龕手鏡・文部》"敷"俗作"▇"(118),皆其比。"履歷四牧,清風一敷",是説元鷙歷仕四州,皆能爲政清明。"清風"指清廉仁惠之風化,古代行風化常用動詞"敷",如魏王理奴墓誌:"仁化一敷,燕邦再變。"(《校注》4/108)魏羊祉墓誌:"一敷善化,膠庠載序。"(《校注》4/319)魏楊昱墓誌:"至訓一敷,則化牟移俗。"(《校注》7/8)皆可比勘。《校注》將其字録作"致",文意不通,恐不可從。洛陽市文物局(2001:12)、韓理洲等(2010:96)同誤。

7. 北齊趙静墓誌:"即以其月兩拾日己酉,窆於際陌長汪之西、武城東北之垂陰。"(葉煒、劉秀峰,2016:160)

按:"汪"拓本作"▇",據字形輪廓和文意當是"注"字。"際陌"爲河名。東魏王忻墓誌:"粤武定四年三月十九日,葬於鄴西際陌河北崗嶺之阿。"(賈振林,2011:196)北周高永樂妻元沙彌墓誌:"以周建德六年歲次丁酉八月壬寅朔十九日庚申,葬於際陌河北五里。"(葉煒、劉秀峰,2016:194)皆其證。"長注"代指河,"際陌長注之西"即指際陌河之西。唐張濬墓誌:"滔滔長注,引溟海以漣漪;巖巖曾構,望崐墟而並峻。"(《北圖》11/43)其中"長注"即代指河流,可以比參。

8. 隋王幹墓誌:"君於是衝冠裂目,執鋭被堅,據幛虎視,拔劍雷息,斬長虵而存楚都,戮封豢而復燕國,君預其功也。"(《隋彙》2/327)

按:"幛"拓本作"▇",據字形和文意當是"韋"字。"拔"拓本作"▇",羅新、葉煒(2005:481)録作"按",是也①。"據韋"與"按劍"相對。北周徒何標墓誌:"據韋參合,揮戈北平。"(胡戟、榮新江,2012:12)隋王士良墓誌:"公據韋屈指,執鞭心計,馬餘垄秣,士懕傳飱,挾纊俱暵,投醪並醉。"(《隋彙》1/96)皆可比參。若作"據幛",則文意不通。羅新、葉煒(2005:481)"韋"字缺録,韓理洲(2004:174)同誤。

"封豢"不辭。"豢"拓本作"▇",稍有泐蝕,剔除泐痕作"▇",羅新、葉煒(2005:481)釋作"豕",是也。隸楷文字"豕""彖"二字或相混,如漢孔龢碑"豕"作"▇"(漢語大字典字形組,1985:671),魏辛璞墓誌"封豕長虵"作"▇"(趙文成、趙君平,2015:87),北周賀屯植墓誌"戮河橋之封豕"作"▇"(《北圖》8/111),《玉篇殘卷・食部》"饋"字下釋文"豕"作"▇"(352),皆其例。"封豕"與"長虵"相對,喻指貪殘凶暴的敵人。韓理洲(2004:174)同誤。

三　根據押韻規律考釋殘字

六朝石刻的銘文部分一般是押韻的。根據押韻的規律,也可以對處於韻脚字位置的一

① 該書修訂本反據《隋彙》改録作"拔"(447頁,中華書局,2016年),非是。韓理洲(2004:174)同誤。

部分殘字加以考釋。例如：

9.梁蕭融墓誌："有一於此，無競惟烈。信在闢金，清由源□。"(《校注》3/146)

按："闢"拓本作""，南京市文化廣電新聞出版局(2011:357)録作"辟"，是也。《莊子·庚桑楚》："故曰：至禮有不人，至義不物，至知不謀，至仁无親，至信辟金。"郭象注："金玉者，小信之質耳，至信則棄除之矣。"(《莊子集釋》816)"信在辟金"即本此。《校注》謂"闢金"猶"分金"，賜予爵封的意思，釋字既誤，説解亦非。趙超(2008:26)、韓理洲等(2013:264)同誤。

缺字拓本作""，據押韻規律和字形輪廓當是"潔"字。敦煌俗字"潔"或作""(黄征，2005:196)，《干禄字書》"潔"俗作""(《干禄字書》61)，皆其比。《後漢書·郎顗傳》："本立道生，風行草從，澄其源者流清，溷其本者末濁。"(1054)魏蘇阿女墓誌："沔彼泉水，源潔流清。"(趙文成、趙君平，2015:47)《文苑英華》卷六六七唐王勃《上劉右相書》："是知源潔則流清，形端則影直。"(3430b)劃綫部分語意相同，可以比參。"潔"與上下文的"哲""烈""孽""滅""説"皆爲屑部字，"税""際""藝""逝""衛""憩""裔"皆爲祭部，屑祭合韻(周祖謨，1996:1047、1233、1241)。"潔"於韻正合。趙超(2008:26)、南京市文化廣電新聞出版局(2011:357)、韓理洲等(2013:264)亦皆缺録。

10.北齊高叡修定國寺塔銘碑："印泥作跂，牧羊調馬。德通靈物，謡成風雅。寬猛春秋，愛畏冬夏。并州陵段，冀方踰□。"(《校注》8/407)

按：缺字拓本作""，根據押韻情況，並結合字形殘劃和文意，其字應是"賈"字。此處"賈"指賈琮。《後漢書·賈琮傳》："乃以琮爲冀州刺史。舊典，傳車驂駕，垂赤帷裳，迎於州界。及琮之部，升車言曰：'刺史當遠視廣聽，糾察美惡，何有反垂帷裳以自掩塞乎?'乃命御者褰之。百城聞風，自然竦震。其諸臧過者，望風解印綬去，唯瘿陶長濟陰董昭、觀津長梁國黄就當官待琮，於是州界翕然。"(1112)"冀方踰賈"即本此。"并州陵段"蓋指東漢名將段熲，其曾任并州刺史，故引以爲比。此處"馬""雅""夏""賈"皆爲麻部字(周祖謨，1996:1085)，作"賈"於韻正合。顔娟英(2008:153)、韓理洲等(2008:34)亦缺録。

11.隋荀君妻宋玉豔墓誌："時移世往，物在人非。扃門不曙，隴月徒暉。夫尊妻重，永播芳芬。"(《隋彙》5/136)

按："芬"拓本作""，韓理洲(2004:328)録作"菲"，是也。"菲"與"非""暉"皆爲微部字(周祖謨，1996:997)，正合於押韻規律。"芬"爲文部字(周祖謨，1996:877)，若作"芬"則失韻，故非是。"芳菲"是芳香義，此處喻指美好的名聲。如北齊鄭子尚墓誌："山或飛移，海成陵陸，潤夫琬琰，誌我芳菲。"(《校注》10/75)隋扈志碑："乃式鐫金石，載序芳菲，縱陵谷之驟徙，庶英名之獨飛。"(《北圖》9/93)隋李君妻王沙彌墓誌："方爲規矩，播此芳菲。生浮世促，遂掩泉扉。"(《隋彙》2/302)其中"芳菲"皆喻指美名，可以比參。

12.隋孟常墓誌："媿登方伯，弘宣今軌。擁麾爲將，存休殄部。控竹來迎，信無虚圮。威加斯俗，恩敷故□。"(《隋彙》5/420)

按："存休殄部"費解。"部"拓本作""，根據押韻規律，結合字形和文意，當是"鄙"字。魏元新成妃李氏墓誌"聽其聲則無鄙恡之心"的"鄙"作""(《北圖》4/50)，字形相近，可以比參。"鄙"可訓惡，"存休殄鄙"，即存善殄惡。"圮"拓本作""，應是"圮"字俗寫。魏張安姬墓誌"五内摧圮"之"圮"作""(《北圖》4/106)，北齊標異鄉義慈惠石柱頌"由兹圮坼"作""(《北圖》7/120)，皆其比。"控竹來迎，信無虚圮"謂其守信如東漢郭伋(事見《後漢書·

郭伋傳》)。缺字拓本作"",疑是"里"字。"鄙"與"軌""圮""里"皆爲脂部字(周祖謨,1996:975),正合於押韻要求。"部"爲合部字,不僅於意不合,而且失韻。韓理洲(2004:143)將"鄙"録作"部",亦誤。

四 根據前人録文考釋殘字

六朝石刻大都經歷過前輩學者的整理和釋録,這些成果是今人繼續整理和研究工作的重要參考。前人的録文,對於我們考釋殘字也常常會有很大的啓發意義。例如:

13.魏韋彧墓誌:"曁關隴揚塵,北地勢連。原人屈公督郡,百姓昭明,如見父母。曾未浹辰,還用清謐。"(《校注》6/78)

按:"人"拓本稍有殘泐,作"",西安市長安博物館(2011:7)釋作"更"。今按釋作"人"或"更"皆文意不通,不可信。周偉洲等(2000:70)録作"火",是也。"原火"即草原之火,喻指危急的情況。如魏元祉墓誌:"中萌不息,毒流三輔,蔓草滋延,原火方熾。"(齊運通、楊建鋒,2017:22)東魏元誕墓誌:"及武泰之始,大難荐臻,國泛横流,家同原火。"(《校注》7/164)是其比。此處"原火"二字當屬上讀。正始二年(505)十一月,武興氐王楊紹先反魏,外引蕭梁爲援,北地郡地近武興,形勢危急。"關隴揚塵,北地勢連原火"即指此。羅新、葉煒(2005:129)將"原火"二字合釋爲"愿"字,韓理洲等(2010:245)又將"愿"轉録作"願",皆非是。

14.北齊叱列延慶妻爾朱元静墓誌:"祖并州,股肱王室,惟良作牧,虎符未往,竹馬已來。未珍趙璧,何求宋寶,不顧錫金,寧須張神。"(《校注》9/132)

按:"錫"拓本作"",《魯迅》録作"鍚"(3/3/514),當是"鋤"字俗寫。《世説新語·德行》:"管寧、華歆共園中鋤菜,見地有片金,管揮鋤與瓦石不異,華捉而擲去之。"(《世説新語箋疏》13)"不顧鋤金"即出此。"神"拓本作"",《魯迅》録作"袖",當是"袖"字俗寫。《三國志·魏書·田豫傳》裴注引《魏略》:"鮮卑素利等數來客見,多以牛馬遺豫,豫轉送官。胡以爲前所與豫物顯露,不如持金。乃密懷金三十斤,謂豫曰:'願避左右,我欲有所道。'豫從之,胡因跪曰:'我見公貧,故前後遺公牛馬,公輒送官,今密以此上公,可以爲家資。'豫張袖受之,答其厚意。胡去之後,皆悉付外,具以狀聞。於是詔褒之曰:'昔魏絳開懷以納戎[賂],今卿舉袖以受狄金,朕甚嘉焉。'乃即賜絹五百匹。豫得賜,分以其半藏小府,後胡復來,以半與之。"(729)"寧須張袖"即出此。趙超(2008:418)、韓理洲等(2008:85)同誤。

15.北齊宋買等造像記:"鐫勒彫文,並龍鱗而翠璨;鏤狀圓形,等金錦而競炎。"(《校注》9/268)

按:"圓"拓本作"",武億《偃師金石遺文記》卷上録作"圖"(《新編》2/14/10108a),是也。魏元緒墓誌"並圖績於鼎廟"之"圖"作""(《北圖》3/109),魏兖州刺史元弼墓誌"蓋已備龍圖"作""(《北圖》5/149),皆字形相近,可以比參。"圖形"與"彫文"相對,"圖"是動詞,"圖形"指模擬佛的形象雕造佛像。魏常岳等造像記:"但聖容隱顯,且刊石圖形,鐫金寫狀,以寄石文。"(《校注》7/121)"圖形"與"寫狀"相對,語意相同,可以比參。王昶《金石萃編》卷三四已誤録作"圓"(《新編》1/1/588b),《全北齊文》卷一〇(嚴可均,1958:3880b)、《匋齋藏石記》卷一二(《新編》1/14/8098a)、《魯迅》(2/4/778)、顔娟英(2008:227)、《校注》皆沿誤。

北齊柴季蘭等造像記:"口授剋已,面受圓形。寫金容如付人,□真軀以隨後。"(《校注》

9/207)“圓”拓本作“”,韓理洲等(2008:241)録作“圖”,是也。“圖形”與“剋己”相對,“圖”亦是動詞,圖寫、繪畫之義,“圖形”即畫出佛的形象,以供匠人雕造佛像。

16. 北齊潘景暉等造像記:“常顯乘風出谷,[拯]濟群生,龍宫两教,昕階大道。”(《校注》9/298)

按:“拯”拓本作“”,《魯迅》録作“矜”(2/4/796),可從。其字當是“矜”字俗寫。晉徐美人墓誌“慈仁矜愍”之“矜”作“拎”(《北圖》2/65),魏王壽德墓誌“矜才接士之風”作“矜”(趙文成、趙君平,2015:50),北齊魯思明等造像記“矜六趣之苦毒,懷慈悲於大千”作“矜”(《校注》9/13),《可洪音義》“矜”或作“矜”(韓小荆,2009:516),皆其比。“矜”俗作“矜”,“矜濟”是憐憫濟度之義。如後漢曇果共康孟詳譯《中本起經》卷二:“欲詣神池,澡浴望仙,今日飢渴,幸哀矜濟。”(T04,p0157a)西晉竺法護譯《佛説普門品經》卷一:“大聖撫育,興建大悲,唯見矜濟。”(T11,p0777a)晉法炬共法立譯《法句譬喻經》卷一:“一者四大寒熱當須醫藥,二者衆邪惡鬼當須經戒,三者奉事賢聖矜濟窮厄。”(T04,p0579b)魏慧覺等譯《賢愚經》卷六:“三界德大,無過佛者,救厄赴急,矜濟一切,最能覆護苦厄衆生。”(T04,p0394b)皆其例。顔娟英(2008:231)釋作“衿”,韓理洲等(2008:261)釋作“澄”,亦皆非是。

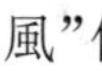

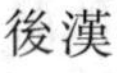

五　根據出典考釋殘字

六朝石刻大量用典。對於典故語詞和句子,往往只有找到典源,才能準確理解文意。如果殘字處於用典的語詞和句子中,考釋出典源也常常有助於殘字的辨認。例如:

17. 北齊標異鄉義慈惠石柱頌:“仍好至理,深慕清净。愛共頭眼,惜非妻子。”(《校注》9/108)

按:“共”拓本作“”,不够清晰,《定興縣志》卷一六(《新編》3/23/612b)、《魯迅》(1/6/1072)、顔娟英(2008:199)、韓理洲等(2008:46)録作“無”,可從。“愛無頭眼,惜非妻子”,蓋言一心向佛,不以自身和家人爲念。西晉竺法護譯《正法華經》卷一:“復有捨身,給諸所有,頭眼支體,無所遺愛,所以布施,用成佛道,志願逮獲,如來聖慧。”(T09,p0064b)南朝宋沮渠京聲譯《佛説末羅王經》:“何等爲布施力?謂以國土、珍寶、妻子、頭眼,悉以施人,意無恨悔,是爲布施力。”(T14,p0791b)蓋出於此。《寶鴨齋題跋》卷中誤録作“共”(《新編》2/19/14353b),《校注》承其誤。

18. 北齊李君妻崔宣華墓誌:“仁感兩鳥,孝遊雙鯉。”(《校注》9/119)

按:“鳥”拓本作“”,當是“鳧”字俗寫。“鳧”下所從“几”形,俗書或變作“力”,如魏張猛龍碑“何以鳧憘”之“鳧”作“鳬”(《北圖》4/121),隋元智妻姬氏墓誌“雙鳧蹔隻”作“鳬”(《隋彙》5/220),唐姚才墓誌“源徙桃紅,共驚鳧而不住”作“鳬”(洛陽市文物工作隊,1991:215),《可洪音義》“鳧”或作“鳬”(韓小荆,2009:445),《龍龕手鏡·鳥部》“鳧”俗作“鳬”(289)①,皆可比勘。《太平御覽》卷四一一引《廣州先賢傳》:“丁密字靖公,遭父憂,寢於塚側,致飛鳧一雙,游密廬旁小池。後遭母喪,密至所居一宿,故時雙鳧復來。時人服其至孝。”(1899a)“仁感兩

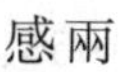

① 此字考釋參:楊寶忠(2005:70)。

梟”即出此。“孝遊雙鯉”用晉王祥之典(見《晉書·王祥傳》)。此處用此二典,稱頌誌主爲孝女。趙超(2008:417)、韓理洲等(2008:85)録作“烏”,亦非。

19.北齊李希宗妻崔幼妃墓誌:“聞車識士,窺溏知賢。不食鮮禽之俎,未聽濮水之曲。”(《校注》10/112)

按:“溏”字於文意無法理解。其字拓本作“[illegible]”,當是“牖”字俗寫,字形稍有殘損耳。魏元乂墓誌“如禽度牖”之“牖”作“[illegible]”(《北圖》5/32),魏胡明相墓誌“户牖之教既成”作“[illegible]”(《北圖》5/64),蓋即此類字形之殘。《太平御覽》卷四四四引《竹林七賢論》:“山濤與阮籍、嵇康皆一面而契若金蘭。濤妻韓氏嘗以問濤,濤曰:‘當年可爲友者,唯此二人耳。’妻曰:‘負羈之妻,亦觀狐趙。意欲一窺之,可乎?’濤曰:‘可也。’二人至,妻勸濤留之宿,其(具)酒食,夜穿牖而窺之。濤入,曰:‘所見何如吾?’妻曰:‘君才殊不如也,正當以識度相友。’濤曰:‘然,伊輩亦當(嘗)謂我識度勝。”(2042b)“窺牖知賢”即本此。“聞車識士”典出《古列女傳》卷三“衛靈夫人”條,“不食鮮禽之俎”典出《古列女傳》卷二“楚莊樊姬”條,“未聽濮水之曲”典出《古列女傳》卷二“齊桓衛姬”條。隋尉遲運妻賀拔毗沙墓誌:“窺嵇康於牖裏,遠識賢才;辯蘧瑗於車聲,預昭仁智。諫荆王之獵,不食鮮禽;矯齊后之心,詎聽繁樂。”(《隋彙》3/6)所用四典皆同,可以比參。東魏封柔妻畢脩密墓誌:“斷機戒子,觀牖知人。”(《校注》7/286)“觀牖知人”出典相同,亦可比勘。趙超(2008:476)、中國文物研究所等(2004:27)、韓理洲等(2008:148)同誤。

20.隋田達墓誌:“魏朝子泰,□賣盧龍,君所承也。”(《隋彙》1/185)

按:缺字拓本作“[illegible]”,據字形輪廓和文意當是“不”字。據《三國志·魏書·田疇傳》,東漢末田疇字子泰,從曹操征烏桓,引軍從間道出盧龍,大破烏桓,以功封亭侯,固辭。又從征荆州,復封前爵,仍堅辭。曹操使夏侯惇往勸之,疇答曰:“疇,負義逃竄之人耳,蒙恩全活,爲幸多矣。豈可賣盧龍之塞,以易賞禄哉?縱國私疇,疇獨不愧於心乎?”終不受爵(343—344)。所謂“不賣盧龍”即出此。誌稱田達爲田疇之後。

六 根據善拓考釋殘字

學者整理研究石刻文獻,大都依據石刻拓本以及根據拓本製作的圖版。因此拓本(包括圖版)質量的高低,往往對文字釋讀起決定性影響。面對不清晰的拓本和圖版,即使釋讀者水平再高,也常常要徒歎奈何。前人録文中的不少問題,就是由於拓本(包括圖版)不善引起的。利用善拓,往往就可以解決一部分殘字的釋讀問題。例如:

21.魏孝文帝弔比干文:“歙沆瀣之純粹兮,窺寒門之層冰。聆廣莫之飀瑟兮,覿黔羸而迴凝。”(《校注》3/280)

按:“飀”《校注》所據拓本作“[illegible]”,字形殘損不清。此石刻拓本作爲字帖出過單行本,字大而清晰,該字作“[illegible]”,右旁顯然不是“肅”。顧炎武《金石文字記》卷六其字因不識而存疑(《新編》1/12/9294b),《金石萃編》卷二七(《新編》1/1/479a)、《全後魏文》卷七(嚴可均,1958:3552a)皆照録原形而無説。金欣欣、金菲菲(1999:80)將其字録作“颼”,甚是。魏和邃墓誌“搜延儁逸”之“搜”作“[illegible]”(《北圖》5/74),北周張子開造像記“搜匠絶思”作“[illegible]”(《校注》10/342),敦煌俗字“瘦”或作“[illegible]”(黄征,2005:373),《可洪音義》“瘦”或作“[illegible]”(韓小荆,

2009:679),“搜”或作“摉”(韓小荊,2009:688),《龍龕手鏡·疒部》“瘦”俗作“㾮”(474),其中“叟”旁寫法皆相近,可以比參。洪頤煊《平津讀碑記》卷二以爲“颾”字(《新編》1/26/19366a),亦非。“颼瑟”猶“蕭瑟”“騷瑟”,形容風聲。“聆廣莫之颼瑟兮”,指傾聽着北風的呼嘯聲。時爲十一月,正合乎時令。

22. 東魏賈思伯妻劉靜憐墓誌:“至于闔門存礼,倚閭崇德,綜相分明,斷機嚴厲。”(《校注》7/396)

按:“闔”《校注》所據拓本作“[illegible]”,殘損不清。《山東石刻分類全集》所收拓本作“閫”,録作“閫”(5/54),是也。《國語·魯語下》:“公父文伯之母,季康子之從祖叔母也。康子往焉,閫門與之言,皆不踰閾……仲尼聞之,以爲别於男女之禮矣。”韋昭注:“閫,闢也。門,寢門也。閾,門限也……《傳》曰‘婦人送迎不出門,見兄弟不踰閾’。”(《國語集解》199)“閫門存礼”即出此。韓理洲等(2010:385)同誤。

“倚”《校注》拓本作“[illegible]”,殘泐不清。《山東石刻分類全集》拓本作“停”,韓理洲等(2010:385)、《山東石刻分類全集》録作“停”,是也。“德”《校注》拓本作“[illegible]”,殘損嚴重。《山東石刻分類全集》拓本作“信”,録作“信”,是也。韓理洲等(2010:385)録作“仁”,亦非。據《古列女傳》卷一《母儀傳》“魯之母師”條,魯九子之寡母,於臘日祭祀事畢,從諸子回娘家探視,行前與諸婦及孺子約定傍晚回來,但因爲天陰,回來得太早,於是止於閭外,至夕而入(25—26)。“停閭崇信”即出此。

“相”《校注》拓本作“[illegible]”,殘損不清。《山東石刻分類全集》拓本作“梱”,當是“梱”字俗寫。據《古列女傳》卷一《母儀傳》“魯季敬姜”條:“文伯相,魯敬姜謂之曰:‘吾語汝,治國之要盡在經矣。夫幅者所以正曲枉也,不可不彊,故幅可以爲將。畫者所以均不均,服不服也,故畫可以爲正。物者所以治蕪與莫也,故物可以爲都大夫。持交而不失,出入不絶者,梱也,梱可以爲大行人也。推而往,引而来者,綜也,綜可以爲關内之師。主多少之數者,均也,均可以爲内史。服重任,行遠道,正直而固者,軸也,軸可以爲相。舒而無窮者,摘也,摘可以爲三公。’”(16)“綜梱分明”即出此。韓理洲等(2010:385)缺録,《山東石刻分類全集》録作“捆”,亦非。

23. 北齊標異鄉義慈惠石柱頌:“恩沾灰厄,病瘐得愈。”(《校注》9/108)

按:“瘐”《校注》所據拓本作“[illegible]”,殘泐不清。顔娟英(2008:190)所據拓本作“瘦”,《八瓊室金石補正續編》卷九(354b)、《寶鴨齋題跋》卷中(《新編》2/19/14354a)、《定興縣志》卷一六(《新編》3/23/613b)、《魯迅》(1/6/1074)、顔娟英(2008:199)、韓理洲等(2008:47)皆録作“瘦”,是也。“病瘦”近義連文,指疾病,佛典多見(李維綺,1993:160)。如後漢安世高譯《佛説尸迦羅越六方禮經》:“善知識復有四輩:一者爲吏所捕,將歸藏匿之,於後解決之;二者有病瘦,將歸養視之;三者知識死亡,棺斂視之;四者知識已死,復念其家。”(T01,p0251a)西晉白法祖譯《佛般泥洹經》卷上:“持二百五十戒,具以得阿羅漢道,欲來學者莫却,入者相承用,來者所有衣被飲食當共用,病瘦當相瞻視。”(T01,p0161a)皆其比。

24. 北齊郭顯邕造經記:“積仁累德,道備成功。”(《校注》9/214)

按:“仁”《校注》所據拓本作“[illegible]”,似乎確是“仁”字。而顔娟英(2008:217)所據拓本則作“[illegible]”,録作“行”,是也。“積仁”是指積累仁義,“積行”是指積累善行。“仁”是儒家的核心思想,却不是佛教的核心思想。佛教宣揚善惡報應,所以鼓勵積累善行,以圖後報。在佛教文獻中,"積仁"之説很少看到,而"積行"之説則很普遍。如西晉聶承遠譯《佛説超日明三昧經》卷下:"爾時梵天白佛言:'甚哉法之大也,誠難值遇。從無數劫,積行累德,乃髣髴聞音。幸遭大聖,得聞斯法。'"(T15,p0546c)隋智顗説、灌頂録《金光明經文句》卷三:"夫衆生等,故性欲亦等。善巧度一,衆多亦然。不計劬勞,積行累德,功成大覺,即智德滿。"(T39,p0062c)皆其例。韓理洲等(2008:244)録文同誤。

以上就六朝石刻殘損字形的考釋提出了我們的一點粗淺的認識,當然是很不全面的。這方面的深入研究,仍有待加强。六朝石刻殘損字形數量比較多,考釋難度也比較大,但綜合運用各種有效的方法,相信還可以考釋出一批殘字,這對於進一步提高六朝石刻整理和研究的水平無疑是有益的。

徵引書目

舊題春秋・左丘明《國語》,徐元誥集解,中華書局,2002。
戰國・莊周《莊子》,郭慶藩集釋,中華書局,1961。
漢・劉向《古列女傳》,中華書局,1985。
晉・陳壽《三國志》,中華書局,1971。
南朝宋・范曄《後漢書》,中華書局,1965。
南朝宋・劉義慶《世説新語》,余嘉錫箋疏,上海古籍出版社,1993。
南朝梁・顧野王《玉篇(殘卷)》,《續修四庫全書》228 册影印本,上海古籍出版社,1996。
唐・顔元孫《干禄字書》,紫禁城出版社,1992。
宋・李昉等《太平御覽》,中華書局,1960。
宋・李昉等《文苑英華》,中華書局,1966。
遼・釋行均《龍龕手鏡》,影印高麗本,中華書局,1985。
清・阮元校刻《十三經注疏》,影印世界書局本,中華書局,1980。
清・陸繼煇《八瓊室金石補正續編》,《續修四庫全書》899 册影印稿本。
大正一切經刊行會《大正新修大藏經》,臺北新文豐出版公司,1983。

參考文獻

[1]北京圖書館金石組. 北京圖書馆藏中國歷代石刻拓本匯編[M]. 鄭州:中州古籍出版社,2004.
[2]韓理洲. 全隋文補遺[M]. 西安:三秦出版社,2004.
[3]韓理洲等. 全北齊北周文補遺[M]. 西安:三秦出版社,2008.
[4]韓理洲等. 全北魏東魏西魏文補遺[M]. 西安:三秦出版社,2010.
[5]韓理洲等. 全三國兩晉南朝文補遺[M]. 西安:三秦出版社,2013.
[6]韓小荆.《可洪音義》研究——以文字爲中心[M]. 成都:巴蜀書社,2013.
[7]漢語大字典字形組. 秦漢魏晉篆隸字形表[M]. 成都:四川辭書出版社,1985.
[8]胡戟,榮新江. 大唐西市博物館藏墓誌[M]. 北京:北京大學出版社,2012.
[9]黄征. 敦煌俗字典[M]. 上海:上海教育出版社,2005.
[10]賈振林. 文化安豐[M]. 鄭州:大象出版社,2011.
[11]李維綺. 佛經釋詞[M]. 長沙:嶽麓書社,1993.
[12]劉新暉.《秦晉豫新出墓誌蒐佚》(東漢至隋)墓誌研究[D]. 重慶:西南大學,2015.
[13]魯迅. 魯迅輯校石刻手稿[M]. 上海:上海書畫出版社,1987.

[14]羅新,葉煒. 新出魏晉南北朝墓誌疏證[M]. 北京:中華書局,2005.
[15]洛陽市文物工作隊. 洛陽出土歷代墓誌輯繩[M]. 北京:中國社會科學出版社,1991.
[16]洛陽市文物局. 洛陽出土北魏墓誌選編[M]. 北京:科學出版社,2001.
[17]毛遠明. 漢魏六朝碑刻校注[M]. 北京:綫裝書局,2008.
[18]南京市文化廣電新聞出版局. 南京歷代碑刻集成[M]. 上海:上海書畫出版社,2011.
[19]齊運通. 洛陽新獲七朝墓誌[M]. 北京:中華書局,2012.
[20]齊運通,楊建鋒. 洛陽新獲墓誌二〇一五[M]. 北京:中華書局,2017.
[21]《山東石刻分類全集》編輯委員會. 山東石刻分類全集[M]. 青島:青島出版社,2013.
[22]王連龍. 新見北朝墓誌集釋[M]. 北京:中國書籍出版社,2013.
[23]王其禕,周曉薇. 隋代墓誌銘彙考[M]. 北京:綫裝書局,2007.
[24]西安市長安博物館. 長安新出墓誌[M]. 北京:文物出版社,2011.
[25]新文豐出版公司編輯部. 石刻史料新編(第一至三輯)[M]. 臺北:新文豐出版公司,1979 — 1986.
[26]顔娟英. 北朝佛教石刻拓片百品[M]. 臺北:"中研院"歷史語言研究所,2008.
[27]嚴可均. 全上古三代秦漢三國六朝文[M]. 北京:中華書局,1958.
[28]嚴可均,金欣欣,金菲菲. 全後魏文 [M]. 北京:商務印書館,1999.
[29]葉煒,劉秀峰. 墨香閣藏北朝墓誌[M]. 上海:上海古籍出版社,2016.
[30]楊寶忠. 疑難字考釋與研究[M]. 北京:中華書局,2005.
[31]趙超. 漢魏南北朝墓誌彙編[M]. 天津:天津古籍出版社,2008.
[32]趙君平,趙文成. 秦晉豫新出墓誌蒐佚[M]. 北京:國家圖書館出版社,2012.
[33]趙文成,趙君平. 秦晉豫新出墓誌蒐佚續編[M]. 北京:國家圖書館出版社,2015.
[34]中國文物研究所等. 新中國出土墓誌 · 河北[壹](下册)[M]. 北京:文物出版社,2004.
[35]周偉洲,賈麥明,穆小軍. 新出土的四方北朝韋氏墓誌考釋[J]. 文博,2000(2).
[36]周祖謨. 魏晉南北朝韻部之演變[M]. 臺北:東大圖書股份有限公司,1996.

Exemplification of Identifying the Damaged Characters in the Stone Inscriptions of the Six Dynasties

Liang Chunsheng

Abstract: Many stone inscriptions of the Six Dynasties are seriously damaged, so identifying the damaged characters becomes an important part of the collation and research on these inscriptions. We should identify the damaged characters by using a variety of methods synthetically. This article makes a preliminary exploration on the identification of the damaged characters from six aspects, which include the remaining characters, the meaning of the context, rhyme law, the previous record, source of allusions and good rubbings.

Key words: the Six Dynasties, stone inscription, damaged character

通信地址:河北省保定市七一東路 2666 號河北大學新校區漢字研究中心
郵編:071002
E-mail:061011018@fudan. edu. cn

“數＋量＋名”格式的形成機制芻議

梁銀峰

内容提要 文章認爲先秦漢語的“數＋量＋名”格式是在“數＋名”格式的基礎上產生的，產生的動力來自同時期“名＋數＋量”格式的誘發和類推。雖然先秦漢語“數＋量＋名”格式和“名＋數＋量”格式僅僅是語序的不同，與“數＋度量衡量詞＋之＋名”格式也僅僅是一字之差，但“數＋量＋名”格式與這兩種格式之間均没有直接的淵源關係。

關鍵詞 “數＋量＋名”格式　形成機制　類推　動因

引言　量詞的起源和發展

個體量詞是漢語和其他漢藏語系語言發展到一定階段的產物。黄載君(1964)由甲金文入手，下及兩漢，劉世儒(1965)主攻魏晉南北朝，郭錫良(1984)、楊曉敏(1988)、李若暉(2000)、魏德勝(2000)等學者多方面充實，已爲量詞發展史的研究打下了堅實基礎。

根據黄盛璋(1961)的研究，魏晉南北朝時代以用量詞爲常，不用者屬於特例，上推至漢代，量詞可用可不用。大體上是：①在稱量時，尤其是度量衡一類的一般要用量詞(不管是漢代典籍還是出土文獻，如居延漢簡)；②就使用的程度來説，反映書面語的漢代典籍使用量詞較少，不使用量詞較多，而且相差較大，反映口語的居延漢簡相反(包括使用量詞及使用頻率)；③就整個漢代而言，前期量詞少些，晚期多些，前期少用，晚期多用。

一　上古漢語的數量表達法

從漢語史上看，量詞這一語法範疇的正式確立和成熟與“數＋量＋名”格式的形成密切相關，因而深入探討“數＋量＋名”格式的形成機制就顯得尤爲必要。吴福祥(2007)曾把“數＋量＋名”和“名＋數＋量”兩種格式在文獻中的數量對比作爲衡量某個時代量詞範疇語法化程度的重要參數之一①，這也表明深入探討“數＋量＋名”格式的形成機制的必要性。

---

① 另外兩個參數是：量詞在數量結構中的使用頻度；個體量詞語義泛化的程度(度量衡量詞、集體量詞、容量量詞以及像“輛”這樣的個體量詞除外)。

1.1 "數＋量＋名"格式產生以前的計量方式

1.1.1 "數＋名"格式

(1)二千六百五十六人。(《甲骨文合集》7771)

(2)五十犬、五十羊、五十豚。(《甲骨文合集》29537)

(3)十又五羌。(《甲骨文合集》32067)

(4)修五禮、五玉、三帛、二生、一死贄。(《尚書・舜典》)

(5)《詩》三百,一言以蔽之,曰:"思無邪。"(《論語・爲政》)

1.1.2 "名＋數"格式

(6)鹿五十又六。(《甲骨文合集》10308)

(7)允隻(獲)虎二、兕一、鹿十二、麇百二十七、兔二十三、雉七。(《甲骨文合集》10197)

(8)癸卯卜,貞:彈鬯百牛百□?(《甲骨文合集》13523正)

(9)越翼日戊午,乃社于新邑,牛一,羊一,豕一。(《尚書・召誥》)(翼日,第二天。社,祭土地神。)

(10)昔晉人伐衛,齊爲衛故,伐晉冠氏,喪車五百。(《左傳・哀公十五年》)

需要指出的是,"數＋名"格式和"名＋數"格式是上古漢語早期(殷商和西周)用來計算個體事物數量的兩種最基本的方式。

1.1.3 "名＋數＋量"格式

(11)丙申卜,即貞:[父]丁歲鬯一卣?(《甲骨文合集》23227)

(12)隹貝十朋,吉。(《甲骨文合集》29694)

(13)不稼不穡,胡取禾三百囷兮?(《詩經・魏風・伐檀》)

(14)子産、子大叔相鄭伯以會,子産以幄、幕九張行。(《左傳・昭公十三年》)

(15)皆賜玉五瑴,馬三匹,非禮也。(《左傳・莊公十八年》)(瑴[jué],即玨,玉一雙爲瑴。)

(16)命子封帥車二百乘以伐京。(《左傳・隱公元年》)

(17)冉子與之粟五秉。(《論語・雍也》)

(18)衣衾三領,足以覆惡。(《墨子・節葬下》)

(19)負服矢五十個。(《荀子・議兵》)(服,同"箙",箭袋。)

(20)武王之伐殷也,革車三百兩,虎賁三千人。(《孟子・盡心下》)

(21)革車百乘,錦繡千純,白璧百雙,黄金萬溢,以隨其後,約從散横,以抑强秦。(《戰國策・秦策一》)(純,一純二尺四寸,千純二千四百尺。溢,通"鎰",古代重量單位,一鎰爲二十兩,一説爲二十四兩。)

(22)乾薑二果(顆),十沸,抒置甕中。(《馬王堆漢墓帛書・五十二病方》)

王力(1989:26)指出,原始的天然單位(筆者按,即個體量詞)標記法是在數詞後面重複同樣的一個名詞,如甲骨文"羌百羌"(《殷契粹編》190)、"人十又六人"(《殷虛書契菁華》6)、"玉十玉"(《乙亥簋》),又如西周金文"田十田"(《不其簋》)、"孚人萬三千八十一人,孚馬□匹,孚車卅兩,孚牛三百五十五牛,羊卅八羊"(《小盂鼎》),可以把這種結構方式表示爲"名$_1$

＋數＋名$_2$”。“名$_2$”究竟是名詞還是量詞古漢語學界存在争議，有的學者，如黄載君（1964）、貝羅貝（1998）認爲仍是名詞；而有的學者則看作量詞，如李宇明（2000）認爲“名$_2$”的作用是表示“名$_1$”所表示事物的計量單位，具有量詞的性質，從發生學的角度看，“名$_2$”與“名$_1$”同形，是拷貝“名$_1$”而成的，因而可以把“名$_2$”稱爲“拷貝型量詞”。據李宇明先生的考察，在許多藏緬語族語言（如獨龍語、載瓦語、阿昌語、基諾語、傈僳語、拉祜語、哈尼語、納西語、怒語）和侗台語族語言（如泰語、傣語、老撾語、臨高語）中也有類似現象。我們認爲，不管將“名$_1$＋數＋名$_2$”格式中的“名$_2$”看作名詞還是量詞，“名$_1$＋數＋名$_2$”格式同“名＋數＋量”格式一樣在語法性質上都是主謂結構是可以得到確認的（關於這一點，詳見後文的討論）。

1.2　上古漢語的“數＋量＋名”格式

“數＋量＋名”結構春秋以後才陸續出現，漢代用例多了起來，但同“名＋數＋量”格式相比仍少得多。據黄盛璋（1961）的考察，“數＋量＋名”結構在漢代只有十餘個用例。例如：

（23）生丈夫，二壺酒，一犬；生女子，二壺酒，一豚。（《國語・越語上》）

（24）衛人使屠伯饋叔向羹與一篋錦。（《左傳・昭公十三年》）

（25）一簞食，一瓢飲，在陋巷，人不堪其憂，回也不改其樂。（《論語・雍也》）

（26）今之爲仁者，猶以一杯水救一車薪之火也。（《孟子・告子上》）

（27）而勝圍，城周里以上，封城將三十里地，爲關内侯。（《墨子・號令》）

（28）不富無以養民情，不教無以理民性。故家五畝宅，百畝田，務其業而勿奪其時，所以富之也。（《荀子・大略》）

（29）歠粥，朝一溢米，夕一溢米，不食菜果。（《儀禮・既夕禮》）

（30）衛人有夫妻禱者，而祝曰：“使我無故，得百束布。”其夫曰：“何少也？”對曰：“益是，子將以買妾。”（《韓非子・内儲説下》）（束，五匹爲一束。）

（31）支離疏者，頤隱於臍，肩高於頂，會撮指天，五管在上，兩髀爲脅。……上與病者粟，則受三鐘與十束薪。（《莊子・人間世》）（上，指政府。）

（32）長卿未死時，爲一卷書，曰有使者來求書，奏之。（《史記・司馬相如列傳》）

（33）烏孫多馬，其富人至有四五千匹馬。（《史記・大宛列傳》）

值得注意的是，在上古漢語，尤其是先秦漢語中，個體量詞進入“數＋量＋名”格式的用法很少見（進入這種格式的量詞以度量衡量詞、容器量詞、集體量詞、部分量詞等居多），這是因爲個體量詞是計數的，而不是計量的，個體量詞大量進入“數＋量＋名”格式是魏晉以後的事（參見太田辰夫 2003[1958]：150）。

姚振武（2008、2015：128-139）對此有不同看法，他認爲“數＋個體量詞＋名”格式早在西周中期就已出現。他舉了下面這個例子：

（34）我既賣（贖）女（汝）五[夫][效]父，用匹馬束絲。（《曶鼎》）

姚先生認爲“匹馬”即“一匹馬”，古漢語量詞前的數詞爲“一”時，數詞可以省去，但此看法未必可靠。王力（1989：33）曾經指出，“量詞＋名詞”的語法形式起源很早，如《公羊傳・僖公三十三年》：“然而晉人與姜戎要之殽而擊之，匹馬隻輪無反者。”但其中的量詞本身就表示單獨①,真正省略"一"字應該是較晚的事。《敦煌變文·維摩詰經講經文(七)》:"權時作個慰安人。"這個例子可以説是省略了"一"字。"一"字的省略大量出現的情況應是在宋元以後。我們認爲,數詞"一"的省略當是建立在"一+個體量詞+名詞"格式頻繁使用的基礎上,而先秦時期"數詞+個體量詞+名詞"還很少見,我們很難想象省略數詞"一"的"個體量詞+名詞"格式先在西周中期産生,後來才産生"一+個體量詞+名詞"格式。有基於此,我們認爲,合理的解釋應該是例(34)"匹馬"的"匹"可能還有一定的名詞意義,還未發展爲成熟的個體量詞。

(35)君有楚命,亦不使一个行李告于寡君,而即安于楚。(《左傳·襄公八年》)

姚振武(2008)、邢志群(2009)都曾引過此例,他們認爲其中的"个"已是個體量詞。此例有點特别,"个"原作"介"。類似的例子如:大王無一介之使以存之,臣恐其皆有怨心。(《戰國策·秦策五》)何建章《戰國策注釋》(第274頁,注(54),中華書局,1990年)以爲"一介之使"猶"一芥之使",意即一個普普通通的使臣。|非其義也,非其道也,一介不以與人,一介不以取諸人。(《孟子·萬章上》)楊伯峻《孟子譯注》(第227頁,注③,中華書局,2005年):"王引之《經義述聞·通説》以爲'介'即'个'字,趙岐注則以'一介草'釋'一介'。按《論衡·知實》云'天下之人有如伯夷之廉,不取一芥於人。'則'一介''一芥'猶言一點點小東西。"依據楊伯峻、何建章二位先生的意見,《左傳·襄公八年》"一个行李"之"个"若作"介",則"个"當爲形容詞,並非個體量詞。

(36)屯陳、垣外術衢街皆樓,高臨里中。樓一鼓聾灶,即有物故,鼓,吏至而止。(《墨子·號令》)

姚振武(2008)認爲"一鼓聾灶"爲"數+量+名"格式,"鼓"是個體量詞。筆者按,"鼓"或可解讀爲名詞,"樓一鼓聾灶"可斷作:樓一鼓、聾灶。句子意謂樓上備有一隻鼓、聾灶。

(37)嘗一脟肉,而知一鑊之味,一鼎之調。(《吕氏春秋·察今》)(脟,通"臠"。)

姚振武(2008、2015:129)認爲上例中"脟"是表示肉塊的個體量詞。筆者認爲,將"脟"看作個體量詞似乎不太典型,看作部分量詞可能更妥當一些(類似的部分量詞還有"塊""團""堆""束"等)。

姚振武(2008、2015:129-131)還認爲,在春秋末、戰國初期的曾侯乙墓竹簡的"遣册"中"數+個體量詞+名"格式已很多見,如"二真吴甲"、"晶(參)𩣡(匹)桼(漆)甲";又如戰國時期《包山楚簡》中的"一𨏈(乘)正車"。不過對於"二真吴甲"的"真"是否爲個體量詞,就連裘錫圭、李家浩二位先生的語氣也不十分肯定,他們説:"簡文'真'是'甲'的量詞。或疑當讀爲'領',但字音未能密切,待考。"②至於"𩣡"和"𨏈",我們認爲和先秦傳世文獻中的"匹"和"乘"類似,最初使用時還帶有一定的實義,前者可以解釋爲"匹配、配偶"的意思(參見劉世儒,1965:186)或者"單獨、普通"的意思(參見貝羅貝,1998);後者可以解釋爲"由四匹馬拉的車"。

除上述疑似用例外,還有一個似是而非的例子:

(38)有人於此,力不能勝一匹雛,則爲無力人矣。(《孟子·告子下》)

① 劉世儒(1965:186-187)甚至認爲"匹馬"的"匹"還不是量詞(還有"匹偶"義),正如"匹夫匹婦"之不是量詞一樣,我們深以爲是。

② 參見裘錫圭、李家浩《曾侯乙墓竹簡釋文與考釋》注,見湖北省博物館編《曾侯乙墓》,第518頁。

楊伯峻《孟子譯注》(第278頁,注②,中華書局,2005年):"'一匹雛'之語與'一鈞金''一輿羽'同,'鈞'與'輿'皆作量詞,則'匹'亦爲量詞。'匹'本爲計馬數之量詞。……'一匹雛'猶今言一隻小雞。"不過王力(1980:238)認爲這個"匹"字不是量詞,而是形容詞,意思是"小"。綜合先秦漢語的使用情況,我們傾向於接受王力先生的看法。

二 "數+量+名"格式的產生

2.1 "移位說"

關於"數+量+名"格式的來源,過去有一種流行的說法,認爲源於"名+數+量"格式中"數+量"的移位,即:數+量+名 < 名+數+量。持此看法的學者有劉世儒(1965)、王力(1980:240-241)、潘允中(1982:118)、貝羅貝(1998)、洪藝芳(2004:25-26)、李宇明(2000)、張延俊(2002)等。下面是劉世儒先生和王力先生的相關表述:

在先秦時代,數量詞對於中心名詞的位置基本上是以後置爲原則的。……到了漢代,詞序有了發展,但也還是可前可後,没有一定的規格的。……數量詞開始轉向於以前附於中心名詞爲原則,這是南北朝時代的事。(劉世儒,1965:44-45)

數量詞移向中心詞前邊,在南北朝時代,這是主流;但另一方面,後附的情況也還是有的。但大都也已附上了條件,不能再自由地、無限制地活躍於口語中了。(劉世儒,1965:48)

當數詞和單位詞(筆者按,即量詞)放在普通名詞後面的時候,它們的關係是不够密切的(《左傳》:"馬牛各十匹","各"字可以把單位詞和名詞隔開);後來單位詞移到了名詞前面,它和名詞的關係就密切起來,漸漸成爲一種語法範疇。(王力,1980:240-241)

在劉世儒、王力等先生的基礎上,貝羅貝(1998)詳細解釋並描述了上古漢語"名+數+量"格式中"數+量"移至中心名詞之前的原因及過程。他的主要觀點是:首先,"名+數+量"格式中"數+量"由謂語重新分析爲修飾語;然後,服從於漢語修飾語在中心語之前的特點,"數+量"從中心名詞之後移位到中心名詞之前,成爲"數+量+名"。需要指出的是,對於"名+數+量"格式中的"數+量"是怎麼由謂語重新分析成了修飾語,貝先生並没有提出明確的判斷標准,由於這一演變是不可驗證的,因而這一觀點受到了持"類推說"学者的質疑。

與貝羅貝先生的看法有所不同,張延俊(2002)認爲,"數+量+名"格式是經過"名+量""量+名"兩個中間環節,從"名+數+量"格式中分化演變出來的。具體來説,有以下四個步驟:第一步,上古漢語偏正結構的"名+數+量"格式在數詞爲"一"的情況下首先省略爲"名+量"格式①。例如:

(39)庚戌卜,貞:錫多母又貝朋。(羅振玉《殷虚書契後續》下,8·5)

① 張延俊先生承認上古漢語中有些"名+數+量"格式是主謂結構。例如:惠貝十朋。(董作賓《殷虚文字甲編》777)

(40)錫汝弓一、矢束、臣五家、田十田。(《不其簋》)

(41)井叔錫曶赤金鈞。(《曶鼎》)

第二步,"名＋量"的内部結構有違於漢語"修飾語＋中心語"的一般規律,所以該格式出現後不久就向"量＋名"格式演變。例如:

(42)用匹馬束絲。(《曶鼎》)

(43)子曰:"自行束脩以上,吾未嘗無誨焉。"(《論語·述而》)(脩,乾肉。每條乾肉叫一脡,十脡爲一束。"束脩"指十條乾肉,古代常用作饋贈的一般性禮物。)

(44)問之,曰:"宦三年矣,未知母之存否。今近焉,請以遺之。"使盡之,而爲之簞食與肉,置諸橐以與之。(《左傳·宣公二年》)

第三步,當人們需要更鮮明地表達語義時,便放棄省略,又把"一"明確地補出來,於是"量＋名"格式就變成"一＋量＋名"格式。此類例子見前文所舉例(24)、(25)、(26)、(29)等。

第四步,在"一＋量＋名"格式的基礎上,更進一步擴展完善爲一般的"數＋量＋名"格式。

我們認爲,"名＋量"式、"量＋名"式是否全爲省略了數詞"一"本來就是令人生疑的,如果再用這兩種格式去解釋"數＋量＋名"格式的産生恐怕更加不可靠。

2.2 "類推説"

上述"移位"説遭到了很多學者的反對,如太田辰夫(2003[1958]:148-150)、Yang-Drocourt(1993)、譚慧敏(1998)、吴福祥等(2006)、姚振武(2015:159-160)等。他們反對的主要理由是,"名＋數＋量"和"數＋量＋名"兩種格式裏的"數＋量"結構在句法、語義和話語層面具有完全不同的限制和功能:句法上,前者中的"數＋量"是謂語,後者中的"數＋量"是修飾語;語義上,前者中的量詞表達的是實際的數量信息(quantification),並且往往顯示新信息,而後者中的量詞往往顯示已知信息,其語義在很多情況下已經弱化;話語上,前者通常出現在清單類(enumerative lists)語境中,經常用於敘述某個具體的、實際發生的事件或情狀,而後者往往出現在文學性較强的語篇中。

我們注意到,在"名＋數＋量"格式中,"數＋量"的獨立性很强,而與名詞的黏附性較弱,中間可以插入别的成分,這説明"名詞"和"數＋量"不構成直接的句法關係,兩者不在同一個句法層次上。例如:

(45)萊人使正輿子賂夙沙衛以索馬牛皆百匹。(《左傳·襄公二年》)(索,精選的。)

(46)傷甚者令歸治病家善養,予醫給藥,賜酒日二升,肉二斤。(《墨子·號令》)

(47)牛車千兩,木器髤者千枚,銅器千鈞。(《史記·貨殖列傳》)(髤[xiū],以漆塗物。)

(48)律令凡三百五十九章,大辟四百九條。(《漢書·刑法志》)

(49)蚤食時到第五隧北里所,見馬跡入河,馬可二十餘騎。(《居延新簡》48·55A)

因此,上古漢語中的"名＋數＋量"與後來産生的"數＋量＋名"並不相同,不能把它們放在一起考察而看作是内部結構關係相同的表達在表層的綫性序列上發生了變化。事實上上古漢語中量詞並不發達,表示數量時常常用數詞直接修飾名詞(即"數＋名")。漢語中量詞大量涌現、數詞一般要與量詞構成數量結構才能修飾名詞的規律的形成是在魏晋南北朝時期，在魏晉南北朝時期數量結構作名詞的修飾語時就是位於名詞之前的，可見“數＋量＋名”的出現是由於量詞的產生和使用的需要，是從“數＋名”發展過來的，所謂數量詞與名詞的詞序變化實際上是不存在的，漢語表示數量的方式有所改變，但表示數量的修飾語和名詞的詞序並未發生變化。

按照太田辰夫(2003[1958]:150)的看法，“數詞＋個體量詞＋名詞”(用於計數)的產生是受到“數詞＋度量衡量詞/容器量詞＋名詞”(用於計量)的類推。我們認爲，太田先生的看法是有道理的。現在的問題是：“數詞＋度量衡量詞/容器量詞＋名詞”格式又是怎麽產生的呢？

吴福祥等(2006)認爲，“數詞＋個體量詞＋名詞”格式與先秦漢語的“數詞＋度量衡量詞＋之＋名詞”格式存在淵源關係。比如下面的例子：

(50)可以托六尺之孤，可以寄百里之命。(《論語·泰伯》)

(51)雖使五尺之童適市，莫之或欺。(《孟子·滕文公上》)

(52)紂喜，命文王稱西伯，賜之千里之地。(《吕氏春秋·順民》)

(53)今且有人於此，以隨侯之珠彈千仞之雀，世必笑之。是何也？(《莊子·讓王》)

(54)五畝之宅，樹之以桑，五十者可以衣帛矣。……百畝之田，勿奪其時，數口之家可以無饑矣。(《孟子·梁惠王上》)

(55)斬一首者，爵一級，欲爲官者爲五十石之官；斬二首者，爵二級，欲爲官者爲百石之官。(《韓非子·定法》)

對於這類“數詞＋度量衡量詞＋之＋名詞”格式中的“數詞＋度量衡量詞”(吴福祥等[2006]稱之爲單位詞)，吴福祥等(2006)認爲不是指稱後面名詞所指的實際數量，而是具有描寫性或泛指名詞的量度特徵，即其語義功能是描寫(或定性)而非計量，這一點我們是贊成的。但吴福祥等先生進一步推論説先秦漢語中不包含結構助詞“之”的“數詞＋度量衡量詞＋名詞”格式中的“數詞＋度量衡量詞”也不指稱名詞的實際量度(與“名＋數＋量”格式構成對立)，我們却不能接受。姑且不論是否所有的“數詞＋度量衡量詞＋之＋名詞”格式中的“數詞＋度量衡量詞”都具有描寫性或泛指名詞的量度特徵①，即使就“數詞＋度量衡量詞＋名詞”來説，肯定有很多用例實際上是表實際量度的，比如上文所舉例(27)(28)(29)(30)就是如此，尤其是例(30)的“百束布”明顯是指實際量度(由後文丈夫和妻子之間的對話可知)，並非泛指。

吴福祥等(2006)還認爲，先秦漢語的“數詞＋容器量詞＋名詞”格式同“數詞＋度量衡量詞＋之＋名詞”格式一樣，其功能也是描寫或定性，該格式中的“數詞＋容器量詞”也是側重説明名詞的某種屬性或泛指名詞的量度特徵，而不是指稱名詞的實際量度，這一分析對某些用例來説也許是適用的，如上文所舉例(25)“一簞(食)”“一瓢(飲)”、例(26)“一杯(水)”“一車(薪)”；但在我們看來，却並非全部如此，有些“數詞＋容器量詞＋名詞”格式中的“數詞＋容器量詞”恐怕是指實際量度的。如上文所舉例(23)“二壺(酒)”，這個例子説的是越王勾踐爲了增加越國的人口數量，鼓勵越國百姓生育，“二壺(酒)”是政府對百姓生育孩子的具體獎勵，不可能表泛指。例(31)“十束(薪)”也類似，雖然“束”不是容器量詞(可看作部分量詞)，

① 我們認爲不表實際量度在很大程度上是由數詞決定的，如“千”“百”等本身就經常表多數，“一”本身就經常表少量。

但這裏敘述的是官府對殘疾人發放的救濟品，"十束(薪)"也是實指的。

另外，吴福祥等先生説"數詞＋度量衡量詞＋名詞"是由"數詞＋度量衡量詞＋之＋名詞"格式落脱"之"變來的，但這一説法並没有充足的事實根據，無法加以驗證。再舉兩個相關的例子：

(56)子曰："道千乘之國，敬事而信，節用而愛人，使民以時。"(《論語·學而》)

(57)七世之廟，可以觀德；萬夫之長，可以觀政。(《尚書·咸有一德》)(《咸有一德》是《尚書》僞作，非西周作品。)

上面兩例與"數詞＋度量衡量詞＋之＋名詞"格式本質上是一樣的，"之"前面的數量成分都是後面名詞的修飾語，"之"作爲連接標記在句法上很難省略，這類格式很難成爲後世"數＋量＋名"格式的主要來源。

吴福祥等先生認爲，"數詞＋度量衡量詞＋之＋名詞"格式落脱"之"以後變成"數詞＋度量衡量詞＋名詞"，這一格式經過重新分析，由描寫名詞的屬性、特徵變成指稱名詞所指的實際量度。當"數詞＋度量衡量詞＋名詞"獲得計量功能以後，它就爲個體量詞進入該格式提供了一個模式(pattern)，因此，當兩漢時期個體量詞作爲一個語法範疇確立以後，受"數詞＋度量衡量詞＋名詞"的類推，"數詞＋個體量詞＋名詞"得以産生。但"數詞＋個體量詞＋名詞"是否經歷過如此複雜的語義演變過程難以得到驗證。我們認爲，像前面所舉的"六尺之孤""五尺之童""千仞之雀""五十石之官""百石之官"之類的組合，無論後來怎麽演變，其中的度量衡量詞"尺""仞""石"等都不可能被重新分析爲後面的名詞"孤""童""雀""官"等的量詞。就同例(56)、(57)"千乘之國""七世之廟""萬夫之長"中的"乘""世""夫"一樣，度量衡量詞"尺""仞""石"和後面的名詞"孤""童""雀""官"在語義上並不構成直接的關係，"之"作爲連接修飾語和中心語的標記詞在後世很難省略①。

我們注意到，朱冠明(2015：33)贊同吴福祥等(2006)關於"數詞＋個體量詞＋名詞"的産生與結構助詞"之"的衰落有關的觀點，但據朱先生本人的研究，位於修飾語和中心語之間的結構助詞"之"，其衰落過程是從西漢開始，到了中古才加劇的；而據我們的考察，"數詞＋量詞＋名詞"格式早在春秋以後就開始陸續出現，而那時結構助詞"之"的使用正處於活躍期，顯然"數詞＋量詞＋名詞"格式的産生與結構助詞"之"的衰落並不同步。從這個角度看，主張"數詞＋個體量詞＋名詞"的産生與結構助詞"之"的衰落有關的觀點難以成立。

姚振武(2008)認爲上古漢語中不帶"之"的"數＋量＋名"格式出現在前，帶"之"的"數＋量＋名"格式出現在後，不存在"之"字脱落的過程，這一觀點我們是贊同的。不過姚先生認爲，由於"數＋個體量詞＋名"格式早在兩漢以前就已産生，因而它不是類推漢代前後才獲得實際計量功能的"數詞＋度量衡量詞/容器量詞＋名詞"的産物，我們對此却不敢苟同。我們在1.2節已經指出，先秦漢語中，"數＋個體量詞＋名"格式是很少見的，事實是"數詞＋度量衡量詞/容器量詞＋名詞"大量出現在先，"數＋個體量詞＋名"格式出現在後，因而後者受前者的類推而産生是一種非常合理的解釋。

至於"數詞＋度量衡量詞/容器量詞＋名詞"的來源，姚振武(2015：159-160)提出另外一種解釋。姚先生指出，在"數＋量＋名"格式出現以前，"名＋數"格式與"名＋數＋量"格式相對應，而"數＋名"格式却没有與之相對應的"數＋量＋名"格式，這就造成了一種不平衡的局

① 後世"的"取代了"之"。

面。受"名＋數＋量"格式的誘發和類推,"數＋量＋名"格式就應運而生了。姚先生的觀點可圖示如下：

(58)數＋名(百卺)←→名＋數(卺百)

↑ ↑

↓ ↓

? ←→ 名＋數＋量(卺六卣)

從功能表達的角度看,當名詞的所指是液體時,不管是"名＋數"之後,還是"數＋名"之間,填入適當的容器量詞(出於計量表達的需要)就顯得尤爲必要(否則無法理解)。姚先生的觀點可以歸納爲:"數＋容器量詞＋名"格式是在"數詞＋名詞"的基礎上産生的,而産生的動力則來自"名＋數＋量"格式(也包括"名$_1$＋數＋名$_2$"格式)的誘發和類推。

其實姚先生的觀點與 Yang-Drocourt(1993)的觀點是一樣的,她認爲"數詞＋度量衡量詞/容器量詞＋名詞"直接來自"數＋名",就像"名＋數＋度量衡量詞/容器量詞"來自"名＋數"一樣:

(59)"名＋數">"名＋數＋度量衡量詞/容器量詞",然後

"數＋名">"數詞＋度量衡量詞/容器量詞＋名詞"

三 "數詞＋動量詞＋動詞"/"動詞＋數詞＋動量詞"的産生機制

爲了驗證"數＋量＋名"格式的産生是受到"名＋數＋量"格式的誘發和類推,我們還可以拿中古漢語的兩種動量結構式"數詞＋動量詞＋動詞"和"動詞＋數詞＋動量詞"的産生機制作爲佐證。在現代漢語中,動量詞表示動作發生的次數。它可以由專用的動量詞來表示,也可以借用其他名詞(表示身體部位的詞或者工具)來表示("V 一 V"可歸入重疊形式處理)。典型的例子如下:

專用動量詞:回、次、下$_{兒}$、趟、遍、頓、把、番、遭、仗、闞、覺

借用名詞:手$_{兒}$、脚、巴掌、拳(頭)、眼、口;刀、板、棒、鞭、槍、炮、箭、針、棍子、剪子、斧子、鉗子、錐子、棒槌

3.1 上古漢語的動量表示法

A

(60)吾日三省吾身。(《論語·學而》)

(61)季文子三思而後行。(《論語·公冶長》)

(62)三咽,然後耳有聞,目有見。(《孟子·滕文公下》)

(63)五就湯、五就桀者,伊尹也。(《孟子·告子下》)

B

(64)初,公有嬖妾,使師曹誨之琴,師曹鞭之。公怒,鞭師曹三百。(《左傳·襄公十四年》)

(65)隸臣妾系城旦舂,去亡,已奔,未論而自出,當笞五十。(《睡虎地秦墓竹簡·法

律答問》)

(66)趙高治斯,榜掠千餘,不勝痛,自誣服。(《史記・李斯列傳》)

(67)春秋二百四十二年間,日蝕三十餘,地震五十六。(《漢書・張禹傳》)

據唐鈺明(1990)對《尚書》《詩經》《左傳》《論語》《孟子》《荀子》《墨子》《莊子》《韓非子》《戰國策》《禮記》等十一部先秦典籍的資料統計,"數＋動"式共計412例,占比高達94%;而"動＋數"式只有27例,僅占6%,可見"數＋動"式在先秦占據壓倒性優勢。

3.2　上古漢語的時間表示法

A

(68)雖有天下易生之物也,一日暴之,十日寒之,未有能生者也。(《孟子・告子上》)

(69)適千里者,三月聚糧。(《莊子・逍遥遊》)

(70)居於陵,三日不食,耳無聞,目無見也。(《孟子・滕文公下》)

B

(71)子貢反,築室於場,獨居三年,然後歸。(《孟子・滕文公上》)

(72)善人教民七年,亦可以即戎矣。(《論語・子路》)

(73)黄帝退,捐天下,築特室,席白茅,閒居三月,復往邀之。(《莊子・在宥》)

上古漢語動量表示法和時間表示法的比較:

(74)數詞＋時間詞＋動詞　　動詞＋數詞＋時間詞

數詞＋[　　]動詞　　動詞＋數詞＋[　　]

時間詞和動量詞均包含有量的觀念,因而兩者存在相通之處。我們認爲,上述空格是動量詞産生的最根本的句法動因。受到上古漢語時間表示法的類推,漢魏以後動量詞開始産生。例如:

(75)太子擊前誦恭王之言,誦三遍而請習之。(《説苑・敬慎》)

(76)繞樹三匝,何枝可依?(曹操《短歌行》)

(77)謹通進表,叩頭百下。(《三國志・吴志・韋曜傳》)

(78)著作郎署哀其老,欲代之。不肯,云:"我躬自寫,乃當十遍讀。"(桓譚《新論》)

(79)菖蒲九重節,桑薪七過燒。(北周・王褒《奉和趙王隱士》)

我們發現,雖然與名量詞所在的結構式逐漸由"名＋數＋量"過渡到"數＋量＋名"順序正好相反,但名量結構式和動量結構式都是經由類推這種機制而産生的。

四　結語

關於類推在語法演變中所起的作用,高名凱(1963:302-303)曾經有過兩段非常精彩的論述:

> 語法成分可以由於詞彙演變和語音演變的影響而起演變之外,還可以由於齊整性的要求和表達性的要求而起演變。齊整性的要求所引起的語法演變就是類推作用對語

法演變所起的作用。

類推作用之所以能够生效，就因爲有語法結構系統中其他的整齊的格式作爲它的“典範”，它是依賴語法結構系統中的其他的成員對它的影響而起作用的。

語法化理論認爲，類推指的是某個新結構産生以後對現存結構的吸引或同化。類推和語法演變的另外一種重要機制——重新分析不同，後者經常導致例外和不規則現象的發生，從而給語法帶來複雜性；而前者則可以通過使新規則跟現存語法的其他部分保持一致來消除這些例外和不規則。簡而言之，類推就是規則的泛化或擴展，是使語法的不規則性被規則化的過程。就漢語而言，符合上述語言共性的類推在漢語史上也存在(相關表述可參見梁銀峰，2016：306-307)，而值得注意的是，漢語語法演變中的類推在使新規則得以泛化的同時，還能够造成新的語法結構或新的虚詞的産生。也就是説，類推不僅是漢語語法演變的重要機制，而且還是語法演變的重要動因，本文所探討的“數＋量＋名”格式和“動＋數＋量”格式(也包括“數＋量＋動”格式)就是如此。本文還認爲，“數＋量＋名”格式的形成對名量詞這一語法範疇的確立具有至關重要的影響，由於(58)所示語法空格的存在，“數＋量＋名”格式得以類推産生，從而爲名量詞這一語法範疇的確立提供了句法框架；由於(74)所示語法空格的存在，“動＋數＋量”格式(也包括“數＋量＋動”格式)得以類推産生，從而爲動量詞這一語法範疇的確立提供了句法框架。

參考文獻

[1]貝羅貝. 上古、中古漢語量詞的歷史發展[M]// 語言學論叢(第21輯). 北京：商務印書館，1998：99-122.

[2]高名凱. 語言論[M]. 北京：科學出版社，1963.

[3]郭錫良. 從單位名詞到量詞[J]. 文科園地，1984(7).

[4]洪藝芳. 敦煌社會經濟文書中之量詞研究[M]. 臺北：文津出版社，2004.

[5]黄盛璋. 兩漢時代的量詞[J]. 中國語文，1961(8).

[6]黄載君. 從甲文、金文量詞的應用，考察漢語量詞的起源與發展[J]. 中國語文，1964(6).

[7]李若暉. 殷代量詞初探[J]. 古漢語研究，2000(2).

[8]李宇明. 拷貝型量詞及其在漢藏語系量詞發展中的地位[J]. 中國語文，2000(1).

[9]梁銀峰. 漢語史主從句和從屬句的産生及其演變[M]. 上海：上海人民出版社，2016.

[10]劉世儒. 魏晉南北朝量詞研究[M]. 北京：中華書局，1965.

[11]潘允中. 漢語語法史概要[M]. 鄭州：中州書畫社，1982.

[12][日]太田辰夫著，蔣紹愚、徐昌華譯. 中國語歷史文法(修訂譯本)[M]. 北京：北京大學出版社，2003.

[13]譚慧敏. 略論漢語量詞的起源與發展[A]. T'sou，Peyraube，Xu，Lee eds. Studia linguistica Serica(漢語研究)[C]. Hong Kong：Hong Kong City University Press，1998.

[14]唐鈺明. 古漢語動量表示法探源[J]. 古漢語研究，1990(1).

[15]王力. 漢語史稿(修訂本)[M]. 北京：中華書局，1980.

[16]王力. 漢語語法史[M]. 北京：商務印書館，1989.

[17]魏德勝.《敦煌漢簡》中的量詞[J]. 古漢語研究，2000(2).

[18]吴福祥、馮勝利、黄正德. 漢語“數＋量＋名”格式的來源[J]. 中國語文，2006(5).

[19]吴福祥. 魏晉南北朝時期漢語名量詞範疇的語法化程度[M]// 語法化與語法研究(三). 北京：商

務印書館，2007：246-268.

[20]邢志群. 漢語量詞的語義和結構演變及語法化[M]// 語法化與語法研究(四). 北京：商務印書館，2009：445-468.

[21]楊曉敏.《左傳》中的量詞[M]// 中國語言學報(三). 北京：商務印書館，1988：83-95.

[22]姚振武.《漢語"數＋量＋名"格式的來源》讀後[J]. 中國語文，2008(3).

[23]姚振武. 上古漢語語法史[M]. 上海：上海古籍出版社，2015.

[24]張延俊. 也論漢語"數・量・名"形式的產生[J]. 古漢語研究，2002(2).

[25]朱冠明. 先秦至中古漢語語法演變研究[M]. 北京：中國社會科學出版社，2015.

[26]Yang-Drocourt，Z. Evolution syntaxique des classificateurs chinois，du 14eme siecle av. J. - C. au 17eme siècle [D]. Paris：EHESS，1993.

The Emerging Mechanism of the Construction "Numeral＋Classifier＋Noun" in Chinese

Liang Yin-feng

Abstract：The paper assumes that the construction "numeral＋classifier＋noun" in Pre-Qin Chinese originated from the construction "numeral＋noun" directly，and motivated by the construction "noun＋numeral＋classifier" at the same time. The paper assumes also that neither the construction "noun＋numeral＋classifier" or the construction "numeral＋measure word＋zhi＋noun" has nothing to do with the construction "numeral＋classifier＋noun" in origin.

Key words：the construction "numeral＋classifier＋noun"，mechanism of emerging；analogy，motivation

通信地址：上海市楊浦區邯鄲路 220 號復旦大學中文系
郵編：200433
E-mail：liang_yin_feng@126. com

名量詞的構式化和構式變化*

劉文正　封景文　吴舟舟

内容提要　漢語名量詞産生於商朝，計算對象具體，尚不成體系；西周基本形成計量和計數（集合數、陪伴）兩大體系；經過春秋戰國的持續發展，西漢時期陪伴量詞發展爲個體量詞，名量詞系統終於成熟。名量詞由計量或計數模式“名＋數＋名”中的第二個名詞演變而成；個體量詞形成以後，“數＋量＋名”也成爲能産模式。計量和計集合數的量詞産生發展的動因：社會的要求、語言使用者對事物的使用和認知、語言使用者對陪伴成分的選擇、被計量物特徵的限制。陪伴量詞和個體量詞産生和發展的動因：語言使用者對某些集合量詞和陪伴成分的重新思考；雙音韻律的約束、計量等構式的推動、自身對構式義的吸收等。歷時構式語法既能解釋各種名量詞的産生發展，又能解釋名量詞系統的發展和演變。

關鍵詞　量詞　量詞圖式　構式化　構式變化

一　引言

名量詞（nominal measure and classifier word, NMC）（以下簡稱量詞）是現代漢語中數量衆多、使用廣泛、功能多樣的功能詞，通常被歸入實詞。但與其源頭——名詞、動詞相比，量詞意義虚化非常明顯，通常不能指稱事物，也不能單獨指稱或陳述。我們將量詞分爲三類①：一是計量容量體積、面積長度、重量、貨幣、角度的計量量詞，或單位詞（measure word, MW）；二是表示事物集合、整體之部分的集合量詞（collective word, CW）；三是個體量詞。在計算事物時，前兩種往往有標量作用，通常不可少，因此王紹新（1989）等把它們統稱爲計量量詞，意思是它們都是標記事物之量。至於第三種量詞，從計算數目的角度看，通常可省略，但可作爲對事物分類、標示事物性狀的依據（黄盛璋 1961），所以有人稱之爲范詞或分類詞（classifier, C）。

關於計量量詞的計量功能，學界分歧不大，但關於集合量詞、個體量詞的功能却有一些争議。對於集合量詞，太田辰夫（1958）、劉世儒（1965）都承認它有計數功能，但劉世儒認爲它還有陪伴功能。對於個體量詞，管燮初（1953）認爲它“没有具體意義”，劉世儒（1965）認爲它“没有計數功能，只起陪伴作用”，Dai（1992）認爲其作用是“將某類名詞的明顯概念特色顯示出來”。産生以上分歧的原因之一是，大多没有把量詞的功能差異真正置於漢語量詞變化

* 基金項目：全國哲學社會科學基金重點項目“與被動標記、虚義動詞及話語標記相關的構式在歷時演變中的壓制和反壓制研究”（17AYY017）；全國優秀博士學位論文作者專項基金項目“古漢語動詞及相關構式演變研究”（201206）。

① 關於量詞的名稱有很多，如臨時量詞、借用量詞等，這些名稱都不是依據語義的性質劃分出來的類型，對於漢語史量詞研究來説，每個量詞都有過借用、臨時使用的階段。

史中考察。貝羅貝(1998)認爲"量詞在漢代及中古早期的功能是量化、使後面的名詞個體化,而到了中古後期,它們有了新的功能,那就是性質化與分類",他著眼於量詞功能的發展變化,但並未對整個量詞系統進行比較,也未對先秦至中古的個體量詞的形成發展進行系統的比較。可以看到,有些個體量詞尚未真正形成時就顯示了名詞的個性,如"兩";有些量詞則並不顯示名詞的個性,如"箇""只"。可見,要真正全面系統地認識漢語量詞,就應該對其發展史進行系統的考察。

放眼漢語史可知,計量量詞和集合量詞很早就有,並且一直在發展;但個體量詞是後起的,是隨着漢語的不斷發展而逐漸産生、發展、壯大的。世界上跟漢語一樣有個體量詞的語言還有很多(趙元任,1980),但於印歐語系等更多的語言中却並不存在。爲什麽漢語會産生個體量詞,並且如此豐富?個體量詞是怎樣一步一步發展的?促成其産生和發展的原因又是什麽?

很多學者爲回答這些問題做出了努力。有的致力於描寫,有的致力於解釋。在漢語史量詞概貌的描寫方面,王力(1958)、太田辰夫(1958)、潘永中(1982)等從宏觀角度介紹漢語量詞的發展概貌;管燮初(1953)、陳夢家(1956)、黄載君(1964)、李若暉(2000)、張玉金(2001)等致力於甲骨卜辭量詞研究;何樂士(2000)等致力於《左傳》量詞研究;黄盛璋(1961)、王紹新(1989)重點考察兩漢量詞;劉世儒(1961、1965)重點考察魏晉南北朝量詞及來源;趙中方(1989、1992)、張美蘭(2001)、陳穎(2003)等致力於近代漢語量詞研究,等等。有些學者將研究領域擴大到出土文獻,如魏德勝(2000)、李建平(2004)、張顯成(2005)致力於先秦兩漢出土文獻量詞研究。有些學者專注於量詞語義源流考察,如張萬起(1998)、董爲光(2003)等。他們的努力讓我們對漢語史的量詞發展事實有了大致瞭解。很多學者則著眼於探討量詞産生的原因。黄載君(1964)、郭紹虞(1980)、遊順釗(1988)、石毓智(2000、2001)、劉文正(2006)、李建平、張顯成(2016)從社會要求、語音變化、認知等方面進行分析;貝羅貝(1998)、郭攀(2001)、張延俊(2002)、吴福祥等(2006)、姚振武(2008)等對量詞形成發展過程中是否存在類推、重新分析等問題展開討論。

總體來説,較早的研究不區分量詞語義、語用的差異,也不關注句法差異,如管燮初(1953)、王力(1989)等。隨着時間推移,越來越多的學者開始注意到這些方面,並且注意到這些差異跟量詞的類型相關,也跟各類型的産生時代相關。但對於量詞和陪伴成分之别、計數和計量之别、計數模式和計量模式之别、定數集合和不定數集合之别、數量定語(邏輯謂語)和數量謂語之别關注不夠;以往的量詞研究中還存在只重視個體量詞忽視其他類型、或將量詞的各種類型混爲一談的問題,而對於量詞的各種次範疇分别産生於什麽階段、量詞系統是怎樣一步一步擴大的等問題,也未給予足夠關注;對於量詞形成和發展的全貌仍缺乏系統的認識。因此,要真正弄清漢語量詞的發展史,真正深化量詞研究,就要克服以往研究中的不足,糾正各種錯誤,並著眼於量詞系統,重視各種類型的發展史及其在整個系統中的地位,才有可能取得預期效果。

近20年來,關於量詞形成和發展的研究多在語法化理論體系中進行,對於很多個案的形成發展有了清晰的認識,並認識到很多量詞的歷時共性。然而語法化理論也有局限性。它最關注的是演變對象本身的意義變化,對於形式方面的變化不夠重視,對於演變條件也不夠關注,更難以有效解釋量詞範疇和各種次範疇的形成發展。每一個量詞都是形式和意義的配對,對它的研究既要關注形式,也要關注意義,不能偏廢任何一面。量詞是一個系統,最初只有個案,慢慢擴大爲範疇,逐漸增加相似範疇而擴大爲更大的類。近年來,Traugott 和 Trousdale(2013)將構式語法的有關理論運用到語言的歷時演變研究之中,提出構式化和構式變化等思想,區分微觀構式的構式化和圖式性構式的構式化,既解釋具體的新構式的産生發展,也解釋圖式性構式的形成發展等問題。如果將這一理論體系運用於量詞研究,既能分析和解釋具體詞語向量詞的演變過程,也能兼顧量詞不同類型的形成和擴大過程,那麽,上述問題也就都有望解決。因此,下文將採用歷時構式語法理論體系來對上述問題進行討論。

二　量詞微觀構式的構式化

一般認爲,漢語量詞在甲骨文中就已出現,西周金文漸增(管燮初 1953;陳夢家 1956;王力 1958;黄載君 1964;李若暉 2000;張玉金 2004;劉文正 2006 等)。然而,甲骨文中究竟有哪些量詞,各家並没有一致意見;究竟有哪些類型,更是語焉不詳。事實上,從單位意義的角度來看,甲骨文中真正可視爲量詞的非常少,只有計量鬯酒的容器量詞"升""卣"和計量車、馬、玉、貝的定數集合量詞"丙""朋",其他如"人""羌"等都不是量詞。下面來具體分析。

(一)甲骨文中的容器量詞"升"和"卣"

《説文》:"升,十龠也。从斗,亦象形。"徐中舒《甲骨文字典》:"商器升、斗形制略同,故字形亦相近,惟升小於斗,故加小點(表容納散落之物)以區别之。"《爾雅·釋器》:"彝、卣、罍,器也。"又:"卣,中尊也。"中尊就是中等大小的酒樽。郭璞《爾雅注》:"不大不小者。"可見"升""卣"本爲容器,卣可能比升小,可計量被容納物,且通常是無法自然計数之物。如:

(1)其發新鬯二升一卣。(《甲骨文合集》30973,以下簡稱合集)

上例中,鬯是酒,無法直接計算,只能借助容器計其量;"二升""一卣"都是數量短語,一起陳述鬯之量。甲骨文中用"升"計量僅一例,很難説已成爲典型量詞,更難説跟"卣"有容量單位换算關係。但"卣"在甲骨文中較常見,逾 20 例,也只計量酒。如:

(2)鬯三卣。(合集 1069)|鬯一卣。(合集 15795)|鬯五卣又正。(合集 30815)

例(2)中,"數+卣"都僅計鬯之量,不計量其他事物。

甲骨文中"卣"也可用爲名詞,不過僅有 1 例,如:

(3)貞:叀(惠)卣王受,有佑,吉。(合集 30917)

綜合來看,"升""卣"本爲名詞,表示容器,"數+升/卣"可作謂語計鬯酒之量,其量是數詞與容器之容量的乘積,具體值由容器大小和數詞共同決定;不過,古代工匠往往依據固定尺寸製作容器,容量應當相對固定。殷商时期二者名詞特徵還很强,計量對象有限,不具備專用單位的特徵,可視爲容器量詞。從名詞到容器量詞的變化,形成了形$_{\text{新}}$一義$_{\text{新}}$的配對,達成了構式化。這種變化可形式化爲:

{[(數+)升/卣]$_{\text{主/賓}}$↔[(數個)容器]$_{\text{實體}}$}→{[(數+)升/卣]$_{\text{謂}}$↔[(數)容器量]$_{\text{鬯之量}}$}

"升""卣"的構式化是多種條件促成的。語言使用者的使用是促成它由名詞變成容器量詞的重要原因,離開使用是不可能發生變化的。例如,同爲容器,後代廣泛使用的量詞"斗"在甲骨文中並不見量詞用法,只用來指稱北斗星。甲骨文中還有"斝"字,字形作"[illegible]"。《説文》:“斝:玉爵也。夏曰琖,殷曰斝,周曰爵。从吅从斗,冂象形。與爵同意。或説斝受六斗。”按:“斗”最初當指稱相對普通的有柄容器。因其形與北斗相像,故隱喻而指稱北斗;“斝”則指稱商代平底、有足的酒器,主要用於祭祀。前者是普通容器,後者是商代貴族統治者的貴重容器。二者在甲骨文和西周金文中均不見量詞用法,直到春秋早期才有用例。可見,語言使用者如何使用決定了一個詞能不能成爲量詞。“升”“卣”用爲量詞跟普通的虚化有很大區别。第一,普通的虚化中的虚化項不是交際重點,不承擔重要信息,所以容易虚化;“升”“卣”在交際中承擔了重要的信息,離開它,就無法計量,所以不會虚化。第二,普通虚化中的虚化項是漸變的,有一個兩可分析階段,即既可分析爲甲也可分析爲乙;而這種變化是突變的,是因語言使用者不得不用它計量而變的。此外,“升”“卣”變爲量詞,跟貴族生活密切相關,跟官方的强勢推動密切相關,這是二者變爲量詞的外因。

在上述因素的推動下,“升”“卣”變成了容器量詞,但二者之間尚未建立關聯,而殷商時代的容器量詞也不發達,只能説已經出現了計量量詞的例,尚未出現計量量詞的類,還未形成適應範圍廣泛的計量範疇。

(二)甲骨文中的集合量詞“丙”和“朋”

甲骨文中具有集合義的詞語有三個:丙、朋、屯(純),很多學者認爲它們都是量詞(王力1958;李若暉2000;張玉金2001)。“丙”不用於後代,自西周可能被“兩”替代(湯餘惠1991);“朋”到今天仍暗含集合意義;“屯(純)”在戰國至秦漢階段有集合義。“丙”“朋”在甲骨文中可用於數詞之後充當謂語,是不是量詞可以再討論,但“屯(純)”和數詞結合只作賓語,顯然不具有量詞的計數或計量的特徵,可以不予討論。

1. 丙

丙,甲骨文作“”“”等,從字形上看,像套在馬頸上拉車的軛,本義當與馬和車關係密切。《説文》:“丙,位南方,萬物成,炳然,陰氣初起,陽氣將虧。”這是附會陰陽學説,段注亦主此説,殊不足信。王力(1958)認爲“丙”表示“若干馬”,是把它視爲集合名詞或集合量詞。陳夢家(1956)認爲“丙”可能和《詩經》的“乘”相同,“可能是單數”,表示“一匹”。黄載君(1964)亦主此説。湯餘惠(1991)認爲甲骨文的“丙”是金文中的“兩”的初文,字形像車軛,應一分爲二:表示“一輛(車)”,是個體量詞;又引申爲“兩匹(馬)”,是集合量詞。以上諸家各執一詞,莫衷一是。下面我們先具體分析,然後再進行推斷。

從甲骨文來看,除天干、人名、地名外,“丙”可作普通名詞,如:

(4)允以三丙。(合集8984)

上例中,“三丙”充當動詞“以”的賓語,“丙”可能是指稱軛,但也有可能指一套車馬,包括軛。人對事物的認知大多源於使用,一輛車、幾匹馬、加上一個軛,才能成爲一套完整的使用工具。“丙”可能是整體指稱,暗含集合概念,但通常不會像現代科學那樣精確地計算内部某部件到底有多少。

甲骨文中“丙”多和數詞合用爲謂語,陳述成套使用的馬的數量。如:

(5)馬廿丙又……(合集1098)

(6)馬五十丙。(合集11459)

(7)癸子(巳)卜,往,兕馬三十丙。(合集 20790)①

(8)宁(貫)征(延)馬二丙。(合集 21777)

(9)車二丙,盾百八十三,函五十,矢……(合集 36481 正)

以上例子中"名＋數＋丙"是計數模式,"數＋丙"陳述馬、車的數量,數字具體,陳述對象馬、車是自然可數之物。黄載君(1964)認爲,"馬固然有以四爲一計算單位的,那是由於四馬駕一車之故;至於車就没有用集體單位計算的必要,從來都用'一兩'作爲計算單位的,至少'車若干丙'必爲表個體單位的量詞"。他根據"馬廿丙又……"中"丙"之後有零餘之數的特點,推斷"戰争俘獲本無一定,不可能成雙或成駟",從而認定"此處計馬單位之'丙'也應該是表個體單位的量詞"。不過,根據這些材料並不能確定"丙"究竟是計集合還是單數,"丙"後還有零餘之數字,只能説明前面的"廿丙"大於後面的零餘,並不能證明"丙"就是個體量詞。湯餘惠(1991)則把上述前四例中的"丙"均視爲集合量詞,每丙包含一對,把最後一例中的"丙"視爲個體量詞。我們推斷,"丙"本是集合名詞,用來計算事物時,最初可能有集合義。計馬時,表示成套使用的馬。馬"一丙"可能是兩匹也可能是四匹,不管多少,反正是一套。計車時,表示成套使用的車。車是靠馬拉動的,在戰車配備語境中,一輛車還需要兩匹或四匹馬拉動才能實現其使用價值。所以車"一丙"最初很可能表示"一輛車加上二匹或四匹馬,還加上一個軛"。從車的使用上來説,"丙"最初也應當是集合量詞,但並不是車的集合,而是一輛車和若干馬的集合。與現代"一套衣服"之"套"包括一件衣和一條褲相似。所以上述各例中的"丙"都是集合量詞,内部的集合數可能是"2",可能是"4",也可能是"1＋2"或"1＋4",因陳述對象而定。

"1＋2"或"1＋4"適應的是特定的戰車配備語境。如果脱離這種語境,普通的語境中則可能單指車,其中的"2"或"4"被忽略,"一丙"就變成"1",就失去了集合義而變成個體義。如果"一丙"陳述的範圍擴大到不具備"1＋2"或"1＋4"特徵的其他事物,這種個體義就得以固定,變成個體單位。不過,與"丙"相關的非戰車配備語境在甲骨文中並不存在,因此甲骨文中的"丙"都是集合量詞,不是個體量詞。

名詞"丙"到集合量詞的構式化可形式化爲:

{[(數＋)丙]$_{主/賓}$↔[(數個)軛]$_{實體}$}→{[(數＋)丙]$_{謂}$↔[(數×)集合單位]$_{集合數}$}

2.朋

朋,甲骨文作"[illegible]",字形像兩串貝或玉。《説文解字》未列條目,但正文有"鳳飛,群鳥從以萬數,故以爲朋黨字"之説,"鳳""朋"上古聲韻均同,故《説文》將二者聯繫在一起。王國維《觀堂集林·説玨朋》認爲五貝爲一系,二系爲一朋,是有道理的。鄭玄注《詩·小雅·菁菁者莪》"既見君子,錫我百朋"曰:"古者貨貝,五貝爲朋。"《漢書·食貨志下》:"大貝四寸八分以上,二枚爲一朋,直二百一十六。壯貝三寸六分以上,二枚爲一朋,直五十。幺貝二寸四分以上,二枚爲一朋,直三十。小貝寸二分以上,二枚爲一朋,直十。不盈寸二分,漏度不得爲朋,率枚直錢三。"在集合數的大小方面,鄭注和《漢書》均認爲它是定數集合,而不是個體,但具體數值不同。可見"朋"最初應當是集合名詞,是兩串貝或玉,每串五個。甲骨文中"朋"可和數詞組合做謂語計貝之數。如:

(10)貝二朋。(合集 40073)

① 考甲骨文拓片,《殷墟甲骨刻辭類纂》脱"丙"字。

名詞“朋”演變爲集合量詞,也在語言網絡中增加了新的節點,其構式化可形式化如下:

$\{[(\text{數十})\text{朋}]_{\text{主/賓}} \leftrightarrow [(\text{數個})\text{朋}]_{\text{成套的玉/貝}}\} \rightarrow \{[(\text{數十})\text{朋}]_{\text{謂}} \leftrightarrow [(\text{數})\text{朋}]_{\text{成套玉/貝之數}}\}$

“丙”和“朋”最初都是定數集合名詞,包含具體的數。在甲骨文中用爲集合量詞。二者的適應對象很具體,不能適應其他對象和語境。所以,“丙”“朋”都只是孤立的兩個集合量詞,並没有在人們的認知中打上集合數範疇的烙印。

(三)關於甲骨文中的“人”和“羌”

人、羌(人)都是表示人的名詞,可以自然計數。甲骨文中“人”“羌”可以用於計數模式“人/羌+數+人/羌”之中。如:

(11)俘人十又五人。(合集 137 反)

(12)貞:羌三人。(合集 400)

(13)羌百羌。(合集 32042)

以上“數+人/羌”都是計人/羌之數,學界一般將其中的“人/羌”視爲量詞,甚至有人視爲個體量詞,如陳夢家(1956)、黄載君(1964)等。不過,這種觀點是可疑的。第一,從類型學的角度來看,世界各種語言中有個體量詞的語言必然有成系統的度量衡單位詞和集合量詞,有成系統的度量衡單位詞和集合量詞却不一定有個體量詞。甲骨文中,並不存在成系統的度量衡單位詞和集合量詞,因此,此時應該也不存在個體量詞。如果認爲“人/羌”是個體量詞,顯然不符合類型學特徵。第二,從歷時發展的角度看,綜觀漢語量詞發展史,可知先有計量量詞和集合量詞,然後才逐漸產生和發展出個體量詞。在殷商時期,計量量詞的很多類型如計重量的、計長度面積的都還没出現,個體量詞不大可能出現。第三,從使用的角度看,在一定的生產力條件下,計量量詞不得不用,因爲有些事物只能借助參照進行計量;但個體量詞在任何語言中都不是必需品,人對事物的使用和對語言的使用都不强制要求個體量詞產生。因此,没有理由視之爲個體量詞,只能看作名詞。

但從交際角度來看,“人/羌”都不提供新信息,是冗餘成分,和數詞一起充當謂語,若一定要有個不同於名詞的稱呼的話,可以稱爲陪伴成分。陪伴成分爲什麽會出現?一種可能的解釋是,因爲“數+名”是甲骨文中極爲常見的搭配,説話人隨口而出,不經意間將它本身或上位名詞拷貝一下,就成了這種形式。郭紹虞(1980)認爲量詞有調劑音節的作用,劉文正(2006)、李建平、張顯成(2016)指出,殷商時期單音節數詞處在謂語位置,在有些人眼裏不大符合韻律特徵,就添加一個音節以滿足韻律要求。在數詞謂語之後添加一個與主語同指的名詞,既滿足信息方面的一致性,符合“數+名”組合的基本格式,也滿足了韻律要求,不過這還需進一步驗證。

還要看到,個體量詞是由陪伴成分慢慢演變來的。既然過程緩慢,應當經歷了很多階段。我們認爲從陪伴成分到個體量詞至少有三個階段:陪伴成分階段、陪伴量詞階段、個體量詞階段。甲骨文的“人/羌”尚處在剛剛起步的陪伴成分階段。

總的來看,殷商時代量詞的特點是:

1)數量有限,只有“升”“卣”“丙”“朋”,其餘如“屯”“人”“羌”等都不是量詞,都只是數詞謂語的陪伴成分。

2)適應範圍有限,只能計算鬯、馬、車、玉、貝,只見於與貴族相關的生活和軍事語境。因此,其名詞特徵很强,當它們和數詞結合時,離開特定語境,更可能被理解爲名詞,只有當它們和數詞結合在一起充當謂語計量或計集合數時,才不會引起誤解。

3)類型有限,只有具體的容器量詞和具體的集合量詞。

4)它们並不構成系統,只是零散成員;它們彼此獨立,聯繫不密切。儘管已達成構式化,但都只能算是因特殊語用要求而達成的微觀層面的構式化,尚未關聯成類,並不能抽象爲圖式,不是圖式層面的構式化。將它們概括爲容器量詞、集合量詞,實際上是以今律古,帶有很重的後時觀念。

三 殷商以後量詞微觀構式的進一步變化

微觀構式發生構式化之後,有的量詞存在一段時間之後漸漸退出語言舞臺,如西周、東周、兩漢文獻中"卣"都只計鬯之量,兩漢以後就極少見了;"朋"只計玉、貝之集合數,大概在兩漢以後也很少使用了;但有的量詞如"升""丙(兩)"則進一步變化,搭配範圍擴大,意義漸漸泛化,成爲典型的量詞。下面只對有進一步發展的"升""丙(兩)"加以説明。

(一)微觀構式"升"的進一步變化

"升"在金文中很常見,但多爲戰國金文,西周金文中很少見,《尚書》《易》《詩經》中也是如此。不過,春秋戰國時期"升"已普遍見於多種文獻,適應多種語境。如:

(14)壺,頸修七寸,腹修五寸,口徑二寸半,容斗五升。(《禮記·投壺》)

(15)二三子過之,食之三升,客之不厚。(《墨子》卷十一)

(16)今三斗二升少半升。(戰國,𢊁氏扁壺 15.9682)①

(17)爰積十六尊(寸)五分尊(寸)壹爲升。(戰國,商鞅量 16.10372)

例(14)中,"斗五升"既不是指稱容器,也不是計算鬯的量,而是計容器的抽象容量;例(15)中"三升"計的是普通食物的量;例(16)"三斗二升少半升"是計壺的抽象容量;例(17)中"十六寸五分寸爲一升"是説明長度與容量的關係。

可以清楚地看到,"升"已經發生了以下變化:

1)計量範圍明顯擴大。殷商時期"升"只能計鬯酒之量,是借用容器計量不能直接計數的液體;春秋時期"升"所計量的事物不限於液體,還可以是普通食物;還可以計量容器的内部空間,即抽象容納量。這種用法一直沿用至今,只不過量制有所變化。

2)和其他容量量詞之間有了較明顯的换算關係。一方面,"半升"表明"升"有了刻度劃分;另一方面,這種刻度劃分表明它已經與量詞"斗"在抽象的容量層面建立了换算關係。

3)用法有所擴展。除和數詞組合充當謂語之外,還可以充當賓語,表示抽象容量。

4)進一步演變成了抽象容量量詞,成爲抽象計量單位。它已經不只是簡單地充當不便計量的鬯的參照,而是多種事物的參照,甚至成爲抽象空間的計量單位,是典型的容量量詞。

量詞"升"在春秋戰國之交還可以計算液體之外的事物,如:

① 括號内"15."表示《殷周金文集成》第十五册,"9682"表示的是此書中所收銘器的序號。下同。

(18)袪,尺二寸。衰三升,三升有半。其冠六升。以其冠爲受,受冠七升。齊衰四升,其冠七升。以其冠爲受,受冠八升。繐衰四升有半,其冠八升。大功八升,若九升。小功十升,若十一升。(《儀禮·喪服》)

(19)斬衰三升,齊衰四升五升六升,大功七升八升九升,小功十升十一升十二升,緦麻十五升去其半,有事其縷、無事其布曰緦。(《禮記·間傳》)

(20)古者績麻三十升,布以爲之。(《論語·子罕》)

以上用例中,“升”用於紡織行業,計算麻紗之數,雖然形式上仍然用於“名＋數＋量”的句法結構,但搭配對象有了明顯變化,鄭玄注《儀禮》:“布八十縷爲升。”可見“升”的意義由抽象容量轉成了集合量,變成了定數集合量詞。也就是説,“升”又分化出量範疇中的另一個節點,形成另一個形$_{\text{新}}$一義$_{\text{新}}$對,達成了新的構式化,同時也加强了量範疇内部各次類的聯繫,使量範疇更爲穩定。可形式化如下:

{[(數＋)升]↔[(酒或穀物)之量]}$_{\text{容量}}$→{[(數＋)升]↔[(布帛/絲)之數]}$_{\text{集合數}}$

作爲集合量詞,“升”包含具體的數概念,是定數集合量詞。作爲容量量詞的“升”是有刻度之分的定數概念,集合量詞的定數義可能由此遷移而來。

(二)微觀構式“丙(兩)”的進一步變化

湯餘惠(1991)認爲“丙”是“兩”的前身,應當是有道理的,至少二者在意義、字形上有密切的淵源。“兩”首見於西周金文,作“[illegible]”(衛盉),又作“[illegible]”(函皇父簋),从二“丙”。金文中“兩”的泛化非常明顯,可附在多種名詞之後,如:

(21)賜金車馬兩。(西周早期,小臣宅簋 8.4201)

(22)逐毛兩、馬匹。(西周早期,逐己公方鼎 5.2729)

(23)欮作厥簋兩。(西周早期,欮簋 7.3745)

(24)取赤琥兩。(西周中期,裘衛盉 15.9456)

以上例子中,“兩”附於“車馬、毛、簋、赤琥”之後,意義已明顯泛化,可指多種事物的集合,是抽象概念。不過以上“兩”都不是集合量詞,而是集合名詞。

西周晚期,“兩”可計成雙的屨,這是殷商時期集合量詞“丙”的泛化。如:

(25)葛屨五兩,冠緌雙止。(《詩經·齊風·南山》)

上例中,“五兩”計屨,屨是鞋,可一隻一隻數,但通常一雙才是使用單位,所以“兩”應相當於“雙”,是集合量詞。

“數＋兩”不再計馬,但可以計車,如:

(26)俘車十兩。(西周早期,小盂鼎 5.2839)

(27)俘車卅兩……俘車百□兩。(西周早期,小盂鼎 5.2839)

(28)武王戎車三百兩。(《尚書·牧誓序》)

上面三例都是戰爭語境,“數＋兩”均計算車,“兩”可能還是表示“1＋2”或“1＋4”的集合量詞,不過西周金文中,“兩”已不再計馬而只計車,似乎可推斷其中的“2”或“4”已經消失,只剩下“1”,相當於陪伴成分,但其原有的單位義還保留。也就是説,它已經成爲帶有單位義的陪伴成分,進入到了從陪伴成分到個體量詞的第二階段——陪伴量詞階段。西周以來,它的適應範圍越來越廣泛,在朝多義量詞發展,下文例(33-34)還有重量量詞的用法,這些應可爲證。

陪伴量詞"兩"的形成,使網絡中又增加了新的形一義對,達成了新的構式化。這種變化可形式化如下:

{[(數+)兩]$_{\text{謂}}$↔[(數個)軛]$_{\text{冗餘}}$}→{[(數+)兩]$_{\text{謂}}$↔[(數)個]$_{\text{個體陪伴單位}}$}

集合量詞"兩"經泛化之後,可以計多種事物。徐灝《説文解字注箋》認爲,"凡雙行者皆曰兩,故車兩輪,帛兩端,屨兩枚,皆以兩稱",這個説法不是很準確,没有區分個體和集合。于省吾(1983)指出,車兩軛才得以稱"兩",這是計車之個體,上文"屨兩枚"是計鞋之集合數,"帛兩端"而稱"兩",可能也是計個體,一塊帛有固定的長度和寬度,"兩"可能相當於"塊"。這些泛化的用法自西周晚期起就有例證,如:

(29)舍矩姜帛三兩。(西周中期,九年卫鼎 5.2831)

(30)歸夫人魚軒,重錦三十兩。(《左傳·閔公二年》)

(31)以幣錦二兩,縛一如瑱,適齊師。(《左傳·昭公二十六年》)

(32)凡嫁子娶妻,入幣純帛,無過五兩。(《周禮·地官·媒氏》)

例(29-32)中的"數+兩"都是計帛數量,具體來看應該是計數,因爲布帛必須以整體指稱。杜預注《左傳·昭公二十六年》"以幣錦二兩"曰:"二丈爲一端,二端爲一兩,所謂匹也。"不過,"四丈"可能只是織布行業對布的規格所做的規定,這種意義可能只是隱含在語用中,並不能説明"兩"是計量長度的度量衡單位。

春秋戰國時期"兩"又發展出一種新的類型——重量量詞。如:

(33)嘉遣我,賜鹵(滷)責(漬)千兩。(春秋早期,晉姜鼎 5.2826)

(34)三斤十一兩。(戰國,魏鼎 5.2647)

上面各例中,"兩"都是重量量詞。稱重時一頭是衡器,一頭是被稱量物,有"成雙"的特徵。"兩"計量重量可能也緣於此。衡器是另一物體重量的參照,所以"兩"是計量它物時不得不用的重量量詞。重量量詞義由哪一個意義發展而來,還很難説清楚,我們姑且認爲它是由集合名詞演變過來的,"兩"的集合量詞和陪伴量詞的用法對重量量詞義的形成有推動作用。重量量詞"兩"形成以後,一直沿用至今,只是量制經歷了多次變化。這種演變可形式化如下:

{[(數+)兩]↔[數對]}$_{\text{集合數}}$→{[(數+)兩]↔[事物有數兩重]}$_{\text{重量}}$。

容量量詞和重量量詞有共性,計量時二者均需要借助參照。前者以容器爲參照,後者以衡器爲參照。後者相對於前者有優勢:前者受形體制約,便於計量液體和小顆粒狀固體,但不便於計量形體較大的固體,而重量量詞則不受此限制。"兩"變爲重量量詞,很好地彌補了這一缺陷。

通過以上對於"升""兩(丙)"在西周和春秋戰國時期用法的分析可知,量詞微觀構式在構式化之後,還會發生進一步變化,在搭配對象、句法、語義、語用等方面都會有所擴展,甚至會發生再次構式化,成爲多義量詞。

四　量詞圖式的構式化和進一步變化

西周以來,量詞成員越來越多,逐漸演繹成類,種類也逐漸增加,成爲更大的類型。相應地，在計量或計數的模式中，[數+X]$_{\text{謂}}$逐漸成爲一種模板，概括更多的成員，使量詞的圖式性不斷增加，變成圖式性的構式，達成圖式層面的構式化。這種構式化不同於微觀構式的構式化：後者都是具體的構式，對應具體的量詞；前者是抽象的構式類型，對應具有概括性、圖式性的類型。下面我們對圖式性構式的構式化和構式變化進行具體分析。

(一)量詞圖式的構式化

殷商甲骨文中，雖然“升”“卣”是量詞，但二者都只是計鬯酒之量，所計對象具體而單一，二者也並不一定有抽象換算關係，所以很可能只是零散的成員，還沒有統一成抽象容量單位。因此，在當時的語言使用者心目中還不存在抽象的容量範疇，更不存在後代更爲概括的量範疇，還沒發生圖式層面的構式化。

1. 容量圖式的構式化

殷商以後，更多的容器被用來計算液體或形體容易變化之物，如“析、隓、壺”等（黃載君1964），有的還能計抽象容量，如“斗”等。這些量詞微觀構式的出現，在語言使用者心中形成了穩定的容量範疇和模板，不斷吸收新的容器名詞進入此領域成爲容量量詞。至此，容量量詞不再是零散的成員，而變成了一種具有概括性的類——容量量詞範疇，就相應地達成了容量圖式層面的構式化。可形式化如下：

{[N_{vessel}]↔[容器]}$_{\text{實體}}$→{[$MW_{capacity}$]↔[容量範疇]}$_{\text{容量}}$

這種構式化與微觀構式的構式化不同：形式一極不是具體的容器名詞，而是一個模板，概括很多容器名詞。在特殊的語用條件下，它們都可以用爲表示容量的量詞；意義一極中，它們標示的量可能已經有了大衆普遍認可的三維標准，很多容量量詞之間可能還有換算關係。

2. 集合圖式的構式化

差不多在容量量詞產生的同時，另一個子類——集合量詞也達成了圖式層面的構式化。自“丙”“朋”在殷商形成以後，在西周又相繼出現了“兩”“乘”“秉”等包含定數概念的集合量詞。它們最初可能都是零散的集合量詞，並不一定形成範疇。但隨着容量範疇的形成，語言使用者可能也將它們歸納成類。語言中就又形成了一種新的範疇——集合量詞，形成語言網絡中的一種新的抽象節點。這就是另一個方面的圖式性構式化。可形式化如下：

{[集合名詞]↔[事物的集合]}$_{\text{實體集合}}$→{[量詞$_{set}$]↔[集合量範疇]}$_{\text{集合數}}$

3. 量詞圖式的構式化

隨着上面兩種圖式性構式的構式化的達成，語言使用者又會將兩種類型概括爲更抽象的類型——量詞。這樣，就形成了一種最抽象的量範疇，成爲最高層次的節點，達成最抽象層面的圖式的構式化，即：

{[N]↔[事物]}$_{\text{實體}}$→{[量詞]↔[量範疇]}$_{\text{數量單位}}$

4. 量詞圖式内的微觀構式化和子圖式構式化

最抽象的圖式性構式達成構式化之後，原來的容量圖式、集合圖式就降格成量範疇的子圖式。如果最高層的量範疇之下增加微觀構式或子圖式，就一方面發生微觀層面的構式化，另一方面發生子圖式層面的圖式性構式化。例如，從計量方面看，漢語最初只有容器量詞。後來，西周早期金文中出現了表示長度兼面積的量詞“里”，春秋戰國時期又出現了“尺”“寸”

"步""仞""丈"等,形成面積長度範疇,達成量範疇下的長度面積子圖式的構式化。西周中期的金文中出現"鈞""反"等重量量詞,春秋戰國時期又有"兩""斤""朱"等出現,形成重量範疇,達成了重量子圖式的構式化。至此,計量系統才初步完善,從而達成計量層面的圖式性構式化。在最高的量範疇層面、次高的計量範疇層面,這種一個個具體量詞的增加,都没有在這兩個層面上形成新的節點,在這兩個層面上也就都没有發生構式化。但每一個具體量詞的出現,都在網絡中增加了新的"形$_{新}$—義$_{新}$"對,也即增加了新的節點,都是微觀層面的構式化。從與容量圖式平行的層面來看,也增加了新的圖式性節點,因此,在這個層面上發生了圖式性的構式化,是計量範疇之下較低層級的子圖式構式化。重量圖式的成員有兩個來源,一是集合量詞或集合名詞,如"兩"等,一是表示金屬器物的普通名詞,如"斤""鈞"等。

西漢時期,計量子構式中又出現了兩個子類:貨幣量詞和角度量詞。前者如"錢""貫",後者如"度""分度"。這樣,計量系統内又發生了兩個子圖式層面的構式化,整個計量體系才完善起來。從下文論述中還可看到,也是在西漢時期,隨着"乘""兩"等一批陪伴量詞變成個體量詞,量範疇中又出現了個體單位子圖式,其与集合子圖示構成的計數體系也開始完善。隨着計量和計數兩個子範疇的形成,整個量詞網絡體系才正式成熟。

如果最高層面的圖式再發生構式化,通常是演變成另一種範疇,而不是更高一層的範疇。例如,有些量詞如"個"演變成助詞,就脱離了量範疇,進入了助詞範疇。這個問題與本文無關,故不展開深入討論。

(二)量詞圖式的構式變化

量詞圖式及其内部如果没有增加新的圖式性節點,就没有發生圖式性構式化。但量詞是個開放的範疇,圖式内在不斷增加新成員,其語義、搭配、句法、語用功能都可能隨着時間推移而發生變化。這就是量詞圖式的局部性的變化,是圖式性的構式變化。下面從不同角度來進行分析。

1. 圖式内微觀構式的增加

從上面的分析中可以看到,殷商時期産生的量詞只有4個。西周時期大大增長,計量量詞和集合量詞都有十多個,另外還出現了陪伴量詞,只是數量難以確定。春秋戰國時期的增長更爲迅速,我們對《詩經》《儀禮》《左傳》《周禮》進行了調查,所得計量量詞和集合量詞与甲骨文、西周金文的對比情況如下表:

殷商至春秋戰國若干文獻中的計量量詞、集合量詞匯總表

文獻	容量、體積	面積	長度	重量	集合量詞
甲骨文(商)	卣 升	/	/	/	丙 朋
西周金文(西周)	升 卣 柝 [illegible] 壺	里	里	斤 兩 朱 鈞 寽 反	朋 毂 秭 肆 兩 匹 乘 備 嗣 東 邑 户 家 邦
國風(西周東周之交)	簋 卣	/	/	/	兩 紽 緎 總 廛 困 億

文獻	容量、體積	面積	長度	重量	集合量詞
儀禮(春秋)	斗 斛 籔 筥 稯 秅 豆 籩 溢 簋 鼎 筐 甒 敦 甕 車 爵 觚 觶 尊 角 散 勺	步	尺 寸 仞 尋 弓 步 笴	/	列 行 等 雙 升 純 乘
左傳(春秋戰國之交)	卣 篋 鼓 盛 簞 爵 庾 豆 區 釜 鐘 雉	成	里 舍 尺 寸	鈞	肆 轂 兩 乘 秉 旅 駟 編
周禮(戰國後期)	豆 升 籔 秅 筥 甕 鬴 斞 甗 盆 甑 鬲 觳 庾 簋 勺 爵 觚 車	里 畝 雉	里 尋 尺 寸 分 枚 柯 欘 矩 步 邸	鋝 鈞/均 垸/鍰	里 鄰 鄙 縣 遂 伍 兩 卒 旅 師 軍 兩 雙 乘 麗/驪 幾 列

需要説明的是,我們採用的是抽樣調查法,未能準確反映各階段的量詞全貌。事實上,前一階段出現的量詞,大多在後一階段的其他文獻中仍在使用,衰落、淘汰的只是少數。總體來看,漢語量詞在不斷增加,使漢語量詞由例變成類,使量詞成爲一種認知範疇和語法範疇,從而提高了其圖式性。

2. 圖式内子構式的增加

從上表中還可以看出,殷商甲骨文中的量詞只有容器和集合兩類,但西周金文中增加了面積長度、重量、不定數集合等類型,衆多的量詞在量範疇體系中承擔不同的職能,使語言的表達更加豐富而精確,使量範疇體系内包含更多的次級範疇,也使量範疇變得更爲複雜和抽象,更進一步强化了其圖式性。

3. 圖式搭配的擴展

量詞最初能計的事物非常有限,但隨着個案、類型的增加和使用頻率的增長,其計量範圍逐漸擴大,從酒擴大到其他無定形的液體,再擴大到可變形的固體,再擴大到小顆粒的固體,使容量量詞的適用範圍越來越廣。隨着重量量詞的出現,各種形狀的固體也可以借助參照來計量。計量體系的適用範圍不斷擴大,各種事物都能納入其中,使人自然地使用量詞,並且能夠根據要陳述的對象自覺選擇。有的量詞如“個”“隻”搭配範圍越來越大,其語義越來越虚,成爲萬能量詞。

4. 圖式句法的擴展

量詞圖式的變化,還表現在句法上也有一定的擴展。量詞最初只能和數詞一起充當謂語,對事物的量進行陳述。但隨着使用頻率的提高,其用法也慢慢擴展,不再僅限於做謂語,還可以充當定語、賓語,從句法核心到連帶成分和附屬成分,句法功能越來越豐富。

5. 圖式語義的泛化和語用的擴展

量詞圖式的語義的擴展變化表現在其語義類型的逐漸擴大,量詞的類型越多,下層子構式越多,最上層的“量詞”圖式的意義就越抽象,成爲純粹的量範疇。

在使用過程中,量詞的語用也在擴展。早期它只能和數詞一起計量或計數,主要出現在謂語位置,後來擴大到定語(即邏輯謂語)位置。但有時説話人用數量代指實體,使其用法發生變化,由謂語或邏輯謂語變爲主、賓語。此後量詞或數量短語還可以充當補助成分,或充當助詞,如“一個”“個”在近代漢語中可以充當補助性成分。

6. 内部的聯繫越來越强

隨着量詞數量的增長和子類的增加,量詞之間、各子類之間的區分度變小,其關聯更爲密切,内部通過子-母關係、例-類關係、隱喻關係等連結在一起,使量詞網絡成爲一個有機的整體。其中一個突出的表現是,有的量詞開始向别的子類演變,如"升"從容量量詞發展爲集合量詞;"兩"既是集合量詞和重量量詞,又發展爲陪伴量詞,並由此進一步發展爲個體量詞用法(輛)。這種現象在漢語中很多,如"把""盞"等,都兼跨多種類型,這些變化將量詞的各個次類緊密地聯繫在一起,很難截然地從中畫出一條分界綫。

五 個體量詞微觀構式的構式化和圖式層面的構式化

個體量詞微觀和圖式兩個層面的構式化和構式變化都應從屬於整個量範疇體系,但這种類型很特殊,我們專列一節來討論,首先分析一些較早出現的微觀構式的構式化和構式變化,然後再分析個體量詞圖式的構式化和構式變化。

(一)個體量詞微觀構式的構式化和構式變化

與計量量詞相比,個體量詞的産生要晚得多。因爲計量量詞是不得不使用的,而個體量詞是可有可無的。西漢《史記·晉世家》"一乘車"之"乘"是典型的個體量詞,但它用於出現得比較晚的"數+量+名"結構,而不是計量或計數的模式"名+數+量/名"。個體量詞應當有更早的例證,但難以判定。

個體量詞和定數集合量詞都能計數,但前者的出現遠遠晚於後者。單純從所計的是自然可數的對象來看,定數集合量詞也是可有可無的。由於很多事物常常成批使用,以批爲單位,更能反映人們對事物整體特點的認知和使用習慣;反之雖也能精確計數,但不能反映這些特點。因此,要反映事物整體特點和人的使用習慣,定數集合量詞就不能少。集合量詞的另一次類——不定數集合量詞的特點更接近於計量量詞,更有使用的必要。個體量詞可有可無,缺乏促使它出現的外部動力,當然會晚於集合量詞出現。

前人大多把計數模式中數詞謂語後的名詞"人"等視爲個體量詞,但估計很少有人把現代漢語"隨行者五人"之"人"視爲個體量詞,儘管這是對古老用法的沿用。因此,把早期形式中的"人"定性爲個體量詞,理由是不充分的,應該把它視爲陪伴成分;但也得承認,大部分的個體量詞是由陪伴成分發展而來的,只有少部分是由其他詞語發展而來。個體量詞的形成跟計量量詞的區别是:第一,朝個體量詞演變的成分用於數詞謂語之後,其作用主要是陪伴,不能確定它是否具有單位性;朝計量量詞演變的成分用於數詞謂語之後,其作用是計量,有可辨識的模板、語用目的和語義特徵;第二,陪伴成分變成個體量詞,不可能瞬間完成,需要漸漸吸收構式的單位義,需要一個長期的漸變過程,並且還有其他條件的約束和影響。而計量量詞是瞬間形成的,儘管最終穩固需要一個很長的過程。

下面我們以"兩""乘"爲例來説明個體量詞微觀構式的構式化和進一步變化。

1. 個體量詞微觀構式"兩"的構式化和構式變化

上文已述,"數+丙(兩)"在殷商甲骨文中既可計馬之集合,又可計車之個體,西周以後仍可計車,還可計屨之集合、布帛之數、事物之重量,而且它不指稱具體事物,説明它已具備了多種量詞屬性;西周金文中"兩"不再計馬之集合,大概可推斷,計車之"兩"也已具備單位性，只是這種特徵不是很穩定。因此，我們把這種“兩”視爲第二階段的陪伴量詞。它跟漢代及以後的“兩”有區别，因爲後代的“兩”可用於“數＋量＋名”模式。如：

(35)一船之載當中國數十兩車。(《史記·淮南衡山列傳》)

上例説明，至西漢時“兩”才發展成典型的個體量詞。

“兩”從陪伴量詞到個體量詞的發展，經歷了近千年時間。作爲陪伴量詞，語用上屬于冗餘成分，不提供任何信息，這是它會發生虚化的直接原因。在演變過程中，這種成分的語義内涵很不穩定，有可能會部分重現原有的集合特徵，也有可能完全丢失，只剩下原有的句法特徵。當“兩”不再和“馬”搭配而只計車時，其陪伴特徵得以固化，同时还保留了原有的單位特徵，就成了陪伴量詞。春秋以後“兩”受到新出現的計量模式“數＋量$_{\text{計量/集合}}$＋名”的持續壓制(coercion)，在西漢時期用於“數＋兩＋車”之中，變成典型的個體量詞。它從陪伴量詞到個體量詞的構式化可形式化如下：

$\{[(\text{數}+)\text{兩}]_{\text{謂}} \leftrightarrow [(\text{數})\text{輛}]_{\text{個體陪伴單位}}\} \rightarrow \{[(\text{數}+)\text{兩}]_{\text{定}} \leftrightarrow [(\text{數})\text{輛}]_{\text{個體單位}}\}$

綜觀“兩”的演變過程，一方面，它逐漸丢失實體、集合等特徵，由名詞逐漸發展爲集合量詞，再到陪伴量詞，最後成爲個體量詞，其詞彙特徵不斷弱化，最後變成功能詞。在作爲陪伴量詞和個體量詞時，“兩”計算的始終是内部具有“成對”特徵的事物，在個體量詞大量出現以後，這種特徵仍然保留，以致對事物具有一種分類(classify)作用。另一方面，它逐漸受構式壓制而獲得量詞的地位，最終可伴隨數詞一起出現於修飾語位置，形成“數＋兩＋名”結構，個體量詞地位最終確立。

2. 個體量詞微觀構式“乘”的構式化和構式變化

乘，甲骨文作“”，西周金文作“”，字形仍舊；春秋金文作“”，添兩趾，成爲《説文》小篆“”的源頭。王國維認爲“象人乘木之形”。徐中舒(1989)謂“人在木上即爲升，爲登”。鄭玄注《儀禮》“乘皮設”曰：“物四曰乘；皮，麋鹿皮也。”這是把“乘”視爲集合名詞，這種用法在西周金文中有 14 例。如：

(36)賜克佃車馬乘。(西周，克鐘 204、206、克鎛 209)

(37)賓(布)馬轡乘。(西周中期，公貿鼎 5.2719)

上面兩例中，“乘”用於名詞“馬”“馬轡”之後。黄載君(1964)認爲其中的“乘”是量詞，前面省略了“一”。我们認爲這種説法是有問題的。因爲《殷周金文集成》中“名＋乘”和“馬/車＋數＋乘”各有 14 例，即便是省略，古代省略核心信息的情況也不可能有這麽普遍。所以我們猜想“乘”是集合名詞。

集合名詞“乘”還見於《詩經·鄭風·大叔于田》，類似於後代的“群”，如：

(38)大叔于田，乘乘馬。|乘乘黄|乘乘鴇。

上例每個組合中的第二個“乘”都是相當於“群”的意思，表示“四個”，“乘”是集合名詞作限定性修飾語。

西周晚期金文中，“乘”開始用爲集合量詞，用來計馬的集合，如：

(39)俘車馬五乘。(西周晚期，師同鼎 5.2779)

上例中，“乘”用來計車和馬，“車馬五乘”即五輛車和二十匹馬，標示戰車配備語境中的車和馬的配備。黄載君(1964)認爲金文中的“乘”是“集體單位量詞”，從此例來看是沒有問題的。其形式和意義的變化體現了微觀構式“乘”的構式化。

西周金文中，“乘”計馬僅此一例，但在春秋戰國之交的《左傳》《論語》中很常見，如：

(40)鄭人以子西、伯有、子產之故，納賂于宋，以馬四十乘與師伐、師慧。(《左傳·襄公十五年》)

(41)陳文子有馬五十乘。(《論語·公冶長》)

春秋時期，“乘”的搭配範圍有擴大傾向，可以計矢之集合，如：

(42)有韣，翭矢一乘，骨鏃，短衛。志矢一乘，軒輖中，亦短衛。(《儀禮·既夕禮》)

西周金文中，“數＋乘”可計算“車”。這種用法有10餘例。如：

(43)率公戎車百乘。(西周晚期，禹鼎5.2833)

(44)俘戎車百乘一十又七乘……俘車十乘。(西周晚期，多友鼎5.2835)

例(43-44)中的“數＋乘”用來計車。車是單獨使用的個體，無須成批計，因此“車百乘”表示“一百輛車”。管燮初(1981:179)、張玉金(2004:81)等認爲這種“乘”是個體量詞，但問題没有這麽簡單。一是因爲它不是用在“數＋乘＋名”之中，二是這種“乘”固然只計一輛車之數，但很可能還連帶著四或兩匹馬，因爲“乘”既可計車，還可計馬。當然，“乘”也可能已經一分爲二，一是集合量詞，計馬；一是陪伴量詞，計車，計車時只能根據語境來推測是否還連帶著計馬。我們假定“乘”已經分化，那麽上述各例中的“乘”就是陪伴量詞。作爲陪伴量詞，它在語用上肯定失去了名詞特徵，集合意義也已經隱退，但單位義仍然保留，就跟“兩”成了同義詞。“乘”成爲陪伴量詞，極有可能還受到了“兩”的同化影響。

“乘”演變爲陪伴量詞的構式化過程可形式化如下：

{[(數＋)乘]$_{\text{謂}}$↔[車和馬的集合]$_{\text{集合數}}$}→{[(數＋)乘]$_{\text{謂}}$↔[(數)輛]$_{\text{個體陪伴單位}}$}

春秋戰國時期，“乘”的用法又有了細微變化，出現了“數＋乘＋之＋NP”，如：

(45)道千乘之國，敬事而信，節用而愛人，使民以時。(《論語·學而》)

上例中，“乘”和數詞一起充當描寫性定語，並不是對後面的名詞進行量的限定。這種“數＋乘”可能是數量短語，也可能是數名短語。不過，這個時代已經出現了“數＋量＋之＋名”，這種結構可能會給“數乘之國”以壓制作用，使“乘”進一步向個體量詞發展。

西漢時期，“乘”的用法又有明顯改變，可從《史記》中見其一斑，如：

(46)悼公元年正月庚申，欒書、中行偃弒厲公，葬之以一乘車。(《史記·晉世家》)

(47)魯君與之一乘車，兩馬，一豎子俱。(《史記·孔子世家》)

上面兩例中，“乘”用於“數＋量＋名”，尤其是例(47)車、馬分述，可見“乘”只計車，已成爲典型的個體量詞。

“乘”的形式和意義均有了明顯變化：形式上，可伴隨數詞一起充當限定性定語；語義上，完全失去了名詞屬性，同時獲得了典型的個體單位屬性，完成了如下形式的構式化：

{[[(數＋)乘]$_{\text{謂}}$]↔[(數)輛]}$_{\text{個體陪伴單位}}$→{[[(數＋)乘]$_{\text{定}}$]↔[(數)輛]}$_{\text{個體單位}}$

(二)個體量詞圖式性構式的構式化

從現有的文獻材料來看，“兩”大概是最早的陪伴量詞和個體量詞之一。但與“兩”幾乎同時也出現了一些語義、句法和語用特徵與之相似的詞語，如“乘”“秉”等。可以看到，“乘”和“兩”的發展路徑是一致的，變化時代也是大體相同的。據此似可推斷，在當時的語言使用者的心目中，已經形成了一種抽象的個體陪伴範疇。這種範疇是由集合量詞範疇演變而來的，其構式化可形式化如下：

{[(N+數+)量$_{\text{集}}$]↔[集合量詞]}→{[(N+數+)量$_{\text{陪伴}}$]↔[陪伴量詞]}

陪伴量詞形成以後,它會對僅有陪伴作用的名詞產生壓制作用,將後者吸收到陪伴量詞範疇中來,被語言使用者重新分析爲陪伴量詞。很多學者説早期的數詞謂語後的"人""田""品"等是計數的量詞,其實也是受到了這種類推思考的影響。這些詞語很可能受到了陪伴量詞的同化,不過,我們暫時無法確定哪些成分仍是陪伴成分,哪些成分已經發展爲陪伴量詞。可以肯定的是,有些數詞謂語後的類名如"品""等""種"應該具備了陪伴量詞的特徵。也就是説,它們由陪伴成分向個體量詞的發展在西周晚期到達了第二階段,既實現了自身微觀構式層面的構式化,也實現了圖式層面的構式化。這種演變可形式化如下:

{[(N+數+)N]↔[陪伴名詞]}→{[(N+數+)量$_{\text{陪伴}}$]↔[陪伴量詞]}

既然在西周晚期實現了圖式層面的構式化,那麼這種圖式會吸收一批具有陪伴功能的名詞向此範疇演變。我們對《詩經·國風》《儀禮》《左傳》《周禮》進行了考察,發現下表中的詞語均具有陪伴功能:

《詩經·國風》等春秋戰國文獻陪伴成分、陪伴量詞總表

文獻	具有陪伴功能的成分
詩經·國風(西周東周之交)	人
儀禮(春秋)	人 終 匴 重 脡(挺) 牢 膱 稱 乘 等
左傳(春秋戰國之交)	人 乘 匹 轂
周禮(戰國後期)	人 乘 箇 重 侔 物 種 閑 品 等 章 斿 牢

我們不敢肯定上表中的所有詞語都是陪伴量詞,如"人"的認可度肯定不高。但其中的"匹、箇、種、品"等很可能已具備了單位屬性。

隨着陪伴量詞圖式性的增長,也隨着"數+量$_{\text{計量/計集合數}}$+名"和"數+量$_{\text{計量/計集合數}}$+之+名"的壓制作用的增强,"乘"和"兩"等最遲在西漢時變成了典型的個體量詞,發生了微觀層面的構式化。同時也形成了個體量詞圖式,發生了新的圖式性的構式化。可分別表示如下:

微觀構式化:{[(數+)乘]$_{\text{謂}}$↔[(數)輛]$_{\text{個體陪伴單位}}$}→{[(數+)乘]$_{\text{定}}$↔[(數)輛]$_{\text{個體單位}}$}

圖式性構式化:{[(N+數+)量$_{\text{陪伴}}$]↔[陪伴量詞]}→{[(數+)量$_{\text{個體}}$(+名)]↔[個體量詞]}

(三)個體量詞圖式性構式的構式變化

個體量詞圖式形成以後,很快就成爲一個使用靈活、成員衆多的範疇,而且其數量遠遠超過其他類型的量詞的總和,成爲漢語中非常活躍的範疇。

1. 句法越來越靈活

兩漢以後,個體量詞和數詞的組合既可以充當謂語,也可以充當定語,還開始充當主語、賓語,此外,這一時期還出現了"指示代詞+量+名"。這些結構的出現,大大豐富了漢語的表達手段和方式,也使漢語的句子能容納更複雜的信息内容,使漢語句法結構越來越複雜化。

2. 可作爲名詞次類劃分的依據

個體往往跟特定的名詞共現,保留了與此名詞一致的語義特徵,也要求不同特點的名詞搭配不同的個體量詞。因此,個體量詞迅速發展之後,幾乎可以修飾所有名詞。根據不同個體量詞的不同搭配,可以對名詞次類進行劃分。

3. 成員增多

兩漢時期,漢語個體量詞系統正式形成,魏晉南北朝又有很大的發展,各種類型齊全,每一類型的成員都很豐富,跟現代漢語已經非常接近,量詞系統在此階段已經成熟。我們從《史記》中找到個體量詞28個,從《漢書》中找到個體量詞42個,分類如下:

《史記》《漢書》個體量詞總表

個體量詞的語義類型	《史記》	《漢書》
人數/家庭	人 夫 室 口	口 人
動、植物	頭 樹	頭 爭 蹄 足 蹄角 樹 本 章
車馬	乘 兩 匹 駟	乘 兩(輛) 匹 駟
文章/書/信	篇 首 編 卷 章 封	篇 章 編 卷 藝 首 條
衣物	具 領 襲 被	皮 襲 被
處所/建築	所 重 角	重 區 所
種類、門派	/	種 等 端 品 家
其他普通事物	箇 齊(劑) 匱	張 縣(懸)箇 半(片) 牘 器 等
多種事物	枚 級	枚 具 級

魏晉南北朝時期,漢語個體量詞在兩漢基礎上又有很大的發展,各種類型齊全,每一類型的成員都很豐富,跟現代漢語非常接近了,表明個體量詞在此階段已經非常成熟。劉世儒(1965)對此階段的個體量詞系統進行了全面研究,現將其所述歸納如下:

1)泛用型:枚、箇

2)次泛用型:

A. 來源於動物的身體的一部分:口、頭、腔

B. 來源於植物的一部分:根、本、株、梃、莖、條、枝、支

C. 來源於一般事物的一部分:領、軸、柄、端、緒

D. 部分量整體:床、座

E. 事物名稱或稱號:名、幢

F. 綜合稱量:隻、滴、縷

G. 比喻描寫:丸、子、粒、點、塊、片、股

H. 劃分結果:間、段、分、件、裁

I. 事物作用:面、幅、腰、道、張、鋪、拂、乘、屈

J. 層次等級:重、疊、牒、層、級、階、轉

K. 種類門派:種、類、疇、品、科、輩、曹、等、流、門、家(門派)

L. 處所建築:所、處、區

M. 與動量相關的:頓、番、通、完、陣

N. 其他：具、襲

3）專用型：

A. 計人：位、員、房

B. 計藥：臠（脟）、方、劑

C. 計建築：堵、扇

D. 計筆：管

E. 計作品：編、册、簡、卷、篇、章、首、曲、句、帙、節、部（計書籍）、楗度

F. 計書信印章：函、封、紙、紐

G. 計貨幣珠寶：文、餅、孔、璞、指

H. 計交通工具：兩、匹、艘、舶

I. 計武器：幡

J. 計植物：朵、竿、樹

K. 計佛事：尊、軀、身、龕、塔、緣、契、偈

與《史記》《漢書》相比，可以看到魏晉南北朝時期的個體量詞不只是個案大大增加，而且所涉及的語義類型也更加豐富。更重要的是，此階段已經有了搭配範圍非常廣泛的一大批個體量詞，有的甚至類似於現代漢語中的“個”，接近於萬能量詞，可見，個體量詞已經成爲語言、思維和認知中必不可少的抽象範疇，其圖式性非常高。

六　結論

通過以上描述可知，漢語量詞經歷了一個從無到有、從點到面逐漸發展壯大的歷程。從計量方面看，殷商時期出現的只有容器量詞，西周早期出現了更多的容器量詞，有的發展爲抽象容量量詞，西周時期還出現了面積長度量詞、重量量詞，計量範疇基本形成。此後隨着社會進步和科技發展，漢代又出現了貨幣量詞和角度量詞，計量範疇發展成熟。

從計數方面看，殷商時期出現了少數定數集合量詞，西周時期定數集合量詞大大增加，並出現了不定數集合量詞，使漢語的集合計數範疇正式形成；同時，個别定數集合量詞演變爲陪伴成分，在“名＋數＋量”構式的壓制下，形成漢語的個體計數範疇；壓制作用的進一步增强，使計數模式中數詞謂語之後的陪伴成分也獲得壓制作用而朝陪伴量詞演變。自西漢起由於“數＋量＋名”的壓制，陪伴量詞在搭配上也進入這種構式，標誌着個體量詞範疇正式形成。

社會、科技的發展爲計量量詞的産生和發展提供了可能，無法直接按自然形體計算的物質對容器、衡器、量具提出了要求，在此情況下，計量量詞應運而生。人對自然可數之物成批成套地使用爲集合計數提供了可能，語言使用者對成批成套的事物的整體認知是集合量詞産生的基礎。計量量詞和集合量詞的産生與所謂語法化無關，其産生、發展的原因主要在於語言外部和語言使用者對語言的使用。

個體量詞産生、發展的原因主要在於語言系統之内。社會、科技的發展、人對自然可數之物的使用和認知，都與個體量詞産生無關。語言使用者對語言單位的重新思考和重新認識是集合量詞、陪伴成分演變爲陪伴量詞的基礎，也是進一步發展爲個體量詞的基礎；漢語

雙音韻律結構的約束、計量構式和集合計數構式的推動、自身對單位義和構式義的吸收等語言内部因素,是其産生、發展的動力。個體量詞是由名詞一步一步虛化而來的,就每一個個案而言,可以用語法化理論來解釋,但就其系統的形成發展而言,語法化理論是不便於解釋的。

參考文獻

[1]貝羅貝. 上古、中古漢語量詞的歷史發展[M]//語言學論叢(第21輯). 北京:商務印書館, 1998:99-122.

[2]陳夢家. 殷墟卜辭綜述[M]. 北京:中華書局,1956.

[3]陳穎. 蘇軾作品量詞研究[M]. 成都:巴蜀書社,2003.

[4]管燮初. 西周金文語法研究[M]. 上海:商務印書館,1953.

[5]董爲光. 量詞義語義源流三則[J]. 中國語文,2003(5).

[6]郭攀. 古漢語"數(量)·名"二語序形式二論[J]. 古漢語研究,2001(3).

[7]郭紹虞. 漢語語法修辭新探[M]. 北京:商務印書館,1980.

[8]何樂士.《左傳》的數量詞[J]. 古漢語語法研究論文集. 北京:商務印書館,2000.

[9]黄盛璋. 兩漢時代的量詞[J]. 中國語文,1961(8).

[10]黄載君. 從甲文、金文量詞的應用考察漢語量詞的起源和發展[J]. 中國語文,1964(6).

[11]李建平. 先秦簡版數量詞研究[D]. 貴陽:貴州大學碩士論文,2004.

[12]李建平,張顯成. 漢語量詞語法化動因研究[J]. 西南大學學報,2016(5).

[13]李若暉. 殷代量詞初探[J]. 古漢語研究,2000(2).

[14]劉世儒. 魏晉南北朝個體量詞研究[J]. 中國語文,1961(10).

[15]劉世儒. 魏晉南北朝量詞研究[M]. 中華書局,1965.

[16]劉文正. 淺談漢語陪伴型名量詞的起源[J]. 皖西學院學報,2006(1).

[17]石毓智,李訥. 漢語語法化的歷程[M]. 北京:北京大學出版社,2001.

[18]石毓智. 語法的認知語義基礎[M]. 南昌:江西教育出版社,2000.

[19]太田辰夫. 蔣紹愚,徐昌華譯. 中國語歷史文法[M]. 北京:北京大學出版社,2003.

[20]湯餘惠. 商代甲骨文中的"丙"和"兩"[J]. 史學集刊,1991(2)

[21]王紹新. 量詞"個"在唐代前後的發展[J]. 語言教學與研究,1989(2).

[22]王力. 漢語史稿[M]. 北京:中華書局,1958.

[23]魏德勝. 敦煌漢簡中的量詞[J]. 古漢語研究,2000(2).

[24]吴福祥,馮勝利,黄正德. 漢語"數+量+名"格式的來源[J]. 中國語文,2006(5).

[25]徐中舒. 甲骨文字典[M]. 成都:四川辭書出版社. 1989.

[26]姚振武.《漢語"數+量+名"格式的來源》讀後[J]. 中國語文. 2008(3).

[27]游順釗. 從認知角度探討上古漢語名量詞的起源[J]. 中國語文,1988(1).

[28]張美蘭. 近代漢語語言研究[M]. 天津:天津教育出版社,2001.

[29]張萬起. 量詞"枚"的産生及其歷史演變[J]. 中國語文,1998(3).

[30]張顯成. 馬王堆三號漢墓遣策中的量詞[J]. 第七屆全國古代漢語研討會暨簡帛文獻語言研究學術研討會論文. 2005.

[31]張延俊. 也論漢語"數·量·名"形式的産生[J]. 古漢語研究,2002(2).

[32]張玉金. 甲骨文語法學[M]. 上海:學林出版社,2001.

[33]張玉金. 西周漢語語法研究[M]. 北京:商務印書館,2004.

[34]趙元任. 語言問題[M]. 北京:商務印書館,1980.

[35]趙中方. 宋元個體量詞的發展[J]. 揚州師範學院學報,1989(1).

[36]趙中方. 唐五代宋元集體量詞的發展[J]. 南京大學學報,1992(4).

[37]Dai, J. H. *Variation in classifier systems across chinese dialects: Towards a cognition-based semantic approach*[J]. Zhongguo jingnei yuyan ji yuyanxue 1,1992.

[38]Traugott, E. C. and G. Trousdale. *Constructionalization and constructional changes*[M]. Oxford University Press,2013.

Nominal Measure and Classifier Words' Constructionalization and Constructional Changes

Liu Wenzheng, Feng Jingwen, Wu Zhouzhou

Abstract: Chinese nominal measure and classifier word originated in the Shang Dynasty, which had not form the system yet,only measuring the specific object. Two major systems of measurement and counting (collection and accompany) formed in the Western Zhou Dynasty. After the continuous development of the Spring and Autumn period and the Warring States period, accompanying word developed into classifier in the Western Han Dynasty. Chinese nominal measure and classifier word system finally matured. The measure and classifier word formed in the measurement or counting model of "Noun+Num+Noun"and evolved from the later noun. After the formation of classifier, the "Num+NMC+Noun" construction also became a productive mode. The cause of the development of measure word and collective word is the requirements of the society, the use, cognition and choice of the language users, and the limitation of the characteristics of the measured objects. The cause of the development of accompanying measure word and classifier is the rethinking of language users about some collective word and accompanying word, the constraint of Chinese double tone rhythmic structure, the driving force of measurement or some other constructions, and the absorption of their own constructional meanings and so on. Diachronic Construction Grammar can not only explain the emergence and development of various nominal measure and classifier word, but also explain the development and evolution of the nominal measure and classifier word system.

Key words: Nominal Measure and Classifier Word, NMC Schema; Constructionalization, Constructional Changes

通信地址:劉文正,長沙市麓山南路 452 號湖南大學中國語言文學學院

郵編:410082

E-mail: wenzhengliu2000@163. com

語言接觸對中古漢譯佛經詞彙的多層級影響*

邱　冰

内容提要　中古漢譯佛經文獻作爲漢語歷史上第一次大規模語言接觸的産物,在詞彙方面呈現出一些不同於同時期中土文獻的特點。本文基於梵漢對勘的方法考察了語言接觸對中古漢譯佛經詞彙中新詞、新義、新的構詞語素和新的搭配關係等四個不同層級的影響,不僅在一定程度上呈現了中古漢譯佛經詞彙的特點,同時也豐富了間接語言接觸理論。

關鍵詞　語言接觸　漢譯佛經　詞彙　梵漢對勘

語言接觸是人類語言發展過程中十分常見的現象,幾乎任何一種語言在演變發展的過程中都會不同程度上跟其他語言發生接觸。語言接觸"是指特定的語言個體或者語言社團同時熟悉並使用一種以上的語言"。①語言接觸從方式上可以分爲自然接觸與非自然接觸兩種類型:前者是同一空間不同語言的相互接觸,後者則是在不同空間通過文字傳播或者文獻翻譯展開的。中古漢譯佛經就是典型的基於文獻翻譯展開的間接語言接觸的産物。

中古漢譯佛經在詞彙和語法等方面均呈現出一些不同於同時期中土文獻的特點,這些特點在一定程度上就是受到梵漢語言接觸、主要是梵文原典翻譯的影響。佛經翻譯是一個將以梵文爲主的原典語言轉换成漢語的過程,其目的是在漢語中找到對等項來儘量準確地再現源頭語作品的語法和詞彙特徵。由於語言類型的差異和文化背景的不同,翻譯過程中的對等只是一個相對概念,並不存在完全對等。但是,譯者的目標就是努力從形式和内容上都做到對等。爲了達到與梵文原典的對等,譯者必然會將梵文中的詞彙特點對等地翻譯到漢語中,從而形成漢譯佛經文獻中不同於中土文獻的詞彙特點,具體地説包括以下四個不同層級的内容:第一,譯者採用仿譯的方式,將梵文中的複合詞翻譯成相應的漢語複合詞,使得二者在内容和形式上達到了對等,這爲漢譯佛經增加了新詞新語。第二,梵文中的一詞多義情況,被翻譯爲漢語的時候,有些漢語詞語增加了新的義位,而從漢語的角度,這個新增的義位與原來漢語詞語之間可能並没有引申關係。第三,梵文中的某個詞綴,被翻譯爲漢語中的自由構詞語素。由梵文詞對等地翻譯爲漢語詞相對較爲簡單,但從梵文詞綴翻譯爲對等的漢語詞綴則是較爲困難的。這是由於派生法並不是漢語中的强勢構詞模式,而且漢語中地道的詞綴數量一直不多,因此譯者通常只能將梵文的詞綴翻譯爲漢語的構詞語素,這也是一種近似的對等,在一定程度上爲漢譯佛經文獻增加了新的活躍構詞語素。第四,梵文和漢語在詞與詞的搭配使用上各不相同,譯者在翻譯過程中,將梵文的詞語搭配關係對等地翻譯爲漢語中的詞語搭配關係,這可能使得漢譯佛經文獻中出現新的搭配情況。

---

*　本文是國家社科基金一般項目"語言接觸視野下的中古漢語詞彙音節形式選擇機制研究"(項目編號:16BYY143)的階段性成果,承蒙恩師汪維輝教授的寶貴指正,謹致謝忱。

①　吴福祥.關於語言接觸引發的演變[J].民族語文,2007(2)。

筆者擬採用梵漢對勘的方法，即將漢譯本佛經文獻與梵文原典進行平行對比分析，具體描寫上述漢譯佛經文獻中的特殊詞彙現象，考察語言接觸對中古漢譯佛經詞彙不同層級的影響，以期揭示漢譯佛經詞彙的特點，同時也豐富間接語言接觸理論。

一　語言接觸與中古漢譯佛經的新詞新語

仿譯是一種保留源頭語内部形式不變，採用目的語的材料逐詞或逐詞素地意譯源頭語詞語各組成部分的方法。在佛經漢譯過程中，出於宗教情緒的影響和宗教傳播的需要，譯者盡量地尊重原文，真實地重現佛經原典的詞義、結構和文化内涵，仿譯正是滿足了這樣的需求。朱慶之指出漢譯佛經語言在詞和非詞的各個層面上都有大量的仿譯，仿譯會給目的語（漢語）帶來大量的新詞語①。中古漢譯佛經産生的新詞新語中，絶大部分是複合詞，其中有一部分是通過仿譯梵文複合詞而産生的。具體地説，梵文中的複合詞經由逐詞素的仿譯，被對等地譯爲漢語的複合詞。

以“宿王”一詞爲例，就筆者目前所見，該詞僅見於漢譯佛經文獻中：

(1)《佛所行讚》卷一《厭患品》：“臣民悉扈從，如星隨宿王，異口同聲歎，稱慶世希有。”②

“宿王”從字面上來看，就是“星星之王”“星宿之王”，很容易理解爲“星星之中最大、最亮的那顆”，但是根據梵文原典，“宿王”實際上指的是“月亮”。與上面漢譯《佛所行贊》例句對應的梵文如下：

yenāśramas tena yayau mahātmā saṃdhyābhrasaṃvīta iva uḍurājaḥ/6. 65③/

→ uḍu-rāja

↓ ↓

宿 王

與“宿王”對應的梵文爲 uḍu-rāja 一詞，這是一個依主釋複合詞，該類複合詞的特點是前半部分對後半部分進行限定。該複合詞中前半部分 uḍu 是中性名詞，義爲“星宿”(star)，後半部分爲陽性名詞 rājan，義爲“國王”(king)，整個複合詞 uḍu-rāja 表示月亮(moon)，因爲印度文化中認爲月亮乃“星宿之最”，即“星宿之王”。譯者並没有直接意譯爲漢語中的固有詞“月”，而是仿照梵文複合詞的形式翻譯爲“宿王”。類似地，《妙法蓮華經》卷六《藥王菩薩本事品》中有：“爾時宿王華菩薩白佛言：‘世尊！藥王菩薩云何遊於娑婆世界？世尊！是藥王菩薩有若干百千萬億那由他難行苦行？善哉，世尊！願少解説。’”與“宿王”對應的梵文爲 nakṣatra-rāja 這一複合詞，該複合詞前半部分 nakṣatra 爲中性名詞，義爲“星星”“星宿”，與 uḍu 意義相同，譯者也是仿譯梵文複合詞的形式，翻譯爲“宿王”。

梵文中存在大量的複合詞，其基本形式可以用“A＋B”來表示，將梵文複合詞翻譯成相應的漢語雙音複合詞，是一種直接並且行之有效的翻譯方法，這是因爲漢語複合詞不僅在形

① 參看朱慶之(2000:247、251)。

② 本文所引佛經用例，均據大正藏本。

③ 《佛所行贊》的梵文版本採用瓊斯頓的校勘本，“6. 65”表示梵文《佛所行贊》第 6 品中的第 65 句。

式上與梵文的複合詞相同,同時也是漢語本身最爲能産的構詞方式。譯者只需使用漢語中已有的語言材料,去逐一對譯梵語複合詞中的每個構成成分,即可由梵文複合詞自然地翻譯爲漢語的雙音複合詞。這樣的翻譯方法使得梵文複合詞和漢語雙音複合詞在内容和形式上都保持了較好的一致性。

二 語言接觸與中古漢譯佛經詞語的新義

語言接觸中存在一種語義移植現象。就梵漢語言接觸而言,語義移植是指譯師在把佛經原典語梵文(源頭語)翻譯成漢語(目標語)的過程中存在的以下現象:假定某個梵文詞 S 有兩個義位 Sa、Sb,漢語詞 C 有義位 Ca,且 Sa=Ca,那麼譯師在翻譯中由於類推心理機制的作用,可能會把 Sb 强加給漢語詞 C,導致 C 産生一個新的義位 Cb。Cb 與 Ca 之間不一定有引申關係,且 Cb 在譯經中有較多的用例,成爲 C 的一個固定義位,這個新義産生的過程就是語義移植①。語義移植是漢譯佛經文獻中一種較爲特殊的新義産生方式。

以"月光"一詞爲例,該詞在中土文獻中十分常見,均是表示月亮的光綫。例如《詩·陳風·月出》"月出皎兮"毛傳:"皎,月光也。"再如《論衡·説日篇》:"日在上,月在日下,障於日,月光掩日光,故謂之食也,障於月也,若陰雲蔽日月不見矣。"《魏書·天文志上》:"月盛之時,雖有重雲蔽之,不見月體,而夕猶朗然,是月光猶從雲中而照外也。"但是在漢譯佛經中有這樣的用例:

(2)《佛所行讚》卷一《處宫品》:"如令我子安,萬民亦如是,事火奉諸神,叉手飲月光。恒水沐浴身,法水澡其心,祈福非存己,唯子及萬民。"

從上下文中,"叉手"跟"事火奉神"和"恒水沐浴"等都是印度文化中的一些儀軌,但是句中"月光"作爲動詞"飲"的賓語,就有些讓人費解。如果按照漢語"月光"的意思來分析,只能理解爲"在月光下雙手合十"。根據梵漢對勘材料,與該句對應的梵文是:

vedopadiṣṭaṃ samam ātmajaṃ ca somaṃ papau śāntisukhaṃ ca hārdam // 2.37 //

→

與"月光"相對應的梵文是 soma 一詞,梵文 soma 有兩個意思:第一是"汁液"(juice),通常用來祭祀,就是現在通常所説的蘇摩酒,飲蘇摩酒是印度文化中祭祀儀軌之一。第二個意思是"月亮""月神"(the moon or the moon god)。"月光"本來是翻譯 soma 這一梵文詞語中的"月亮"之義,但是譯者將 soma 第一個意思"蘇摩酒"也加在了"月光"一詞上,從而使得"月光"産生了一個新義,即"蘇摩酒"。

再以"軟"一詞爲例:

(3)《大寶積經》卷一五:"此菩薩乃至解於六地,此菩薩以軟中上心,除害過罪。"

(4)《大方廣佛華嚴經》卷二六:"乃至如實知八萬四千諸欲差别相,是菩薩知諸性軟中上差别相。"

---

① 參看朱冠明(2008、2015)。

(5)《佛所行讚》卷三《轉法輪品》:“輪回而不息,斯由貪欲生,軟中上差降,種種業爲因。”

(6)又卷四《大弟子出家品》:“不見軟中上,我慢心自忘。”

從以上漢譯佛經的用例中可以發現,“軟”經常與“中”“上”對照並用,分别表示下等、中等和上等,猶言“下中上”,“軟”即“下”,中土文獻中未見過這種用法。漢譯佛經文獻中,與“軟”相應的梵文是 mṛdu 一詞,該梵文詞有兩個意思:第一是“柔軟”(soft,delicate,tender)的意思,第二個意思就是“虚弱的”“低下的”(weak,feeble),有的譯師就翻譯爲“下”“下品”或者“下劣”。因此,“軟”在佛經文獻中具有“下劣”“下等”之義,是通過語義移植方式産生的。

語義移植是一種跨語言的現象,必須在對兩種語言進行對比考察後才能發現。不同的語言中都存在詞義引申的現象,由於語言類型和文化的差異,不同語言的引申方式、聯想機制會有所不同。以上面“月光”爲例,其對應的梵文是 soma 一詞,該詞本義就是表示用來祭祀的汁液,由用於祭祀月亮或者月神進而引申産生了月亮或者月神的意思。可是在漢語詞彙系統中,很難看出月亮和蘇摩酒之間有引申的關係。這表明,漢譯佛經文獻中“月光”的新義,並不是由漢語自身的詞義引申規律造成的,而是在翻譯過程中受到了梵文原典的影響而産生的。不同的語言,對相同事物或多或少存在相同或者相似的認知,這就使得不同語言的引申方式存在一定的共性。上面的“軟”一詞的引申情況就是如此,其本義爲柔軟,與“硬”相對,在漢譯佛經文獻中,翻譯使得該詞具有“下等”“次等”的意思。但實際上,在漢語“軟”的詞義發展過程中也産生了“下等”“次等”的意思,只是時間比較晚,《漢語大字典》和《漢語大詞典》等工具書中引用的最早用例都是老舍《四世同堂》六三:“壓軸是招弟的《紅鸞禧》,大軸是名角會串《大溪皇莊》。只有《紅鸞禧》軟一點。”

梵文的引申義被對等地翻譯到漢語中,就可能爲漢語詞增加一個新的義位,這是一種在詞的義位層面上的翻譯對等。毫無疑問,這種新義産生的方式與梵漢語言接觸和佛經翻譯有一定的關係。

三　語言接觸與中古漢譯佛經的新興構詞語素

漢譯佛經文獻中存在一批構詞能力很强的自由構詞語素,從音節上看都是單音節,書寫形式上對應爲一個漢字,在意義的虚實來看,主要有實語素和虚語素兩種。朱慶之對漢譯佛經中的自由構詞語素進行了討論,指出“在本時期漢語詞彙雙音化的過程中,有某些單音節詞似乎具有特别强的與其他詞相結合使其由單變雙的能力……它們的作用和性質均值得注意”①。

以“浄”和“妙”爲例,這兩個詞在上古和中古的中土文獻中用例並不多,而且多是單用或者與其他意思相近的形容詞連用,較少放在名詞前面充當修飾語,構詞能力也不强,例如:

(7)《吕氏春秋·審分覽》:“凡應之理,清浄公素,而正始卒焉;此治紀,無唱有和、無先有隨行。”

(8)《墨子·明鬼》:“觀辜是何圭壁之不滿度量?酒醴粢盛之不浄潔也?”

① 參看朱慶之(1992:138)。

(9)《莊子·寓言》:"九年而大妙。"成玄英疏:"妙,精微也。"

(10)《吕氏春秋·審分覽》:"神合乎太一,生無所屈,而意不可障,精通乎鬼神,深微玄妙,而莫見其形。"

漢譯佛經文獻中,"浄"和"妙"的語義没有發生變化,但是出現在大量名詞性語素之前,成爲構詞能力很强的構詞語素,例如"浄德""浄水""浄目""浄戒""浄法""浄居""浄智""浄心""浄信""妙樂""妙花""妙香""妙音""妙果""妙相""妙網""妙色""妙體""妙義"。漢譯佛經文獻中"浄"和"妙"的這種用法,跟梵文原典之間存在一定的關係。從梵漢對勘材料上來看,"浄"和"妙"有與其相對應的梵文原詞,多譯自表示"潔浄"和"美好"之義的梵文詞語 śudha(pure)、sujāta(well, good)或者梵文前綴 sa-等。例如:

(11)《佛所行讚》卷一《生品》:"浄水清涼井,前後自然生。"

與該句對應的梵文如下:

prāguttare cāvasathapradeśe kūpaḥ svayaṃ prādur abhūt sitāmbuḥ/ 1.23 /

→ sita-ambu

↓ ↓

浄 水

與"浄水"相對應的梵文複合詞是 sita-ambu,該詞前半部分 sita 爲形容詞,意義爲"純浄"(pure),複合詞後半部分 ambu 爲中性名詞,義爲"水"(water),譯者仿照梵文複合詞 sita-ambu 的形式,將其翻譯爲"浄水"。

(12)《佛所行讚》卷三《破魔品》:"浄居諸天衆,見魔亂菩薩,離欲無瞋心,哀愍而傷彼,悉來見菩薩,端坐不傾動。"

與之對應的梵文爲:

śuddhādhivāsā vibudharṣayas tu saddharmasiddhyartham abhipravṛttāḥ/ 13.31 //

→ śuddha-adhivāsa

浄 居

與"浄居"對應的梵文爲śuddha-adhivāsa,該複合詞前半部分śuddha 爲形容詞,義爲"潔浄""純浄"(clean、pure),複合詞的後半部分 adhivāsa 爲名詞,義爲"居所""住處"(habitation、abode),譯者仿照複合詞的形式,將這個複合詞翻譯爲"浄居"。

(13)《佛所行讚》卷二《車匿還品》:"惡道苦長息,妙果現於今。"

與其對應的梵文爲:

mṛṣyatāṃ saphalaḥ śīghraṃ śramas te 'yaṃ bhaviṣyati /6.55 /

→ sa-phala

妙 果

與"妙果"對應的梵文爲 sa-phala,該詞是一個派生詞,其中 sa 爲前綴,有"善的""好的"(good)意思,phala 爲中性名詞,義爲"果"(fruit),譯者將這個派生詞翻譯爲"妙果"。

(14)《佛所行讚》卷二《合宫憂悲品》:"妙網柔軟足,清浄蓮花色,土石刺棘林,云何而可蹈?"

與該句對應的梵文爲:

sujātajālāvatatāṅgulī mṛdū nigūḍhagulphau bisapuṣpakomalau / 8.55 /

 sujāta-jāla

↓ ↓

妙 網

與"妙網"對應的梵文爲 sujāta-jāla，這是一個持業釋複合詞，複合詞的前半部分 sujāta 爲形容詞，義爲"質地很好的""精美的"(fine，excellent)，後半部分 jāla 爲中性名詞，義爲"網"，譯者將其直譯爲"妙網"。

可見，漢譯佛經文獻中"浄"和"妙"大量地被放在名詞性語素之前充當修飾性的構詞成分，與梵文原典存在着一定的關係，同時還可以再作進一步的討論。

第一，從梵漢對勘材料上來看，"浄"和"妙"如果有與其相對應的梵文原詞，則可能是佛經譯者翻譯原文造成的結果。此外，對於朱慶之所提到的佛經文獻中的另一構詞語素"行"①，筆者在《佛所行讚》對勘材料中也發現了與其相對應的原文，示例如下：

(15)《佛所行讚》卷三《瓶沙王詣太子品》："入里行乞食，爲諸乞士先，斂形心不亂，好惡靡不安。"

與該句對應的梵文爲：

cacāra bhikṣāṃ sa tu bhikṣuvaryo nidhāya gātrāṇi calaṃ ca cetaḥ/ 10.13 /

→ √car bhikṣā

↓ ↓

行 乞食

此處與"行"對應的梵文爲動詞√car。梵文動詞√car 本義爲"行走""移動""漫步"(to go，walk，move，wander)，除此之外還指"從事於""做"(to behave，to be engaged in)，而漢語中的"行"同時也具有這兩個意思，因此譯者將梵文動詞√car 翻譯爲漢語的"行"。"乞食"對應的梵文爲 bhikṣā，爲陰性名詞，表示"乞求的行爲"(an act of begging，asking)，在該句中爲業格形式，充當動詞√car 的賓語。"行乞食"實際上就是表示"做乞食這樣的事"(to perform an act of begging)。可見，漢譯佛經文獻中的一些構詞語素的出現，並不是隨意産生的，在梵文原典中通常是有其對應成分的。

第二，類推機制促進了"浄"和"妙"等構詞語素的進一步廣泛使用。類推是語言演變的一種方式，在這裏主要是指在現有詞的基礎上，推導、衍生出新的詞語，通常是仿照一個詞更换部分語素而構造出新詞語②。以現代漢語"迷你裙"一詞爲例，該詞來源於英語的 mini-skirt，意思爲"短裙"。初期階段"迷你"這一外來語素只存在於有限的幾個借詞中，人們對它們的認識也是停留在"迷你裙"等借詞的整體概念上；但是隨着這些借詞的流行，人們對"迷你"有了一定的認識之後，嘗試將其用在其他表示"小、短小"等的概念中，所以漢語中類推産生了"迷你收音機""迷你音響"等新詞。"浄"與"妙"在佛經文獻中的廣泛使用，類推起到了很大的促進作用。最初階段，"浄"和"妙"放在名詞性語素之前修飾名詞，完全是出於對應原文的需要。但是隨着這種情況在佛經文獻中的不斷出現，譯者會仿照這種情況進行類推，將

① 參看朱慶之(1992：138-142)。

② 這裏主要是派生形態化過程中的類推，這種類推作用於構詞一方面跟語義有關，另一方面受到語言使用者認知、語用等因素的影響。參看程麗霞(2004)。

“浄”和“妙”放在更多的名詞性語素之前，隨着“浄”和“妙”構詞能力的增强，它們的意義也開始變得虛化，甚至可能只是爲了滿足句式字數而補充音節的需要，如下例所示：

(16)《佛所行讚》卷三《阿羅藍鬱頭藍品》：“如是等妙法，悉由飲食生。”

與該句對應的梵文爲：

tasmād āhāramūlo 'yam upāya itiniścayaḥ/ 12. 107 /

→ ayam upāya

↓ ↓

如是等 [妙]法

該句中，upāya 爲陽性名詞，義爲“法”，翻譯爲單音節的“法”即可，但是爲了滿足字數的要求，譯者在名詞“法”的前面增加了修飾性的成分“妙”。而實際上，梵文原句中並没有與“妙”相對應的成分。

第三，隨着佛教的廣泛傳播，“浄”與“妙”具有了一種宗教的色彩，逐步成爲了佛經語言中的一種傳承和習慣，這在更大程度上擴大了“浄”與“妙”等構詞語素在佛教文獻中的使用範圍，提高了其應用頻度。

概言之，基於梵漢對勘的材料，筆者認爲“浄”與“妙”等構詞語素的出現與梵文原典有關，譯者通過“類推”方式進一步擴大了它們的使用範圍，進而這種用法在佛教傳播的過程中被逐步鞏固，最終使得“浄”與“妙”等發展成爲漢譯佛經文獻詞彙中十分活躍的構詞語素。如果僅從漢語自身發展的角度，很難對這個演變過程進行深入的分析，梵漢對勘提供了充分的材料，幫助我們可以對這個演進過程進行較爲細緻的分析和考察。

四 語言接觸與中古漢譯佛經新的詞語搭配

“動詞—賓語”“形容詞—名詞”的相互搭配情況是詞語搭配關係中的主要内容。梵文和漢語在語言類型上差異很大，在詞與詞的搭配使用上也各不相同，但是譯者在翻譯過程中，將梵文的詞語搭配關係對等地翻譯爲漢語中的詞語搭配關係，這可能使得漢譯佛經文獻中出現新的搭配情況。

以言説動詞“説”爲例，汪維輝指出言説動詞“説”在上古的時候含有各種限定性義素，主要表示“解釋；説明”或者“談論；議論”的意思，不用作一般意義的“説話”講。到了中古時期，動詞“説”有了重要的發展：第一是限定性義素消失，詞義擴大爲一般意義上的“説”；第二是用法擴展，“説”的後面可以跟受事賓語“言”或者“語”①。

言説動詞“説”＋受事賓語“言”/“语”的用例最早均見於漢譯佛經文獻，例如：

(16)《道行般若經》卷一《道行品》：“持佛威神，須菩提説是語。”

(17)《般舟三昧經》卷一《譬喻品》：“如我所説無有異，今故説是語耳。”

(18)《阿閦佛國經》卷一《發意受慧品》：“若干百天人，若干千天人，若干百千諸天人住於虚空，以天衣用散阿閦菩薩上，即説是言：‘菩薩摩訶薩，當度成無上正真道最正覺也。’”

---

① 參看汪維輝(2003)。

除了“説是言”“説是語”外，漢譯佛經文獻中還有“説如是言”“説如實語”“説至誠言”“説誠實語”“説實語”“説如實語”等。

(19)《菩薩本緣經》卷三《龍品》:“時金翅鳥聞是語已，怨心即息，復向龍王説如是言:‘我今於汝常生怨心，然汝於我乃生慈心。’”

(20)《生經》卷二:“佛告城裏聚落梵志長者:‘汝等何故説此言乎?’”

(21)《佛説阿闍貰王女阿術達菩薩經》卷一:“無憂愁誦偈言:‘聽我説至誠言。’”

(22)《大般涅槃經》卷二:“説此語已，諸比丘衆虚空諸天，悲號啼泣不能自勝。”

(23)《佛説彌勒下生成佛經》卷一:“善哉！釋迦牟尼佛以大悲心，能於苦惱衆生之中，説誠實語，示我當來度脱汝等。”

(24)《大莊嚴論經》卷一:“我但説實語，何故稱誹謗?”

(25)《大薩遮尼乾子所説經》卷五《問罪過品》:“以我如是大惡人前、可畏人前、急性人前、無慈悲人前、卒作事人前，如是惡行人前説如實語。”

(26)《悲華經》卷四《諸菩薩本授記品》:“是時王子説是語已，以佛力故即得知日三昧。”

但是在同時期的中土文獻中，“説”的這種用法較爲少見。可見，言説動詞“説”+受事賓語“言”/“語”的搭配和用法很有可能跟佛典翻譯存在一定的關係。筆者借助梵漢對勘材料，發現梵文原典語言中存在相同或者相似的搭配現象，即梵文中表“説”義的動詞可以帶的一類賓語，就是表示“言”或者“語”的名詞，梵文《佛所行讚》中有這樣的用法:

caturdiśaṃ siṃhagatir vilokya vāṇīṃ ca bhavyārthakarīm uvāca // 1.15 //

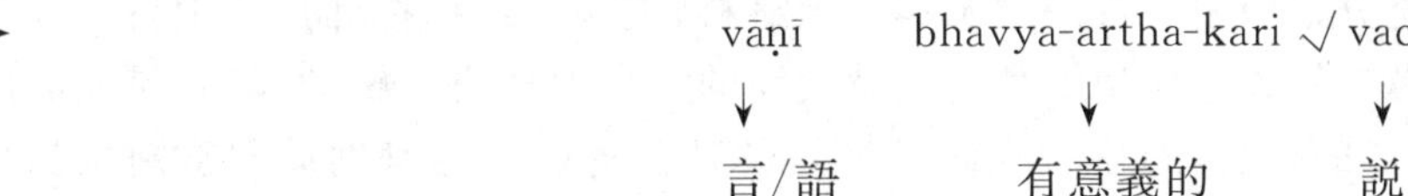

kamalapratime 'ñjalau gṛhītvā vacanaṃ cedam uvāca kaṇṭhaḥ// 5.29 //

→　vacana　idam　√vac
↓　↓　↓
言/語　此　説

以上兩個例子中 uvāca 爲動詞√vac(speak, say, tell, utter)的第三人稱單數的完成時形式，表示“説”的意思。vāṇīṃ和 vacanaṃ分别爲名詞 vāṇī(speech, words)和 vacana(speech, word)的賓格形式，這兩個名詞都是表示“言語”“話”的意思，充當動詞√vac 的賓語。同樣的搭配現象，也出現在梵文《法華經》中，例如:

bhaṇeya vācaṃ(《方便品》)

vācaṃ bhāṣante、vadeta vācam(《譬喻品》)

vācaṃ bhāṣet(《信解品》)

vadeti vācaṃ(《化城喻品》)

vācaṃ abhāṣata(《授學無學人記品》)

vācam abhāṣetām(《勸持品》)

其中“bhaṣeya”“vadeta, vadeti”的動詞原形分别是√bhaṇ(speak, say)、√vad(speak, say, utter)，“bhāṣante、bhāṣet、bhāṣate、abhāṣata、abhāṣetām、bhāṣitvā”的動詞原形均爲

√bhāṣ(speak,talk,say),√bhaṇ、√vad、√bhāṣ這三個動詞都是表示"説"的意思。vācam爲名詞,表示"言"/"語"的意思,充當動詞"説"的賓語。

佛經漢譯過程會將梵文中的詞語搭配關係借入到漢語中,如果這種搭配關係是漢語中本不存在的,那麽就有可能使得漢語中産生一些新的搭配關係,這是翻譯過程中源頭語(梵文)中詞語搭配關係在目的語(漢語)中的相應體現。

五 結語

漢譯佛經文獻是傳世語料的重要組成部分。從兩漢之交開始,佛教從原産地印度經中亞、西域傳入中土,以梵文爲主的佛教經典被大量翻譯爲漢語,形成了漢語史上第一次大規模的語言接觸。這些漢譯佛經不僅是語言接觸最爲直接和最具代表性的産物,而且也記録了大量的中古漢語新興的語言現象,在漢語史研究方面蘊含着豐富的語言學價值。然而,漢譯佛經文獻性質比較特殊。作爲語言接觸的直接産物,由於以梵文爲代表的原典語言和譯者母語與漢語之間存在巨大差異,加上譯者漢語水準參差不齊,以及出於對原典的尊崇等多方面原因,漢譯佛經文獻的語言在詞彙和語法上都呈現出一些特殊的語言現象。針對漢譯佛經的這種特殊性質,本文基於梵漢對勘的方法,將梵文原典与漢譯本進行對比分析,重點考察了語言接觸對中古漢譯佛經詞彙方面四個層級的影響,在一定程度上管窺中古漢譯佛經詞彙的特點。只有釐清漢譯佛經文獻中哪些現象是受到外來語言的影響,哪些是漢語自身的語言現象,才能更充分地利用中古漢譯佛經文獻材料,更深入地挖掘和探討中古漢語詞彙的發展規律。同時,漢譯佛經是典型的基於文獻翻譯的非自然語言接觸的産物,是漢語歷史文獻語言的一個非自然的變體,對中古漢譯佛經詞彙特點的探討也有助於豐富間接語言接觸理論。

參考文獻

[1]程麗霞. 語言接觸、類推與形態化[J]. 外語與外語教學,2004(8).
[2]汪維輝. 漢語"説類詞"的歷史演變與共時分布[J]. 中國語文,2003(4).
[3]吴福祥. 關於語言接觸引發的演變[J]. 民族語文,2007(2).
[4]朱冠明. 移植:佛經翻譯影響漢語詞彙的一種方式[A].《語言學論叢》編委會編. 語言學論叢(第三十七輯)[C]. 北京:商務印書館,2008:169-182.
[5]朱冠明. 佛經翻譯中的詞義移植補例[J]. 語言研究,2015(4).
[6]朱慶之. 佛典與中古漢語詞彙研究[M]. 臺北:文津出版社,1992.
[7]朱慶之. 佛經翻譯中的仿譯及其對漢語詞彙的影響 [M]//中古近代漢語研究(第1輯). 上海:上海教育出版社,2000:247-262.

The Multi-Level Impacts of Language Contact on Vocabulary in Chinese Translated Buddhist Scriptures in Middle Ancient Times

Qiu Bing

Abstract: As the result of the first large-scale language contact in the history of Chinese language, the Buddhist scriptures translated from Sanskrit to Chinese in the Middle Ages expose some novel characteristics different from those of the original Chinese in the same period from the perspective of the lexicology. Based on the comparison between Sanskrit and Chinese versions, the impacts of language contact is discussed at four different levels ranging from new words, new meanings, new morphemes to new collocations in the Chinese versions of Buddhist scriptures, which not only reveals the lexical features of Chinese Buddhist scriptures in the Middle Ages, but also benefits the indirect language contact theories to a certain extent.

Key words: language contact, Chinese version of Buddhist scriptures, lexicology, comparison between Sanskrit and Chinese versions

通信地址:北京語言大學人文社會科學學部
郵編:100083
E-mail:sukhii@163. com

中古譯經異文所反映的“一詞多形”現象*

真大成

内容提要 漢語中有的詞具有多種書寫形式，即所謂“一詞多形”。中古漢語“一詞多形”現象也很普遍，中古漢譯佛經中的此類現象尤具特色；譯經文本具有大量異文，其中不少異文恰好表現了一個詞的不同書寫形式，因而異文是探究佛經“一詞多形”現象的重要材料。文章主要考察中古（指翻譯於中古）譯經異文所反映的“一詞多形”現象，以成因爲依據，大致可分爲四種情況：一、由異體造成的一詞多形；二、由通假造成的一詞多形；三、由分化和孳乳造成的一詞多形；四、由多種因素造成的一詞多形。

關鍵詞 翻譯佛經 異文 一詞多形

漢語中一個詞“常常有兩種以上不同的書寫形式”，這就是所謂的“一詞多形”①。裘錫圭指出，造成“一詞多形”主要有兩個原因：一是漢字往往有異體，二是用來表示某一個詞的字並不固定，可以替换，或用本字，或用假借字，或用分化字，或用同義换讀字②。據此，“一詞多形”實際有兩種情況：一是一個詞用同一字的不同形體來表示，二是一個詞用不同的字來表示。

“一詞多形”在不同時代有不同表現。先秦兩漢出土文獻中的此類現象極爲普遍，也早已引起學界重視，成果斐然。“一詞多形的現象，在漢魏六朝時代曾發展到很嚴重的地步”③，這説明中古時代“一詞多形”也是很普遍的；但學界對此顯然關注不够，至今未見全面、深入的研究成果。

中古以來的漢譯佛經有寫本和刻本兩種基本形態。無論寫本還是刻本，佛經詞語的書寫形式既有中土文獻的一般特點，又有與中土文獻殊異之處。佛經文本具有大量異文，其中不少異文恰好表現了一個詞的不同書寫形式，因此可以利用異文探究佛經“一詞多形”現象。

本文主要考察中古（指翻譯於中古）譯經異文所反映的“一詞多形”現象④。大致以成因爲依據，本文將中古佛經中的“一詞多形”粗略分爲以下四種情況：一、由異體造成的一詞多形；二、由通假造成的一詞多形；三、由分化和孳乳造成的一詞多形；四、由多種因素造成的一詞多形。

---

* 本文是國家社科基金項目“基於出土文獻的魏晋南北朝隋唐漢語字詞關係研究”（18BYY140）的階段性成果。

① 裘錫圭．文字學概要（修訂本）[M]．北京：商務印書館，2013：242.

② 裘錫圭．文字學概要（修訂本）[M]．北京：商務印書館，2013：245.

③ 裘錫圭．文字學概要（修訂本）[M]．北京：商務印書館，2013：250.

④ 主要利用《大正新修大藏經》和《中華大藏經》校勘記所列異文。

一　由異體造成的一詞多形

例一，{壓}：押、砑、鉀、岬、痹、庘、窜①

壓迫之{壓}，佛經習作“壓”，也常寫作“押”，例如：

舊題東晉僧伽提婆譯《增壹阿含經》卷十八《四意斷品之一》：“大王當知，猶如四方有四大山，從四方來，使壓衆生，非力所却。”“壓”，聖本作“押”②。

舊題三國吴支謙譯《撰集百緣經》卷五《富那奇墮餓鬼緣》：“舍衛城中，有一長者，財寶無量，不可稱計，常令僕使押甘蔗汁，以輸大家。”“押”，宋、元、明本作“壓”。

“押”從手甲聲，是“壓”的後起異體③。它的産生年代還未可確知；從文獻記述看，它在唐代是{壓}的習用書寫形式，玄應《一切經音義》（下文簡稱玄應《音義》）卷二《大般涅槃經》音義“治壓”條謂“經文多作押”，據此玄應所見佛經{壓}多作“押”。S.388《正名要録》記録“壓”“押”二字，前者屬“古而典者”，後者屬“今而要者”，所謂“今而要”是説流行於當今且切合於時要，可見“押”在唐代是很通行的。

{壓}又寫作“砑”，例如：

隋闍那崛多譯《大威德陀羅尼經》卷十八：“然彼繩頭，若以脚大指，若手指若脚掌，或蹈或砑。”“砑”，宋、元、明本作“壓”。

後秦佛陀耶舍共竺佛念譯《長阿含經》卷十九《地獄品》：“第一大地獄名想，第二名黑繩，第三名堆壓。”“壓”，宋、元、明本作“砑”。

姚秦竺佛念譯《菩薩處胎經》卷七《行品》：“吾昔一時患頭痛，猶如兩須彌山壓頭疼痛，痛不可處。”“壓”，宫本作“砑”。

姚秦竺佛念譯《鼻奈耶》卷二：“爾時尊者目揵連爲執杖梵志所打，如壓竹筒乃命盡。”“壓”，宫本作“砑”。

“砑”應從“押”衍生而來，以石壓物，故易“手”爲“石”。玄應《音義》卷十五《僧祇律》音義出“得砑”條，今本《僧祇律》作“壓”，聖本作“碑”，乃“砑”之誤；又卷十六《鼻奈耶律》音義出“如砑”條，宫本與玄應所見本同作“砑”④。由此可知{壓}寫作“砑”在唐代也是較爲常見的。

還記作“鉀”“岬”“痹”“庘”，例如：

失譯附北涼録《大方廣十輪經》卷二《發問本業斷結品》：“以火坑毒飯，推山欲壓，放其醉象，或拔利劍，以如是等而逐於我。”“壓”，聖本作“鉀”。

失譯附東晉録《舍利弗問經》：“蟲行神喜，手捧大山用以壓王及四兵衆，一時皆死，王家子孫於斯都盡。”“壓”，聖本作“岬”。

後秦鳩摩羅什譯《大智度論》卷八：“二者，外病，奔車逸馬，塠壓墜落，兵刃刀杖，種

① 本文以尖括號（{ }）表示詞，引號（“”）表示字形。{X}中“X”一般採用現代最爲習用的書寫形式。

② “聖本”即聖語藏本。

③ 張涌泉．讀説文段注札記五則[M]//中國文字學報（第1輯）．北京：商務印書館，2006：108-109．張涌泉．説“押韻”的“押”[M]//文史（第1輯）．北京：中華書局，2014．

④ “宫本”即宫内廳圖書寮所藏舊宋本。

種諸病。""壓",石山寺本作"痈"。又卷二七:"提婆達多於耆闍崛山,推石壓佛,佛亦不憎。""壓",石山寺本作"庘"。

這些均爲在"押"的基礎上進一步衍生的形式。玄應《音義》卷一〇《大智度論》音義"搥壓"條謂"《論》文多作庘",可見唐代已有作"庘"之例。

據玄應《音義》卷十一《正法念經》音義"壓捼"條引周成《難字》,{壓}還可作"窨"。《廣弘明集》卷十七隋王劭《舍利感應記》:"自是遠近道俗所有舍利率奉獻焉,皇帝曰:'何必皆是真?'諸沙門相與推試之,果有十三玉粟,其真舍利鐵窨而無損。"慧琳《一切經音義》(下文簡稱慧琳《音義》)卷九八《廣弘明集》音義"鐵壓"條謂"集從穴作窨",則傳本與唐本同作"窨"。

例二,{刨}:掊、刨、跑、爮、咆、鉋

{刨}最初寫作"掊"。《説文·手部》:"掊,杷也。"(據段注本)段注:"掊者,五指杷之,如杷之杷物也。……今俗用之刨字也。"{刨}在佛經中可寫作"掊":

東晉僧伽提婆譯《中阿含經》卷四四《鸚鵡經》:"白狗即從床上來下,往至前世所止宿處,以口及足掊床四脚下。"

也可寫作"刨"或"跑":

舊題三國吴支謙譯《撰集百緣經》卷六《佛度水牛生天緣》:"惡牛卒來,翹尾低角刨地吼喚,跳𨅮直前。""刨",元、明本作"跑"。

南朝宋釋寶雲譯《佛本行經》卷六《調達入地獄品》:"特牛吼來迎,角觝地且行;後脚跑地土,揚塵坌辱之。""跑",宋、元、明本作"掊"。

"刨",玄應謂爲"近字"①,可見"刨"的産生、行用雖在玄應之前,但相距不遠。{刨}或用足,故字又從"足"作"跑"②。《廣韻·肴韻》薄交切:"跑,足跑地也。"③慧琳《音義》卷七八《經律異相》音義"捊地"條:"以手指捊也,經從足作跑。"則唐時{刨}即寫作"跑"。

{刨}或用爪,故可從"爪"作"爮":

元魏慧覺等譯《賢愚經》卷十《須達起精舍品》:"復作一牛,身體高大,肥壯多力,麤脚利角,爮地大吼,奔突來前。""爮",宋、元、明本及《經律異相》引作"跑"。

隋闍那崛多譯《佛本行集經》卷十八《車匿等還品上》:"車匿入時,其馬乾陟……爮地大鳴。""爮",宋、元、明本作"跑",聖本作"掊"。

慧琳《音義》卷六〇《根本説一切有部毘奈耶律》音義"爮地"條:"上音庖,俗字也。……爮地者,是牛王吼嘷之時以前脚捊地。"則"爮"至晚已見於唐代,且是當時流俗的寫法。

也寫作"咆":

舊題失譯附後漢録《大方便佛報恩經》卷一《孝養品》:"時釋提桓因將欲界諸天下閻浮提怯怖須闍提太子,化作師子虎狼之屬,張目䁥眥,咆地大吼。""咆",元、明本作"跑"。

傳本《經律異相》卷三一引《大方便佛報恩經》亦作"咆",然慧琳《音義》卷七九《經律異相》音義出"爮地"條,則慧琳所見《異相》作"爮"。"咆"大概是受到下文"吼"字影響發生偏旁

① 見卷十二《賢愚經》音義、卷十五《十誦律》音義、卷十六《毗尼母律》音義。

② 《漢語大字典》"跑"(páo)字義項②"刨"下引《釋名·釋天》:"雹,跑也。其所中物皆摧折,如人所蹴跑也。"按:《廣雅·釋言》:"跑,趵也。"《玉篇·足部》:"跑,蹴也。"《釋名》"蹴跑"同義連文,指(脚)踏、(脚)踩,"跑"非用脚刨地之義。

③ 章太炎《新方言》卷二:"所在有虎跑泉,則是掊字。"

類化而產生的别體。

也寫作"鉋":

北涼曇無讖譯《大般涅槃經》卷三九《憍陳如品》:"汝等今者欲以手爪鉋須彌山,欲以口齒齚齧金剛。""鉋",《法苑珠林》卷五五引作"爮",宋、元、明本作"掊"。

南朝宋沮渠京聲譯《治禪病祕要法》卷下:"若諸鬼神爲亂道故,化作鼠形,或黑或赤,掊行者心,搔行者脚、兩手、兩耳,無處不至。""掊",宋、元、明、宫本作"鉋"。

隋闍那崛多譯《大法炬陀羅尼經》卷十三《供養法師品》:"是人念已,即取鈇钁加功鉋掘。""鉋",元、明本作"培[掊]"。

"鉋"在唐代即已出現,也是當時民間流行的俗字,玄應《音義》卷二《大般涅槃經》音義"鉋須"條謂"鉋"字"文字所无",卷八《優婆塞戒經》音義"耳鉋"條謂"書无此字",正是其流俗性質的表現。刨地工具用金屬制成,故字改從"金"。

例三,{咬}:齩、䶧、咬、骹

表示咬嚙義之{咬},早先寫作"齩"。《説文·齒部》:"齩,齧骨也。"{咬}在佛經中可寫作"齩",或寫作"䶧""咬""骹"。

元魏般若流支譯《正法念處經》卷五《生死品之三》:"譬如狗齩離肉之骨,涎汁和合,望得其髓。""齩",宋、元、宫本作"䶧"。

隋闍那崛那譯《大威德陀羅尼經》卷十:"喜樂妄語,如狗齩枯骨。""齩",宋、元、明本作"䶧"。

西晋竺法護譯《普曜經》卷四《出家品》:"愚者樂之如飲毒水,愚人處是如犬䶧骨。""䶧",元、明本作"齩"。

《廣雅·釋詁三》:"䶧,齧也。"王念孫疏證:"齩與䶧同。""齩"改换聲旁作"䶧"。"䶧"爲漢魏以來出現的形聲字。

{齩}的對象爲骨,口是工具,將這些詞義要素體現在書寫形式上,"齩"就改换形旁,作"骹"或"咬"。上引《正法念處經》今傳世刻本作"齩"或"䶧",而玄應所見寫本則作"骹"或"咬"。玄應《音義》卷十一《正法念經》音義"狗齩"條:"又作䶧,同。……經文作骹……又作咬。"又卷一《大威德陀羅尼經》音義"狗齩"條:"又作䶧,同。……經文作骹。""骹""咬"分别與表示小腿和鳥鳴聲的"骹""咬"同形①。

慧琳《音義》卷十三《大寶積經》音義"或䶧":"或作齩。……或作咬,俗字也。"又卷六〇《根本説一切有部毘奈耶律》"鼈齩"條:"律文從口作咬,俗字也。"《玉篇·口部》:"咬,俗亦爲齩字。"由此看來,"咬"是唐代民間流行的比較通俗的書寫形式。

{咬}在敦煌文獻中或作"齩",如S. 5431《開蒙要訓》:"䶧齧齩齚。"(上圖17號作"咬")習作"咬",如S. 620《解夢書》:"夢見爲犬咬,解事。"P. 3441v《康富子雇人契》:"若是放畜牧,畔上失却,狼咬煞,一仰售雇人。"P. 2838vc《云謡集雜曲子》:"胸上雪,從君咬。"P. 5039《孟姜女變文》:"咬指取血,灑長城已以表單心,選其夫骨。"P. 2491《鷰子賦》:"他家尖頭,憑伊覓曲,咬嚙勢要,教向鳳凰邊遮囑。"S. 2144《韓擒虎話本》:"我把些子兵士,似一斤之肉,入在虎齖牙,不螻咬嚼,博唼之间,並乃傾盡。"P. 3706《大佛名懺悔文》:"咩聲咬叫,口眼火出。"S. 462a

① 《説文》段注:"俗以鳥鳴之咬爲齩嚙。"人們恐非借用鳥鳴之"咬"來表示"齩",而是另創"齩"之異體作"咬",而字形與鳥鳴之"咬"偶合。

《金光明經懺悔滅罪傳》:"當有猪雞鵝鴨,一日三過,競来咬齧,痛不可當。"

據王毅力、徐曼曼《漢語"咬齧"義動詞的歷時演變及原因》,{咬}在唐代已經成爲表咬嚙義的主導詞①,而"咬"在唐代也已是{咬}的主要書寫形式。

例四,{矟}:矟(矟)、鑹、錄、穳([穳])、欑([欑])、爨、鋑、鑽

表示小矛之{矟}佛經中或作"矟(矟)",例如:

南朝宋求那跋陀羅譯《雜阿含經》卷十九:"一時,佛住王舍城,乃至我於路中見一大身衆生,舉體生毛,毛如矟釾。"

北涼浮陀跋摩共道泰等譯《阿毘曇毘婆沙論》卷四三《使犍度十門品之七》:"時王乘象執矟,欲出城遊。"

《廣雅·釋器》:"矟謂之鋋。"《説文·金部》:"鋋,小矛也。""矟"或作"鑹",從金竄聲,乃分别改易"矟"之形旁、聲旁而産生的異體,例如:

隋闍那崛多譯《佛本行集經》卷十五《耶輸陀羅夢品上》:"身帶甲冑,手執三叉弓箭長刀戟矟鑹棒,諸如是等種種武仗,防護太子,内外城門。""鑹",宋、元、明、聖本作"矟"。

慧琳《音義》卷三九《不空羂索陀羅尼自在呪經》音義"畫矟"條:"經作鑹。"則慧琳所見本作"鑹"。慧琳《音義》卷三〇《寶雨經》音義"如鑹"條引《韻略》:"鑹,小矟也。"《韻略》應即陽休之所撰者,見《隋志》及《切韻序》,若如此"鑹"至晚六朝時即已産生②。

將"矟"之聲旁"贊"改作"爨",則作"穳",例如:

隋闍那崛多譯《佛本行集經》卷五九《婆提唎迦等因緣品下》:"復有象軍……俱被鎧甲,手執戎仗,所謂弓箭刀槊矛楯,金剛大杵,及大鐵棒,釾鑹鐵輪。""鑹",明本作"穳"。

玄應《音義》卷十一《正法念經》音義"矟矛"條引《古今字詁》:"古文錄、矟二形,今作穳,同。"則"穳"三國時已出現。"爨"或作"[爨]",因此"穳"又作"[穳]",慧琳《音義》卷三九《不空羂索陀羅尼自在呪經》音義"畫矟"條:"《字書》作穳,……經作鑹。""[穳]"又作"[穳]""[穳]"③。

"穳"易"矛"爲"木",則作"欑([欑])",例如:

元魏般若流支譯《正法念處經》卷七《地獄品之三》:"既得脱已,彼人苦惱,望救望歸,走向餘處,面前現見閻魔羅人手執鐵矟,其矟炎燃。""矟",宋、宫本作"[欑]"。

慧琳《音義》卷七六《龍樹菩薩爲禪陀迦王説法要偈》音義"矛矟"條:"經從木作欑。"則唐代已有"欑([欑])"。

還可記作"爨",例如:

隋闍那崛多譯《大威德陀羅尼經》卷四:"假使有人來在我前。即以利刀破我身分。或以百鑹穿穴我身,復爲我作如是等語。""鑹",宋本作"爨",元、明本作"矟"。

可洪《隨函録》卷八《大威德陀羅尼經》音義"百爨"條:"正作鑹[鑹]、矟二形。"可洪所據本作"爨",宋本與之合。"爨"應即"穳"之省。

---

① 王毅力,徐曼曼. 漢語"咬齧"義動詞的歷時演變及原因[J]. 語言科學,2011(2).

② 慧琳《音義》卷六七《阿毘曇毘婆沙論》音義"執矟"條引《字詁》:"古文鑹、矟二形,今作穳,同。"(《字詁》即三國魏張揖《古今字詁》)此條爲慧琳轉録玄應《音義》。玄應《音義》卷十七《阿毘曇毘婆沙論》音義"執矟"條引《字詁》"鑹"作"錄"。又卷十一《正法念經》音義"矟矛"條引《字詁》亦作"錄"。據此,"鑹"字應非《古今字詁》原文。

③ 慧琳《音義》卷六七《阿毘曇毘婆沙論》音義"執矟"條:"《字詁》古文鑹、矟二形,今作[穳],同。""[穳]",玄應《音義》作"[穳]"。

"鎟"或"鑹"改换聲旁爲"夋"則作"鋑",例如:

失譯附後漢録《興起行經》卷上《木槍刺脚因緣經》:"第二薩薄於船上以鋑鉾鋑第一薩薄脚,徹過,即便命終。""鋑",宋、元、明本作"鑹"。

玄應《音義》卷十一《正法念經》音義"䂎矛"條:"經文作鋑。"慧琳《音義》卷五二《雜阿含經》音義"矛䂎"條:"經文作鋑。"

又寫作"鑚"①,例如:

北涼曇無讖譯《大般涅槃經》卷三八《迦葉菩薩品之六》:"深觀揣食有如是過,次觀觸食如被剥牛、爲無量虫之所唼食,次觀思食如大火聚,識食猶如三百鑚矛。""鑚",宋、元、明本作"䂎"。

元魏般若流支譯《正法念處經》卷九《地獄品之五》:"閻魔羅人手執大斧,復執鐵䂎、鐵枷、鐵杵斫刺打築。""䂎",明本作"鑚"。

隋闍那崛多譯《大法炬陀羅尼經》卷十一《六度品之餘》:"復見一切大地獄中所有惡業諸衆生等受種種苦,或斫或刺,或剥或割,或棓或打,或燒或煮,或以刀劍,或以弓箭,或以鈇鋸,或以鑚矛。""鑚",元、明本作"䂎"。

例五,{槍}:槍、鎗(錆)、鏘、牄

表示武器的{槍},佛經寫作"槍",或作"鎗",例如:

南朝宋求那跋陀羅譯《雜阿含經》卷四八:"爾時世尊金鎗刺足,未經幾時,起身苦痛。""鎗",宋、元、明、聖本作"槍"。

"鎗"爲"槍"改换形旁而成的異體字。慧琳《音義》卷九四《續高僧傳》音義"鐵槍"條:"傳文從金作鎗。"可見唐代已將{槍}寫作"鎗"。不過這個書寫形式在當時屬於"俗字",慧琳《音義》卷四二《大佛頂經》音義"鎗矟"條:"俗字也,正作槍。"

姚秦竺佛念譯《菩薩處胎經》卷七《行品》:"吾昔一時在他村中遊行教化,吾爲馬槍刺脚,孔上下徹疼痛無量,復使耆域治之。""槍",宫本作"錆"。

玄應《音義》卷四《菩薩處胎經》音義"槍刺"條:"經文作鏘,……又作錆。""錆"當爲"鎗"的形近訛字,慧琳《音義》卷四四轉録玄應《音義》正作"鎗"。

將"鎗"之聲旁"倉"改换爲"將",則作"鏘"②,例如:

東晉僧伽提婆譯《中阿含經》卷五三《大品癡慧地經》:"衆生生地獄中,既生彼已,獄卒手捉,則以鐵槍洞然俱熾,强令坐上。""槍",宋、元、明、聖本作"鏘"。

南朝宋釋寶雲譯《佛本行經》卷五《降象品》:"如救賢高度,木鏘苦毒患。""鏘",宋、元、明本作"槍"。

後秦鳩摩羅什譯《十住毘婆沙論》卷一《序品》:"行於刀劍鏘刺惡道,自然刀劍從空而下,猶如駛雨割截支體。""鏘",宋、元、明、宫本作"槍"。

苻秦僧伽跋澄譯《鞞婆沙論》卷七《鞞婆沙有漏無漏處》:"樂者一切生死禪最爲樂,苦者金鏘刺足疹患脊風頭痛。""鏘",宋、元、明、宫本作"槍"。

玄應《音義》卷二《大般涅槃經》音義"木槍"條:"經文作鏘,……鏘非正體。"卷十《十住毗婆沙論》音義"鐵槍"條:"論文作鏘,……鏘非字體。"卷十一《中阿含經》音義"鐵槍"條:"經文

① 可能由"䂎"改"矛"爲"金"而成,也可能由"鎟"或"鑹"改换聲旁而成。

② 蔣禮鴻《敦煌變文字義通釋·三版贅記》將"鏘"看作"槍"的通假字,今不從。

作鏘，……鏘非此義。"卷十八《成實論》音義"金槍"條："論文作鏘，非體也。"據此至晚唐初佛經中{槍}即習作"鏘"，而玄應將"鏘"看作"非正體""非字體""非體"，看來它同樣是一種流俗寫法。慧琳《音義》卷二二引録慧苑《新譯大方廣佛花嚴經音義》"木槍"條："經本有作鏘者，此乃鏗鏘之字，深爲差謬失經意。"經文中{槍}寫作"鏘"，在慧苑看來"深爲差謬"，實際上從另一側面反映了"鏘"的通俗用字的性質。

"鏘"之"金"旁又换作"木"旁則作"樒"，例如：

舊題後漢康孟詳譯《興起行經》卷上："及患脊背强，剛木槍刺脚。""槍"，宋、元本作"樒"。

可洪《新集藏經音義隨函録》卷十四《興起行經》音義"木樒"條："正作槍。"宋、元本作"樒"則是承襲了唐五代時期的用字習慣。

例六，{韛}：韛、鞴、橐、排、韍

{韛}指風箱，在佛經中除寫作"韛"外，還可作"鞴"，例如：

南朝宋求那跋陀羅譯《雜阿含經》卷四七："如巧金師、金師弟子以生金著於爐中增火，隨時扇韛，隨時水灑，隨時俱捨。""韛"，明本作"鞴"。

"韋""革"義通，作偏旁常混用，故"韛"又作"鞴"，"韛""鞴"異體字。

或作"橐"，例如：

元魏般若流支譯《正法念處經》卷九《地獄品之五》："二鐵韛囊，風滿其中，閻魔羅人置彼罪人在鐵爐中，亦如置鐵，以韛極吹。""韛"，宋、元、宫本作"橐"。

後秦鳩摩羅什譯《大莊嚴論經》卷七："金師常吹橐，出入氣是風。""橐"，宋、元、明本作"韛"。

玄應《音義》卷十一《正法念經》音義"排筒"條："王弼注書云'橐，橐囊'。"又卷十七《舍利弗阿毗曇論》音義"橐師"條："王弼注書作橐，'橐，橐囊也'。"[①]由此玄應所見《老子》王弼注本即已使用"橐"字，此本若存古貌，則"橐"字至晚在三國時即已出現。

或作"排"，例如：

西晉竺法護譯《胞胎經》："其胎轉向，成時諸散合立，有風名柱轉，趣頭頂散其頂上令其倒轉，譬如鍛師排囊吹從上轉之。""排"，宋、元、明、宫本作"韛"。

北涼曇無讖譯《大方廣三戒經》卷下："唯能坐地已，手執捉排囊。""排"，宋、元、明本作"韛"。

姚秦佛陀耶舍共竺佛念等譯《四分律》卷五二《雜揵度之二》："彼須韛囊，'聽作。'""韛"，宋、元、明本作"鞴"，宫本作"排"。

"排"可能是在"橐"基礎上産生的異體[②]。玄應《音義》卷一《大威德陀羅尼經》音義"韛囊"條："《東觀漢記》作排。"卷十一《正法念經》音義"排筒"條："《東觀漢記》'因水作排'。"玄應所見《東觀漢記》作"排"，若是原文，則{韛}在東漢即可記作"排"。

又可作"韍"，例如：

三國吴支謙譯《義足經》卷下《蓮花色比丘尼經》："欲洗冥求明目，欲鼓韍吹内垢。""韍"，宋、元、明本作"韛"。

---

① 《老子》："天地之間，其猶橐籥。"王弼注："橐，排囊也。"

② 或以爲"排"是"韛"的通假字，今不取。

玄應《音義》卷十二《義足經》音義"鼓皼"條:"謂橐囊也,鍛家用吹火令熾者也。經文作皼,未詳字所出。"

"韛""韝""橐""排""皼"爲記録{韛}的一組異體字。

二 由通假造成的一詞多形

例七,{街}:街、階

街巷之{街},譯經中常作"街",或有異文作"階",則是{街}的另一書寫形式,例如:

失譯附東晉録《菩薩本行經》卷上:"街邊有一家,夫行不在時,婦産兒,又無婢使産後飢虚,復無有食,飢餓欲死。""街",宋、元、明本作"階"。

南朝宋佛陀什共竺道生等譯《五分律》卷七:"爾時大迦葉著糞掃衣,於街巷處處,拾棄食而食。"又卷二一:"有諸比丘於街巷中視地而行,諸白衣見,或言覓錢、或言覓糞掃衣。"卷二七:"左手攝衣,右手擎鉢,低頭視前而去,應善取街巷相,善分别他門閤相。""街",聖本均作"階"。

東晉僧伽提婆譯《增壹阿含經》卷十《勸請品》:"階巷成行,陌陌相值。""階",宋、元、明本作"街"。

"階"本表示臺階,《説文·自部》:"階,陛也。"由于讀音與"街"相近,故假作{街}的另一種寫法。

在中土文獻裏{街}也可寫作"階",《玉臺新詠》卷六南朝梁張率《相逢行》:"相逢夕陰階,獨趨尚冠里。""階",《藝文類聚》卷四一、《樂府詩集》卷三四引並作"街"。

例八,{拍}:拍、魄

西晉法立共法炬譯《大樓炭經》卷二《泥犁品》:"其有人墮僧乾大泥犁中者,自然兩鐵山出火,火山合拍泥犁中人。"又"若有人墮僧乾大泥犁中者,人悉入其中,有兩山相拍,罪人身皆破碎解墮"。"拍",知恩院本作"魄"。

拍打之{拍}譯經除常作"拍"外,還寫作"魄"。"魄"一音普伯切,與"拍"音同,可與"拍"相通假,故{拍}又寫作"魄"。

例九,{隊}:隊、隤

隊列、隊伍之{隊},佛經習作"隊",又可作"隤":

後秦佛陀耶舍共竺佛念譯《長阿含經》卷七《弊宿經》:"時彼村人日日次第往詣迦葉。爾時,弊宿在高樓上,見其村人隊隊相隨,不知所趣,即問左右持蓋者言:'彼人何故群隊相隨?'"又卷十五《種德經》:"作此言已,即共相率,出瞻婆城,隊隊相隨,欲往詣佛。""隊隊",聖本均作"隤隤"。

"隤""隊"均爲蟹攝定母灰韻,惟聲調稍異,二字音近,"隤"爲"隊"的通假字,故{隊}又寫作"隤"。

例十,{緻}:緻、稚(穉、稺、穉)、緻

西晉竺法護譯《修行道地經》卷三《地獄品》:"爾時遥見諸刺棘樹,高四十里,刺長尺六,其刺比緻,自然火出。""緻",宋、宫本作"稚"。

姚秦竺佛念譯《菩薩處胎經》卷四《行定不定品》:"孔毛三十七,密緻不踈漏。""緻",

知恩院本作“稚”。

後秦鳩摩羅什譯《十住毘婆沙論》卷九《念佛品》:“齒密緻相,離諸貪著。”“緻”,宫本作“穉”。

後秦鳩摩羅什譯《大智度論》卷三五《釋習相應品》:“所以不以餘物爲喻者,以此四物叢生稠緻、種類又多故。”“緻”,宫本作“稺”,石山寺本作“穉”。

表細密義之{緻},佛經中寫作“緻”,也寫作“稚”,“緻”“稚”均在《廣韻·至韻》直利切小韻,音同,“稚”當爲“緻”的通假字。又或作“穉”“稺”“穉”,均爲“稚”的異體形式。慧琳《音義》卷二二引録慧苑《新譯大方廣佛花嚴經音義》“密緻”條:“經本有作稚字者,此乃幼稚之字,深爲謬矣也。”慧苑所見本作“稚”,然不明乃“緻”之通假而目作“深爲謬矣”。可洪《隨函録》卷十一《十住婆沙論》音義出“密穉”條,則所見寫本作“穉”,宫本與之同。可見唐五代時{緻}已習作“稚(穉/稺/穉)”。

{緻}還可寫作“緻”,例如:

蕭齊僧伽跋陀羅譯《善見律毘婆沙》卷十四:“若汝欲與我者當與我,安陀會細緻故。”“緻”,宋、元、明、宫本作“緻”。

玄應《音義》卷十六《善見律》音義出“細緻”條,則玄應所見本即作“緻”。“緻”即“紩”,《玉篇·糸部》:“紩,刺紩,針縫也。”“紩”亦在《廣韻·至韻》直利切,與“緻”音同,同樣是“緻”的通假字。

慧琳《音義》卷二五引録雲公《大般涅槃經音義》“密緻”條:“又作紩,同用也。”所謂“同用”,是説“緻”“紩”二字記録{緻}的用途相同。玄應《音義》卷十六《善見律》音義“細緻”條:“又作緻,同。”此“同”實質上即是“同用”,而非“緻”和“緻”同字(異體)。

例十一,{淘}:洮、淘、掏、濤

《書·顧命》:“甲子,王乃洮頮水。”僞孔傳:“今疾病,故但洮盥頮面。”陸德明釋文:“馬云:‘洮,洮髮也。’”孔穎達疏:“洮爲盥手。”“洮”本爲水名①,《書》中表示盥洗義,學界一般認爲乃“濯”之通假字。後指淅、汏(米),庶幾可以看作淅、汏義的後出本字。玄應《音義》卷七《正法華經》音義“洮汏”條引《通俗文》:“淅米謂之洮汏。”②《篆隸萬象名義·水部》:“洮,清汰也。”

{洮}在佛經中或作“洮”,例如:

南朝宋佛陀什共竺道生等譯《五分律》卷二六《第五分雜法》:“有病比丘欲得美粥,佛言:‘聽净人爲作;若無净人,聽比丘净洗燒器,著水,令净人洮豆、米著中,比丘然後燃火。粥熟,更從净人受持與病人。’”

慧琳《音義》卷五七《護浄經》音義“濤米”條:“經作洮。”北齊武平六年《道興造像記》所附藥方:“又方,黍米一合,浄洮,經宿露中,平旦以水一升研,半服,半遜瘡,並驗。”學界一般認爲《道興造像記》所附藥方鐫刻於北齊至唐高宗之間。

或作“淘”,例如:

① 《説文·水部》:“洮,水。出隴西臨洮,東北入河。”

② 章太炎《新方言》卷二:“《通俗文》:‘淅米謂之洮汏。’《淮南·要略訓》‘所以洮汏滌蕩至意’,高誘曰:‘洮汏,灡也。’凡淅米者,所以簡擇之故,凡簡擇皆云洮汏。今人謂簡擇曰挑,本是洮字,惟洮米作本字耳。”認爲“洮”是挑選之義,今不取。

西晉竺法護譯《正法華經》卷六《藥王如來品》:“洮汰通流諸所猗法,不造見人恃怙真諦。”“洮”,宋、元、明本作“淘”。

後秦鳩摩羅什譯《大智度論》卷二三:“復次,思惟此食,墾植耘除,收穫蹂治,舂磨洮汰,炊煮乃成,用功甚重。”“洮”,明本作“淘”。

蕭齊僧伽跋陀羅譯《善見律毘婆沙》卷十五:“應取少土以水淘看,若四分石一分土可得掘,若石上土厚四寸燥得取,若雨已經四月不得取,若比丘掘生地,掘掘波夜提。”“淘”,宋、元、明、宫本作“洮”。

失譯附後漢録《分別功德論》卷四:“時婢淘米,將欲棄泔,舒鉢索飲。”“淘”,宋、元、明、宫本作“洮”。

《廣雅·釋訓》:“淘淘,流也。”王念孫《疏證》:“‘淘淘’與‘滔滔’同。《小雅·四月篇》‘滔滔江漢’,毛傳云:‘滔滔,大水貌。’‘滔’之或作‘淘’,猶‘搯’之或作‘掏’。”本與洗、汏義無涉。“淘”用作{洮}的書寫形式,應是“洮”的音近通假字①。

{洮}寫作“淘”時代大約較晚,唐代似仍不習見②。可洪《隨函録》卷十六《五分律》音義“洮豆”條:“正作淘淘也。”“淘淘”當作“掏淘”③。又卷十八《善現律毗婆沙》音義“洮看”條:“上正作掏,或作淘也。”據此五代時{洮}已可寫作“淘”。宋代《廣韻》《大廣益會玉篇》均未收“淘”字④,《集韻》雖收“淘”字,然即《廣雅》之“淘淘”。至《增修互注禮部韻略》方收此字,本書“豪”韻徒刀切:“淘,澄汰也,杜甫詩‘淘米少汲水’;又盪也。重增。”據此,“淘”字爲毛居正所加。元明以來辭書如《六書故》《古今韻會舉要》《韻略易通》《正字通》等均收此字。從上引佛經材料看,大約從宋代開始習以“淘”表示{洮},毛居正補益此字應即這種情況的反映。宋元以來刻本、石刻文獻屢見其例,如宋紹興二十二年臨安府榮六郎家刻本(遼寧圖書館藏)《抱朴子内篇·仙藥》:“雖水餌之,皆當無益,以屋霤水若東流水露水漬之百日,淘汰去其土石,乃可用耳。”宋刻本(上海圖書館藏)《杜工部集》卷一《示從孫濟》:“淘米少汲水,汲多井水渾。”

或作“掏”,例如:

東晉佛陀跋陀羅共法顯譯《摩訶僧祇律》卷三五《明威儀法之二》:“飲時不得盡飲,當留少許,掏盪已,從口處棄之。”“掏”,《法苑珠林》卷九九引作“洮”。

可洪《隨函録》卷五《正法華經》音義“洮汰”條:“正作掏汰汏也。”又卷十六《五分律》音義“洮豆”條:“正作淘[掏]淘也。”又卷十八《善見律毘婆沙》音義“洮看”條:“正作掏,或作淘

---

① “淘”,曹憲《博雅音》音“陶”,陸德明《爾雅釋文》“大刀反”,《集韻·豪韻》“徒刀切”。表示洗汏義的{洮},陸德明釋文、《名義》音“他刀反”;玄應《音義》音“徒刀反”;《廣韻》音“土刀切”,《集韻》音“徒刀切”。“淘”“洮”讀音極爲接近,甚至相同。

② 敦煌文獻中有“淘”字,S. 530《鉅鹿索法律和尚義晉墓志銘》“淘川岳以爲形”,P. 2721《舜子變》“交伊舜子淘井”,但此“淘”實爲“掏(搯)”之通假字。玄應《音義》卷七《如来興顯經》音義“掏出”條引《通俗文》:“捾出曰掏。”《説文·手部》:“搯,捾也。”段注:“掏即搯也。”《廣雅·釋詁二》:“搯,抒也。”王念孫《疏證》:“搯、掏一字也。”

③ {洮}寫作“掏”,詳下文。

④ 王一、王二、王三及《篆隸萬象名義》均未收“淘”字。

也。"可洪以"掏"爲"正",顯然他所在之時{洮}也常寫作"掏"。"洮""掏"音近通用①。

或作"濤",例如:

南朝宋求那跋陀羅譯《雜阿含經》卷四七:"如是,淨心進向比丘麁煩惱纏、惡不善業、諸惡邪見漸斷令滅,如彼生金,淘去剛石堅塊。""淘",宋、元本作"濤"。

失譯附東晉録《護淨經》:"自今以後,欲得福祐,佐衆僧作食,以清淨手,捉衆僧淨器,淨手淘米,及以淨米,著衆僧淨食中者,得福無量。""淘",宋、元、宫本作"濤"。

東晉佛陀跋陀羅共法顯譯《摩訶僧祇律》卷二八《明雜誦跋渠法之六》:"應淨洗器七遍淘穀,緻囊盛槃已,器中煮令頭不破,然後與飲。"又卷二九《明雜誦跋渠法之七》:"作蘇毘羅漿法者,取麵麥輕擣,却芒塵土,勿令頭破,以水七遍淨淘,置淨器中。""淘",宋、宫本均作"濤"。

《經律異相》卷三八《鳩留飢遇樹神因得信解》:"長者心悟,大修布施,日飯八千人;濤米之汁,流出城門,足以乘舟。""濤",明本作"淘"。

慧琳《音義》卷三七《文殊師利菩薩六字經》音義"濤秔米"條引《集訓》:"濤,汰也。"又卷五七《護淨經》音義"濤米"條引《纂韻》:"濤,汰也。"又卷八九《高僧傳》音義"沙汰"條引《廣雅》:"太[汰],濤錬也。"②又卷九五《弘明集》音義"洗汰"條引《考聲》:"汰,洒也,濤涑。"又卷九九《廣弘明集》音義"沙汰"條引《考聲》:"汰,濤涑也。"又卷八一《三寶感通傳》音義"沙汰"條引《考聲》:"汰,濤涑貌也。"又引《説文》:"汰謂濤淅簡擇也。"③

按《集訓》屢爲慧琳《音義》稱引,然不知何時何人所撰④;《纂韻》亦不明作者及撰成時代,《隋志》著録"《纂韻鈔》十卷",顧名知爲《纂韻》之節鈔本,故《纂韻》爲唐以前書殆可無疑⑤。據此推測,六朝時{洮}即已寫作"濤"。唐張戩《考聲》亦以"濤"爲字頭,又慧琳所見《護淨經》作"洮米",慧琳在詞目中將"洮"改作"濤",凡此足見時人習用"濤"來表示{洮}。"濤"顯然也是"洮"的通假字⑥。

《詩·大雅·生民》"釋之叟叟"陸德明釋文:"叟,所留反,字又作溲,濤米聲也。""叟"即"溞",《爾雅·釋訓》:"溞溞,淅也。"郭璞注:"洮米聲。"釋文"濤"即郭注之"洮"。故宫本王仁昫《刊謬補缺切韻·泰韻》:"汰,濤汰。"(裴務齊本同)P.4660《前沙州釋門故索法律智岳邈真

① 除了"掏"通"洮"外,"洮"也可讀作"掏",如《續高僧傳》卷二三"釋静藹":"山本無水,須便飲澗。嘗於昏夕學人侍立,忽降虎來前掊地而去,及明觀之,漸見潤濕,乃使洮掘,飛泉通注,從是遂省下澗,須便挹酌。"慧琳《音義》卷九四《續高僧傳》音義"掐掘"條:"傳文從水作洮。"可洪《隨函録》卷二七《續高僧傳》音義"洮掘"條:"穿也。正作掏掘也。"

② 今本《廣雅》無此條。

③ 今本《説文》無此條。

④ 《集訓》一書未見玄應《音義》引述,可能撰成於玄應之後。

⑤ 姚振宗《隋書經籍志考證》謂《纂韻》"疑是《韻纂》之寫誤",慧琳《音義》引《纂韻》十餘次,恐不能盡爲"《韻纂》之寫誤",姚説無據不可從。

⑥ "濤"可以通"洮","洮"亦可通"濤",姚秦竺佛念譯《出曜經》卷三《無常品下》:"時南大海卒涌大洮,越海境界有三大魚,隨上流處在淺水。""洮",宋、元、明本作"濤"。

贊》:"濤染靡虧,理事窮研。""濤"應讀作"洮"。{洮[濤]}指漂洗,方可與{染}連文①。均唐人{洮}寫作"濤"之證。

例十二,{佯}:陽、佯、揚、羊、徉

表示假裝、僞裝義的{佯},其本字爲"陽"②,《韓非子・説難》:"所説陰爲厚利而顯爲名高者也,而説之以名高,則陽收其身,而實疏之。"《漢書・高帝紀上》:"春正月,陽尊懷王爲義帝,實不用其命。"又《田儋傳》:"儋陽爲縛其奴,從少年之廷,欲謁殺奴。"顔師古注:"服虔曰:'古殺奴婢皆當告官,儋欲殺令,故詐縛奴以謁也。'……陽即僞耳。"

佛經中寫作"陽",或作"佯":

失譯附後漢録《雜譬喻經》卷下:"自有親厚藏瓮中,而陽共鬪乎?""陽",宋、元、明本作"佯"。

舊題東晉僧伽提婆譯《增壹阿含經》卷三一《力品之一》:"是時,婬女即其夜鼓二時,在太子門側,佯舉聲哭。""佯",聖本作"陽"。

西晉竺法護譯《修行道地經》卷三《伏勝諸根品》:"明日復出還在牧上,陽如不視,知復犯他禾稼不也?""陽",宋、元、明本作"佯"。

或作"詳",例如:

三國吴支謙譯《孛經抄》:"一人自怙知占星宿,外陽爲善,内陰爲奸。""陽",聖本作"詳"。

元魏般若流支譯《正法念處經》卷七《地獄品》:"爲諸小兒佯笑戲弄,口齒色惡,脚足劈裂。""佯",宋、元本作"詳"。

或作"徉",例如:

三國吴支謙譯《孛經抄》:"至一月後,可默殺我,埋祇樹間,佯行求索。""佯",宋、元、明、宫本作"徉"。

或作"羊",例如:

隋闍那崛多等譯《東方最勝燈王如來經》:"或渴病佯病作者,或佯癲作者。""佯",宋、元、明、聖本作"羊"。

或作"揚",例如:

姚秦竺佛念譯《出曜經》卷二五《惡行品》:"或有潛隱山藪,或有佯狂遊世,行雖不同所濟等一。""佯",宋本作"揚",元本作"陽"。卷二六《雙要品》:"貪餮不自節,三轉隨時行者,如彼愚惑之人,爲人標首受人供養,自養其形身體肥盛不能轉側,檀越施主隨時禮覲,愚人佯坐入定思惟,由是自致得大供養。""佯",宋本作"揚"。

姚秦竺佛念譯《十住斷結經》卷三《童真品》:"若念惡者佯若不知,密自思惟。""佯",宋、宫本作"揚"。

---

① 與{洮[濤]}相類的是{湅}。《説文》:"湅,𤅊也。""湅繒汏諸水中,如汏米然"(《説文》"練"段注),"湅者,𤅊也,汏諸水漂潄之也"(《説文》"𣝗"段注);《周禮・天官・染人》:"凡染,春暴練。"段玉裁謂"此'練'當作'湅'。'湅其素',素者,質也,即《㡛氏》之'湅絲''湅帛'也。……㡛氏如法湅之、暴之,而後絲帛之質精,而後染人可加染。湅之以去其瑕,如𤅊米之去康粊,其用一也,故許以'𤅊'釋'湅'"。故後世有{湅/練染}一詞。{洮[濤]染}構詞理據與{湅/練染}相同。

② 這是從其本義引申而來的。

三國吴支謙譯《孛經抄》:"内犯惡行,外佯清白。""佯",宋、元、明、宫、聖本作"揚"。

"佯""詳""徉""羊""揚"均爲"陽"的通假字,故{陽}又可寫作這一系列形式。

三 由分化和孳乳造成的一詞多形

例十三,{痰}:淡、痰

《廣韻·痰韻》:"痰,胸上水病。"{痰}原用"淡"字,東漢《漢故衛尉卿衡府君之碑》:"淡界繆動。"洪适《隸釋》:"碑以……淡爲痰。"《説文·水部》:"淡,薄味也。"以"淡"表{痰},本爲假借。"痰"是在"淡"的基礎上加注意符"疒"而形成的分化字。

佛經中{痰}或用母字"淡",或用分化字"痰",例如:

南朝宋求那跋陀羅譯《雜阿含經》卷三五:"或從風起苦,衆生覺知,或從痰起,或從唌唾起,或等分起,或自害,或他害,或因節氣。""痰",聖本作"淡"。

隋闍那崛多譯《佛本行集經》卷七《俯降王宫品》:"菩薩在胎,不驚不怖,得大無畏,惡物不染,所有不浄,涕唾膿血,黄白痰癊,不能穢污。""痰",宋本作"淡"。

東晉僧伽提婆譯《中阿含經》卷四二《根本分别品》:"謂腦膜、眼淚、汗、涕、唾、膿、血、肪、髓、涎、淡、小便,如斯之比,此身中餘在内,内所攝水,水性潤内,於生所受,是謂比丘内水界也。""淡",元、明本作"痰"。

後秦鳩摩羅什譯《摩訶般若波羅蜜經》卷五《莊嚴品》:"身中有髮毛爪齒、薄皮厚皮、筋肉骨髓、脾腎心膽、肝肺小腸大腸胃脬、屎尿垢汗淚涕涎唾膿血、黄白淡癊肪删腦膜。""淡",元、明本作"痰"。

"痰"大概是魏晉以來才出現的①。慧琳《音義》卷五《大般若波羅蜜多經》音義"痰膿"條引《字書》:"胷中病。"卷四〇《觀世音菩薩祕密藏神呪除破一切惡業陀羅尼經》音義"痰癊"條引《文字集略》:"胷中液也。"按《字書》見載於《隋書·經籍志》,又屢爲顧野王《玉篇》(見《原本玉篇殘卷》)、陸德明《經典釋文》稱引,應是魏晉以来的著作②;《文字集略》,南朝梁阮孝緒撰。

"痰"在唐代應該是比較通行的表{痰}的寫法。王仁昫《刊謬補缺切韻》、裴務齊正字本《刊謬補缺切韻》均收録"痰"字;慧琳《音義》屢引唐代張戩《考聲》釋"痰",並引字書分析"痰"的字形結構,如卷六《大般若波羅蜜多經》音義"熱痰"條引《古今正字》:"從疒從談[淡]省聲也。"卷七二《阿毘達磨顯宗論》音義"痰等"引《文字典説》:"從疒炎聲。"③

---

① 慧琳《音義》卷三八《佛母大孔雀明王經前啟請法》音義"痰癊"條謂"諸字書並無此二字也",據書前景審序,慧琳"諸字書"當指"《玉篇》《説文》《字林》《字統》《古今正字》《文字典説》《開元文字音義》",然而《古今正字》《文字典説》實有"痰"字(見下文),不過據以推測,時代較早的《説文》《字林》應該確無"痰"字,"痰"很可能就是南北朝以來出現的新字。

② 或以爲《字書》即《字林》,恐不足據。王燕《字書成書時間考》認爲《字書》的"成書時間約爲南北朝中後期(公元510-527年)"。

③ 慧琳在釋語中也認爲"痰"的結構爲"從疒炎聲","從疒,形聲字",如卷三一《新翻密嚴經》音義"風痰"條"從疒炎聲",卷七八《經律異相》音義"痰癊"條:"二字並從疒,炎、陰皆聲。""痰"爲"淡"的分化字,應從疒,淡省聲,《古今正字》説是。

從慧琳《音義》的記載來看，唐代佛經“淡”字使用得也較爲普遍，卷二《大般若波羅蜜多經》音義“痰膿”條：“經作淡。”卷三《大般若波羅蜜多經》音義“痰病”條：“經文作淡。”卷五《大般若波羅蜜多經》音義“痰膿”條：“經從水作淡。”卷七二《阿毘達磨顯宗論》音義“痰等”條：“論作淡。”可見慧琳所據經文俱作“淡”。不過，慧琳一方面認爲{痰}“字無定體”，一方面又認爲寫作“淡”乃“書人之誤”，“非也”，可見在慧琳之時，{痰}雖有“淡”“痰”兩種記録形式，但又以“痰”爲正。

例十四，{罔}：罔、誷、惘

{罔}本指網，誣罔、欺罔是其引申義，本用“罔”字；誣罔、欺罔多用言語，故後世又增益“言”旁成“誷”，“誷”是“罔”的分化字，專表誣罔、欺罔義，胡吉宣稱之爲“後出專字”①。佛經中或用母字“罔”，或用分化字“誷”，例如：

後秦佛陀耶舍共竺佛念譯《長阿含經》卷十三《阿摩晝經》：“不誣罔人，不爲僞詐。”“罔”，元、明本作“誷”。

乞伏秦釋法堅譯《阿難分别經》：“欺罔三尊，亦復自然犯五逆罪。”“罔”，宋、元、宫本作“誷”。

南朝宋沮渠京聲譯《弟子死復生經》：“是間閻浮利天下爲五逆惡世，子不孝父，臣不忠君，夫妻相欺，欺上罔下。”“罔”，元、明本作“誷”。

東晉佛陀跋陀羅共法顯譯《摩訶僧祇律》卷二《盜戒之一》：“云何是沙門達膩伽倚傍僞理，欺罔於王苟得免罪，恐自今已往我等家中所有材木亦當取去，而言王先見與，當奈之何！”“罔”，宋、元、明、宫本作“誷”。

隋闍那崛多譯《發覺淨心經》卷上：“當觀利養欺誷，各説不善事故。”“誷”，宋、元、明、宫本作“罔”。

《禮記·少儀》“而不知其名爲罔”陸德明《釋文》：“罔，又作誷。”慧琳《音義》卷八八《終南山龍田寺釋法琳傳》音義“誷上”條引《考聲》：“以言欺誣也。”

誣罔、欺罔又和人的心理有關，故後世又增益“忄”旁成“惘”字②，同樣是“罔”的分化字，例如：

乞伏秦法堅譯《阿難分别經》：“爲佛弟子，可得販利業，平斗直尺不惘人民，施行合理，不違自然。”“惘”，元、明本作“罔”。

《廣弘明集》卷五三國魏曹植《辯道論》：“而顧爲匹夫所惘，納虚妄之辭，信眩惑之説。”“惘”，宋、元、明本作“誷”。

《廣弘明集》卷九北周甄鸞《笑道論》：“誣惘迷謬不可觀，而可笑也。”“惘”，宋、元、明、宫本作“罔”。

例十五，{釘}：丁、釘

{釘}表釘子義本用“丁”。“丁”字見於甲骨文，學界一般以爲其本義即指釘子，前賢已有詳論③，兹不贅。“丁”的意義和用法多樣，後世遂增加意符“金”，分化出“釘”字，專門表示其

① 胡吉宣．玉篇校釋[M]．上海：上海古籍出版社，1989：1862．

② 與表悵然失意義的{惘}的書寫形式“惘”同形。

③ 朱駿聲《説文通訓定聲》：“丁，鐕也。象形。今俗以釘爲之。”徐灝《説文解字注箋》：“疑丁即今之釘子，象鐵弋形。”參看《古文字詁林》“丁”字條，第十册，967-975頁。

本義。佛經記録{釘}並用母字“丁”和分化字“釘”，例如：

後秦佛陀耶舍共竺佛念譯《長阿含經》卷十九《第四分世記經地獄品》：“其想地獄有十六小獄，小獄縱廣五百由旬，第一小獄名曰黑沙，二名沸屎，三名五百丁。”“丁”，宋、元、明本作“釘”。

姚秦佛陀耶舍共竺佛念等譯《四分律》卷五二《雜揵度之二》：“時比丘鐵鉢穿破，佛言：‘聽補，若著釘、若朱泥、若以樹膠膠。’”“釘”，宋、元、明、宫本作“丁”。

後秦弗若多羅譯《十誦律》卷十八《九十波逸提之十》：“是人隨佛及僧所須物自恣請與，謂衣鈎、禪鎮、衣釘、鉢支、匕鉢筒。”“釘”，宋、元、明、宫、聖乙本作“丁”。

東晉升平五年(361)《潘氏衣物疏》“故幹釘五枚”(《漢魏六朝碑刻校注》第3册6頁)，字作“釘”；《廣雅·釋器》：“欜，釘也。”玄應《音義》卷十四《四分律》音義“横**欜**”條引《字林》：“**欜**，木釘也。”綜而觀之，{釘}寫作“釘”在魏晉間應已較爲普遍①。唐五代更爲習用，慧琳《音義》、可洪《隨函録》“釘”字屢見於詞目，應是所見經文即作“釘”。敦煌寫本亦常見“釘”字，如S. 2512《藥師經疏》“利釘刺眼”、P. 2035《瑜伽師地開釋分門記》“四釘舌”、P. 2444《洞淵神咒經斬鬼第七》“天釘力士”、P. 2552《唐人選唐人詩》“袈裟挂著箔簾釘”、P. 3706《大佛名懺悔文》“懺悔鋸解釘身地獄断截罪報”；若以變文爲統計樣本，其中{釘}無一處用“丁”來記録，而是均用“釘”，凡十餘例，如《阿彌陀經講經文》：“若有三塗受苦者，鐵床釘體數千般。”《維摩詰經講經文(一)》：“事事貪婪似綿牽，頭頭忘令如針釘。”足見唐五代時“釘”已成爲{釘}的習用書寫形式。

四 由多種因素共同造成的一詞多形

例十六，{髀}：髀、脾、脞、肶、睥、䯗、胛、陛

佛經中表示大腿的{髀}具有多種書寫形式，這些不同的書寫形式是由多種因素造成的。{髀}在佛經中習作“髀”，也作“脾”，例如：

西晉無羅叉譯《放光般若經》卷二《摩訶般若波羅蜜行品》：“譬如内身所有名爲頭，字爲頸、肩、臂、脊、肋、髀、腨、腸、脚。”“髀”，宫本作“脾”。

後秦鳩摩羅什譯《大智度論》卷九八：“即時薩陀波崙右手執利刀，刺左臂出血，割右髀肉，復欲破骨出髓。”“髀”，宫本、石山寺本作“脾”。

三國吴康僧會譯《六度集經》卷六：“身肉雖盡，兩脾五藏完具尚存。”“脾”，宋、元、明本作“髀”。

西晉竺法護譯《普曜經》卷二《降神處胎品》：“脾踵猶如象，其膝微平正。”“脾”，宋、元、明本作“髀”。

“骨”“肉”義通，作偏旁常混用，故“髀”又作“脾”。慧琳《音義》卷三六《吉祥勝初瑜伽大樂金剛薩埵法》音義“二髀”條：“經文從月作脾。”

還可寫作“脞”，例如：

東晉僧伽提婆譯《中阿含經》卷五二《周那經》：“若彼野象從調象師隨受教者，善調

① 《説文·金部》：“釘，鍊鉼黄金。”一般認爲此“釘”乃後世之{錠}的異寫。

象師則縛前兩脚、後脚、兩陛、兩脇、尾脊、頭額、耳、牙,及縛其鼻。""陛",聖本作"髀"。

隋闍那崛多譯《佛本行集經》卷二八《魔怖菩薩品》:"雙髀軟白洪端直,其狀猶若象鼻牗。""髀",宋、元、明、聖本作"陛"。

玄應《音義》卷二《大般涅槃經》音義"柱髀"條:"經文作跬陛二形,此並俗字。"又卷十四《四分律》音義"㮈髀"條:"律文作陛,俗字也。"又卷十九《佛本行集經》音義"髂髀"條:"經文作陛。"又卷二四《阿毗達磨俱舍論》音義"髖髀"條:"或作陛,俗字也。""陛"爲"脾"之更換聲旁字,乃唐代俗寫。

又寫作"肶",例如:

南朝宋沮渠京聲譯《治禪病祕要法》卷下《初學坐者鬼魅所著種種不安不能得定治之法》:"諸肶疼癢,種種苦痛,音聲細語,諸鬼神輩永盡無餘。""肶",宋、元、明本作"髀"。

"肶"大概是"陛"之省文。

偶爾作"睥""脾""胛",例如:

姚秦佛陀耶舍共竺佛念等譯《四分律》卷五三《雜揵度之三》:"爾時跋難陀釋子往陶師家,在瓦器上累髀坐,器破,仰倒地形露。""髀",聖本作"睥"。

後秦鳩摩羅什譯《大智度論》卷三三:"若記餓鬼,光從髀入。""髀",聖本作"脾"。

南朝梁釋寶唱撰《比丘尼傳》卷二《蜀郡永康寺慧耀尼傳》:"有胡僧年可二十,形容端正,竟胛生毛,長六七寸,極細軟。""胛",宋、元、明本作"髀"。

"睥""脾""胛"乃是"脾"的形近訛字。

也可作"陛",例如:

姚秦佛陀耶舍共竺佛念等譯《四分律》卷四二《藥揵度之一》:"即入後室,持利刀自割髀裏肉,與婢令煮已,持往僧伽藍中,與吐下比丘。""髀",宮本作"陛"。

慧琳《音義》卷四〇《金剛頂瑜伽祕密三摩地念誦法》音義"兩髀"條:"《考聲》云:'股也。'《説文》作'髀',從骨卑聲。經本作陛。""髀""陛"音同,"陛"爲"髀"的通假字。

據此,{髀}在佛經中的諸種書寫形式,是由異體、訛誤、通假三種因素造成的。

例十七,{鼾}:鼾、哻、吁、翰、悍

《説文·鼻部》:"鼾,卧息也。从鼻,干聲。讀若汗。"{鼾}在佛經中除了習作"鼾"外,還有其他多種書寫形式,如可作"哻",例如:

東晉僧伽提婆譯《中阿含經》卷五九《例品》:"我數見世尊大衆圍繞説法,彼中一人鼾眠作聲。""鼾",聖本作"哻"。

"鼾"《説文》謂"讀若汗",故又可以"汗"爲聲旁,從"鼻"從"口"義相通,故"鼾"、"哻"異體。玄應《音義》卷十一《中阿含經》音義"鼾眠"條:"經文作哻、哻二形。"聖本與玄應所見本同。

"哻"又可省作"吁",例如:

南朝宋佛陀什共竺道生等譯《五分律》卷六《初分之五墮初》:"中夜,鼾睡,妨諸比丘坐禪行道。""鼾",聖本作"吁"。

後秦弗若多羅譯《十誦律》卷十五《九十波逸提之七》:"諸年少比丘及諸沙彌,在説法堂中宿不一心卧,鼾眠寱語,大喚掉臂。""鼾",聖乙本作"吁"。

"鼾""吁"同樣爲異體字。玄應《音義》卷十五《十誦律》音義"鼾眠"條:"律文作哻、吁、嗅三形。"則"吁"也已見於唐代寫本佛經。

還可以用“翰”來表示，例如：

姚秦佛陀耶舍共竺佛念等譯《四分律》卷四六《破僧揵度》：“不覺左脇著地，猶如野干偃卧鼾眠。”“鼾”，聖本作“翰”。

玄應《音義》卷十四《四分律》音義“鼾睡”條：“律文作、嗅、翰三形。”聖語藏本與玄應所見作“翰”之本同。

也可以用“悍”，例如：

後秦弗若多羅譯《十誦律》卷五六《比尼誦》：“若喜鼾眠，應起經行。”“鼾”，宋、宫本作“悍”。

“翰”“悍”與“鼾”音同（俱匣母寒韻去聲），是“鼾”的通假字。

可洪《隨函録》卷十四《佛本行集經》音義“扞睡”條：“正作鼾也。”卷十五《十誦律》音義“啅眠”條：“正作鼾。”卷十六《五分律》音義“吁眠”條：“正作鼾。”卷二一《出曜經》音義“汗聲”條：“正作鼾。”綜合上引玄應《音義》所載，可知佛經中還可寫作“啅”“嗅”“扞”“汗”等形式，也不外乎異體和通假二途。

由此可見，佛經中{鼾}的多種書寫形式是由異體和通假兩方面因素造成的。

例十八，{怕}：怕、魄、迫、杷

害怕之{怕}佛經中有多種寫法，這些不同的書寫形式是由多種因素造成的。{怕}或作“魄”，例如：

元魏般若流支譯《正法念處經》卷一《十善業道品》：“若生人中，則生邊地夷人之中，常畏鐵處，常怖魄處，墮嶮岸處。”又卷十一《地獄品之七》：“去彼地獄三千由旬，聞地獄人啼哭之聲悲愁恐魄，極大憂惱。”又同卷：“既聞啼哭，十倍恐魄，心驚怖畏，閻魔羅人如是將送向大焦熱大地獄去。”“魄”，宋、元、明、宫本均作“怕”。

玄應《音義》卷十九《佛本行集經》音義“茫怖”條：“下……經文作怕，疋白反，憺怕也，此俗音普嫁反。”據此，害怕之{怕}當時應有疋白反、普嫁反二讀。疋白反與“魄”同音（《廣韻》普伯切），故“魄”爲“怕”之通假字。

又或作“迫”，例如：

隋達磨笈多譯《大方等大集經菩薩念佛三昧分》卷三《神變品》：“當爾之時，無一衆生有驚怕想，亦不覺知。”“怕”，宫本作“迫”。

隋達磨笈多譯《大方等大集經菩薩念佛三昧分》卷四《神變品之餘》：“如此三千大千世界寬廣如是，我能以口微氣一吹皆令散滅，復令其中所有衆生不驚、不迫、無往來想。”“迫”，《法苑珠林》卷二八引作“怕”。

乞伏秦聖堅譯《婦人遇辜經》：“婦迫日冥，懼爲賊所劫，棄車將二子到水畔，留大子著水邊，抱小子渡水。”“迫”，《法苑珠林》卷六六引作“怕”。

“迫”，《廣韻》博陌切，幫母陌韻入聲，與“怕”僅有聲母微别，故音近通假。

或作“杷”，例如：

隋闍那崛多譯《佛本行集經》卷十六《耶輸陀羅夢品下》：“是故我今心如撞搗，戰動忙怕，不能自持，於睡眠中，忽然驚起。”“怕”，聖本作“杷”。

《集韻·禡韻》：“怕，懼也。或從巴。”“怕”“杷”異體字，“怕”又讀普嫁反，故又改從“巴”爲聲符。慧琳《音義》卷三七《陀羅尼集》音義“莫怕”條：“拍罵反。《考聲》云：‘懼也。’《韻英》云：‘怖也。’從心白聲。有從巾作帊，俗用也。”“帊”應即“杷”，俗書“巾”旁“忄”旁多混用。

“㤩”爲“怕”之俗字。

如此,{怕}在佛經中四種不同的書寫形式,“怕”爲本用形式,“魄”“迫”爲通假形式,“㤩”爲異體形式。

參考文獻

[1]胡吉宣. 玉篇校釋[M]. 上海:上海古籍出版社,1989.

[2]蔣禮鴻. 敦煌變文字義通釋(增補定本)[M]. 上海:上海古籍出版社,1997.

[3]裘錫圭. 文字學概要(修訂本)[M]. 北京:商務印書館,2013.

[4]張涌泉. 讀《説文》段注札記五則[M]//中國文字學報(第1輯). 北京:商務印書館,2006.

[5]張涌泉. 説“押韻”的“押”[M]//文史(第1輯). 北京:中華書局,2014.

[6]章太炎. 新方言[A]. 章太炎全集(七)[C]. 上海:上海人民出版社,1999.

[7]姚振宗. 隋書經籍志考證[M]. 北京:清華大學出版社,2014.

[8]王燕. 字書成書時間考[J]. 河南科技大學學報(社會科學版),2016(1).

[9]王毅力,徐曼曼. 漢語“咬齧”義動詞的歷時演變及原因[J]. 語言科學,2011(2).

The Phenomenon of “Multiple Graphic Forms of a Word” Reflected byVariant Characters in the medieval Chinese Buddhist Scriptures

ZhenDacheng

Abstract: Some words in Chinese have two or more different graphic forms, called “multiple graphic forms of a word ”. The phenomenon of “multiple graphic forms of a word ” is also very common in the middle Chinese, especially in the medieval Chinese Buddhist scriptures, whichis particularly distinctive; The translated Buddhist scriptures have a large number of variant characters, and many of themexactly show the different graphic forms of a word, therefore, yiwen is an important material tostudy the “mutiple graphic forms of a word” in Buddhist scriptures. The article mainly research the phenomenon of “multiple graphic forms of a word” reflected by variant characters in the middle-Chinese translations of Buddhist scriptures (referring to texts translated in the Middle Ages). According to the causes of formation, it can be roughly divided into four types: 1. the muti-forms of a word owing toallographs; 2. the muti-forms of a word owing to tong jia; 3. the muti-forms of a word owing to word differentiation ; 4. the muti-forms of a word owing to various factors.

Key words: medieval Chinese Buddhist scriptures; variant characters; multiple graphic forms of a word

通信地址:浙江省杭州市天目山路148號浙江大學西溪校區漢語史研究中心

郵編:310028

E-mail: zhendacheng@126. com

試論《無上秘要》與中古漢語詞彙研究*

周作明

内容摘要 北周時期所編《無上秘要》是現存最早道教類書，是魏晉南北朝道經的大彙集，時代明確，内容豐富。文章從名物詞、行爲詞、性狀詞三方面入手，臚列若干實例闡述了其在中古漢語詞彙研究及大型辭書編纂中的價值。

關鍵詞 《無上秘要》 名物詞 行爲詞 性狀詞

一 引言

中古漢語詞彙研究近年來取得長足進展，成果豐碩，但仍有很多工作要做。王雲路(2010：49-50)即指出："然而與具有悠久研究歷史的上古漢語研究比起來，還相當幼稚；即使與同樣興起於20世紀的近代漢語研究比起來，也還有些年輕……因此，中古漢語詞彙研究還有很多工作要做。以中古漢語詞彙研究爲例，應當有專書語詞研究、專類體裁語詞研究、斷代語詞研究、通代語詞研究、斷代詞彙史研究等。"以上工作的完成，有賴於不斷拓展研究思路和内容，擴大研究對象，關注更多語言材料。

道教在魏晉南北朝發展中，天師、上清、靈寶諸道派造作了不少經籍。由於宣揚"天書神授"，早期道經大多缺乏明確的著者和可靠的成書時代，影響了其在漢語史研究中的利用，而成書於北周時期兼收衆經的《無上秘要》則是中古漢語研究中值得注意的材料。

據載，北周武帝宇文邕篤信道教，先後七次召集道士、名僧和文武百官量定儒、釋、道三教優劣，力主道教居儒、釋之上，因群臣、沙門反對而未果。其後議定以儒教爲先，道教爲次，佛教爲後，但佛教徒仍持異議，僧道論争空前激烈。乃於建德三年(574年)並廢佛、道二教，勒令僧人、道士還俗。但周武帝本崇信道教，乃下詔立通道觀，設學士，選著名道士、僧人百二十人到通道觀研究《老子》《莊子》《周易》，又令道士王延校理三洞經圖，撰《珠囊經目》。據釋道宣《續高僧傳》卷二《釋彦琮傳》載，建德六年亡齊後，宇文邕在通道觀道士的幫助下，"自纘道書，號《無上秘要》"①。

《無上秘要》是現存最早的道教類書，原一百卷，分二百八十八品，現僅存六十八卷，雖非完璧，但篇幅可觀、内容豐富、時代明確。本文擬就《無上秘要》在中古漢語詞彙研究中的價

* 基金項目：四川省社會科學"十三五"規劃課題(項目編號 SC17B106)；西南民族大學中央高校課題(項目編號 2018SZD13)。

① 《大正新修大藏經》，卷五十，436頁下。關於《無上秘要》的編纂成書，參盧國龍(1993：97-136)及拙校《無上秘要》"前言"部分。

值略作論述。

受文獻内容及記録風格等因素的影響，留存的文獻都是當時全民用語的隨機抽樣記録，不同的文獻反映不同的詞彙面，呈現不同的特點和價值，而出現在這些文獻中的新成分、新意義及新用法體現了詞彙的新變化，理應得到關注。具體而言，主要有以下三方面内容：一，舊有詞語在文獻中産生的新的意義。二，文獻所記録下來的新産生於兩晉南北朝的用語。三，爲滿足道教文化表達需求新産生的詞語。本文分名物詞、行爲詞、性狀詞三大類别①，通過若干實例管窺《無上秘要》在中古漢語詞彙研究中的價值。

二 從“天界仙境”詞群看《無上秘要》中名物詞的價值

名物詞是表示事物名稱的詞，專名是其中最典型的，但從廣義來講，人們對事物、社會及思想的命名或指稱，均可視爲廣義上的名物詞語。俞理明、顧滿林（2013:25）在描寫東漢佛道新質時即説：“名物詞語表示事物名稱，包括人物神靈、人體壽命、生物食品、器貨財具、天文地理、處所方位、智慧意念、社會事物、指示稱代等方面。”道教文化語境誘發並促成了道經中記録了大量的名物詞，這些詞語充分反映了其作爲道教社團用語的特色。當然，這些語詞並非完全是道教文化的新創，一部分也是當時社會通用語詞契合道教文化表達需求而被記録下來的結果。以詞群爲例，其中“道教神靈（通稱）、妖魔鬼魔、山川地理、星辰雲霧”等主題下彙集的大量表達，是其他文獻中很難見到的。例如，“天界仙境”是道教文化的重要主題，其中的詞語有的是道教修道觀念的特有表達，具有濃厚的道教文化特色；而有的則是世俗所用表達“太空”意義的，道教文化誘發其大量出現在其中。這些詞語隨着道教文化的傳播，在文人仙道詩多有使用，甚至進入世俗用語中。今天的漢語詞彙歷史研究及大型辭書編纂，要訓釋或收録相關語詞，必須對相關道經文獻給予足够關注。

例如，該詞群中，“上清、玉天、羅天、大羅、西華、東華”都是道教非常重要的概念。以下分别舉例（限於篇幅，限舉兩例）。

上清：上清天，道教“三清”仙境之一。|②諸天所稱，名標上清。（卷十五《衆聖本迹品中》）太極元君乘淩羽之車，上宴上清。（卷十九《天帝衆真儀駕品》）

玉天：玉清天。|謹相率齊心，朝禮玉天。（卷五十七《太真上元齋品》）太素真人，乞迴神光；下降兆身，奏名玉天。（卷九十《昇太清品》）

大羅天：道教所稱三十六天中最高一重天。|右在大羅天中玉京山上，大劫周時，三洞神經並在其中，災所不及。（卷三十一《仙都宫室品》）吾過去後，經道當還三界之上大羅天中。（東晉《太上諸天靈書度命妙經》1/805c）

羅天：大羅天。|太玄都玉京山，冠八方諸羅天，諸天仙人謂此山有十名。（卷四《靈山

① 本文側重於其從意義角度觀察其在詞彙方面的價值，故用“名物詞、行爲詞、性狀詞”，没採用多從語法角度來考察的“名詞、動詞、形容詞”等名稱。

② 按，“|”用來將詞語的解釋和例句隔開。由於本文例句衆多，爲了節省篇幅，在訓釋詞語後直接引證，所引例句均不另起行，通篇也不連續編號。本文所引其他道教文獻均爲魏晉南北朝道經，據《正統道藏》，“1/805c”指第1册805頁下欄。

品》)玉京山,自然生七寶之樹,一株彌覆一天,八樹彌覆八方羅天。(卷四《林樹品》)

大羅:大羅天。|三界之上,渺渺大羅;上无色根,雲層峨峨。(卷四《三界品》)故三元凝變,號曰三洞,氣洞高虛,在於大羅之分。(卷六《帝王品》)

西華:西王母所居仙境;女仙宫殿。|夕宿西華堂,朝朝扶桑公。(卷二十《仙歌品》)記我白簡,書名西華。(卷九十六《昇玉清品上》)

東華:東王公;也可代指其所居仙境。|有雲波山,青童君時御圓珠之氣,登雲波之山,入東華之宫。(卷四《靈山品》)七聖定簡,五帝記名,西龜勒録,東華結篇。(卷九《衆聖會議品》)

以上諸詞實乃東晉南北朝時期産生的新詞,《漢語大詞典》在"玉天""東華""大羅"下,分别徵引唐李白、吴筠、段成式的著述;在"上清""羅天""西華"下引宋代張君房所編《雲笈七籤》爲例,同爲道教類書,且多是對早期道經的徵引,但《無上秘要》與所徵引原經同屬中古漢語時期,能更好地發揮其在漢語史研究中的價值。

以上諸詞是道教文化中的專名,其在宗教學方面的地位更突出。中國傳統文化中有着悠久深厚的對天界仙境的嚮往和崇拜,浪漫瑰麗的想象促成了該主題下衆多詞語的産生。這些語詞雖然也具有濃烈的道教文化特徵,但對世俗中人也多具有可接受和理解性。

神鄉:神仙所居處。猶言仙國。|此物是神鄉之奇帛,非赤縣之所有。(卷三十五《法信品》)隨所應度,嚴校諸天,普告三界,無極神鄉。(東晉《元始無量度人上品妙經》1/3c)

玉宸:天宫。|天關在天西北之角,與斗星相御,北斗七星則天關之綱柄,玉宸之華蓋。(卷六《劫運品》)稽首望玉宸,靈華散金毫。(東晉《元始無量度人上品妙經》卷一 1/8a)

玉宫:月宫;仙宫。|乘雲駕龍,遊宴玉宫。(卷二十七《上清神符品》)變景化形,上昇玉宫。(卷九十六《昇玉清品上》

雲宫:仙宫;神仙居室。|手排九元,逸景雲宫。(卷三《星品》)神仙導日月,鬱鬱披雲宫。(卷二十四《真文品》)

瓊軒:仙宫,仙境。|飛昇上宫,洞覩瓊軒。(卷八十八《昇月庭品》)丹靈散景於瓊軒,流光焕爛於遐真。(卷九十五《昇紫晨品》)

上宫:仙宫。|其日敕太一使者下,與北酆伯使者,周行天地,司察人神功過深淺,列言上宫。(卷九《衆聖會議品》)靈圖既焕,萬帝朝真,飛空步虛,旋行上宫。(卷二十四《真文品》)

天府:天庭。|如此之類,凡一千二百條事,皆令消釋,乞某命係天府,名書天曹,定生天簡。(卷四十九《三皇齋品》)出某甲魂神,沐浴冠帶,遷上天府。(南北朝《太上洞玄靈寶滅度五鍊生尸妙經》6/263c)

協晨:和諧美好的晨景;仙人居住的地方。|洞豁登協晨,仰攜皇中人。(卷二十《仙歌品》)緑蓋入協晨,青軿擲空同。(《真誥》卷三)

空洞:太空;仙境。|隱元星則隱息華蓋之下,潛光曜於空洞之中。(卷三《星品》)靈音振空洞,九玄離幽裔。(卷二十八《九天生神章品》)

九霞:九天的雲霞;借指天庭。|靈運九霞外,永保億萬椿。(卷二十《仙歌品》)空洞生神章,瓊音逸九霞。(卷二十八《九天生神章品》)

八外:八表。|攜提五老,同賓四大。入宴華騫,出眄八外。(卷七十四《啓志願品》)當爾時也,天光冥邈,流映八外,誠太極之壯觀,上清之高帝也。(東晉《上清後聖道君列紀》6/745a)

九垂:九方邊遠之地;指天宇。|流風駕八軿,乘歘眄九垂。(卷二十《仙歌品》)連波嶕嶽岑,淵瀾邁九垂。(同上)

九清:九天。|夫欲騰身九清,宴景南軒,迴玉珮於明堂,引金璫於泥丸。(卷九十二《昇上清品上》)能修之者,皆飛行太虛,逸遨九清。(東晉《太上玉珮金璫太極金書上經》1/897c)

玉霄:"九霄"之一,仙境。|九玄洞元氣,紫素淩玉霄。(卷二十八《九天瓊文品》)遊眄瓊闕,宴景三元;攜契五老,玉霄上賓。(卷九十五《昇紫晨品》)

太漠:太虛;太空。|高玄定金書,二曜披霄穎。凝駕太漠内,寥寥適長静。(卷二十《仙歌品》)飛歌散朱林,窈窕太漠中。靈音自然唱,微辭八素宫。(卷九十二《昇上清品上》)

玄漠:太虛;太空。|右四天王極元靈洞无色梵之氣,在虛无太清空洞玄漠之下。(卷十六《衆聖本迹品下》)外身棄質,養胎虛宅。陶炁絶籥,受精玄漠。(卷四十二《修學品》)

玄空:虛空;太空。|四天王恒以八節月朔之日,遊觀高虛无涯无極无名玄空之顛。(卷十六《衆聖本迹品下》)然乃後能廣遊玄空,倒步天阿,乘雲駕龍。(卷七十八《天仙藥品》)

空玄:太空;仙界。|九天丈人著九色斑文之裘,頭戴紫晨之冠,坐紫虛之上、空玄之中。(卷十七《衆聖冠服品上》)九天丈人於空玄之中,表文於西龜之山。(卷三十二《衆聖傳經品》)

重虛:太空。|濛翳焕重虛,曜靈映朱扉。(卷二十九《三十二天讚頌品》)妙誦感重虛,得結高仙群。遊行禮空洞,稽首朝帝君。(卷五十五《太真下元齋品》)

虛玄:太空仙境。|上登虛玄,金書玉清。(25/261a)夫沉景虛玄,無途可尋,言發空中,無物可縱。(《真誥》卷一)

空虛:太空。|乃是神經自生空虛之中,凝氣成章。(卷三十《經文出所品》)手秉羽節,頭建紫冠,足蹈空虛。(卷八十七《鍊質品》)

霄嶺:九霄;雲霄似山,故稱。|靈綱落天紀,九斗翠玉虛。(《卷二十《仙歌品》)澄形丹空,擢標霄領。(《真誥》卷四)

以上諸詞是在道教文化語境誘發下出現的大量表達,均是中古時期新出現的詞語,它們的結構和構詞語素都是世俗中人能理解和接受的,隨着道教的發展和傳播,很多流傳到後世,並出現在文人詩作中。現有研究成果,比如《漢語大詞典》在這些詞下徵引唐盧照鄰、陳子昂、吴筠、皮日休、嚴休復、康駢、曹唐、白居易、常建、劉禹錫、李賀以及宋代道教類書《雲笈七籤》中的文句爲例;而"九垂"一詞,《漢語大詞典》以"九陲"爲詞形,引《胭脂血彈詞》卷三的文句爲例,"陲"常通"垂","九垂"實乃中古漢語時期即産生的詞語。

一些世俗語詞在道教文化語境中産生了新的意義,這些意義豐富了固有語詞的内涵,對密切道教文化和世俗文化的聯繫也多有幫助。以下詞語表達"仙宫;仙境"的意義即是世俗文獻所不能見到的。例如:

太微:太微天;仙境。|仰咽金漿,咀嚼玉蕤者,立便控景登空,玄昇太微。(卷四十二《修學品》)北方玄天,五氣徘徊。辰星焕爛,光耀太微。(卷五十《塗炭齋品》)

金華:金華宫;仙境。|五霞之精,能知五霞,上昇金華,行之七年,同景曜羅。(卷二十七《上清神符品》)四通八達,飛霞紫瓊。上登金華,奉對帝靈。(卷九十八《昇九天品》)

上京:仙宫。|斬伐胞樹滯,心遊超上京。(卷二十八《九天生神章品》)駕龍建旗,遊宴上京。(卷七十六《服五氣品》)

皇朝:仙庭。|南嶽既掌,三元來招。降致朱軿,昇入皇朝。(卷九十六《昇玉清品上》)神

真充内,外欲豁消。縱形任己,適意皇朝。(《上清丹景道精隱地八術經》33/783c)

皇庭:仙庭。|制召十方,驅策天兵。率天以下,咸到皇庭。(卷四十《授洞真上清儀品》)名奏玉格,録字上清。金簡玉札,結篇皇庭。(卷四十一《奏簡文品》)

太真:太真天;仙境之一。|五清發朗臺,玉芝自然生。洞照通太真,萬神監我形。(卷六十六《明燈品》)燈火映太真,明光徹玄虚。披朗无上道,心注玉帝廬。(同上)

太素:仙境之一。|寥寥太素景,靈暉曜晨漢。(卷二十《仙歌品》)但聞玄音以散濁,聽風氣而逐穢,上可浮絶太素,下可禳妖豁疾。(卷七十八《玉清藥品》)

朱宫:道教玉京山的仙宫之一。|元慶遂寄世散想,靈魔舉其濁目,朱宫輟其仙名。(卷十五《衆聖本迹品中》)朱宫,右在太玄都玉京山。(卷二十二《三界宫府品》)

太玄:太虚仙境。|乞削罪録,勒上太玄。(卷四十一《奏簡文品》)與我相保,與我同翔。騰飛太玄,上宴帝房。(卷九十二《昇上清品上》)

玉真:玉真天,仙境。|晨燈映乎玉真,明光焕乎丹房。(卷九十三《昇上清品下》)玉真天中有高元山,萬華先生時登此山,寢宴萬華之宫。(卷四《靈山品》)

除了以上詞語外,在"太空仙境"主題下,《無上秘要》所存録的不少詞語大型辭書没收録,其他研究成果也較少論及,這些詞語更是研究中應當注意的。

太寂:道教中虚無静寂的仙境。|長齋感於太寂,上天書名於南窻,可謂坐致之而不難,永享之而无窮也。(卷二十六《靈寶符效品》)宴景太寂鄉,迴風迅瓊輪,丹霄翼緑輿,神公輔帝尊。(卷二十八《九天瓊文品》)

幽藹:幽深迷茫,指太空。|瓊宫森太霞,金響洞幽藹。(卷二十《仙歌品》)玉簫激景雲,靈煙絶幽藹。高仙宴太真,清唱無涯際。(《真誥》卷四)

紫元:元初之氣,仙境。|紫元交泰,二氣合靈。太一變神,洞元開生。(卷九十二《昇上清品上》)高上玉皇帝上聖君、九天玉真,皆稟氣自然,託形瓊胎,隱秀紫元,靈和感會,得有人焉。(卷一百《應變化品》)

帝晨:仙宫;仙庭。|得乘飛霞,上昇帝晨。(卷四十一《奏簡文品》)八景攜輿,上造帝晨。(卷九十二《昇上清品上》)

紫晨:紫色的太空,仙境。|仰浮紫晨外,俯看絶落冥。(卷二十《仙歌品》)飛天攜提,遊宴紫晨。(卷一百《入自然品》)

紫瓊:太空;仙境。|四通八達,飛霞紫瓊。(卷九十八《昇九天品》)得乘飛霄,上登紫瓊。(卷九十《昇太清品》)

高虚:仙境。|故三元凝變,號曰三洞,氣洞高虚,在於大羅之分。(卷六《帝王品》)忝蒙高虚餘光曲映,啓悟愚蒙,得以凫質,仰披聖文。(卷五十六《太真中元齋品》)

紫天:紫色的天宇;指太空仙境。|素敖淩紫天,洞遊无名館。龍旂迴瓊輪,四朗應景散。(卷二十《仙歌品》)五緯結絡,神秀紫天;年冠二九,逍遥中元。(卷九十五《昇紫晨品》)

紫空:太空;仙境。|金仙啓靈扉,焕若九天分。太華散紫空,八真映素雲。(卷五十五《太真下元齋品》)神化玉室内,飛羽逸紫空。(東晉《上清大洞真經》卷四 1/536b)

霞寥:太空。|朱陽乘晨,徘徊九霄。丹輿飛蓋,洞焕霞寥。(卷九十六《昇玉清品上》)

晨霄:雲霄。|苦魂沉九夜,乘晨希陽翹。大有通玄户,鬱單降晨霄。(卷二十八《九天生神章品》)三素啓高圖,丹霞蔚晨霄。(《上清諸真章頌》11/149c)

霄晨:雲霄仙境。|陳八間,朝太素,奉三元,志霄晨。(卷七十四《啓志願品》)豁落招靈,

身无稽延。得乘飛景，上宴霄晨。（卷九十《昇太清品》）

絶空：太空。|遊躡九道，登无濯形。投思絶空，人事无營。（卷六十五《山居品》）濯纓帝川之池，會仙絶空之宫。（卷十九《天帝衆真儀駕品》）

絶明：深遠的天宇。|鬱絶尋步間，俱會四海羅。豈若絶明外，三劫方一過。（卷二十《仙歌品》）

絶霄：雲霄；九霄。|廻水玉精，靈潤碧藍。上注絶霄，流源神堂。（卷七十四《啓志願品》）駕景登絶霄，乘風蕩滯神。（東晉《上清大洞真經》卷五 1/546c）

霄際：九霄。|駕以青龍，蔭以紫蓋。得乘八景，上昇霄際。（卷九十《昇太清品》）騰轡控玄暉，晏景洞野外。流浪尋靈人，合形慶霄際。（東晉《洞真太上紫度炎光神元變經》33/554a）

霄清：太霄；太清。|六願玄母與我俱息於玉真之間，浩哉上座，淵邈霄清，五老羅室，玉華告靈。（卷七十四《啓志願品》）晨闕太霞構，玉室起霄清。領略三奇觀，浮景翔絶冥。（《真誥》卷三 20/506a）

景霄：雲霄；九霄。|王女今於景霄之上，受書爲南極上元君。（卷十五《衆聖本迹品中》）此人即得飛行，昇入雲中，於景霄之上，受書爲遊散仙人。（卷四十七《齋戒品》）

玄霄：雲霄；虚空。|飛靈玉符，服之三年，隱淪玄霄。（卷二十七《上清神符品》）結空峙玄霄，諸天挹流芳。（卷三十五《授度齋辭宿啓儀品》）

玄晨：太空；仙境。|法鼓振太幽，宴景玄晨闕。（卷二十八《九天瓊文品》）臣等得與三官之神，俱登玄晨，上朝上清，奉見聖君。（卷四十九《三皇齋品》）

高清：高遠清虚，指仙境。|飛旍瓊塗，流眄高清。（卷十九《天帝衆真儀駕品》）雲輿羽蓋，上昇高清。（卷九十八《昇九天品》）

浩清：天宇；指仙境。|西玄鬱絶根，高暉拂曜明。眇眇流霞澄，育光披浩清。（卷二十《仙歌品》）鼓扇太空，浮遊浩清。飲漱東蒙，高揖霞晨。（卷七十四《啓志願品》）

太元：太空仙境。|出無入虚，遨遊太元。（卷九十二《昇上清品上》）太元連玉清，三曜洞高明。八景迴晨風，散雲藹飛靈。（卷九十三《昇上清品下》）

八落：八方。|徘徊重玄顛，翻翻降飛龍。齊轡八落外，高步閶闔房。（卷二十《仙歌品》）登軿發東華，扇欻舞太玄。飛轡騰九萬，八落亦已均。（《真誥》卷四）

八圓：八天；八方。|流真下降，授我玄符。光映八圓，道明恢扶。（卷九十三《昇上清品下》）流景冥華之都，抗志八圓之中。（1/776a）逸朗遨九野，極靈八圓外；逍遥天地間，豈悟年與邁。（劉宋《上清三元玉檢三元布經》6/225c）

八焕：八方鮮亮之地，指八方。|瓊輪既晨杪，虎旂遂煙散。東風振丹旍，明燭朗八焕。（卷二十《仙歌品》）飛天九晨，上據玄魁。威振八焕，司政糾非。（南北朝《太上飛行九晨玉經》6/672a）

九度：八方及中間的維度，指九方。|散靈九度外，飾容非朝華。固此萬劫庭，結秀億椿柯。（卷二十《仙歌品》）夫九斗者，天樞之正蓋，玄神之華實，機紐八維，總旋九度。（南北朝《洞真太上飛行羽經九真升玄上記》5/884a）

九虚：九天；指高空。|運我凌九虚，上造朱月宫。（卷九十二《昇上清品上》）腰佩虎符，首巾蓮冠。出凌九虚，入響玉津。（同上）

九晨：九霄。|上有九晨賓，吟詠隱羽書。（卷二十《仙歌品》）子既無此道，特與九晨乖

域,夫人絶遊也。(卷三十二《衆聖傳經品》)

九元:九方之氣,九天。|吾昔遊於北天,策駕廣寒,足踐華蓋,手排九元,逸景雲宫,遨戲北玄。(卷三《星品》)清景素真,元始同靈。受化九元,含炁朱嬰。(卷九十《昇太清品》)

十界:十天;仙境。|三晨翼軒,七元焕明。天地潔落,十界肅清。(卷九《衆聖會議品》)死根斷落,日魂同飛。超逸十界,上升玉階。(《上清大洞真經》卷四 1/533c)

以上我們贅舉其例,展示了《無上秘要》中表"太空仙境"的詞語的總體概貌。這些詞語或取"虚""空""寂""幽""玄""清""浩""元""圓"等表天界空虚静寂、圓廣廓大的特徵,與"晨""霄""霞"等表雲霧的詞語結合,輔以"紫""瓊""玉""八""九""絶"等修飾詞語,組合構造出大量表達,滿足了道教文化語境下對"太空仙境"這一主題的反復敷述。"仙境"這一主題無疑具有鮮明的道教文化特徵,但道徒認爲"仙境"處於"太空"之中,二者密不可分,所以該主題誘發了大量表達"太空"詞語的出現,而後者無疑是世俗通用語詞的重要成員。

三 《無上秘要》中的行爲詞舉例

所謂行爲詞,是著重從其行爲義來考慮的,當然大多數詞語主要在句中作謂語。俞理明、顧滿林(2013:160)認爲行爲詞即:"表示人或事物行動變化過程或存在狀態,包括生命過程、五官肢體行爲、心理活動、人與人之間的交往活動、自我的修行以及無生命的成毁變化等等。"例如,書中"聞"的用法就值得注意。

修此道極,可食棗,若聞飢,當食麨物,以漸遣穀,不得一日頓棄。(卷七十六《咽雲牙品》)

上例摘自《道跡經》,該經乃東晉顧歡所纂,其中的"聞"實當作"感覺;覺得"講。關於"聞"的意義變化,學界多有討論,王鍈(1997/2004)認爲"聞"字除可從聽覺轉移到嗅覺之外,還可轉移到視覺,乃"通感生義",屬修辭影響下的詞義變化。其後,王氏(2007)進一步指出,"聞"除了表示聽覺、嗅覺、視覺外,還可用於一般感覺,作"覺得"講,並舉宋蘇軾《東坡志林》卷二"吾中子適,少羸多疾。若之相對坐,爲布氣。適聞腹中如初日所照,温温也"爲例。"聞"表感覺的用法實見於中古,道經中的其他用例如:

羲白:"……不審竟得服制蟲丸未?若脱未就事者,當以入年爲始耶?羲前所得,分者即服,日日爲常,不正聞有他異。唯覺初時作六七日,聞頭腦中熱,腹中校沸耳。其餘無他,想或漸有理。謹白。"(《真誥》卷十七)

修此道極,勿食脯肉,若聞饑,當食麦物,以漸遣穀,不得一日頓棄也。(《上清明堂元真经诀》6/641b)

極念思之,當聞體中熱,是真氣合德也。(六朝《洞真太上飛玄羽經九真升玄上記》33/643c)

畢,當聞面熱,即佳候也;若聞頭項頸間痺痺寒者,惡氣入也。(六朝《上清修行經訣》6/663b-c)

《真誥》中的用例乃上清派宗師杨羲写给長史许謐的书信,敘述吞服藥丸後的感覺;《上清明堂元真經訣》,王卡(2004:89)認爲乃陶弘景所纂《登真隱訣》之殘卷;《上清修行經訣》中的文句還見於六朝道經《洞真太上素靈洞元大有妙經》(33/405c),其中兩處"聞"均作"覺",

還見於六朝道經《上清素靈上篇》(33/837b),其中後一處"聞"作"覺",這表明當時"聞"作"感覺;覺得"講常與"覺"相通。

再舉行爲詞中表"借貸"的語詞爲例。方一新、王云路(1992:191)述,中古漢語中"換"有"借;借貸"義,並同義複合爲"換借""換貸"等詞,見於中古各類文獻。"換借"也見於《無上秘要》和其他中古道經,如:

卷四十四《下元品誡》:"學士及百姓子換借不還,罪。"劉宋《太上太玄女青三元品誡拔罪妙經》卷下:"或恃勢力換借不還,或害物求榮貪饗無度。"(1/844a)

但值得注意的是,《無上秘要》及其他道經中還有其逆序形式"借換"。如:

卷四十六《洞玄戒品》之"洞玄十惡戒":"五者借換不還,欺誘萬民。"隋前《洞玄靈寶道學科儀上・敬法服品》:"四者非是同學同法,隨情借換;五者乞借俗人,非法服用。"(24/768c)

"換借""借換"均可用,二者還處於競争之中,表明其詞形尚不穩固。道經中的"借換"爲全面認識相關語詞的成詞過程提供了難得的材料。

《無上秘要》中還有"換舉"一詞:卷四十五《玉清下元戒品》:"道學不得換舉人物,不還債主。"

"舉"在中古時期已有"借貸"義,蔡鏡浩(1990:193)論述甚詳,"換舉"也爲同義連文。

再舉其中表"朝拜"的幾個詞語。如俞理明、周作明(2005)所論,道經中的"上朝"乃狀中結構,其後帶處所或對象賓語,乃"朝訪;參拜"義。《無上秘要》的用例如:

卷二十七《上清神符品》:"知者飛昇太素宫,上朝三元君。"卷四十一《奏簡文品》:"得昇帝晨,上朝玉真。謹奏。"卷七十四《啓志願品》:"上願一合,莫不如言。願神願仙,上朝三元。"

道典中還有對該詞的訓釋,元徐道齡《太上玄靈北斗本命延生真經注》:"上朝金闕"注:上朝者,謁也,瞻仰也。(17/25a)。其實"上朝"此義在兩漢史傳文獻中即有使用,如:上朝太后,太后以丞相言告上。(《史記・韓長孺列傳》)於是上朝東宫。(《漢書・爰盎晁錯傳》)

道經中表"朝拜"義還有"朝宴""上造""之造"等詞。分别舉例:

朝宴:朝拜。|虧替正事,降適過禮,朝晏①失節,輕泄天寶,降授不真,皆削真皇之録。(卷九《靈官昇降品》)以披天關,朝宴玉宫。(卷九十五《昇紫晨品》)

上造:朝拜;造訪。|當見九天仙屬,乘龍駕虯,飛遊紫虚,上造玉庭。(卷二十七《上清神符品》)得乘玄輦,飛霞緑輧。上造三元,騰身帝晨。(卷四十一《奏簡文品》)得之者名參玉簡,録字青宫,白日昇晨,上造帝堂。(卷四十二《修學品》)

之造:造訪;拜訪。|得與月魂,長保靈年。乘空駕浮,之造無間。(卷九十二《昇上清品上》)是故我身國國之造,成就諸心。(《太上諸天靈書度命妙經》1/803c)乘運迅靈炁,駕景昇西宫。之造玉那國,萬乘來相從。(南北朝《洞玄靈寶二十四生圖經》34/339a)

最後一詞"之造"在同期史書文獻中也有用例:

雖名位轉優,而恭恪愈至。每所之造位任不逾己者,皆束帶門外下車,其謹退類如此。(《宋書・劉懷慎傳》)

與名物詞相比,行爲詞的宗教性總體較弱,在語言學方面的價值更爲突出。《無上秘要》

① "晏"在《太真玉帝四極明科經》卷一作"宴"。道經中"宴""晏"常通用,常置於動詞性語素後組合成詞,"晏/宴"已虚化,表意功能很弱,詳參周作明、俞理明(2006)。

作爲類書，内容豐富，其中的行爲詞大致可以分爲"有生行爲、五官肢體行爲、心理行爲、人際社會行爲、宗教修行、無生行爲"等方面，一定程度是社會世俗通用語詞的反映和記録，是漢語詞彙史研究中應該予以關注的。

四　《無上秘要》中的性狀詞舉例

所謂性狀詞，指表示事物性質和或狀態等的語詞。俞理明、顧滿林(2013:34)認爲："性質狀態詞語表示事物或行爲性質、狀態、表現特徵或存在方式，包括事物的表象、性狀、類屬以及體現事物或行爲存在狀況的數量、時間、範圍和程度等方面。"這裏舉《無上秘要》中表"工作態度"的詞語爲例，首先來看經書中表"勤勉嚴謹"的詞語。

研心：專心；潛心。|應感无方圓，聊以運四大。研心稽首誦，衆聖並稱快。(卷二十八《九天生神章品》)是其夜，常當燒香左右，研心①若有所待也。(南朝《洞真高上玉帝雌一玉檢五老寶經》33/391a)遂得研心方等，鋭意九部，採訪微言，搜簡幽旨。(南朝梁玄暢《訶梨跋摩傳序》)

勤尚：殷勤嚮往；勤勉。|有心者，宜加清齋督志，勤尚注念，玄真感徹，玉皇奏簡青宫，便得誦詠神經。(卷四十一《投簡品》)但子積劫勤尚，輾轉不倦。(南北朝《太上洞玄靈寶真一勸誡法輪妙經》6/171c)上士勤尚，廣開法門。(同上 6/175c)可誡於後學，使勤尚之人，告慎於寶科也。(南朝《洞真太上素靈洞元大有妙經》33/415c)若有勤尚高志，棄放世榮，登陟靈山，精修苦念，名掌青宫，當得此文。(東晉《上清金真玉光八景飛經》34/55b)

精至：勤勉用心；精勤。|道可學也，思微實難；仙可求也，精至爲難；真人可見也，養志性爲難。(卷七《衆難品》)馬朗雖不修學而實奉精至，夢既不凡，解之又善，亦應是得道人。(《真誥》卷十九)黄安世者，入山學道，在石室中，誦經禮拜，心不精至，而覓飛騰。(《太上洞玄靈寶業報因緣經》卷九 6/123c)用此三法，洗心浄行，心行精至，齋之義也。(劉宋陸修静《洞玄靈寶齋説光燭戒罰燈祝願儀》9/821c)初，皇始中，趙郡有沙門法果，誡行精至，開演法籍。(《魏書·釋老志》)

精謹：專心謹嚴。|行此道九年，精謹不慢，神真見形，杖則載人乘空飛行也。(卷四十一《策杖品》)密而行之，精謹勿慢，閉口無言，驗可待矣。(南朝《洞真太上太霄瑯書》卷三 33/660a)雖擅名蟬雀，而筆跡輕羸，非不精謹，乏於生氣。(南朝齊謝赫《古畫品·第六品》"丁光"條)

五　結　語

《無上秘要》是繼《太平經》和《抱朴子内篇》後内容更爲全面的道書，是道教在充實和改造過程中所造作經書的大彙集，其中所使用的詞語對後世道經及包括仙道詩在内的文學創作産生了重要影響。但由於道經數字化進程緩慢，檢索不便，歷來在詞彙研究中，隋前的早

① "研心"，《真誥》卷九作"精苦"。

期道經没得到足够注意，其在詞彙研究方面的價值尚没充分體現出來。從一定程度上講，道教經書中有關宗教文化的大量表達，其根基和源頭是在漢魏南北朝道經中奠定的；不僅如此，道教文化語境還誘發不少世俗通用語詞出現在文獻中。因此，對這些語詞進行源流考溯，以及對相關主題下語詞的全面研究，離不開對那些具有源始性的早期道經的關注。總體來看，行爲詞、性狀詞道教社團色彩較弱，名物詞雖不少與道教文化關係密切，但其命名從語言學角度講多具有理據的可解性。當然，《無上秘要》在詞彙研究方面的價值是多方面的，本文從名物詞、行爲詞、性狀詞三方面入手，舉例分析了其中有價值的語言信息。相信隨着研究的深入，該書會受到中古漢語研究者更多的重視。

徵引書目

明《正統道藏》(共 36 册)，文物出版社、上海書店、天津古籍，1988 年。

北周《無上秘要》(三册)，周作明點校，中華書局 ，2016。

南朝梁・陶弘景編《真誥》，趙益點校，中華書局，2011。

《大正新修大藏經》，大藏出版社，1985 年。

參考文獻

[1]蔡鏡浩. 魏晉南北朝詞語例釋[M]. 南京：江蘇古籍出版社，1990.

[2]方一新. 東漢魏晉南北朝史書詞語箋釋[M]. 合肥：黄山書社，1997.

[3]方一新，王雲路. 中古漢語語詞例釋[M]. 長春：吉林教育出版社，1992.

[4]盧國龍. 中國重玄學[M]. 北京：人民中國出版社，1993.

[5]王鍈. 唐宋筆記語辭匯釋(修訂本)[M]. 北京：中華書局，2001.

[6]王鍈. 試論"通感生義"——從"聞"字説起[J]. 語言教學與研究，1997(4).

[7]王雲路. 中古漢語詞彙史(上、下)[M]. 北京：商務印書館，2010.

[8]俞理明，顧滿林. 東漢佛道文獻詞彙新質研究[M]. 北京：商務印書館，2013.

[9]俞理明，周作明. 論道教典籍語料在漢語詞彙歷史研究中的價值[J]. 綿陽師範學院學報，2005(4).

[10]周作明，俞理明. 東晉南朝上清經中的動詞"宴/晏" [M]//漢語史研究集刊(第 9 輯). 成都：巴蜀書社，2006：109-119.

Discussion of the Value of *Wushang Miyao* in the Medieval Chinese Vocabulary Research

Zhou Zuoming

Abstract: *Wushang Miyao* (無上秘要) compiled in the Northern Zhou Dynasty is the collection of Taoist literatures of Wei Jin Southern and Northern Dynasties, with clear writing era and rich content. From the three aspects of noun words, behavioral verbs and adjective words, this article lists a good many examples to discuss the value of *Wushang Miyao* in the medieval Chinese vocabulary research and the compilation of large-scale dictionary.

Key words: *Wushang Miyao*（無上秘要）, noun words, behavioral verbs, adjective words

通信地址：成都市一環路西南民族大學文學與新聞傳播學院
郵編：610041
E-mail：ZZM040137@126.com

南部吴語人稱代詞複數標記來源類型新探*

——從浦江(虞宅)方言的人稱代詞談起

盛益民　毛　浩

内容提要　本文首先討論了吴語金衢片浦江(虞宅)方言人稱代詞的詞形及相關人稱領屬結構、反身表達等,同時考察了複數標記"得"的多功能性及相關演變問題。在此基礎上,文章重新探討了南部吴語人稱代詞複數標記的來源類型。

關鍵詞　南部吴語　浦江方言　人稱代詞　複數標記　多功能性　來源類型

一　引言

盛益民(2013)根據是否發生"處所後置詞＞人稱代詞複數標記"這一演變,將吴語人稱代詞複數標記的來源類型分成"處所型"和"數量型"兩大類,並認爲吴語複數標記來源上呈現出南北差異:北部吴語屬於"處所型",南部吴語①屬於"數量型"。但文章已經提到鄰近北部吴語或者受北部吴語影響較深的地區如浦江、衢州等還分布着一些"t/d＋前元音"的複數標記,由於材料所限,不能確定具體的歸屬。黄曉東(2015)發現屬於南部吴語的婺州方言可能並不完全都屬於"數量型",還有部分方言點屬於"處所型"。本文打算在金华浦江虞宅方言的基础上,重新審視南部吴語人稱代詞複數標記的來源類型。

浦江位於浙江中部,金華市北部,東經119°42′～120°07′,北緯29°21′～29°41′之間。東北鄰紹興諸暨市,東南接金華義烏市,西南與金華蘭溪市毗連,西北和杭州建德、桐廬市接壤,處於杭州、紹興、金華三市的交界處。浦江縣面積920平方公里,轄7鎮5鄉3街道、409個行政村和20個社區,户籍人口38萬,外來人口10萬。根據《中國語言地圖集》(第二版),浦江方言屬於吴語金衢片。本文討論的是浦江縣虞宅鄉利民村(原海豹嶺脚自然村)的方言,爲本文第二作者的母語。

浦江虞宅方言的聲母有30個:

p pʰ b m f v,t tʰ d n l,ʦ ʦʰ ʣ s z,ȶ ȶʰ ȡ,ʨ ʨʰ ʥ ɕ ʑ,k kʰ g ŋ h,Ø

韻母有50個:

---

* 本文爲國家社科基金青年項目"吴語人稱代詞的共時類型與歷史演變研究"(17CYY009)的階段性成果。寫作及修改過程中,承蒙曹志耘、秋谷裕幸、陶寰、黄曉東、施俊等諸位師友的指教。感謝浙江科技學院吴衆博士(蘭溪城區)、浙江大學人文學院博士生申屠婷婷(東陽馬宅)和吴越(瑞安城區)、復旦大學古籍所博士生余柯君(義烏城區)等諸位提供材料。文章若有錯訛,文責自負。

① 本文的南部吴語包括台州片、金衢片、上麗片和甌江片。

ɿ	a	ɛ	ɔ	ʌ	o	ɯ	ɛ̃	ɔ̃	õ	ɯ̃	an	ən	on	əʔ	oʔ	m̩
i	ia	iɛ	iɔ	iʌ	io	iɯ	ĩ	iɔ̃	iõ		ian	in	ion	iəʔ	ioʔ	n̩
u	ua	uɛ	uɔ	uʌ			uɛ̃	uɔ̃			uan	uəu		uəʔ		
y	ya		yɔ				yĩ	yɔ̃			yan	yn		yəʔ		

聲調有 10 個：①

1 陰平 534　3 陰上 53　5 陰去 44　7a 陰入 432　7b 陰入 5

2 陽平 213　4 陽上 31　6 陽去 24　8a 陽入 232　8b 陽入 2

本文所使用的方言材料，金衢片的材料主要引自曹志耘、秋谷主編（2016）、秋谷等（2002），其他材料若未注明出處，則均由盛益民調查所得。

二　浦江方言的人稱代詞及相關結構

（一）三身代詞的詞形

浦江$_{\text{虞宅}}$方言人稱代詞的單、複數形式可列表如下：

表 1　浦江$_{\text{虞宅}}$方言人稱代詞表

	第一人稱	第二人稱	第三人稱
單數	我 ɔ^{53}	爾 n̩^{53}	倸 ʑi^{213}
複數	我得 ɔ^{55} tɛ^{31}，我爾得 ɔ̃^{11} n̩^{11} tɛ^{55}	爾得 n̩^{55} tɛ^{31}	倸得 ʑi^{11} tɛ^{24}

下面首先對浦江$_{\text{虞宅}}$方言人稱代詞的詞源做一番考證。

單數第一人稱 ɔ^{3} 的本字就是"我"。② 先來看聲母。第一人稱"我"讀零聲母在婺州片中非常常見③，例如黄曉東（2016）指出金華$_{\text{城裏}}$ ɑ^{3}、金華$_{\text{曹宅}}$ ɒ^{4}、義烏$_{\text{城裏}}$ a^{3}、武義$_{\text{馬昂}}$ a^{-33}、浦江$_{\text{城裏}}$ ɑ^{3} 等讀的都是零聲母；這種現象也見於其他吴語，例如：廣豐 ɑ^{4}、浦城 ɑ^{4}（以上曹志耘、秋谷主編 2016：50）、天台 ɦɔ^{4}（戴昭銘 2003）、奉化$_{\text{桐照}}$ ɦou^{4}。根據曹志耘、秋谷主編（2016：592），磐安$_{\text{城裏}}$"我"有 ŋuɤ^{3}、uɤ^{3} 兩個讀音，可以看作是脱落前後兩種形式並存的現象。由於浦江$_{\text{虞宅}}$方言疑母洪音仍讀 ŋ-聲母，因此"我"讀零聲母屬於代詞的特殊語音變化現象（陶寰、史濛輝 2016）。再來看韻母。浦江$_{\text{虞宅}}$方言一等歌戈韻的主體層是讀 ɯ，例如：多 tɯ^{1}、餓 ŋɯ^{6}、坐 zɯ^{4}、過 kɯ^{5} 等。但有一個讀入蟹開二皆佳韻的層次 ɔ，"我"的讀音正好符合讀入皆佳韻的

① 爲了方便比較，本文人稱代詞的單音節形式採用調類標調，用數字形式置於音標的右上角。1、2、3、4、5、6、7、8 分别表示陰平、陽平、陰上、陽上、陰去、陽去、陰入、陽入。浦江$_{\text{虞宅}}$方言陰入、陽入分長調、短調兩類，本文分别記爲 7a、7b、8a、8b。雙音節形式一般標寫實際語音，即變調形式，不標本調。

② 此外，"我"還有文讀音 ŋʌ^{3}，主元音讀入豪韻。

③ 黄曉東（2016）發現，婺州片的第一人稱代詞"我"根據韻母可以分爲兩大類：一類是低母音 a、ɑ、ɒ、ɔ 等，一類是高母音 ʊ、uɤ、uə 等。文章還發現，"我"聲母和韻母存在一定的制約關係：讀低元音的方言，該字一般讀零聲母；讀高元音的方言，則一般讀 ŋ-聲母。

層次。吴方言普遍存在歌戈韻讀同皆佳韻的層次（曹志耘等 2000：30，曹志耘、秋谷主編 2016：57），常見的字有“多拖籮哥個我餓何破”等，請看下表的字音對照：

表 2 吴語歌、戈韻讀同皆佳韻表

	多	拖	籮	哥	個$_{\text{一～}}$	我	餓	何	破	街$_{\text{佳}}$
浦江$_{\text{虞宅}}$		tʰɔ$^{1}_{\text{～口舌}}$			kɔ^{5}	ɔ^{3}			pʰɔ^{5}	kɔ^{1}
上海	ta^{1}	tʰa^{1}						ɦa^{2}	pʰa^{5}	ka^{1}
安吉$_{\text{晓墅}}$		tʰa^{1}		ka^{1}					pʰa^{5}	ka^{1}
紹興$_{\text{柯橋}}$		tʰa^{1}						ɦa^{2}	pʰa^{5}	ka^{1}
新昌$_{\text{大市聚}}$		tʰa^{1}			ka^{5}			ɦa^{2}	pʰa^{5}	ka^{1}
蘭溪	ta^{1}	tʰa^{1}		kaʔ^{7}	kaʔ^{7}	ŋa^{4}			pʰa^{5}	ka^{1}
東陽		tʰɑ^{1}	lɑ^{2}		kɑ^{5}		ŋɑ^{6}		pʰɑ^{5}	kɑ^{1}

最後是聲調。浦江方言並不存在次濁上歸陰上的現象，但是第一人稱單數“我”、第二人稱代詞“爾”均讀陰上調。類似的現象也還見於其他婺州片方言，如義烏方言第一人稱“我”a^{3}、第二人稱“爾”n̩^{3}/“儂”noŋ^{3}（方松熹 2000：9），浦江$_{\text{城裏}}$“我”ɑ^{3}、“爾”n̩^{3}（曹志耘、秋谷主編 2016），浦江$_{\text{杭坪}}$“我”ɔ^{3}、“爾”n̩^{3}（黄曉東 2016）。施俊（2013）指出義烏各地第二人稱代詞“儂”普遍讀陰上調，是一種避諱現象；而黄曉東（2016）指出婺州方言普遍存在第一、第二人稱都讀陰上調的現象，未必是避諱，可能是受官話影響的結果。由於金華$_{\text{城區}}$次濁上歸陰上，筆者認爲不排除次濁上不歸陰上的各點也許直接就是受到金華影響的結果。

浦江$_{\text{虞宅}}$方言第二人稱没有尊稱與非尊稱的區分。第二人稱單數n̩^{3} 的本字是“爾”。止開三日母的白讀都是n̩^{3}，例如：兒n̩^{2}、耳n̩$^{4}_{\text{～朵}}$、二n̩$^{6}_{\text{～十：農曆二十}}$。聲調讀陰上的現象，與“我”讀陰上調的情況一致。

第三人稱單數 ʑi^{2} 的本字是“倛”。陳忠敏、潘悟雲（1999）指出，除了常州一帶和杭州話受官話影響説“他”之外，其他吴語第三人稱都來自於“倛”。黄曉東（2016）一文提到婺州各點的第三人稱單數，除了浦江，均是 g-聲母，浦江方言第三人稱代詞的讀音在婺州片中非常特殊。① 浦江群母字基本上都讀 ʥ-聲母，“倛”讀 ʑ-聲母在浦江方言中也是特例，大概是 * ʥ-弱化的結果。而魚韻白讀爲 i 在浦江方言中很常見，例如：絮$_{\text{棉～花}}$ ɕi^{5}、豬 ʨi^{1}、箸$_{\text{筷子}}$ ʥi^{6}、疏$_{\text{牙齒～、頭髮～}}$ ɕi^{1}、去 ʨʰi^{5}。聲調方面，浦江$_{\text{虞宅}}$仍然保持陽平的讀法，而黄曉東（2016）指出浦江$_{\text{城裏}}$、浦江$_{\text{杭坪}}$讀陰入調，已經舒聲促化了。

浦江$_{\text{虞宅}}$方言第一人稱複數有“我得”ɔ^{55} tɛ^{31} 和“我爾得”ɔ̃^{11} n̩^{11} tɛ^{55} 兩種形式，後一個形式中“我”受n̩逆同化讀成了鼻化韻母。黄曉東（2016）指出，浦江$_{\text{城關}}$方言和浦江$_{\text{杭坪}}$方言第一人稱複數都有包括式與排除式的對立，包括式浦江$_{\text{城裏}}$爲“[我爾]喲”an^{55} tɛ^{0}、浦江$_{\text{杭坪}}$爲“[我爾]喲”ɔn^{55} dɛ^{0}。浦江$_{\text{虞宅}}$與之有兩方面不同：一方面，對應浦江$_{\text{城裏}}$包括式的形式，浦江$_{\text{虞宅}}$仍是未合音的三音節形式；另一方面，浦江$_{\text{虞宅}}$兩個詞形的差别並非簡單的包括式和排除式的對立，

① 根據筆者所掌握的材料，暫未見到其他吴語第三人稱“渠”讀 ʑ-的現象，可見即便在整個吴語中也非常特别。

其中“我得”既可以表示包括式也可以表示排除式，屬於不區分包括式、排除式的普通式①；而“我爾得”只能表示包括式，例如：

（1）倮弗去算啊，我得/我爾得一記生去。他不去算了，咱們一起去。

（2）我得/＊我爾得去，爾弗去。我們去，你不去。

同時，“我爾得”在浦江方言中處於逐漸衰微之勢，雖然老派中還經常使用，不過新派已經較少使用。

浦江$_{\text{虞宅}}$方言複數是在單數之後加複數標記“得”tɛ^{7a}。這一類複數標記在吴語中較少，類似的還有富陽$_{\text{東圖}}$和富陽$_{\text{新桐}}$方言的“得”teʔ^{7}（盛益民、李旭平 2018）、桐廬方言的“得”tʌʔ^{7}（浙江省桐廬縣縣志編纂委員會 1992），這幾個方言正好處於一個相連的區域當中，應該是同源成分。至於複數標記“得”的多功能性及來源，請參第三節的詳細討論。

（二）人稱領屬結構

浦江$_{\text{虞宅}}$方言表達人稱領屬，主要是加定語標記“嗰”gəʔ^{8b}。不過定語標記“嗰”在人稱代詞之後，讀音有些特殊的表現：第二人稱單數“爾”之後音 ŋəʔ^{8b}，是 gəʔ^{8b}受鼻音同化的結果；在其他人稱代詞之後，則是音 gəʔ^{8b}或者脱落聲母的 əʔ^{8b}。例如：

（3）倮是我嗰[gəʔ^{8b}～əʔ^{8b}]哥哥。他是我的哥哥。

（4）我弗歡喜倮當爾嗰[ŋəʔ^{8b}]老師。我不喜歡他當你的老師。

（5）我嗰[gəʔ^{8b}～əʔ^{8b}]屋我的房子、爾嗰[ŋəʔ^{8b}]書包你的書包、倮嗰[gəʔ^{8b}～əʔ^{8b}]手他的手

而當被領有者是親屬稱謂、社會關係稱謂、機構名稱、人名等涉人名詞時，作爲領有者需要使用加“得”的形式，否則都是不合語法的，例如：

（6）我得姆媽我媽媽、爾得舅舅你舅舅、倮得哥哥他哥哥

（7）我得老師我老師、爾得師父你師傅

（8）我得學堂我們學校、爾得家裏你家

（9）我得波波兒我們波波、爾得小明你們小明

此時，“得”與其後涉人名詞之間也可以加入量詞“個”，兩者表意幾無差别，例如：

（10）爾得（個）姆媽哩？你媽媽呢？

（11）我得（個）學堂危險好。我那學校非常好。

不過，我們認爲浦江方言涉人領屬中加“得”的形式並不是從複數發展而來的，而是來自“家”義處所詞，具體請參第三節的進一步討論。

（三）反身/强化詞

浦江$_{\text{虞宅}}$方言的反身/强化詞②有簡單式和複雜式的區分。

---

① 我們按照劉丹青編著（2008），把不區分包括式、排除式或者説同時可表包括式、排除式的形式叫做“普通式”，相當於吴建明（2013）的“統一複數式”。

② 漢語和英語雖然反身詞與强化詞用同一個詞形，不過跨語言來看，不少方言兩者區分。具體請參 König & Siemund（2000、2005）、劉丹青編著（2008）等的討論。

簡單式是用單音節的“自”ʑi^{6}。徐麗華(2000)指出,義烏方言可以直接在“自”之後加複數標記構成“自拉”,而浦江$_{\text{廣宅}}$方言却不能説“自得”。根據曹志耘主編(2008:8)關於漢語方言反身代詞的地圖,吴語反身/强化詞的形式主要有兩類:北部地方用“自家”,南部地區用“自”;而且從地圖中可以看出,漢語方言中也只有吴語的南部地區才使用單音節的形式“自”。

複雜式由人稱代詞與“自”組合而成,具體詞形可列表如下:

表 3　浦江$_{\text{廣宅}}$方言複雜式反身代詞表

	第一人稱	第二人稱	第三人稱
單數	我自 ɔ^{11} ʑi^{24}	爾自 n̩^{11} ʑi^{24}	傢自 ʑi^{11} ʑi^{24}
複數	我自得 ɔ^{11} (ʑ)i^{11} tɛ^{55} ①、我尔自得 ɔ̃^{11} n̩^{11} ʑi^{11} tɛ^{55}	爾自得 n̩^{11} ʑi^{11} tɛ^{55}	傢自得 ʑi^{11} ʑi^{11} tɛ^{55}

關於浦江方言的複雜式反身强調詞,最主要的特點在於:複數形式爲“人稱代詞單數+自+複數標記”,而非“人稱代詞+複數標記+自”。類似的現象在婺州地區和温州地區頗爲常見,請看下表:

表 4　婺州、温州複雜反身强調詞表

	第一人稱複數	第二人稱複數	第三人稱複數	出處
金華	我自浪、我匠②	儂自浪、儂匠	傢自浪、傢匠	曹志耘 1996
義烏$_{\text{佛堂}}$	我自拉、我拉自	爾自拉、爾拉自	傢自拉、傢拉自	施俊:私人交流
東陽$_{\text{馬宅}}$	我自拉	爾自拉	傢自拉	李、申屠 2016
武義	我自兩介	爾自兩介	傢自兩介	傅國通 2010
瑞安$_{\text{城區}}$、文成$_{\text{大峃}}$	我自倈	爾自倈	傢自倈	盛益民調查

其中據施俊(私人交流)告知,義烏$_{\text{佛堂}}$有“人稱代詞單數+自+複數標記”和“人稱代詞+複數標記+自”兩種形式。吴語婺州地區、温州地區之外,這種構造複數複雜反身/强化詞的方式未見報導,具有重要的類型學意義。

浦江$_{\text{廣宅}}$方言中,簡單式使用非常受限,除了部分發音人接受使用簡單式構成“自…自…”式强調表達外(例 12),其餘一律使用複雜式;另一些發音人(尤其是新派)只接受複雜式(例 13)。例如:

(12)自嗰事幹自做。自己的事情自己做。

(13)*(爾)自嗰事幹*(爾)自做。你自己的事情自己做。

(14)我得弗歡喜我自得嗰東西。我們不喜歡自己的東西。

(15)款事幹傢自得做。那件事情他們自己做。

而反身功能則一定只能用複雜式,例如:

(16)傢忖□$_{\text{把}}$[ho^{3}]*(傢)自殺倒來。他想把自己殺了。

(17)你得□[fe^{5}]要□$_{\text{跟}}$[ho^{3}]爾自得過勿去。你們不要跟自己過不去。

浦江$_{\text{廣宅}}$方言的反身/强化詞的深入探討尚需另行研究。

---

①　讀音上來看,只有“我自得”中的“自”可以弱化爲零聲母的 i^{6}。

②　據曹志耘(1996:11),“匠”ziaŋ^{24} 爲“自浪”zi^{24} laŋ^{0}/daŋ^{0} 的合音形式。

三 浦江方言複數標記的功能及其來源

(一)複數標記"得"的多功能性

浦江~虞宅~方言的"得"是一個多功能虛詞,除了用作人稱代詞的複數標記之外,還有多種功能,下面逐一討論。

第一種是"家"義處所後置詞。劉丹青(2003:290-291)指出,吴語指人名詞之後的後置詞有兩類:一類是泛指某人的處所;另一類是專指某人的家裏與住處。盛益民(2013)稱前一類爲泛義處所後置詞,後一類爲"家"義處所後置詞。浦江~虞宅~方言的"得"可以加在各類指人名詞之後表"家"義處所後置詞,但不能用作泛義處所後置詞。請看以下例句:

(18)到小明得去啊~了~。到小明家去了。

(19)架電視機是舅舅得嗰。那台電視機是舅舅家的。

(20)我得哥哥得危險有鈔票。我哥哥家非常有錢。

(21)我上日到娘得去啊。我昨天回娘家去了。

(22)忖到傈得去。想要到他家去。

(23)爾得比我得有鈔票屑。你家比我家有錢一點兒。

(24)个籮是哪個~兒~[lɔ^13^ kɔn^55^]得嗰啊?那隻籮筐是誰家的呀?

其中"小明得"等,均只能指"某某家",而不能指其所在的學校、工廠、辦公室等非家類處所。

第二種是連類標記(associative marker)。連類複數(associative plural)指的是由某個個體及其相關個體組成的集合。(Corbett 2000:101,Daniel&Moravcsik 2005)我們把標記連類複數的成分稱爲"連類標記"。Daniel & Moravcsik(2005)指出,世界語言裏連類複數所能表達的語義有三類:①家庭;②朋友或所熟悉的集體;③偶然組成的集體。其中家庭與非家庭的區分尤爲重要。浦江~虞宅~方言的連類標記"得"既可以用作構成家庭的集合,例如:

(25)張三得張三一家人

(26)舅舅得到哪裏去哇?舅舅他們一家人到哪裏去了?

(27)我得哥哥得出去嬉啊。我哥哥他們一家出去玩兒了。

也可以用於構成非家庭的集合,例如:

(28)張三得張三他們一幫人

(29)爾得哥哥得歸來啊。你哥哥他們一幫人回來了。

尤其當集合内的成員同質時類似於真性複數標記,例如:

(30)哥哥得哥哥們

(31)老師得去開會啊。老師們去開會了。

第三種是准領屬標記。第二節已經提到,當表達涉人領屬時,人稱代詞後需要加"得";同樣的,當領有者是人名、親屬領屬結構等指人名詞,也需要加"得",例如:

(32)張三得姆媽張三他媽媽

(33)我得妹妹得公公我妹妹的公公

(二)複數標記"得"的演變路徑

複數標記的這種多功能性在吴語中非常常見,可見並非偶然同形的現象。請看下表:(劉丹青 2003,盛益民 2013)

表 5 吴語複數標記的多功能性

	泛義處所詞	"家"義處所詞	"家"義連類標記	泛義連類標記	准領屬標記
常州"家"		√	√	√	√
無錫"裏"	√	√	√	√	√
蘇州"哚"		√	√	√	√
長興"拉"	√	√	√	√	√
紹興"拉"		√	√	√	√

盛益民(2013)構擬了其演變爲複數標記的路徑:

方位詞/泛用處所詞>"家"義處所詞>"家"義聯類標記>泛用聯類標記/複數標記

從上文的討論可以看出,浦江虞宅方言的"得"也可以表示除了泛義處所詞之外的各類功能,我們認爲其複數標記的功能也是通過以上語義演變路徑從處所詞功能語法化而來的。具體的演變機制請參盛益民(2013)。

至於"得"表准領屬標記的來源問題,盛益民(2013)認爲准領屬標記的功能來源於泛用連類標記或者複數標記的進一步演變;不過盛益民、葉婧婷(2017)對此觀點進行了修正,認爲吴語與處所型複數標記同源的准領屬標記,都是從"家"義處所詞發展而來,理由主要有兩個方面:一方面,文章發現瑞安等甌江片吴語跟北部吴語複數標記同源的 la^0 可以用作"家"義處所詞、"家"義連類標記和准領屬標記,但是不能用於表示複數和泛義連類標記,准領屬標記只能來源於"家"義處所詞,北部吴語的情況應該也是如此;另一方面,東南方言除了閩語,均不存在用複數表示領屬的現象,而多是用"家""屋"等"家"義成分作爲准領屬標記,吴語的情況也與大部分東南方言一致。浦江虞宅方言的複數標記來源上也屬於"處所型",與北部吴語高度平行,因此筆者認爲浦江虞宅方言"得"的准領屬標記功能,也是從其"家"義處所詞功能發展而來的。

綜上所述,浦江虞宅方言多功能詞"得"的語義演變可總結爲下圖:

"家"義處所後置詞→"家"義連類標記→泛義連類標記/複數標記

↘准領屬標記

至於"得"類處所後置詞的本字,或許與北部吴語"拉"的早期形式 * ta(盛益民 2013)同源。

四 再論南部吴語複數標記的來源類型

(一)處所型

從本文第三節的討論可以看出,浦江虞宅方言的複數標記在來源上的確應該歸入"處所型"。本節對盛益民(2013)一文的觀點做一修正。

南部吴語屬於"處所型"的方言主要分布于靠近北部吴語的金衢片内。我們發現至少浦江、蘭溪、湯溪、義烏等地的複數標記也屬於處所型。浦江的情況上節已經討論,下面討論其他幾個方言點。

義烏城區。徐麗華(2000:211－214)指出義烏方言的複數標記爲"拉"[la]或者"拉個"[la¹³ kə⁰],並認爲"拉(個)"由表虚指的"兩個"發展而來。不過有兩點讓我們懷疑"拉"和"拉個"的同一性:一方面,作者指出"拉"還可以表示"……家"的意思,但是文中並没有"拉個"的例子,例如:

(34)今日到躬我拉,明朝到儂拉。今天到我家,明天到你家。

(35)倮拉鬧熱極,一屋都是農。他家熱鬧極了,一屋子都是人。

另一方面,"拉個"[la¹³ kɔ⁰]與虚指的"兩個幾個"[lɯa¹³ kə⁰]除了 ɯ 介音其他全同,兩者的同源關係非常明顯;而"拉"[la]作者没有標調,但施俊(2015)所記義烏佛堂爲陽平調的 lɑ²,與"兩"的聲調有較大差距。因此,筆者認爲義烏方言中的"拉"和"拉個"未必是同源成分,雙音節的"拉個"[la¹³ kə⁰]來自虚指的"兩個幾個"[lɯa¹³ kə],而單音節的"拉"很有可能來源於處所詞。

根據我們調查,義烏城區方言的"拉"[la⁰]既是人稱代詞的複數標記,也可以用於指人名詞之後表示複數(例 36)、可做爲"家"義處所詞用於人稱代詞和指人名詞之後(例 37－38)、可以表示"家"義連類標記(例 39－40)和準領屬標記(例 41),例如:

(36)老師拉都去開會罷。老師們都去開會了。

(37)我徛□[ʥi¹¹ non⁵³]在倮拉/張三拉食飯。我在他家/張三家吃飯。

(38)倮拉比張三拉有鈔票。他家比張三家有錢。

(39)張三拉到北京去罷。張三一家人/#張三一幫人到北京去了。

(40)舅舅拉來罷。舅舅一家人/#舅舅他們一幫人來了。

(41)我拉哥哥我哥哥、張三拉舅舅張三他舅舅

這些功能與第三節總結的浦江的情況非常一致,有理由相信義烏城區的"拉"也是從"家"義處所詞經歷連類標記發展爲複數後綴的。

湯溪。曹志耘(1987)指出,湯溪方言的人稱代詞複數標記"到⁼"tə⁵²陰上陽上後/də²其他後,具有一系列功能。可以用於指人名詞和疑問代詞、旁指代詞後表示複數,例如:

(42)小農兒到⁼小孩們、青年到⁼青年們、老師到⁼老師們

(43)哪農到⁼誰們、别農到⁼别些人

可用於人名、稱謂語之後表示"……他們、……等人"的連類複數意義,例如:

(44)益華到⁼歸來未?益華他們回來了嗎?

(45)我和小英兒到⁼去。我和小英他們去。

(46)姑到⁼歸去罷。姑姑他們回去了。

曹志耘(私人交流)認爲,湯溪方言的"到⁼"tə^{52}陰上陽上後/də^{2}其他後雖然現今没有處所詞的功能,不過早期可能與處所詞有關。我們贊同這個觀點,也許早期湯溪方言"到⁼"也有處所後置詞的用法,後來伴隨着功能的擴展,處所後置詞等功能爲其他成分所代替。類似的現象也見於蘇州話,劉丹青(2003:208—209)指出,早期蘇州話"哚"可以用作"家"義處所後置詞,但在當代蘇州中,已經不常用"NP哚"表處所了,而一律用"NP搭"或"NP屋裏"來表示處所功能了。

蘭溪城區的情況與湯溪一樣,複數標記 ləʔ^{8} 也是只能作連類標記表示"某某一家人"或者"某某一幫人"。盛益民(2013)已經證明,北部吴語的複數標記"拉"la 來源於* ta 的聲母弱化,而蘭溪城區方言複數標記 ləʔ^{8} 對應的 t-聲母形式正好是"得"təʔ^{7}。由於蘭溪與浦江等地相連,所以也許這些複數標記都是同源的。當然,由於材料所限,蘭溪方言複數標記 ləʔ^{8} 的情況尚需進一步研究。

除此而外,龍游、衢州這兩個金衢片方言的複數標記來源類型暫時存疑。

(二)數量型

而其他南部吴語方言則可歸入"數量型"。下位又可以分成兩大類:

一類來源於虚指的"兩個"。① 戴昭銘(2000)、盛益民(2013)、黄曉東(2016)等文已經指出,金華市區、金華小黄村②(黄曉東 2016)、義烏橋亭、施付宅一帶(方松熹 2000:9)、磐安學田(黄曉東 2015)、武義(傅國通 2009)、台州市的天台(戴昭銘 2000)、仙居(黄曉東 2004)的複數標記都來源於"兩個"及進一步的語音演變。此外,李旭平、申屠(2016)指出,東陽馬宅方言的複數標記"拉"只有連類標記的功能,而没有處所後置詞、准領屬標記等功能,所以認爲其屬於"數量型",來源於"兩個"的合音:"兩個"lio^{423}-ka>"拉個"-la-ka>"拉"-la。我們贊同這種分析。以上幾處方言,在地理上正好構成從金華市區至天台、仙居的一整塊連續區域。

另一類來源於"量詞+儂/人",分布於台州片(除去天台、仙居)、整個甌江片、整個上麗片以及靠近麗水屬於金衢片的永康等方言。根據量詞的類别,盛益民(2013)將其分成兩個

---

① 從虚指數詞發展爲複數標記,漢語方言中也有相關平行現象,具體請參汪化雲(2011)等文的討論。

② 黄曉東(2016)指出,金華小黄村方言老派複數標記是"兩"liaŋ,而新派音"浪"laŋ,新派的"浪"明顯是"兩"liaŋ 脱落-i-介音的形式,屬於"數量型"。但是黄曉東(2016)同時指出,"浪"laŋ 除了複數標記,還有連類標記、"家"義處所詞、準領屬標記等功能,例如:

(1)小兵浪來過了。小兵他們來過了。/小兵一家人來過了。[連類標記]

(2)本書落老師浪。那本書在老師家。["家"義處所詞]

(3)小兵浪爺歸去了。小兵的爸爸回去了。[准領屬標記]

這個情況非常特殊,我們認爲一種可能的解釋是:金華小黄村方言早期可能使用"處所型"的複數標記,後來金華市區的"兩"影響到金華小黄村方言之後,金華小黄村方言就用"兩"代替了原來的"處所型"複數標記,從而導致其也擁有了"處所型"複數標記的相關功能。林素娥(2018)提出早期金華方言用處所詞-da 表示複數,可以為這個假設提供支持。

次類：第一類是量詞爲集合量詞，集合量詞主要有“班”“家”“幫”等，主要分布於臨海、樂清、遂昌等地；另一類是量詞爲不定量詞，不定量詞主要是“些”“星”“俠”“□[t^hE/hE]”等，主要分布於大部分台州片、甌江片、上麗片方言中。

關於這兩類的相關問題，盛益民(2013)有詳細討論，本文不再贅述。

(三)小結

南部吴語複數標記的來源類型可以總結如下：

表 6 南部吴語複數標記的來源類型

類别		方言點
A 處所型		浦江、蘭溪、湯溪、義烏城區等
B 數量型	B1 虛指的“兩(個)”	金華、武義、義烏橋亭、施付宅一帶、東陽馬宅、磐安學田、天台、仙居等
	B2 量詞＋儂/人	臨海、温嶺、温州、麗水、江山、永康明星等

表中三類的大致分布與地理因素相關：“處所型”主要分布于金衢片北部靠近北部吴語的地區，這一帶與北部吴語地理上連成一片，而且交往頻繁；“數量型”B1 類主要分布於金衢片的南部、西部以及天台、仙居的連續區域；B2 類位於台州片(天台、仙居除外)、甌江片和上麗片吴語中。

五 結語

本文主要討論了吴語金衢片浦江虞宅方言的人稱代詞的詞形及相關人稱領屬結構、反身表達等，並考察了複數標記“得”的多功能性及相關演變問題，文章認爲其來源於處所後置詞的語法化。

在此基礎上，文章發現南部吴語中靠近北部吴語的方言點浦江、蘭溪城區、湯溪、義烏城區等地的複數標記都來源於處所詞，與北部吴語一樣屬於“處所型”。此外，林素娥(2018)發現，19 世紀中後期金華話三身代詞複數標記用-da，到 19 世紀末的文獻中則用數量詞“兩個”-liang-keh 標記複數，文章認為-da 由處所詞發展而來。可見，金華早期也屬於處所型，經歷了一個處所型到數量型的轉變，這説明早期處所型的分佈更為廣泛。

本文對盛益民(2013)一文吴語複數標記來源上南北對立的觀點做出了重要的修正。同時，浦江方言的例證也支持北部吴語的複數表領屬現象乃是假象，北部吴語的人稱領屬語實則來源於“家”義處所後置詞。

參考文獻

[1]曹耘(曹志耘). 金華湯溪方言的詞法特點[J]. 語言研究，1987(1).

[2]曹志耘編. 金華方言詞典[M]. 南京：江蘇教育出版社，1996.

[3]曹志耘，秋谷裕幸，太田齋，趙日新. 吴語處衢方言研究[M]. 東京：株氏会社好文出版，2000.

[4]曹志耘主編．漢語方言地圖集·語法卷[M]．北京：商務印書館，2008.

[5]曹志耘，秋谷裕幸．吴語婺州方言研究[M]．北京：商務印書館，2016.

[6]陳忠敏，潘悟雲．論吴語的人稱代詞[A]．李如龍、張雙慶（主編）．代詞（《中國東南部方言比較研究叢書》第4輯）[C]．廣州：暨南大學出版社，1999.

[7]戴昭銘．歷史音變和吴方言人稱代詞複數形式的來歷[J]．中國語文，2000(3).

[8]戴昭銘．浙江天台方言的代詞[J]．方言，2003(4).

[9]方松熹．義烏方言研究[M]．杭州：浙江省新聞出版局，2000.

[11]傅國通．武義話的代詞[A]．傅國通．方言叢稿[C]．北京：中華書局，2009．188-197.

[10]黄曉東．台州方言的人稱代詞[M]//開篇（第23期），東京：株氏会社好文出版，2004.

[11]黄曉東．吴語婺州方言的人稱代詞[M]//漢語史學報（第十六輯），2016：79-90.

[12]李旭平，申屠婷婷．吴語包括式人稱代詞的構成和類型[M]//漢語史學報（第十六輯），2016：91-100.

[13]林素娥．從域外文獻看吴語複數標記詞源類型[C]．第九届漢語方言語法國際學術研討會論文，合肥：安徽大學，2018.

[14]劉丹青．語序類型學與介詞理論[M]．北京：商務印書館，2003.

[15]劉丹青編著．語法調查研究手册[M]．上海：上海教育出版社，2008.

[16]潘悟雲．漢語複數詞尾考源[A]．徐丹主編．量與複數的研究[C]．北京：商務印書館，2010．113-122.

[17]秋谷裕幸，趙日新，太田齋，王正剛．吴語蘭溪東陽方言研究[R]．平成13－15年度科學研究費基盤研究(B)研究成果報告書，2002.

[18]盛益民．吴語人稱代詞複數標記來源的類型學考察[M]//語言學論叢（第48輯）．北京：商務印書館，2013：204-226.

[19]盛益民，葉婧婷．吴語人稱領屬結構的類型及其來源[A]，第三届方言語法"博學"論壇（復旦大學）[C]，2017.

[20]盛益民，李旭平．富陽方言研究[M]．上海：復旦大學出版社，2018.

[21]施俊．論婺州片吴語的第一人稱代詞——以義烏方言爲例[J]．中國語文，2013(2).

[22]施俊．義烏方言同音字彙[M]//開篇（第34期），東京：株氏会社好文出版，2015.

[23]陶寰，史濛輝．吴語人稱代詞考源的原則——兼論吴語的"儂"[M]//漢語史學報（第十六輯），2016：114-132.

[24]汪化雲．省略構成的人稱代詞複數標記[J]．方言，2011(1).

[25]吴建明．人稱"聚合結構"理論的漢語視角[J]．當代語言學，2013(4).

[26]徐麗華．義烏方言的人稱代詞[M]//開篇（第20期），東京：株氏会社好文出版，2000.

[27]游汝傑．吴語裏的人稱代詞[A]．吴語和閩語的比較研究（中國東南方言比較研究叢書第一輯）[C]．上海：上海教育出版社，1995．32-49.

[28]張惠英．複數人稱代詞詞尾"家""們""俚"[J]．中國語言學報，1995(5).

[29]趙元任．語法調查研究手册[M]．北京：科學出版社，1956.

[30]浙江省桐廬縣縣志編纂委員會．桐廬方言志[M]．北京：語文出版社，1992.

[31]Corbett. Greville G. Number[M]. Cambridge: Cambridge University Press, 2000.

[32]Daniel, Michael & Edith Moravcsik. The Associative Plural, in Dryer, Mathew S. & Haspelmath, Matin. (eds.) The World Atlas of Language Structures, Oxford: Oxford University Press, 2005.

[33]König, Ekkehard & Peter Siedmund. Intensifiers and reflexives: a typological perspective, In Frajzingier, Zygmunt & Traci S. Curl (ed.) Reflexives: Forms and Functions. Amsterdam: John Benjamin Publishing Company, 2000: 41-74.

[34]König,Ekkehard&Peter Siemund (with Stephan Töpper). Intensifiers and Reflexive Pronouns. In-Dryer, Matthew S. &Haspelmath,Martin (ed.) The World Atlas of Language Structures, Oxford: Oxford University Press, 2005:194-197.

On the Source Types of Plural Markers in Southern Wu from the Case of Pujiang (Yuzhai) Dialect

Sheng Yimin　Mao Hao

Abstract: This paper first discusses the etymology of the personal pronouns of the Pujiang(Yuzhai) Wu dialect and the related personal possessive structure and reflexive expression. At the same time, the multi-function and the evolution of the plural marker *de* are examined. On this basis, the article explores the source types of plural markers of personal pronouns in Southern Wu.

Key words: Southern Wu,Pujiang Dialect,personal pronoun,plural marker,multi-function, source types

通信地址：
盛益民，上海楊浦區邯鄲路 220 號復旦大學中文系
郵編：200433
E-mail：fdshengym@163.com
毛浩，上海市徐匯區永福路 123 号上海教育出版社
郵編：200031
E-mail：maohaoocean@163.com

《説文》聲系、《廣韻聲系》與古文字聲系合證[*]

——以見類爲例

葉玉英

内容提要　文字聲系是古音研究，特别是上古聲母研究的重要綫索和依據。《廣韻》和《説文》聲系都存在一些問題，需要借助古文字資料重作梳理。以見類爲例，古文字資料證明，"弓""船""公""共""廾""軍""干""幵""皐""光""厷""己""古""丯""叚""各"等聲系中的有些字在歸併上值得商榷。

關鍵詞　《廣韻》 《説文》 聲系　古文字　上古聲母

文字聲系是古音研究，特别是上古聲母研究的重要綫索和依據。其中聲系的分合是非常關鍵的問題之一。清代以及近現代學者由於當時古文字研究水平的局限，在聲系的分合上存在許多問題。如《説文》"容，从宀、谷聲"，《廣韻聲系》將"容"收在"谷"聲系下，《説文通訓定聲》收在"公"聲系下。古文字資料可證"容"字確从"公"聲。又如"衮"字，《説文》"衮，从衣、公聲"，《廣韻聲系》收在"公"聲系下。然而古文字資料却顯示"衮"不从"公"聲，而是从"台"聲。因此我們認爲利用古文字研究新成果對《説文》聲系、《廣韻聲系》進行全面的整理和研究是十分必要的。

一

清代中期以來，以段玉裁爲代表的一批學者開始對《説文》聲系進行全面的整理和研究。段玉裁第一個打破《説文》以形系聯的體例，將《説文》中的1521個聲符依其古韻十七部説分列，從而開創了以聲音系聯《説文》的先河。更重要的是，他提出的"同諧聲必同部"説，標誌着清代學者不僅開始了有意識的《説文》聲系研究，而且有了理論的指導。其後涌現出一大批研究《説文》聲系著作。這些著作中，除了姚文田《説文聲系》外，其餘都是按照韻部來排列的，主要有江沅《説文解字音韻表》、嚴可均《説文聲類》、丁履恒《説文諧聲》、朱駿聲《説文通訓定聲》、張惠言和張成孫《諧聲譜》、丁顯《諧聲譜》、江有誥《諧聲表》、戚學標《漢學諧聲》、陳澧《説文聲表》、苗夔《説文聲讀表》、梁紀恩《説文諧聲表》、王士禛《諧聲别部》、權少文《説文古均二十八部聲系》等。

沈兼士編的《廣韻聲系》之於上古音研究也非常重要。鄭張尚芳的《上古音字表》就是以《廣韻聲系》爲基礎來編排的。孫玉文指出："《廣韻聲系》收録的字，分别造自遠古至中古，無

* 基金項目：國家社科基金項目"古文字異部諧聲通假與上古音研究"（編號：14BYY099），國家社科基金重點項目"16批戰國楚簡諧聲通假資料庫建設與上古音研究"（編號：17AYY013）。

疑反映了遠古至中古的語音變化。中古音對上古音既有繼承,又有發展。我們可以根據繼承性的一面,利用《廣韻聲系》收録的遠古至中古的諧聲字去研究上古音,應該會有所收穫。"①

古文字聲系最重要的成果是黄德寬等先生編的《古文字譜系疏證》(以下簡稱《疏證》)和徐在國的《上博楚簡文字聲系一 ～八》(以下簡稱《上博聲系》)。另有一些碩博士論文,如權東五《甲骨文形聲字研究》、宋微《甲骨文形聲字分期研究》、曹軍《殷商甲骨文形聲字研究》、楊軍會《甲骨文形聲字研究》、吴威《〈金文編〉形聲字構形系統研究》、魏常春《西周金文形聲字發展探析》、欒維權《古漢字形聲字發展史簡論》、陳麗《出土秦系文獻形聲字研究》、吴吉煌《楚文形聲字研究》、陳鴻《戰國文字諧聲系統與古音研究》、王波《郭店楚簡形聲字定量研究》、馮翼《上海博物館藏戰國楚竹書(一)—(六)文字聲系》等。其他如吴振武《古文字中的"注音形聲字"》、許進雄《古文諧聲字根》、孔仲温《殷商甲骨諧聲字之音韻現象初探——聲母部分》、許文獻《先秦楚系文字聲符替換結構初探——分類之一:非屬同一諧聲系統之共時性同字異構例》《先秦楚系文字聲符替換結構初探》、黄文傑《戰國時期形聲字聲符換用現象考察》和《秦漢時期形聲字義近形旁换用現象考察》、蔡信發《形聲字同形異字之商兑》等。

本文以《廣韻聲系·見類》爲例,以朱駿聲《説文通訓定聲》(以下簡稱《定聲》)、《疏證》爲參證,分别指出《廣韻聲系》《定聲》《疏證》中存在的問題。希望能爲上古聲母研究提供更爲可靠的研究資料。

二

1."弓"聲系和"躳"聲系

《廣韻聲系》"弓"聲系下收"躬""穹""芎""𨉫""窮""焪""誇""𨈭""藭""竆";"躳"聲系下收"宮""悺""营""㓖""郘""[illegible]""䆩"。

今按:"躬""芎"《説文》分别收爲"躳""营"異體;《説文》有"竆"字,"窮"作爲"竆"字異體最早見於漢隸,作"窮"(熹平石經《易·説卦》);"𨉫"亦有異體作"𨉢"。《定聲》"弓"聲下只收"穹""弜","躳"聲系下收"窮""宮""䆩""竆""营""㓖"。于省吾曾指出,"躳""竆""宮"所从之"吕"乃甲骨文"[illegible]"之變。"[illegible]"是"雝"和"雍"的初文。甲骨文"宮"字作"[illegible]"(甲骨文合集(以下簡稱"合集")36542),又作"[illegible]"(合集 7928),可證。从"[illegible]"聲的字還有"邕""雝""廱""灉""癰"等。"竆"即"竆"之訛,字所从之"邑"亦"吕"形之訛②。此説已成共識,故《疏證》將"躳""竆""竆""宮""雝""癰""饔"等都納入"[illegible]"聲系③。《疏證》"弜"聲系下收"弼"字④。"弜"上古音屬群紐陽部,"弼"在並紐質部,聲韻都差别很大,"弼"不从"弜"聲。因此真正屬於"弓"聲系的字就只有"穹""焪""誇"諸字了。

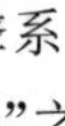

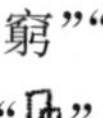

① 孫玉文.諧聲系列和上古音[M]//中國語言學(第四輯).北京:北京大學出版社,2010:2.

② 于省吾.釋[illegible]、吕兼論古韻東冬的分合[M]//于省吾.甲骨文字釋林.北京:中華書局,1979:463-471.

③ 黄德寬等編.古文字譜系疏證[M].北京:商務印書館,2007:1103-1114.

④ 黄德寬等編.古文字譜系疏證[M].北京:商務印書館,2007:3284.

2."公"聲系

《廣韻聲系》"公"聲系下收"蚣""衮""忩""⿺辶公""鬆""枀""訟""頌""忪""⿱竹公""彸""衳""伀""妐""⿰口公""⿰火公""⿱艹公""⿵門公""鈆""翁""瓮""宊""⿰車公""⿱艹衮""淞""崧""菘""硹""松""蜙""淞""倯""⿰彳松""⿰巾松""翁""螉""⿰魚翁""蓊""⿱竹翁""⿰革翁""⿰木翁""⿰翁頁""滃""暡""勜""⿰月翁""塕""⿰火翁""⿰忄翁"。

今按:《廣韻聲系》在"宊"注曰"《説文》云,古文容",但未將"容"及从"容"聲之字納入"公"聲系。《定聲》將"容"及从"容"聲之字歸入"公"聲系是對的。楚、齊及三晉文字"容"作""(九店楚簡 M621・6)""(郭店楚簡・語叢一 47)""(古陶文彙編 6・83)""(公朱左官鼎),皆从公聲。《疏證》"公"聲系下亦收"容"聲系。

西周金文"衮"字作""(師𩛥簋)""(吴方彝)""(曶壺蓋)""(伯晨鼎)。吴方彝""从"衣""㕣"聲可證"衮"本从"㕣"聲。曶壺蓋""字是在""的基礎上添加飾筆""而成的。伯晨鼎从"公"則是訛變後的形體。因此"衮""⿱艹衮"必須從"公"聲系移除,而納入"㕣"聲系。"鈆"是"鉛"字異體,也應移出"公"聲系,歸入"㕣"聲系。

3."共"聲系和"廾"聲系

《廣韻聲系》將"共""廾"分爲兩個聲系。《疏證》認爲"廾"是"共"字初文。《定聲》和《疏證》皆將"共"聲系納入"廾"聲系,還將《廣韻聲系》"廾"聲系下的二級諧聲系列"菐"聲系獨立出來,也就是説《定聲》《疏證》都不認爲"菐"从廾聲。《疏證》還將"弄""具"收在"廾"聲系下①。《廣韻聲系》將"菐"收在"廾"聲系下,是依據《説文》"菐,从丵、从廾,廾亦聲"。我們支持《疏證》的意見,同時我們認爲還應該將"弇"字納入"廾"聲系。

4."軍"聲系與"旬"聲系

甲骨文"旬"字作""""""",或作"" 西周金文增意符"日",作""(繁卣)""(王來奠新邑鼎)。春秋晚期的王孫鐘作"",从"日""勻"聲。《説文》"旬"字古文作"",就是來源於這一形體。甲骨文"勻"字作""(美國所藏甲骨録 619),裘錫圭指出字从""、从"吕"。""與""爲繁簡之别。西周金文"勻"字作"",很可能是"鈞"字初文。"勻"本从""聲②。

西周金文"軍"字作""(庚壺),从"車""旬"聲。戰國文字有的沿襲此形,作""(郾右軍矛)""(郾侯載矛)""(中山侯鉞)""(睡虎地秦簡・秦律雜抄 12),有的从"勻"聲,作""(中山王𠙶鼎)""(郭店楚簡・成之聞之 9)""(包山楚簡 173)""(古璽彙編 4097)。三晉私璽有"中勻"氏,見於《古璽彙編》2707 號璽,吴振武認爲"中勻"當讀爲"中軍"③。趙土軍鉀"軍"字作""。凡此皆可證"軍"可从"勻"聲。

從古文字資料來看,"軍"當納入"旬"聲系。《定聲》從《説文》"軍,从車、从勹會意",今可正其誤。《疏證》認爲"云""勻"一字分化,甲骨文假借"勻"爲"旬"。春秋金文"軍"从"云"聲,秦文字承襲之,六國文字則从"勻"聲,並將"軍"聲系和"旬"聲系分列④。從甲骨文"旬"字或

---

① 黄德寬等編.古文字譜系疏證[M].北京:商務印書館,2007:1144-1156,1082-1088.

② 裘錫圭.殷墟甲骨文字考釋(七篇)[J].湖北大學學報,1990(1).

③ 吴振武.古璽姓氏考[M]//出土文獻研究(第 3 輯).北京:中華書局,1998:86.

④ 黄德寬等編.古文字譜系疏證[M].北京:商務印書館,2007:3432,3650.

體又作"[illegible]"、"勻"字作"[illegible]"來看,"旬""勻""云"不同字,没有分化關係。

5."干"聲系和"舌"聲系

《説文》:"舌,在口,所以言也、别味也。从干、从口,干亦聲。"《廣韻聲系》從《説文》,故將"舌"列入"干"聲系,又以"舌"爲二級諧聲收"栝""銛"和"絬"。"舌"是個象形字,甲骨文作"[illegible]"(合集 14949)"[illegible]"(合集 9472 反)"[illegible]"(合集 15154 正),象口吐舌之形,點象唾液。因此《説文》所謂"从干、从口、干亦聲"不可信。徐鉉注《説文》曰:"當从甛省乃得聲。"《定聲》認爲"甛"从"甘"、从"舌"會意,"甘"亦聲,並將"栝""狧""絬""恬""銛"作爲"甘"的二級諧聲字。《疏證》"舌"聲系下收"䛡""話""適""碽""闊"等字。這顯然不妥。隸楷中的"舌"有兩種來源,在《説文》小篆中還分别井然,一個系列从"[illegible]",如"[illegible]"(栝)"[illegible]"(狧)"[illegible]"(絬)"[illegible]"(恬)"[illegible]"(銛);另一個系列从"[illegible]",如"[illegible]"(話)"[illegible]"(适)"[illegible]"(鴰)"[illegible]"(刮)"[illegible]"(活)"[illegible]"(銽)"[illegible]"(佸)"[illegible]"(姡)"[illegible]"(括)"[illegible]"(聒)"[illegible]"(栝)"[illegible]"(秳)等。"栝""銛"都是包含兩種形體來源的同形字。从"[illegible]"的字在古文字資料中有還有一種形體來源,即从"[illegible]",如"話"字西周金文作"[illegible]"(話簋),郭店楚簡作"[illegible]"(緇衣 30);"適",楚文字作"[illegible]"(楚子適鼎)"[illegible]"(包山楚簡 18)。趙平安認爲"[illegible]"即《説文》"𠯑"。《説文》:"[illegible],塞口也。从口、氒省聲。[illegible],古文从甘。"趙先生認爲"舌"本是从"口""乇"聲的形聲字。《説文》所謂"从口,氒省聲",不確。"舌"的演進系列爲[illegible](甲骨文)—[illegible](金文話字偏旁)—[illegible](金文)—[illegible]①。蔡侯申鐘"[illegible]"字,《金文編》收在"氒"字下,但在釋文中隸定爲"呼",董蓮池《新金文編》釋爲"氒"。我們認爲"[illegible]"當釋爲"舌"(𠯑)。戰國文字"氒"字作"[illegible]"(邾公華鐘)"[illegible]"(姑馮𠯑同之子句鑃)"[illegible]"(中山侯鉞),與"[illegible]"上部形近,因此从"氏"的"𠯑"實際上是由"氒"訛變而來的。从"[illegible]"聲與从"𠯑"聲構成異體。我們支持鄭張尚芳的意見,即食列切的"舌"聲系下收"絬"字,談部的"銛"(息廉切)"恬""栝""甜""狧""餂"等視爲"甜"省聲之字,"話""活""適""括""秳""銛"(古活切)"栝"(古活切)"刮"等爲另一個諧聲系列②。

6."幵"聲系

從古文字資料來看,《廣韻聲系》"幵"聲系下所收之字的聲符有四種來源:(1)來自"[illegible]"。甲骨文"䶕"字作"[illegible]"(合集 367 正),《疏證》認爲字从二主,會對偶平齊之意。戰國文字承襲商周文字,或演化作"[illegible]""[illegible]",如"蚈"字作"[illegible]"(郭店楚簡·語叢四 18),"并"字作"[illegible]"(睡虎地秦簡·秦律十八種 131),"汧"字作"[illegible]"(石鼓文·靈雨)。《説文》:"幵,平也。象二干對構,上平也。"徐鉉音注"古賢切"。《廣韻聲系》中屬於這個聲系的有"䳱"(見先切、疑先切)"豜""麉""䶕""趼""汧""蚈"(溪先切)"岍""雃"(疑寒切、溪先切)"訮""研""妍"(疑先切)"詽""䢎""栞""祈""犴""𣐕""𪏽""䶕""𥁕";(2)來自"[illegible]"頭上的兩根發簪。《新甲骨文編》從裘錫圭説③,釋""爲"妍"。《説文》:"妍,技也。一曰不省録事。一曰難侵也。一曰惠也。一曰

---

① 趙平安. 續釋甲骨文中的"乇"、"[illegible]"、"秳"——兼釋舌([illegible])的結構、流變以及其他古文字資料中的从舌諸字[M]//趙平安. 新出簡帛與古文字古文獻研究. 北京:商務印書館,2009:37-41.

② 鄭張尚芳. 上古音系(第二版)[M]. 上海:上海教育出版社,2013:395,460,481.

③ 裘説見裘錫圭《史牆盤銘解釋》注 13,此文已收録於《裘錫圭學術文集》(3)第 7 頁,復旦大學出版社,2012 年。

安也。从女，幵聲。讀若研。”我們認爲“”很可能跟“眉”“果”一樣是個複體象形字，爲“笄”之初文。《說文》“妍，技也”，是聲訓。與讀若“研”的“妍”字構成同形字。《説文》：“笄，簪也。从竹、幵聲。”徐鉉音注：“古兮切”。此“幵”與古賢切的“幵”同形。天星觀遣策簡“笄”字作“”，包山楚簡“骭”字作“”（簡 120）。與“笄”同一個聲系的還有“枅”“蚈”（苦奚切）“羿”“骭”“豣”“屛”“邢”“蝌”。《說文》：“邢，周公子所封，地近河内懷。从邑，幵聲。”《定聲》以“枅”爲聲系，認爲“骭”“羿”“笄”“豣”都是“枅”省聲。朱駿聲能將這一系列字與古賢切的“幵”聲系分開，已見卓識。《疏證》將“骭”“屛”“豣”與“妍”“𢍏”“麉”“汧”列在一個聲系下，没有區別開來，不妥；(3)來自“井”。《說文》：“郱，鄭地郱亭，从邑、井聲。”徐鉉音注“户經切”。“郱”後來都寫作“邢”。同一聲系的字還有“雃”（口莖切）“鳽”（口莖切）“㓝”“鉼”“型”等。戰國古璽“邢”字作“”（古璽彙編 1901），西周金文“刑”字作“”（散盤），中山王鼎“型”字作“”，“荆”字作“”（過伯簋）。《定聲》將“刑”“邢”“形”“鉼”“荆”等列入“幷”聲系，甚誤。《疏證》則收“郱”“荆”“型”於“井”聲系，甚確；(4)“幷”聲系。《說文》：“幷，相從也。从从，幵聲。一曰‘从持二爲幷’。”《廣韻聲系》從之，將“幷”聲系納入“幵”聲系。甲骨文“幷”字作“”，是個指事字。《說文》割裂字形説字，不可信。《定聲》指出：“幵非聲，从持二會意是也。”因此《定聲》的“幷”聲系是獨立的。朱駿聲認爲“幵非聲”是對的，但說“从持二會意”则不確。《說文》小篆“”是在甲骨文“”再加一横飾筆而來的。《疏證》“幷”聲系也是獨立的。

7.“臯”聲系與“睪”聲系

《廣韻聲系》“臯”聲系下收“䆁”“𡨦”二字。《定聲》和《疏證》都將“臯”聲系和“睪”聲系分開。劉釗先生認爲“皋”（臯）是從“睪”分化出來的一個字①，甚確。不過這種分化是單純的形體訛變的結果，與音没有關係。因此“臯”聲系和“睪”聲系當分開。

8.“光”聲系與“黄”聲系

《說文》：“黄，地之色也。从田、从炗，炗亦聲。”《廣韻聲系》《定聲》從其説，故將“黄”納入“光”聲系。甲骨文“黄”字作“”（合集 3488）“”（合集 3503）。姚孝遂認爲“黄”是從“矢”分化出來的②。金文或沿襲甲骨文之形作“”（師𩛥簋），或在字的上部加“”，作“”（召尊）“”（師𩛥簋）“”（伯家父簋）“”（趞鼎）“”（休盤）“”（元年師𣄨簋）。戰國秦楚文字“黄”字形體與兩周文字一脈相承，作“”（包山 107）“”（信陽 2・23）“”（石鼓文・汧殹）。唐蘭認爲“黄”字古文象仰面向天，腹部膨大，爲“尫”字初文。這是就金文形體説字。我們認爲姚孝遂之説較爲可信。《疏證》將“黄”聲系從“光”聲系中獨立出來，可從。

9.“厷”聲系與“弘”聲系

《說文》：“弘，弓聲也。从弓、厶聲。厶，古厷字。”《廣韻聲系》《定聲》從其説，故將“弘”聲系列入“厷”聲系。甲骨文“厷”字作“”（合集 1771 正）“”（合集 5532 正），是個指事字，“肱”字初文。甲骨文有字作“”“”“”，裘錫圭認爲此字可能是一形兩用，既用作“弘”字，又用作“强弱”之“强”。拉弓需要很强大的力量，所以古人在“弓”字上加區別性意符“口”來

① 劉釗．古文字構形學[M]．福州：福建人民出版社，2006．

② 于省吾主編《甲骨文字詁林》第 2550 條姚孝遂按語，中華書局，1996 年。

表示“强弱”之“强”這個詞①。劉釗先生認爲“弘”“强”一字分化。小篆“弘”字作“”，所从之“”乃由“”至“”又至“”演變而來。由“”至“”的演變與戰國文字“厶”字作“”“”“”，小篆作“”，“”“”也變爲“”是相同的變化②。《疏證》認爲“弜”字从“弓”，“口”爲分化符號，“弓”亦聲。並疑“弘”爲“彊”字初文。《説文》：“彊，弓有力也。从弓、畺聲。”“弜”與“弘”（），漢代相混。因此《疏證》將“强”納入“弜”聲系，而“弦”在“弓”聲系③。我們認爲劉釗先生對“弘”字的形體演變分析是正確的。“弜”“弘”本同字，當歸入“弓”聲系，而“强”“弦”“鞃”“紭”“泓”等放在二級諧聲“弘”字下。

10.“己”聲系

《廣韻聲系》“己”聲系下所收的字，有一部分在古文字中从“巳”聲，如甲骨文“改”字作“”（合集 36418）“”（合集 39465），西周金文作“”（改盨），戰國文字作“”（侯馬盟書・宗盟類 1:9）“”（侯馬盟書・宗盟類 194:4）“”（郭店楚簡・緇衣 17）“”（郭店楚簡・尊德義 4）“”（郭店楚簡・六德 19）。《説文》：“改，更也。从攴、己。李陽冰曰：‘己有過，攴之即改。’”又“攺，毅攺，大剛卯，以逐鬼鬽也。从攴，巳聲。讀若巳。”“改”“攺”二字，徐鉉、徐鍇注音皆爲“古亥切”。段注：“改，从攴、己聲。或無聲，誤。”“攺，余止切。一本作古亥，非。”清代學者方濬益認爲“已”“巳”一字分化，疑“改”本从“巳”，篆文“改”“攺”爲二。吴大澂亦疑“改”“攺”本一字④。李學勤贊同方氏、吴氏之説，認爲更改之“改”本是从“攴”“巳”聲之字⑤，甚確。又如甲骨文“妃”字作“”（合集 02864）⑥，亦从“巳”聲。金文“妃”字作“”（陳侯午錞銘“大妃”）。《説文》：“妃，匹也。从女，己聲。”徐鉉音注“芳非切”。《金文編》“妃”字下加按語：“匹妃之妃當是之訛”；古文字資料中“起”字既可从“己”作“”（郭店楚簡・老子甲簡 31），又可从“巳”作“”（睡虎地秦簡・治獄 73）“”（古璽彙編 3952，燕璽）。《説文》“起”字篆文作“”，古文作“”，因此《廣韻聲系》將“起”收在“巳”聲系下。《定聲》認爲“起”从“走”“己”聲，將“起”置於“己”聲系下。又將“改”“攺”别爲二字，“改”从“㠯”聲，在“己”聲系下。“攺”在“巳”聲系下。《定聲》主張“妃”是會意字，从女儷己會意，並將“配”字列入“妃”聲系。朱駿聲認爲“改”从“㠯”聲，“妃”爲會意，皆誤。《疏證》“起”字兩屬，“己”聲系、“巳”聲系下皆收。又認爲金文中“”（緐改簋）“”（虢文公鼎）“”（筍伯盨）等字讀如“妃”，指王侯的配偶，因此收在“己”聲系下。在“巳”聲系下收“妃”字，認爲“”與“妃”有别，但又指出甲骨文、金文“妃”用同“妃”。這樣自相矛盾的處理，欠妥。《疏證》將“配”作爲獨立的聲系，甚確。甲骨文、金文“配”字皆从“酉”、从“卩”會意，作“”（合集 14238）“”（㝬鐘），戰國文字中“卩”訛變成“己”，作“”（陳逆匿）。《廣韻聲系》將“配”置於“己”聲系下，誤。

11.“古”聲系

---

① 裘錫圭．釋弘、强[M]//裘錫圭．古文字論集．北京：中華書局，1992． 裘錫圭．説字小記[M]//裘錫圭．古文字論集．北京：中華書局，1992．

② 劉釗．古文字構形學[M]．福州：福建人民出版社，2006．

③ 黄德寬等編．古文字譜系疏證[M]．北京：商務印書館，2007：1799-1802．

④ 周法高．金文詁林[M]．香港：香港中文大學出版社，1975：1960．

⑤ 李學勤．釋“改”[M]//中國古代文明研究．上海：華東師範大學出版社，2005：17．

⑥ 此從李宗焜《甲骨文字編》釋。參看李宗焜．甲骨文字編[M]．北京：中華書局，2012：148．

《廣韻聲系》"古"聲系下所收的"居"和"敢"值得我們作進一步討論。《廣韻・魚部》："居，當也、處也、安也。九魚切。"此"居"當爲《説文》"凥，處也"之"凥"。又《説文》："居，蹲也。从尸古者，居从古。踞，俗居从足。"段玉裁在"凥"下注曰："凡尸得几謂之凥。尸即人也。引申之爲凡凥処之字。既又以蹲居之字代凥。别制踞爲蹲居字。乃致居行而凥廢矣。《方言》《廣雅》凥処字皆不作居，而或妄改之。許書如'家，凥也''宋，凥也''寁，凥之速也''寠，無禮凥也''宭，群凥也'之類皆改爲居，而許書之脈絡不可知。"段注明確指出"居""凥"二者之間的關係，即"居""凥"本爲二字，後"凥処"之"凥"也寫作"居"，《説文》中表"凥処"的"凥"都已寫作"居"了，於是"致居行而凥廢矣"。"踞"是爲了表"居"的本義"蹲也"而另造的後起字。《疏證》認爲"凥"與"處"一字分化。"處"字本从"虍"聲作""（牆盤），楚文字省化爲从"人"、从"几"會意，而省"虍"聲，作""（鄂君啟舟節）""（包山楚簡 3）""（郭店楚簡・成之聞之 8）等形①。鄂君啟節中的""字，《金文編》將釋爲"処"，收在"処"字下。《新金文編》釋爲"凥"。楚簡""""這類形體，《戰國文字編》《楚文字編》皆釋爲"凥"，與"処"分立字頭。《説文》："凥，處也。从尸得几而止。"又"処，止也。得几而止。處，処或从虍聲。""凥""処"皆爲"得几而止"，二者實際上没有區别。郭店楚簡"凥"皆用作"處"（処），也可證"凥""處"本一字。因"凥"後來都寫作"居"，與"處"的關係就不甚了了了。

《説文》："敢，進取也。从爰、古聲。"《廣韻・敢韻》："敢，勇也，犯也。《説文》作'敢，進取也。'古覽切。"《廣韻聲系》將"敢"收在"古"聲系下。《疏證》置"敢"聲系字於"甘"聲系下。金文"敢"字作""（井侯簋），从"争""甘"聲。或省从"口"作""（録伯簋），戰國文字或繁化从"攴"，作""（郭店楚簡・五行 45），與《説文》古文作""相合。"敢"聲系在古文字聲系中出現的只有"厰""嵌""嚴""鄹""玁"諸字②，皆从"甘"或从"口"。《疏證》收"敢"聲系於"甘"聲系，比之將"敢"聲系獨立出來的做法，更能凸顯其聲符。

12."丯"聲系與"害"聲系

《説文》："害，傷也。从宀、从口。宀、口，言从家起也。丯聲。"故《廣韻聲系》將"害"字納入"丯"聲系。從古文字資料來看，"害"並不从"丯"。劉釗先生考釋了甲骨文中的"害"字及从"害"之字，指出"害"字本作""""，或加"口"形作""""""""，或截取簡化作""。或於""形下加口作""，或進一步簡化作""③。金文"害"字作""（師害簋）""（毛公㢊鼎）""（㠱伯盨）""（師克盨）""（害弔簋）等形。从"害"的"䛼"字作""（過甗）""（録簋）""（師䛼鼎）""（榮仲方鼎）。"""""" 所从之"害"與甲骨文"害"字形體一脈相承。劉釗先生總結了金文"害"形體變化特點：(1) 在""形豎筆上加一飾點，飾點又變成一横，再加以變形音化，於是出現""形以"古"爲聲的形體；(2) 累加"五"爲聲作"" ④。睡虎地秦簡"害"字作""（秦律十八種 161），《説文》小篆作""，就是沿襲這種形體。《説文》所謂"丯"聲，實際上是割裂形體的結果。金文"憲"字作""（害伯盉）""（秦公鎛）。《説

① 黄德寬等編. 古文字譜系疏證[M]. 北京：商務印書館，2007：1270-1271.

② 黄德寬等編. 古文字譜系疏證[M]. 北京：商務印書館，2007：4030-4035.

③ 劉釗《甲骨文"害"字及从"害"諸字考釋》，復旦大學出土文獻與古文字研究中心網站，2013 年 8 月 11 日，http://www.gwz.fudan.edu.cn/SrcShow.asp? Src_ID=2093。

④ 劉釗. 古文字構形學[M]. 福州：福建人民出版社，2006：179.

文》:“憲,敏也。从心、从目,害省聲。”从金文來看,“憲”本从“目”“害”聲,後加意符“心”。《疏證》將“害”作爲獨立的聲系,並將“憲”聲系納入“害”聲系,甚確。

13.“⿰⿱歺貝又”聲系與“歺”聲系

《廣韻聲系》“⿰⿱歺貝又”聲系下收“[illegible]”“[illegible]”“[illegible]”。以“[illegible]”爲第二主諧字下收“[illegible]”“[illegible]”“[illegible]”。《定聲》置“⿰⿱歺貝又”“[illegible]”“[illegible]”於“貝”聲系下。《疏證》將“⿰⿱歺貝又”收在“歺”聲系下。甲骨文“⿰⿱歺貝又”字作“”(合集 28151)“”(合集 29324)“”(合集 29325),字从“貝”“歺”聲,或从“貝”从“又”、“歺”聲。卜辭中“⿰⿱歺貝又”有的作地名,有的指一種耕田方式“田”。《廣雅・釋詁四》:“⿰⿱歺貝又,耦也。”朱駿聲在《定聲》中指出:“耕所以起堅土。耕者必耦,故得訓耦。”“⿰⿱歺貝又”字所从之“貝”乃起土之用具。

14.“各”聲系與“咎”聲系

《廣韻聲系》“各”聲系下收“咎”及从“咎”聲之字。《定聲》和《疏證》“咎”聲系都是獨立的。甲骨文“咎”字作“”(合集 21119)“”(合集 21838)“”(合集 8381)。商代金文“咎”字作“”(毓且丁卣)。戰國文字始見从“各”之“咎”,作“”(四年咎奴戈)。《説文》:“咎,災也。从人各。各者,相違也。”“咎”是個會意字,《廣韻聲系》視爲形聲,不確。

三

以上我們對《廣韻聲系・見類》所録各諧聲系列作了疏證。我們認爲將《説文》聲系、《廣韻聲系》和古文字聲系進行合證是可行的,也是必要的。本文僅是舉例性質,在今後的研究中,我們將進行全面的整理和疏證,爲學界提供新的《説文聲系》《廣韻聲系》和古文字聲系。

參考文獻

[1]管燮初. 從《説文》中的諧聲字看上古漢語聲類[J]. 中國語文,1982(1).
[2]管燮初. 從甲骨文的諧聲字看殷商語言聲類[A]. 中國古文字研究會成立十周年學術研討會論文[C]. 1988.
[3]黄德寬. 古漢字形聲結構論考[D]. 吉林大學博士論文,1996.
[4]趙誠. 上古諧聲和音系[J]. 古漢語研究,1996(1).
[5]洪波. 關於《説文》諧聲字的幾個問題[J]. 古漢語研究,1999(2).
[6]耿振生. 論諧聲原則——兼評潘悟雲教授的“形態相關”説[J]. 語言科學,2003(5).
[7]黄易青. 論“諧聲”的鑒别及聲符的歷史音變[J]. 古漢語研究,2005(3).
[8]孫玉文. 諧聲系列與上古音[J]. 中國語言學,2010(4).
[9]孫玉文. 諧聲層級與上古音[J]. 漢藏語學報,2011(5).

The Mutual Verification among *Shuowen* 説文 Phonetic Siries, *Guangyun* 廣韻 Phonetic Siries and the Phonetic Siries of Ancient Chinese Character: Illustrated by Jian *Classes* 見類

Ye Yuying

Abstract: The Phonetic series of Characters were very important for the study of phonology, especially for ancient initials. The phonetic series of *Guangyun* and *Shuowen* had some problems which need to verify. The phonetic series of ancient Chinese characters could do a good job. It showed the phonetic series of *gōng* 弓, *gōng* 躬, *gōng* 公, *gòng* 共, *gǒng* 廾, *jūn* 軍, *gàn* 干, *qiān* 幵, *gāo* 臯, *guāng* 光, *gōng* 厷, *jǐ* 己, *gǔ* 古, *jiè* 丯, *gài* 匃, *gè* 各 in the phonetic series *Guangyun* and *Shuowen* needed to be verified by ancient Chinese characters.

Key words: *Guangyun* 廣韻, *Shuowen* 説文, Phonetic Series, Ancient Chinese Characters, Ancient Initials

通信地址:厦門大學人文學院中文系
郵編:361005
E-mail: yeyyxm@126.com

論南部吴語入聲的演變*

施　俊

内容提要　本文從調和韻兩個方面討論南部吴語入聲的演變。上麗片保留喉塞尾和短時特徵,甌江片失去喉塞尾但保留入聲調值,金衢片入聲一部分舒化一部分保留喉塞。從金衢片方言可以看出,入聲舒化遵循的是"調值相似"原則,與調類無關。因此,有的方言歸上聲,有的歸平聲,調值基本相同。從歷時上看,舒化可能始於陽入,這與發聲態有關。入聲韻的演變主要討論"陽入同韻"現象,前人認爲古陽聲韻和古入聲韻同時丢失輔音韻尾,我們認爲兩者的演變有先後,不可能同時丢失。就南部吴語而言,鼻音成分應先於喉塞成分脱落。同時我們還討論了金衢片兩類入聲字的條件演變。

關鍵詞　南部吴語　入聲調　入聲韻　演變

一、引言

入聲包括兩個方面:一是入聲韻,一是入聲調,兩者相輔相成,互相補充。因此,入聲的演變就會涉及到入聲韻和入聲調的演變。衆所周知,中古入聲有兩個特點,一是有塞音韻尾-p、-t、-k,一是時長短促,前者屬於入聲韻,後者則屬於入聲調。對於單字調而言,吴語典型的入聲一是有喉塞尾-ʔ,一是時長短促,在兩字組前字位置喉塞尾消失,僅保留短時特徵(袁丹 2014)。可見,對於吴語的入聲而言,短時是最主要的區别特徵①。南部吴語入聲的短時特徵逐漸消失,入聲舒化趨勢較爲明顯。本文我們從入聲調和入聲韻兩個方面來討論南部吴語上麗片、甌江片及金衢片入聲的演變。

本文材料來源:常山、開化、慶元、遂昌、雲和的材料來自《吴語處衢方言研究》(曹志耘、秋谷裕幸、太田齋、趙日新 2000)。江山、廣豐的材料來自《吴語江山廣豐方言研究》(秋谷裕幸 2001)。麗水的材料爲鄭張尚芳的調查。温州的材料來自《温州方言志》(鄭張尚芳 2008)。平陽的材料來自《平陽方言記略》(陳承融 1979)。永嘉的材料來自《浙南甌語》(顔逸明 2000)。樂清的材料來自《浙江樂清方言音系》(蔡嶸 1999),《樂清音系再探》(蔡嶸 2006)。東陽、蘭溪的材料來自《吴語蘭溪東陽方言調查報告》(秋谷裕幸、趙日新、太田齋、王正剛 2002)。義烏、浦江、永康、武義的材料爲筆者調查,其他材料來源將隨文作注。(爲方

* 本文爲國家社科後期資助項目"南部吴語韻母讀音層次比較研究"(編號:15FYY018)的階段性成果之一。感謝匿名審稿專家提出的寶貴修改意見。若有錯漏,概由作者負責。

① 筆者在廣州讀研時學習粵語,其中入聲的習得是難點。筆者往往用吴語裏短促的特徵去發粵語的入聲,結果同學笑曰這不是粵語。後來明白粵語入聲的主要區别特徵是塞尾,這屬於韻,而用吴語短促特徵去發粵語入聲自然貽笑大方。從這裏也可以看出,短促是吴語入聲凸顯的區别性特徵,塞尾是粵語入聲凸顯的區别性特徵。可見,調和韻都是入聲的表現形式,只是具體表現有主次之别。

便行文,以單個數字表示調類,調號與調類對應:1 陰平,2 陽平,3 陰上,4 陽上,5 陰去,6 陽去,7 陰入,8 陽入)

二、南部吴語入聲調值和調類的演變

從語音特點來看,上麗片多數方言保留喉塞尾和短時特徵,甌江片喉塞尾和短時特徵均消失,但入聲作爲獨立聲調並未併入舒聲調中,而金衢片的情況略爲複雜,有的點如蘭溪城關話保留喉塞尾和短時特徵,有的點入聲内部又可分爲兩種情況,一部分保留喉塞和短時特徵,一部分舒化併入舒聲調中,有的點部分保留喉塞和短時特徵,部分獨立成調。因此,可以説,上麗片和甌江片均保留了入聲,而金衢片入聲開始消失。我們先來看具體讀音,見下表。

表 1　南部吴語入聲表現情況表①

		搭咸	急深	篋山	日臻	腳宕	桌江	力曾	客梗	木通
上麗片	常山	-ʔ	-ʔ	-ʔ	-ʔ	-ʔ	-ʔ	-ʔ	-ʔ	-ʔ
	江山	-ʔ	-ʔ	-ʔ	-ʔ	-ʔ	-ʔ	-ʔ	-ʔ	-ʔ
	開化	-ʔ	-ʔ	-ʔ	-ʔ	-ʔ	-ʔ	-ʔ	-ʔ	-ʔ
	廣豐	-ʔ	-ʔ	-ʔ	-ʔ	-ʔ	-ʔ	-ʔ	-ʔ	-ʔ
	玉山	-ʔ	-ʔ	-ʔ	-ʔ	-ʔ	-ʔ	-ʔ	-ʔ	-ʔ
	麗水	-ʔ	-ʔ	-ʔ	-ʔ	-ʔ	-ʔ	-ʔ	-ʔ	-ʔ
	遂昌	-ʔ	-ʔ	-ʔ	-ʔ	-ʔ	-ʔ	-ʔ	-ʔ	-ʔ
	慶元	-ʔ	-ʔ	-ʔ	-ʔ	-ʔ	-ʔ	-ʔ	-ʔ	-ʔ
	雲和	-ʔ	-ʔ	-ʔ	-ʔ	-ʔ	-ʔ	-ʔ	-ʔ	-ʔ
甌江片	温州	313	313	212	212	313	313	212	313	212
	樂清	323	323	212	212	323	323	212	323	212
	永嘉	34	34	213	213	34	34	213	34	213
	平陽	24	24	213	213	24	24	213	24	213
金衢片	義烏	Ø	-ʔ	Ø	Ø	Ø	Ø	Ø	Ø	Ø
	東陽	-ʔ	-ʔ	-ʔ	-ʔ	-ʔ	-ʔ	-ʔ	-ʔ	-ʔ
	蘭溪	-ʔ	-ʔ	-ʔ	-ʔ	-ʔ	-ʔ	-ʔ	-ʔ	-ʔ
	浦江	434	-ʔ	312	312	434	434	312	434	312
	永康	Ø	-ʔ	Ø	Ø	Ø	Ø	Ø	Ø	Ø
	武義	Ø	-ʔ	Ø	Ø	Ø	Ø	Ø	Ø	Ø

從上表可以清楚地看到,上麗片各方言均保留了喉塞尾,甌江片各方言失去喉塞尾和短時特徵,但入聲獨立成調,金衢片情況複雜,各種情況都有。

從地域特點看,各片方言入聲的演變具有一致性,即屬於同一片内的方言點入聲的演變比較一致,比如上麗片均保留喉塞尾,甌江片均有獨立入聲調,金衢片入聲則有短有長。

觀察上麗片各方言點對入聲調的描述發現,一般陰入用一個數字表示調值,而陽入用兩

① 表格中例字爲舉例性質,實際情況可能更複雜,具體見下文討論。本表只列入聲表現的凸顯特征,如-ʔ 表示入聲有喉塞尾和短時特徵(不意味着没有調值)。用數字表示調值,表明入聲失去喉塞尾和短時特徵,但未與舒聲調合併,保留獨立入聲調。Ø 表示失去喉塞尾和短時特徵,同時併入其他舒聲調。

個數字表示調值,並强調兩個數字的陽入是短調,如常山陰入是5,陽入是34,並强調陽入34是個短調(曹志耘、秋谷裕幸等2000:76)。廣豐陰入是5,陽入是23,並强調陽入23是個短調(秋谷裕幸2001:45)。開化陰入是5,陽入是24,並强調陽入24是個短調(曹志耘、秋谷裕幸等2000:46)。玉山陰入是5,陽入是23,並强調陽入23是個短調(同上:113)。遂昌陰入是5,陽入23,並强調陽入23是個短調(同上:168)。慶元陰入是5,陽入34,並强調陽入34是個短調(同上:221)。雲和陰入是5,陽入是24,並强調陽入24是個短調(同上:193—194)①。

爲什麼陰入調都用一個數字表示,而陽入調都用兩個數字?也許有人認爲這是調查人習慣,其中並無有用的語言學信息。但這一習慣正反映出陰入與陽入雖同爲短促,但時長確有區别的感知事實。無獨有偶,北部吴語常熟話陰入是5,陽入是23,這是傳統調值記法。袁丹(2014)利用實驗語音學測量常熟話8個單字調的時長,其中陰入均值爲77ms,陽入爲104ms。可見,陽入要比陰入長不少,當然這一假設還需要進一步的研究。

既然陰入和陽入在調值上有區别,那麼,在演化的進程上速度也會有所不同。徐越、朱曉農(2011)以孝豐方言爲例,回答了這個問題。即陰入和陽入的演化進程中有快慢,並不是一致的,其中陽入字的演化要領先於陰入字,原因可能跟吴語中普遍存在的弛聲音節有關。弛聲是一種發聲時聲帶較爲鬆弛的發聲態,所以陽入的喉塞尾不如陰入强烈。我們認爲這一解釋很有道理。由於吴語聲母普遍保留着陰陽對立,而濁聲母音節的語音實質是弛聲,弛聲發聲時聲帶也振動,只是在聲帶閉合時留有縫隙,形成濁感。因此,陽入的喉閉就相對較弱,聲門關閉不嚴就會造成漏氣,反映在調值上時長就會拖長,慢慢走向舒化。

因此,陰入和陽入雖然都是喉塞尾,但在演化的速度上可能是不同的,陽入的舒化或許快於陰入②。

再看甌江片,鄭張尚芳(2008)指出“温州入聲單讀是降升型舒調,但在連讀調中作前字仍讀短促調(21或1)”。不過游汝傑(2007)認爲温州方言入聲在兩字組前字位置是否長化,與兩字組是否是成詞詞組有一定關係,成詞兩字組一般不長化,不成詞兩字組容易長化。袁丹(2014)通過録音材料説明温州入聲在兩字組前字時其時長正在長化的過程中。可見,入聲在單字調裏容易舒化,而連讀調裏的入聲相對滯後,這些研究似乎表明只有單字調和連讀調裏的入聲都舒化才是真正的舒化。不過,不管怎麽説,甌江片各方言入聲都是獨立成調,並未與舒聲調合流。

金衢片情況略爲複雜,除了東陽、蘭溪全部具有喉塞尾外(東陽的喉塞可能比較弱,下面討論),其他點都是融合了多種情況。施俊(2012、2016)通過對義烏境内十個方言點入聲的

① 審稿專家指出,陰入之所以用一個數字表示,是因爲聽起來較短促且較平,而陽入用兩個數字是爲了表示其調型的變化。這也説明,在保留短促入聲的典型吴語(古全濁聲母仍讀濁聲母,其語音實質爲弛聲)方言里,陰入傾向於較短促且較平的調值,陽入傾向於有調型變化的調值。從時長角度來看,有調型變化或調型變化較大的往往要長於調型變化較少的。因此,形成目前入聲調值記録的習慣。當然這一説法需要實驗語音學更多的證明。

② 審稿專家正確指出陽入舒化快於陰入限於部分吴語,而皖南吴語就是陰入快於陽入。我們非常同意這一論斷。不過皖南吴語與核心區域的典型吴語在演化道路上出現差異也可能是其他因素的影響。皖南地區方言複雜,不同土著方言跟不同的移民方言互相交錯、互相影響、互相融合(鄭張尚芳1986)。因此,皖南吴語入聲舒化的類型或許更多。

考察，指出義烏的入聲可分爲甲乙兩類，甲類只有一讀，離城區越遠，喉塞尾保留越强，在地域上表現爲不同的發展階段，乙類有文白兩讀，白讀舒化，各點在調值上的表現相當一致，但調類歸并各不相同，遵循調值相似原則。這一研究基本可以代表金衢片大部分方言入聲的演變狀況。

“金衢片的東陽陰入 45 和陽入 324 都是短調，但比其他吴語的入聲稍微長一點”（秋谷裕幸、趙日新等 2002：38）。因此，韻母表有帶喉塞尾入聲韻的記録，但又説，古入聲韻大致上帶喉塞尾，也有一些古入聲字不帶。從描述上看出，東陽的入聲其實是在舒化的過程中。金衢片方言的入聲大多有兩類，一類舒化，一類短促，舒化的有的并入舒聲調，有的獨立成調。施俊（2012、2016）關於義烏境内十個方言點的論述可以清楚地看到這一複雜的狀況。就白讀而言，保留喉塞尾的往往在-ə-、-iə-、-uə-、-yə-四個韻母中，其他入聲韻母則并入舒聲韻，可見，金衢片的入聲舒化是以韻母爲條件漸變的。

官話方言入聲的歸向有很强的一致性，而南部吴語入聲舒化後的歸類則具有很强的個性。“入聲字喉塞尾弱化、消失、調值拉長，并入其他舒聲調類，是當代南部吴語和徽語語音演變的大趨勢”（曹志耘 2002b：444）。個性是相對於一致性而言的，説明兩者有差别，事實上，個性也具有一致性，只是與官話方言調類歸併不同，南部吴語遵循的是調值相似的規律，而調類的歸向則各不相同。光義烏境内各地入聲調類的歸併就各不相同，有的歸爲陰上和陽上，有的歸爲陰平和陽平，有的則自成一調。浦江舒化的入聲就自成一類，武義陰入舒聲併入陰去，陽入舒聲併入陽上，永康則分别併入陰上和陽上。與官話方言入聲歸并按調類原則不同，南部吴語入聲歸并遵循的是“調值相似”的原則。

綜上所述，我們把南部吴語入聲調值的演變歸納如下：

- 上麗片（-ʔ）
  - 甌江片（-∅ 獨立入聲調）
  - 金衢片
    - -ʔ（多限於 əʔ、iəʔ、uəʔ、yəʔ 四韻）①→第二次舒化
    - -∅ 獨立入聲調
      - -∅（第一次舒化）
      - -∅ 并入舒聲調

三、南部吴語入聲韻的演變

南部吴語入聲韻的演變既有“横向傳遞”②所形成的讀音對立，又有以韻攝爲條件而形成的互補。可以説，音變與層次在南部吴語的共時層面存在交集。如金衢片有的方言短促與舒化的入聲表現既有音變的結果，又有文白的差别。此外，“陽入同韻③”在南部吴語表現得淋漓盡致。以下我們具體討論。

---

① 金衢片的情況略爲複雜，除極少數點讀喉塞外，大多數有舒有促，總的來説，可能經歷兩次舒化，第一次舒化經“陽入同韻”，剩餘部分韻母如 əʔ、iəʔ、uəʔ、yəʔ 未舒化，有的點則進行第二次舒化，即剩餘 əʔ、iəʔ、uəʔ、yəʔ 四個韻母的舒化。

② 一般指來自語言外部因素引起的語言變化。

③ 這個“韻”不包括輔音韻尾。

(一)“陽入同韻”

曹志耘(2002a)指出南部吴語不少地點的古陽聲韻和入聲韻的輔音韻尾是同時丟失的，並將之稱爲“陽入同變”。也就是説，鼻音尾和塞音尾同時丟失，元音部分變得相同，這種現象在其他方言片較少見。事實上，“陽入同變”現象多發生在金衢片及甌江片方言，因兩地入聲多舒化。不過，從嚴格意義上講，“陽入同變”的結果應該僅指入聲并入舒聲的情況，如果有獨立入聲調類的，只是元音相同，看起來還不能説完全相同。

本小節我們將説明“陽入同變”的説法並不合理，因爲古陽聲韻和入聲韻的輔音韻尾並不是同時丟失的，而是有先有後的，因此，稱之爲“陽入同韻”似更合理。當然，古陽聲韻與入聲韻的元音相同，入聲有獨立調類，可以看成是“陽入同韻”的中間狀況。相對來説，金衢片的“陽入同韻”現象較集中。

我們先舉義烏①“陽入同韻”的讀音如下：

表 2　義烏話“陽入同韻”現象舉例

<table>
<tr><td rowspan="3">咸攝</td><td>耽 nɔ1/搭 ɗɔ3(覃合)</td><td>毯 t^{h}ɔ3/塔 t^{h}ɔ3(談盍)</td><td>鹹 ɦɔ2/狹 ɦɔ4(咸洽)</td></tr>
<tr><td>岩 ɦɔ2/甲 kɔ3(銜狎)</td><td>尖 ʨie1 接 ʨie3(鹽葉)</td><td>嚴 ȵie2/業 ȵie4(嚴業)</td></tr>
<tr><td>簟 diɑ4/疊 diɑ4(添帖)</td><td></td><td></td></tr>
<tr><td rowspan="4">山攝</td><td>桿 kɯɤ3/割 kɯɤ3(寒曷)</td><td>顔 ɦɔ3/瞎 hɔ1(删鎋)</td><td>棉 mie2/滅 mie4(仙薛)</td></tr>
<tr><td>掀 ɕie1/歇 ɕie3(元月)</td><td>千 ʦ^{h}iɑ1/切 ʦ^{h}iɑ3(先屑)</td><td>款 k^{h}uɑ3/闊 k^{h}uɑ3(桓末)</td></tr>
<tr><td>關 kuɑ1/刮 kuɑ3(删鎋)</td><td>全 zie2/雪 sie3(仙薛)</td><td>原 ȵye2/月 ȵye4(元月)</td></tr>
<tr><td>縣 ɦye6/血 ɕye3(先屑)</td><td></td><td></td></tr>
<tr><td>宕攝</td><td>想 sɯɑ3/削 sɯɑ3(陽藥)</td><td>養 ȵiɔ4/藥 ɦiɔ4(養藥)</td><td></td></tr>
<tr><td>梗攝</td><td>坑 k^{h}ɑ1/客 k^{h}ɑ3(庚陌)</td><td>耕 kɑ1/隔 kɑ3(耕麥)</td><td></td></tr>
</table>

因義烏話舒化入聲字調值并入上聲，因此，上表中如果古陽聲韻字是上聲的，那麽對應的入聲字與之完全同音，如毯＝塔，簟＝疊，桿＝割，款＝闊，想＝削等。這也表明古陽聲韻與入聲韻今讀韻母完全同音。

金華湯溪話是古陽聲韻和入聲韻全都丟失輔音尾的方言，咸深山臻宕江曾梗古陽聲韻和入聲韻今讀元音相同。不過，湯溪話入聲調並未完全合併，只是陽入＝陽上＝113，陰入 55 是獨立入聲調，因此，與義烏相比，只能算“同韻”一半。具體讀音如下表所示。

① 這裏指的是義烏佛堂鎮繼成村話，爲方便敘述，以下統稱義烏話。義烏話入聲白讀分甲乙兩類，甲類字帶喉塞尾，讀短調，乙類字不帶喉塞尾，與舒聲調合併。從共時語音特點看，“陽入同韻”只在部分乙類字發生。這裏只列脱落鼻音韻尾的古陽聲韻今讀對應的入聲韻讀音，事實上乙類入聲字舒化的還有一部分對應的古陽聲韻未脱落鼻尾的。表中爲舉例性質。

表 3　湯溪話“陽入同韻”現象舉例①

咸攝	蠶 zɤ2/雜 zɤ4(覃合)	毯 t^{h}o3/塔 t^{h}o3(談盍)	岩 ɦuo2/鴨 uo7(銜狎)
	尖 ʦie1/接 ʦie7(鹽葉)	嚴 ȵie2/業 ȵie4(嚴業)	泛 fo5/法 fo7(凡乏)
	嫌 ɦie2/協 ɦie4(添帖)		
深攝	林 lei2/立 lei4(侵緝)	金 ʨiei1/急 ʨiei7(侵緝)	
山攝	肝 kɤ1/割 kɤ7(寒曷)	山 so1/殺 so7(山黠)	慣 kuo5/刮 kuo7(刪鎋)
	件 ʥie4/傑 ʥie4(仙薛)	面 mie6/篾 mie4(先屑)	飯 vo6/罰 vo4(元月)
臻攝	印 iei5/一 iei7(真質)	均 ʨiei1/桔 ʨiei7(諄術)	軍 ʨiei1/屈 k^{h}uei7(文物)
宕攝	湯 t^{h}o1/托 t^{h}o7(唐鐸)	廣 kuo3/郭 kuo7(唐鐸)	養 ɦio4/藥 ɦio4(陽藥)
江攝	講 kuo3/角 kuo7(江覺)		
曾攝	冰 mei1/逼 pei7(蒸職)		
梗攝	坑 k^{h}a1/客 k^{h}a7(庚陌)	爭 ʦa1/責 ʦa7(耕麥)	横 ɦua2/劃 ɦua4
	丙 mei3/碧 pei7(庚陌)	姓 sei5/惜 sei7(清昔)	錠 dei4/敵 dei4(青錫)

從上表我們可以看出,雖然陰入字元音部分與對應的古陽聲韻今讀相同,但陰入仍保持獨立入聲調,而陽入字已完全并入對應的古陽聲韻今讀中。從另一角度看,陰入和陽入的舒化速度不同,陽入合并而陰入獨立,可知,陽入先於陰入舒化,這與上一小節的討論正相契合。因此,我們可以把湯溪話看成是“陽入同韻”現象的中間狀態。

我們知道,温州古入聲今讀均丢失喉塞尾,失去短時特徵,保留獨立入聲調。同樣也存在古陽聲韻與入聲韻元音相同的現象,具體見下表:

表 4　温州話“陽入同韻”現象舉例②

咸攝	耽 ta1/答 ta7(覃合)	籃 la2/臘 la8(談盍)	減 ka3/夾 ka7(咸洽)
	尖 ʨi1/接 ʨi7(鹽葉)	嚴 ȵi2/業 ȵi8(嚴葉)	甜 di2/疊 di8(添帖)
山攝	蛋 da6/達 da8(寒曷)	桿 ky3/割 ky7(寒曷)	聯 li2/裂 li8(仙薛)
	獻 ɕi5/歇 ɕi7(元月)	見/ʨi5 結 ʨi7(先屑)	
臻攝	鈍 dø6/突 dø8(魂没)	昆 ky1/骨 ky7(魂没)	

温州古入聲字讀音没有一個是與古陽聲韻讀音相同的,因爲古入聲今讀保留獨立入聲調。與湯溪話相比,温州顯然是湯溪的前一站。

上麗片古入聲韻具有喉塞尾和短時特徵,是典型的吴語入聲,不少方言古陽聲韻還保留有鼻音特徵,或鼻尾,或鼻化。從共時上看,當然不屬於“陽入同韻”現象。不過,或許我們可以從歷時角度看到“陽入同韻”現象的起點。我們以江山話爲例列出相應讀音如下。

① 轉引自曹志耘(2002a:92),不包括通攝。

② 温州古陽聲韻與入聲韻今讀元音相同較少,儘管宕江梗$_{二}$諸攝古陽聲韻字丢失鼻音尾,但其入聲字元音與之不完全相同,因此,我們未將其列入表中。

表 5　江山話古陽聲韻與古入聲韻今讀舉例

咸攝	耽 tã1/答 taʔ7(覃合)	籃 lã2/臘 laʔ8(談盍)	陷 ɦã/狹 ɦaʔ8(咸洽)
	監 kã1/甲 kaʔ7(銜狎)	尖 tɕiᴇ̃1/接 tɕiᴇʔ7(鹽葉)	劍 kiᴇ̃5/劫 kiᴇʔ7(嚴業)
	點 tiᴇ̃3/跌 tiᴇʔ7(添帖)	範 fã6/法 faʔ7(凡乏)	
深攝	枕 tɕ œ̃3/汁 tɕœʔ7(侵緝)	沈 ɕ œ̃3/十 ɕ œʔ8(侵緝)	
山攝	扮 pã5/八 paʔ7(山黠)	辦 bã6/拔 baʔ8(山黠)	變 piᴇ̃5/鱉 piᴇʔ7(仙薛)
	面 miᴇ̃6/滅 miᴇʔ8(仙薛)	獻 xiᴇ̃5/歇 xiᴇʔ7(元月)	天 tʰiᴇ̃1/鐵 tʰiᴇʔ7(先屑)
	寬 kʰyᴇ̃1/闊 kʰyᴇʔ7(桓末)		
臻攝	陳 dʑ œ̃2/侄 dʑ œʔ8(真質)	神 ɕ œ̃2/實 ɕ œ̃ʔ8(真質)	
宕攝	燙 tʰã5/托 tʰaʔ7(唐鐸)	浪 lã6/落 laʔ8(唐鐸)	量 liaã2/略 liaʔ8(陽藥)
	槍 tɕʰiã1/鵲 tɕhiaʔ7(陽藥)	薑 kiaã1/脚 kiaʔ7(陽藥)	慌 xyẼ1/霍 xyEʔ7(唐鐸)
梗攝	撐 tsʰã1/拆 tsʰaʔ7(庚陌)	羹 kã1/格 kaʔ7(庚陌)	耕 kã1/隔 kaʔ7(耕麥)

從上表可以看出,江山古陽聲韻及對應的古入聲韻今讀主元音完全相同,儘管前者有鼻化成分,後者有喉塞尾。如果鼻化成分和喉塞尾均脱落,那麽,就會與温州、湯溪或義烏等相同。曹志耘(2002a:94)曾設想“陽入同變”可能表明相應的古陽聲韻和入聲韻的輔音韻尾是同時丢失的。從江山話的讀音表現來看,似乎確實如此。

但只要進一步細想,鼻化成分與塞尾不具有同時脱落的理據,因爲兩個是不同的成分,各自有不同的演變規律,因此,兩者的脱落必然有先有後。至於是鼻音成分先脱落還是喉塞尾先脱落,理論上講都有可能。

麗水話古陽聲韻今讀有三種情況:開韻尾、鼻化、後鼻音尾。我們從開韻尾讀音入手,如:感 kɛ3/鴿 kɛʔ7 | 敢 kɛ3/磕 kʰɛʔ5 | 尖 tɕie1/接 tɕieʔ7 | 豔 ɦie6/葉 ɦieʔ8 | 點 tie3/跌 tieʔ7 | 變 pie5/鱉 pieʔ7 | 連 lie2/裂 lieʔ8 | 天 tʰie1/鐵 tʰieʔ7 | 堅 tɕie1/結 tɕieʔ7 | 搬 pɛ1/撥 pɛʔ7 | 滿 mɛ4/末 mɛʔ8 | 泉 dʑye2/絶 dʑyeʔ8。從以上讀音可以看到,鼻化成分丢失,而喉塞尾仍保留。事實上,麗水話中還有一部分鼻化和喉塞尾都有的讀音,元音部分相同。可見在麗水話裏,“陽入同變”先從脱落鼻音成分開始,喉塞尾脱落還没開始。雲和話也有同樣的現象,兹不贅述。

金衢片武義話①古咸山二攝和梗攝二等韻無鼻尾成分,但其對應的古入聲韻部分字還保留喉塞尾,如:編 mie1/鱉 pieʔ7 | 宣 ɕye1/血 ɕyeʔ7 | 顔 ŋuɑ2/甲 kuɑʔ7 | 撐 tsʰa1/拆 tsʰaʔ7 | 羹 ka1/格 kaʔ7。從以上讀音可以看出,鼻化成分丢失而喉塞尾仍保留。

綜上所述,我們對“陽入同韻”的演變過程有了一個較爲清晰的認識。古陽聲韻尾和入聲韻尾並不是同時丢失的,而是有先有後。就南部吴語而言,其過程或許先脱落鼻音成分,再脱落喉塞尾。因此,如果把這一現象稱之爲“陽入同變”顯然容易引起誤解,以爲是同時脱落,但語言事實並不支撑這樣的假設。因此,我們把這一現象稱之爲“陽入同韻”,説的是古陽聲韻及入聲韻的元音部分變得相同或相似,聲調也完全併入舒聲。事實上,這一過程可以

① 材料來自曹志耘等(2016)。武義話古入聲今讀較複雜,一部分讀短促入聲,一部分歸陰去或陽上。此處我們舉幾例爲帶喉塞尾的部分常用字與對應的古陽聲韻今讀。

看成是入聲舒化的一般過程。從南部吴語看,演化可分爲五個階段,一是有鼻尾和塞尾,二是無鼻化成分但有塞尾,三是無喉塞但入聲調均獨立,四是無喉塞陽入并入但陰入獨立,最后是韻和調完全并入。可表示如下:

鼻化+喉塞-ʔ(上麗片大部分)→喉塞-ʔ(麗水、雲和)→喉塞 Ø+獨立入聲調(温州)

↓

"陽入同韻"(義烏) ← 陰入獨立+陽入舒化(湯溪)

(二)入聲韻的條件演化

上麗片入聲韻均帶喉塞尾,甌江片入聲韻全部舒化,僅保留入聲調,金衢片入聲韻有兩類,一類舒化一類帶喉塞尾。比較而言,金衢片入聲韻白讀的這兩類是有條件的,通過對這類條件的討論,能揭示入聲演化的一般情況,因此,本小節我們以義烏話爲例討論金衢片入聲韻的演化。

根據入聲字白讀在中古韻攝中的語音表現,我們可以把義烏方言入聲字分爲甲乙兩類①。甲類一般只有一種讀音,離城區越遠,喉塞尾保留越强,在地域上表現爲不同的發展階段。乙類部分有文白兩讀,白讀没有喉塞尾,讀舒聲,韻母讀爲相應的陰聲韻,文讀則與該點甲類表現相同,本小節只討論白讀。甲乙兩類字在各韻攝的分布表現出一定的規律,以下列出甲乙兩類字的讀音。

甲類字中古入聲韻在義烏方言②中的表現見表 6。

表 6 義烏境内甲類字讀音舉例

中古入聲韻尾	韻攝	代表字	喬亭	繼成	義亭	黄山	上社	胡宅	東聯	寺前	下駱宅	城區
-p	深	吸	ɕiəʔ	ɕiəʔ	ɕiəʔ	ɕiəʔ	ɕiəʔ	ɕiəʔ	ɕiəʔ	ɕiəˀ	ɕiəˀ	ɕiə
-t	山	奪	dəʔ	dəʔ	dəʔ	dəʔ	dəʔ	dəʔ	dəʔ	dəˀ	dəˀ	də
	臻	出	tɕʰyəʔ	tɕʰyəʔ	tɕʰyəʔ	tɕʰyəʔ	tɕʰyəʔ	tɕʰyəʔ	tɕʰyəʔ	tɕʰyəˀ	tɕʰyəˀ	tɕʰyə
-k	曾	刻	kʰəʔ	kʰəʔ	kʰəʔ	kʰəʔ	kʰəʔ	kʰəʔ	kʰəʔ	kʰəˀ	kʰəˀ	kʰə
	梗	激	tɕiəʔ	tɕiəʔ	tɕiəʔ	tɕiəʔ	tɕiəʔ	tɕiəʔ	tɕiəʔ	tɕiəˀ	tɕiəˀ	tɕiə

甲類字中古入聲韻在喬亭、繼成、義亭、黄山、上社、胡宅、東聯等地有明顯的喉塞,本文記爲-ʔ,在寺前、下駱宅等地喉塞尾較弱,本文記作-ˀ,城區的喉塞尾則基本消失。各地甲類字的韻母多爲 ə(ʔ)、iə(ʔ)、uə(ʔ)、yə(ʔ)。

乙類字(白讀)中古入聲韻在義烏方言中的表現見下表。

---

① 本小節主要參考施俊(2016)。

② 甲乙兩類字的劃分以繼成話讀音爲標準,下文舉例的材料除非有説明,均爲繼成話材料。

表 7　義烏境内乙類字讀音舉例

中古入聲韻尾	韻攝	代表字	喬亭	繼成	義亭	黄山	上社	胡宅	東聯	寺前	下駱宅	城區
-p	咸	甲	kɔ	kɔ	kɔ	kɑu	kɔ	kɔ	kɔ	kɔ	kɔ	kɔ
	深	緝	ʦʰai	ʦʰai	ʦʰai	ʦʰai	ʦʰai	ʦʰai	ʦʰai	ʦʰai	ʦʰai	ʦʰai
-t	山	切	ʦʰiɑ	ʦʰiɑ	ʦʰiɑ	ʦʰiɑ	ʦʰiɑ	ʦʰiɑ	ʦʰiəʔ	ʦʰiɛ	ʦʰiɛ	ʦʰiɑ
	臻	日	nai	nai	nai	nei	nai	nai	nai	nai	nai	nai
-k	宕江	脚	ʨiɔ	ʨiɔ	ʨiɔ	ʨiɑu	ʨiɔ	ʨiɔ	ʨiɔ	ʨiɔ	ʨiɔ	ʨiɔ
	曾	力	lai	lai	lai	lei	lai	lai	lai	lai	lai	lai
	梗	擇	ʥɑ	ʥɑ	ʥɑ	ʥai	ʥɑ	ʥɛ	ʥɛ	ʥɛ	ʥɛ	ʥɛ
	通	玉	ȵiɑu	ȵiɑu	ȵiɑu	ȵiou	ȵiɑu	ȵiɑu	ȵiɑu	ȵiɑu	ȵiɑu	ȵiɑu

乙類字白讀入聲韻尾脱落,并入相應的陰聲韻。

再看甲乙兩類字的韻攝分布,如下表。

表 8　甲乙兩類字韻攝分布表

古韻攝		古陽聲韻今讀	甲類字在本攝入聲字的比例	調查有效字總數
咸攝		陰聲韻	14.5%	62
深攝		-n	88%	25
山攝		陰聲韻	26%	100
臻攝		-n	75.9%	54
宕、江攝		-ŋ́/陰聲韻	20%	55
曾攝		-n	46.5%	43
梗攝	二等	陰聲韻	16.1%	31
	三四等	-n	32%	34
通攝		-ŋ	9.6%	73

從上表可知,深、臻、曾、梗攝三四等古陽聲韻今讀爲前鼻音韻尾,甲類字相對較多,這幾個攝甲類字所占比逐漸減少,即深 > 臻 > 曾 > 梗攝三四等;咸、山、梗攝二等古陽聲韻今讀陰聲韻,宕、江攝①和通攝古陽聲韻今讀爲後鼻音韻尾,甲類字較少。即同韻系古陽聲韻今讀爲-n 尾的,甲類字所占比例較多;同韻系古陽聲韻今讀陰聲韻和-ʔ 尾的,甲類字所占比例則較少。進一步觀察繼成話我們可以發現,甲乙兩類字的多寡與内外轉有一定關係,傳統上一般把有獨立二等韻的攝稱之爲外轉攝,把没有獨立二等韻的攝稱之爲内轉攝。觀察上表,咸、山、宕江(部分)、梗(二等)攝的甲類字所占比例較少,它們大致屬於外轉,甲類字較多的大致屬於内轉。

甲乙兩類字的這種傾向性分布並非偶然,而是歷史條件音變造成的。不同韻攝的古陽

① 宕攝一等端、精、見組和三等莊組古陽聲韻今讀-ŋ́,江攝知、莊組古陽聲韻今讀-ŋ́,其餘讀陰聲韻。

聲韻和相應的入聲韻演變速度有快有慢，從而造成今日義烏方言甲乙兩類字的分布格局，即如上表所示。乙類字陽聲韻與相應入聲韻的輔音韻尾先後脱落，元音相同，這是我們上一小節所説的“陽入同韻”。

事實上，金衢片其他方言凡是分甲乙兩類入聲字（一類舒化一類保留喉塞尾）的，其分布並不是雜亂無章的，而是以古韻攝爲條件分布的，只是具體表現有所不同罷了，這是歷史音變造成的條件互補。不過由於在具體演變過程中（這個過程以詞彙擴散的方式進行），又受到“横向傳遞”的影響，使不同層次的讀音交織在一起，形成入聲字讀音的複雜性，掩蓋了一些語言事實。

四、總結

本文從入聲調和入聲韻兩個方面討論南部吴語入聲的演變。入聲調值從喉塞到舒化，三片方言可以較好地詮釋歷史演變的過程。上麗片保留喉塞尾和短時特徵，甌江片失去喉塞尾但保留入聲調值，金衢片入聲一部分舒化一部分保留喉塞。從金衢片方言可以看出，入聲舒化遵循的是“調值相似”原則，與調類無關，因此，有的方言歸上聲，有的歸平聲，調值基本相同。從歷時上看，舒化可能從陽入開始。

另一方面，入聲韻的演變也從兩個方面討論，一是“陽入同韻”，前人認爲古陽聲韻和古入聲韻同時丢失輔音韻尾，我們認爲兩者的演變有先後，不可能同時丢失。就南部吴語而言，鼻音成分應先於喉塞成分脱落。一是討論金衢片入聲韻的條件演變，金衢片入聲韻分爲兩類，一類喉塞，一類舒化，由於縱向和横向演變過程交織在一起，因此，喉塞與舒化兩類讀音演變的歷史條件似乎變得有點模糊不清了。

參考文獻

[1]蔡嶸．浙江樂清方言音系[J]．方言，1999(4)．

[2]蔡嶸．浙江樂清方言音系再探[J]．温州師範學院學報，2006(3)．

[3]曹志耘．南部吴語語音研究[M]．商務印書館，2002．

[4]曹志耘．吴徽語入聲演變的方式[J]．中國語文，2002(5)．

[5]曹志耘、秋谷裕幸、太田齋、趙日新．吴語處衢方言研究[M]．日本好文出版，2000．

[6]曹志耘、秋谷裕幸等．吴語婺州方言研究[M]．北京：商務印書館，2016．

[7]陳承融．平陽方言記略[J]．方言，1979(1)．

[8]秋谷裕幸．吴語江山廣豐方言研究[M]．愛媛大學法文學部綜合政策學科，2001．

[9]秋谷裕幸、趙日新、太田齋、王正剛．吴語蘭溪東陽方言調查報告[M]．日本學術振興會平成 13－15 年度基盤研究(B)研究成果報告書第二分冊，2002．

[10]施俊．浙江義烏方言入聲舒化探析[J]．方言，2012(1)．

[11]施俊．從共時和歷時再論吴語義烏方言入聲的演變[J]．語言研究，2016 (4)．

[12]徐越、朱曉農．喉塞尾入聲是怎麽舒化的[J]．中國語文，2011(3)．

[13]顔逸明．浙南甌語[M]．上海：華東師範大學出版社，2000．

[14]游汝傑．温州話兒尾詞的連讀變調問題——與鄭張尚芳先生商榷[A]．山高水長：慶祝丁邦新先生

七秩壽慶論文集(下)[C]. 臺北:"中研院"語言學研究所,2007.
[15]袁丹. 吴語常熟、湖陽、温州方言入聲字的語音變異[M]// 語言研究集刊(第八輯). 上海:上海辭書出版社,2014.
[16]鄭張尚芳. 皖南方言的分區(稿)[J]. 方言,1986(1).

The discussion on the Evolution of Entering tone in South Wu dialects

Shi Jun

Abstract: The paper discusses the evolution of the entering tone in south wu dialects from two aspects that includes tone and rhyme. It keeps the glottal stop and short－time feature in *Shangli*(上麗) dialects. It just retains the value of entering tone but loses the glottal stop in *Oujiang*(甌江) dialects. There are two parts in *Jinqu*(金衢) that one part keeps the glottal stop and another loses. As can be seen from the dialects of *Jinqu*(金衢), the weakness of entering tone according to the value, which has nothing to do with the category similarity. As the result, some entering tone become *Shangsheng*(上聲),others become *Qusheng*(去聲),which have the same value. The weakness of entering tone may start from the *Yangru* (陽入),which is related to the vocalization. The evolution of entering rhyme is related to the phenomenon of the *Yangru Dongyun*(陽入同韻). the former scholar believed that the ancient *Yangshengyun*(陽聲韻) and *Rushengyun*(入聲韻) lost the consonant ending at the same time. However, we believe the evolution of the two has been successively , cannot be lost at the same time. As far as the South Wu Dialects concerned, the nasal consonant ending should be dropped before the glottal ending. Meanwhile, we also discuss the conditional evolution of the two *Rusheng*(入聲).

Key words:the South Wu dialects,*rushengdiao*(入聲調),*rushengyun*(入聲韻),evolution

通信地址:浙江省紹興市越城區城南大道 900 號紹興文理學院人文學院
郵編:312000
Email:12990648@qq. com

古代漢語詞彙中的語義參項及其歷時變化*

董秀芳

内容提要　我們把詞彙語義中對概念進行下位區分的語義要素稱爲“語義參項”。語義參項是語言將概念進行細緻區分時所選擇的維度。語義參項在不同語言中以及在同一語言的不同歷史時期可能存在差異。本文主要考察在漢語的歷史演變中動詞、名詞和形容詞這三大主要實詞類在最常使用的語義參項上所發生的變化。我們發現有一些語義參項從古到今都比較普遍地被使用,而另一些語義參項則在歷時發展過程中變得較少被使用了。

關鍵詞　語義參項 詞彙語義 語義演變 詞彙類型學

一　引言

語言中的詞彙是對世界的切分與命名。不同語言的詞彙不同,一個表現就在於對於同類現象(包括外部世界的現象和人的精神世界的現象),人們切分的粗細以及切分的方式不盡相同。比如,漢語中的“哥哥、弟弟”“姐姐、妹妹”在英語中表示爲“brother”“sister”。在英語中,要用“性别”區分同胞親屬,而漢語中則使用了“性别”和“長幼”兩個語義要素。正是這些不同的語義要素,使得“同胞親屬”義在不同的語言中詞彙化①爲不同的詞語。

我們把詞彙語義中對一個概念進行下位區分的語義要素稱爲“語義參項”(semantic parameter)(借鑒莫斯科詞彙類型學研究小組的概念,如 Reznikova et al. 2012 等;關於莫斯科詞彙類型學研究小組的介紹參看李亮 2015)。語義參項可以與語音中的區别特徵相比,通過語義參項可以區别詞義,就像通過區别特徵可以區别音位一樣。比如,性别和長幼就是漢語中一些表示親屬關係的名詞中的語義參項。再如,“攝取食物”的意義在現代漢語中可以表現爲兩個詞:“吃”和“喝”,即根據受事(是否液體)這一語義參項而用兩個詞語來表達,英語中有 eat 和 drink 兩個詞,與漢語相同,但韓語中都可以用“먹다(吃)”表示,即在這一概念上没有語義參項來加以區分,從而只有單一的詞彙形式;漢語中的“穿”和“戴”這兩個詞的語義相似,區别在於受事的不同,主要的衣物用“穿”表示,而附屬性的衣物,比如手套、帽子、項鏈、手鐲等則用“戴”;在英語中表達相同的意思只用一個詞“wear”,其受事可以是主要的衣物也可以是附屬性的衣物,可以有 wear a shirt(穿襯衫)、wear a glove(戴手套)、wear a

* 基金項目:2015 年度教育部人文社會科學重點研究基地重大項目“漢語詞彙雙音化的形式選擇和功能表現”(15JJD740001);國家社科基金重大項目“功能一類型學取向的漢語語義演變研究”(14ZDB098);國家社科基金重大項目“漢語詞彙通史”(14ZDB093)。本文曾在第二届北京青年語言學者學術交流會(2015,北京)上宣讀,感謝張博、吴福祥、李運富、吴安其、洪波、高永安等先生提出的寶貴意見。

① 本文所説的“詞彙化”指的是將概念轉變爲詞的過程(Talmy 1985 等)。

necklace(戴項鏈)等表達；而韓語中穿戴不同的衣物都有特定的動詞與其搭配，如"입다(穿衣服)，신다(穿鞋)，쓰다(戴眼鏡)，차다 (戴手錶)，끼다(戴戒指)"等都是表示穿戴的意思(金石 1995)，韓語在這一概念上所採用的語義參項也是受事，但是區分得更細緻一些，因此韓語詞彙系統中在這一意義上提供的近義詞語更多一些。

由以上的舉例可以看出，語義參項將一個概念區分成不同的下位概念來進行不同的詞彙化。可以説，語義參項是人們對一類現象做細緻區分時所採取的維度。在同一個概念場中，語義參項的有無及語義參項的差異決定了場內詞語的數量及其語義區分，從而決定了同類語義在不同的語言中呈現出多樣的詞彙表達方式。對一類現象要不要選取某個語義參項對其進一步區分，選取什麽樣的語義參項，這就決定了一個語言中詞彙系統的内部結構，反映了使用該語言的社團對世界的範疇化方式。語義參項在不同的語言中存在差異，在同一個語言的歷時發展過程中也會出現變化。

對語義參項進行研究可以爲詞彙類型學的探討提供有益的材料。按照 Lehrer(1992：249)的經典定義，"詞彙類型學關注語言……把語義材料包裝進詞語的獨特方式"。詞彙類型學要比較不同語言中特定語義場的内部結構，就像語法類型學要比較特定的語法範疇在不同語言中的具體表現一樣。

漢語學界關於語義參項方面的研究是很少的。值得提到的是劉丹青(1997)一文。此文指出南方方言中存在姨類姑類稱謂分長幼的情況，同樣的情況也存在於壯侗語言中，因而具有一定的類型意義。這一研究中雖然没有使用語義參項的概念，但是實際上考察的就是某類詞語中比較具體的語義參項。

本文的考察對象是漢語詞彙中較爲普遍採用的語義參項的大類，這樣的語義參項具有概括性，比如受事這個語義參項在動詞中被廣泛採用，這就是語義參項中的一個大類。本文主要研究漢語詞彙中的語義參項在歷時發展中出現的一些變化趨勢。

不同詞類的詞所採用的語義參項在内部有共同之處，與其他詞類有相異之處，因此我們考察語義參項的變化需要分詞類來進行。本文主要考察動詞、名詞和形容詞這三大類中的語義參項使用的宏觀變化情況。

要想確定語義參項，就需要對語言中具有相同核心意義的近義詞的語義構成的差異進行比較。因此近義詞詞典、類義詞詞典等都是可以利用的工具。我國古代的訓詁著作，比如《爾雅》、段玉裁的《説文解字注》等，包含很多非常精彩的詞彙語義分析，這些爲我們的研究提供了寶貴資料。

二　動詞中語義參項的歷時變化

有一些語義基本相同的動詞表達的動作行爲大體相同，只是由於在某個語義參項上有差别，而分成了不同的詞語形式，也就是説，這些動詞是通過特定的語義參項對某種動作行爲作了細緻的區分。漢語動詞中有些語義參項的重要性在歷時發展過程中發生了變化。

(一)受事作爲語義參項

受事指動作行爲所作用的對象。這裏所説的受事是寬泛的概念,也包括那些受動作行爲的影響並不太大的動作所作用的客體。

受事作爲語義參項古今都普遍使用,但在古代漢語詞彙系統中起的作用更大。古代漢語中可以找到很多組這樣的動詞,它們在語義上的唯一區别就在於動作行爲所作用的對象不同。

比如,《説文解字》(以下簡稱《説文》)"襚"下段玉裁注(以下簡稱"段注"):"襚之言遺也。公羊傳曰:車馬曰賵,貨財曰賻,衣被曰襚。"這是説,向喪家贈送車馬稱爲"賵",向喪家贈送財物稱爲"賻",向喪家贈送衣衾稱爲"襚"。這幾個詞的主要意思相同,都是指向喪家贈送物品,差别在於所贈送的物品不同,可見這些動詞的差異可以歸結爲受事的差異,也就是説,這些動詞僅僅是因爲在動作行爲的受事上有差異才區分爲不同的形式,受事就是語言使用者在將"向喪家贈送物品"這一概念詞彙化時所採用的語義參項。

再如,《書·梓材》僞孔傳:"治土器曰陶,治金器曰冶。""陶"和"冶"所表示的概念也僅是在受事這一語義參項上有差别。在後代這一差别不再被重視,"陶冶"形成了一個並列複合詞,在語義上也出現了隱喻引申。同類的詞還有一些,如:《詩·大雅·棫朴》毛傳:"金曰雕,玉曰琢。"《爾雅·釋器》:"金謂之鏤,木謂之刻,骨謂之切,象謂之磋,玉謂之琢,石謂之磨。"這些動詞所表示的語義都是對器物的加工,差别就在於所加工的器物不同。現代漢語在單音詞的層面只留下"雕"和"刻","雕刻""雕琢""切磋""琢磨""雕鏤"等都是並列複合詞。"雕"和"刻"都可用於多種不同的物體,如"石雕、竹雕、木雕、牙雕、石刻、木刻、竹刻"等。需要説明的是,正如趙克勤(1994)所指出的,雖然在訓釋上看似分得很細,但是在古書的實際運用中往往有混用的情形。如《荀子·勸學》:"鍥而不捨,金石可鏤。"不但"金"可鏤,"石"也可鏤,這裏没有使用與石搭配更恰當的"磨"。這種情況屬於段玉裁所説的"渾言不别",也即在具體使用中,近義詞的差别可能被忽視,這也正爲以後的詞義演變提供了契機。

同類的例子還有很多,再略舉幾例。《左傳·莊公二十八年》:"邑曰築,都曰城。"可見,"築"和"城"這兩個動詞的語義差别也在於受事的不同,"築"和"城"都表示建築這一動作行爲,當建的是邑時,動詞就是"築";當建的是都時,動詞就是"城"。《説文》"嫁"下段注:"喪服經謂嫁於大夫曰嫁,適士庶人曰適。"趙克勤(1994)指出,娶一般人的女兒爲妻叫"娶",娶皇帝的女兒爲妻叫"尚"。可見,"嫁、適""娶、尚"的區别也都是因受事的不同而造成的。

從古到今,受事作爲語義參項有弱化的趨勢。以洗滌語義場的歷時變化爲例,可以看出由於受事語義參項起的作用減弱導致此語義場的成員數量減少了。古代漢語中"沐"(洗頭)"洗(洗脚)""浴(洗身)""盥(洗手)""漱(含水洗蕩口腔)""沬(洗臉)""澣/浣(洗衣)"等洗滌義動詞的不同主要在於受事的差别,到了現代漢語中能獨立使用的基本只剩下"洗"和"漱"了,二者的分别也是受事的差别。"漱"只用於"漱口",其動作作用的對象是固定的,而"洗"則可用於很多對象。"漱"能保留下來,是因爲這一動作與其他洗滌動作相比較爲獨特,其他洗滌動作大都需要用手,而"漱"不需要,其動作形態與其他洗滌動作差異較大。可見,由某一個語義參項所造成的差異在直觀上越顯著越容易得以詞彙化。

(二)主體作爲語義參項

有些動詞所表示的語義差别僅在於動作主體的不同。比如,"零"和"落"這兩個不及物動詞的差别就是這樣,《説文》:"凡草曰零,木曰落。""鼻"和"首"的差異也在於動作主體的不同,《方言》卷十三:"獸之初生謂之鼻,人之初生謂之首。"再如"耕"和"犁"的差别最初也是主體的不同,但是後來這種分别消失了。《説文》"犁"下段注:"蓋其始,人耕者謂之耕,牛耕者謂之犁。其後互名之。"再如,"乳"和"産"的分别也是如此,《説文》:"乳,人及鳥生子曰乳,獸曰産。"表達"死"的概念的動詞在古代有多個,區别的依據是主體的地位尊卑,《禮記・曲禮上》:"天子死曰崩,諸侯曰薨,大夫曰卒,士曰不禄,庶人曰死。"表達到什麽地方去,也根據行爲主體的尊卑而有不同的詞語,一般人説"往",説"至",地位高的要説"臨",皇帝則要説"幸"。

古代漢語中很多由主體作爲語義參項而區别出的不同詞彙形式在現代漢語中消失了。比如,表示"死"的概念中,只有"死"這個詞保留下來了。另外一種情况是,原有的詞彙形式之間的意義差别消失而變爲同義詞,如"耕"和"犁",有時原有的詞形式不能再作爲獨立的詞使用,而變成了黏著語素,如"零",而與之同義的"落"還可以作爲詞來使用。

在對行爲主體進行區别時,最常見的是區别以下兩種類型:(1)區别人與動物;(2)區别具有不同社會地位的人。從這裏也可以看出,以人爲中心,是自然語言詞彙化策略的顯著特點(Wierzbicka 1985)。

主體這一語義參項在現代漢語中採用得較少了,但也有一些保留,如現代漢語中動物生子可以用"下",如"羊下羔了",但人生子要用"生";不同動物的發聲也有不同的詞語,如"馬嘶""狼嗥"等(這是對古代漢語用法的保留)等。

(三)工具作爲語義參項

古代漢語中有些動詞之間的語義差異在於所使用工具的不同。這裏説的"工具"是一個寬泛的概念,包括所使用的器具、材料等。比如,"芻"和"豢"都表示飼養,區别在於所用的飼料不同。《國語・楚語七》:"芻豢幾何?"韋昭注:"草養曰芻,穀養曰豢。"蔣紹愚(2014)指出,古代表示"打擊"的動詞可以根據所用的工具的不同而分爲不同的詞形,如:《説文》:"笞,擊也。"據《新唐書・刑法志》:"漢用竹。""笞"指的是用竹板打。《説文》:"抰,以車鞅擊也。"可見,"笞""抰"是由於所用工具的不同而區分出來的不同形式的擊打義動詞。

雖然以上詞語之間的分别在現代漢語中不存在了,但以工具作爲語義參項在現代漢語中也是很常用的。比如,"扛"和"背"所表示的動作接近,區别在於所用工具不同,"扛"是用肩膀,"背"是用後背。再比如,"剪""切"和"砍"都是使用工具將物體弄斷,在英語中都可以用 cut 來表示,在漢語中三者的區别主要在於所使用工具的不同,"剪"所使用的工具是剪刀,"切"所使用的工具是其他類型的刀具,"砍"所使用的工具是斧子等。

(四)伴隨情狀作爲語義參項

伴隨情狀是指動作行爲發生時的方式或樣態。伴隨情狀也是動詞很常用的語義參項。《説文》:“哯,不歐而吐也。”段注:“歐以匈喉言,吐以出口言也。有匈喉不作惡而已吐出者,謂之哯。”“哯”與“歐”都可以表示“吐”,二者的區别就在於伴隨情狀的不同,“哯”時胸喉不難受,而“歐”時胸喉難受。《説文》“諷”下段注:“倍文曰諷,以聲節之曰誦。倍同背,謂不開讀也。誦則非直背文,又爲吟詠以聲節之。”這裏説明了“背”與“誦”的差别也在於伴隨情狀,“背”只是不看着念出來,而“誦”除此之外還要求聲音有節奏。《説文》“翔”下段注:“高注《淮南》曰:翼上下曰翱,直刺不動曰翔。”可見,“翱”與“翔”的差别也在伴隨情狀,二者都表示飛翔,差别在於“翱”表示翅膀上下動着飛,而“翔”表示翅膀不動地飛。《説文》“呻”下段注:“呻者,吟之舒;吟者,呻之急。”可見,“呻”和“吟”的差别只在於舒緩(長)與急促(短)的分别,這種差别也是情狀上的差别。

以上所舉例子中的詞語差别雖然在現代漢語中不存在了,但是伴隨情狀這一語義參項在漢語古今一直都是很常用的。

(五)時間作爲語義參項

有些動詞的語義區别僅在於動作行爲的時間方面,而所表示的動作行爲是一致的。與動作行爲相關的時間概念可以分爲兩類:一類是動作行爲的發生時間;一類是動作行爲所占用的時間。前者可簡稱爲“時點”,後者可簡稱爲“時長”。時點和時長在古代漢語中都可以作爲動詞的語義參項。

時點作爲語義參項比時長作爲語義參項更常見。例如,表示打獵的動詞可以根據打獵的時間而分爲四個,《穀梁傳·桓公四年》:“四時之田,皆爲宗廟之事也。春曰田,夏曰苗,秋曰蒐,冬曰狩。”再如,諸侯拜見周王這一行爲也根據不同的時間而區别爲四個詞語,《周禮·春官》:“諸侯見王六禮:春見曰朝,夏見曰宗,秋見曰覲,冬見曰遇。”祭祀也根據時間的不同而有不同的説法。《釋名·釋天》:“春祭曰祠,夏祭曰礿,秋祭曰嘗,冬祭曰蒸。”《禮記·王制》:“天子諸侯宗廟之祭,春曰礿,夏曰禘,秋曰嘗,冬曰蒸。”雖然在不同季節打獵和祭祀的具體名稱存在不同的説法,但仍能説明打獵和祭祀活動根據不同的時間有不同的稱謂這一事實。

時長作爲語義參項的例子如“漬”和“漚”的區别,《説文》:“漚,久漬也。”

時間作爲語義參項從古到今呈衰退趨勢,古代漢語中很多時間作爲語義參項的例子在現代漢語中都消失了。

(六)地點作爲語義參項

古代漢語中,有些動詞之間的差别在於所表示的動作行爲發生的地點不同。比如,《爾雅·釋宫》:“堂上謂之行,堂下謂之步,門外謂之趨,中庭謂之走,大路謂之奔。”

地點作爲語義參項在現代漢語中也衰落了。

（七）目的作爲語義參項

有些動詞之間的差别與動作的目的有關。比如，"跪"與"跽"的區别在於"跪"的目的在於實施拜的行爲。《説文》"跽"下段注："係於拜曰跪，不係於拜曰跽。"

（八）小結

根據初步觀察，我們提出如下的動詞語義參項的重要性等級：

參與者（受事、主體）＞伴隨情狀、工具＞時間、地點、目的

參與者的不同可能會影響到動作行爲的具體呈現形式，伴隨情狀和工具也會影響動作行爲的樣態，而相比之下，時間、地點、目的對動作行爲的直接影響較弱。總起來看，越是對動作行爲的外部形態有影響的語義參項越是重要的。

我們也初步觀察到，在動詞中原本使用較多的一些語義參項後來逐漸較少採用，這導致一些動詞原來的差别消失，從而促進了並列複合動詞的産生。

三　名詞中語義參項的歷時變化

名詞中使用的語義參項比動詞中更爲複雜和多樣，本文只選擇覆蓋面較大、較爲常見的語義參項加以説明。

（一）長幼（包括動物的成年者與年幼者以及植物的成熟者及幼嫩者的差别）作爲語義參項

《爾雅》："未成豪，狗。"《玉篇》："豿，熊虎之子也。""狗"和"犬"、"豿"和"熊"或"虎"的差别就是動物年幼者與成年者的不同。《説文》："藿，尗之少也。"《説文》："蒻，蒲子。可以爲平席。"段注："蒲子者，蒲之少者也。凡物之少小者謂之子，或謂之女。"《説文》"荑"下段注："荑見詩，茅之始生也。"由以上可知，"藿、尗""蒻、蒲""荑、茅"的區别都是植物的幼嫩者與成熟者的區别。

一些區别幼小動物與成年動物的詞，在現代漢語中消失了，如"狗"不再指小的犬，表示熊虎之子的"豿"也消失了，但仍保留了一些，如指小馬的"駒"，以及指小牛的"犢"等，但其獨立性變弱，一般只出現在複合詞中。區分植物成熟者與幼嫩者的很多詞現代漢語中已經消失。這與畜牧和農耕在當代社會中的重要性的相對減弱有一定關係。

（二）性别/雌雄作爲語義參項

《説文》"覡"下段注："在男曰覡，在女曰巫。"《説文》："蔚，牡蒿也。"《説文》："虃，牡茅也。""蔚"是雄的蒿，"虃"是雄的茅，即不結子實的茅草。這都是用雌雄作爲語義參項區别出

的詞語。

性别/雌雄這一語義參項在發展過程中呈衰落趨勢，這一趨勢出現得比較早，從文字的改變上也可看出。徐中舒(1989)指出："丄用以表示雄性家畜或獸類。結合不同獸類的形符，分别爲雄性之牛、羊、豕、馬等之專名。……各有專名，區分明確。後於農業社會中如此區别已無必要，漸爲死字。乃以牛之牡爲雄畜之通稱。"

性别/雌雄這一語義參項在現代漢語中用得已經很少了。

(三)歸屬作爲語義參項

《説文》"華"下段注："木謂之華，艸謂之榮。"樹的花叫"華"，草的花叫"榮"，這就是由於隸屬於不同的事物而有不同的名稱。《説文》"蓏"條："在樹曰果，在艸曰蓏。""果"是木本植物的果實，而"蓏"是草本植物的果實，這也是由於歸屬的差異而産生的分别。《漢書》："郡國曰學，縣道侯國曰校。校、學置經師一人。鄉曰庠，聚曰序。""學、校、庠、序"都指稱學校，只是所歸屬的行政區劃不同。"皮"和"膚"的差别最初也是歸屬的差别，"皮"是鳥獸的，而"膚"是人的。"肌"和"肉"也是同樣的分别，《説文》"肉"下段注："人曰肌，鳥獸曰肉，此其分别也。""肌"是人的，"肉"是動物的。《禮記・曲禮下》："天子之妃曰后，諸侯曰夫人，大夫曰孺人，士曰婦人，庶人曰妻。"趙克勤(1994)指出，一般人的墳稱"墓"，皇帝的墳稱"陵"；一般人的棺材稱"棺"，皇帝的棺材稱"梓宫"；官吏的命令叫"令"，皇帝的命令叫"詔""旨"。這些詞語的分别也都是由於歸屬不同而産生的。施真珍(2009)指出，先秦時期，"羽""毛"分工明確，"羽"指鳥羽，"毛"指人獸的毛髮。《爾雅・釋鳥》："二足而羽謂之禽，四足而毛謂之獸。"①後來，人的毛髮稱爲"髮"，顯然"毛、髮、羽"的分别是因爲歸屬於不同的主體。

名詞中區别歸屬最常見的也是兩個方面，一是人與動物，二是不同地位的人。古漢語中一些名詞本來是區别隸屬於人還是隸屬於動物的，但是後來這種區别消失了。比如"口"原指人的口，"嘴"指動物的口，但後來"嘴"也可以指人的口了。但是人與動物的區分還是在不少詞上有體現，如人的脚説"脚"，一些大的哺乳動物的脚説"蹄子"，鳥的脚以及爬行動物及一些小的哺乳動物的脚稱"爪子"。現代漢語中一般不太區分不同地位的人的領屬物了。

(四)處所作爲語義參項

有些名詞之間的詞義分别僅在於事物所處位置的不同。比如，《説文》"窠"下段注："在樹曰巢，在穴曰窠。"《説文》段注："陳藏器曰：地生者爲菌，木生者爲椇。"《説文》："薄，水萹茿也。"段注："謂萹茿之生於水者，謂之薄也。統言則曰萹茿，析言則有水陸之異，異其名因異其字。"《説文》："蕈，桑萸也。"段注："萸之生於桑者曰蕈，蕈之生於田中者曰菌先。"《説文》"宄"下段注："凡盜起外爲奸，中出爲宄。"王力(1980)指出，古人把鬍子分爲三種名稱，兩頰上的

① 據施真珍(2009)的研究，兩漢魏晉時期，"羽"還是明確地表示鳥羽，"毛"則除了表示人獸的毛髮之外，在本來應該用"羽"的地方偶爾也可以用"毛"了。到南北朝時期，"毛"表示"羽"的情況就比較普遍了。到了明清時期，"毛"的使用頻率超過了"羽"。到了現代漢語中出現了"羽毛"這個雙音詞，單用時一般用"毛"，"羽"降格爲黏著語素。

鬍子叫"髯",嘴上邊的鬍子叫"髭",嘴下邊的鬍子叫"須"。以上這些都是事物因所在處所的不同而區分爲不同的詞的例子。

處所作爲名詞中的語義參項在現代漢語中大大衰落,上舉例子中不同詞語的分别在現代漢語中都消失了。

(五)材質作爲語義參項

有些名詞之間的差别僅在於所表示的事物使用的材質不同。比如,《方言》:"以絲作之者謂之履,以麻作之者謂之不借。""履"和"不借"都指鞋子,只是所用材質不同。《説文》"襺"下段注:"以絮曰襺,以緼曰袍。"可見,"襺"與"袍"這兩種衣服的差别也在於材質的不同。

材質在現代漢語中基本不再用爲名詞的語義參項了。

(六)時間作爲語義參項

時間作爲語義參項既表現在動詞上,也可以表現在名詞上。比如,"潮"和"汐"的差别是時點的差别,"汐"指晚上的潮水。《説文》"煇"下段注:"析言之則煇光有别,如管輅荅劉邠云不同之名,朝旦爲煇,日中爲光。"《説文》"饔"下段注:"趙注《孟子》曰:朝食曰饔,夕曰飧。""煇"和"光"、"饔"和"飧"的分别也是時點的分别。《説文》"菑"下段注:"《爾雅》:田一歲曰菑……畬,二歲田也。"《説文》"牬"下段注:"犙,二歲牛。犙,三歲牛。牭,四歲牛。""菑"和"畬"、"犙"和"犙""牭"的分别是時長的分别。

現代漢語中時間作爲名詞語義參項的情況也很少了。

(七)大小作爲語義參項

這裹的"大小"指的是面積或體積的大小。《説文》:"蕡,大菻也。"《説文》:"條,小枝也。"《説文》"槖"下段注:"《大雅》毛傳曰:小曰槖,大曰囊。"《説文》"國"下段注:"周禮注曰:大曰邦,小曰國。"《説文》:"沚,小渚曰沚。"《説文》:"蜃,大蛤。"《説文》:"藪,大澤也。"

古代漢語中由大小這一語義參項區分出的不少詞在現代漢語中也消失了,表明這一語義參項在現代漢語中也衰落了。

(八)樣貌作爲語義參項

這裹説的"樣貌"包括的方面比較廣泛,指的是除了前面提到的大小之外的其他外表上的特徵。《爾雅》:"好倍肉謂之瑗,肉倍好謂之璧。""瑗"與"璧"這兩種玉製品的差别在於樣貌的不同,前者孔大於邊,後者邊大於孔。《説文》:"璣,珠不圜者。"《説文》:"茅,菅也。"段注:"按統言則茅菅是一,析言則菅與茅殊。許菅茅互訓,此從統言也。陸璣曰:菅似茅而滑澤,無毛。根下(當作上)五寸中有白粉者,柔韌宜爲索,漚乃尤善矣。此析言也。"《説文》"萸"下段注:"今人謂光滑者木耳,皺者蕈。""皮"與"革"的不同在於有毛還是無毛,《説文》"皮"下段注:"去毛曰革。"《説文》"鳥"下段注:"短尾名隹,長尾名鳥。"《説文》"桷"下段注:

“椽方曰桷。桷之言棱角也。椽方曰桷,則知桷圜曰椽矣。”《説文》“霓”下段注:“郭云:雙出色鮮盛者爲雄,曰虹。闇者爲雌,曰霓。據此,似青赤爲虹,白色爲霓。”《説文》:“蟲,有足謂之蟲,無足謂之豸。”《詩經·召南·采蘋》毛傳:“方曰筐,圓曰筥。……有足曰錡,無足曰釜。”還有,古代漢語中表達同一種家畜的名詞往往有多個,其間的區別往往就是根據家畜不同的外表特徵,比如,《説文》:“牻,白黑雜毛牛。”

樣貌作爲名詞的語義參項從古到今也有衰落的趨勢。

(九)性質作爲語義參項

這裏所説的“性質”包括的方面也比較多,共同的特徵是比較抽象,不是外部可見的特徵。《説文》“祲”下段注:“統言則祥祲二字皆兼吉凶,析言則祥吉祲凶耳。”“祲”與“祥”的不同在於一個的性質是凶,一個的性質是吉。《説文》“靈”下段注:“曾子曰:陽之精氣曰神,陰之精氣曰靈。”“神”的性質在於是陽的精氣,“靈”的性質在於是陰的精氣。《説文》“鳧”下段注:“李巡云:野曰鴈,家曰鵝。野曰鳧,家曰鶩。”這裏是根據家養還是野生這一性質的不同區分了“雁”與“鵝”、“鳧”與“鶩”。再如,“疾”和“病”的差別在於前者性質(程度)輕,後者性質(程度)重。

雖然以上舉到的一些詞語之間的分別在現代漢語中消失了,但性質作爲名詞的語義參項在現代漢語中仍然存在。

(十)其他一些語義參項

所處狀態的不同也可以成爲語義參項。《説文》“妣”下段注:“曲禮曰:生曰父,曰母,曰妻。死曰考,曰妣,曰嬪。”“考、妣、嬪”與“父、母、妻”的差別在於生死狀態的不同。再如,《周禮·天官·庖人》鄭玄注:“始養之曰畜,將用之曰牲。”這裏説明了“畜”和“牲”的語義差別在於所處狀態的不同,處於被飼養的狀態時叫作“畜”,處於被宰殺用於祭祀的狀態時叫作“牲”。相關的行爲方式也可以作爲語義參項。比如,《説文》“商”下段注:“通物曰商,居賣曰賈。”“商”和“賈”都指生意人,但是“商”是來往於各地做買賣的,而“賈”則是指在固定的地點做買賣的。顔色也可作爲語義參項,比如,《爾雅·釋草》:“苕,陵苕,黄花蔈,白花茇。”“蔈”和“茇”的差别在於花的顔色。在這些語義參項上的古今差別還有待於以後更深入的調查。

(十一)小結

根據初步調查,名詞中存在的一些語義參項從古到今有衰落趨勢。一些並列雙音名詞的形成與原本存在的某個語義參項的消失也有密切關係。比如,“皮膚”“肌肉”“髫鬢”“疾病”“潮汐”“光輝”“羽毛”“神靈”等雙音形式,其組成成分原本是有語義差別的,二者並列在一起表示包括這兩類在内的一個更大的類,但是後來由於相關概念中某個語義參項的消失,其組成成分原有的語義差別不存在了,二者變成了同義成分,雙音形式看起來就成了同義並列雙音詞。

四　形容詞中語義參項的歷時變化

形容詞中的語義參項比名詞和動詞中的語義參項要單純一些。

(一)主體作爲語義參項

《説文》中記載了很多表示白色的詞,其區別在於性質所依附的主體不同:"皦,玉石之白也。""曉,日之白也。""皎,月之白也。""皚,霜雪之白。""晳,人色白也。""皠,鳥之白也。""皅,艸華之白也。"到了現代漢語中,其中的很多詞都消失了,"皎""皚""晳"不再能作爲獨立的詞使用了,但作爲黏著語素保留下來。《一切經音義》九:"《詩》云'騆騆牡馬',傳曰:'飛曰雌雄,走曰牝牡。'""雌、雄"用於修飾鳥類,"牝、牡"用於修飾畜類,但後來這種分別消失了,"牝、牡"不再作爲詞使用,"雌、雄"保留下來,可以用於一切動物①。

主體這一語義參項在現代漢語形容詞中仍有表現,主要體現在人與動物的區分上。比如"肥"和"胖"都可以表示脂肪多,二者的主要區別就在於主體的不同,"肥"主要用於動物,而"胖"則主要用於人。

(二)程度差異作爲語義參項

趙克勤(1994)指出,"朱""赤""丹""紅"都是紅色,但深淺程度不同,"朱"最深,"紅"最淺。《説文》:"黯,深黑也。""黶,中黑也。"可見,"黯"和"黶"的差別也在於程度的不同。

(三)伴隨屬性作爲語義參項

伴隨屬性是指在形容詞所表示的主要性狀之外的其他特徵。比如,《説文》"暑"下段注:"暑之義主謂濕,熱之義主謂燥。"可見,"暑"和"熱"都指溫度高,但"暑"指濕熱,而"熱"指乾熱。

(四)小結

在形容詞的語義參項中,主體是最爲重要的,其次是程度、伴隨屬性。

與雙音並列動詞和雙音並列名詞類似,一些雙音並列形容詞的形成也是由於一些原本存在的語義參項的消失,比如"肥胖""白晳"等。

① 後來還產生了"公、母"這對詞用於區別動物的性别,也是既可以用於飛禽,也可以用於走獸。

五　結語

語義參項是語言將概念進行切分從而進行不同的詞彙化時的依據。對語義參項的研究可以揭示一個語言的詞彙概念結構，反映詞彙系統内不同成員之間的關係，特别是揭示了表達類似概念的詞語詞彙化的理據。語義參項上的差異可以顯示不同語言或同一語言的不同時期在範疇化時的不同選擇。研究語義參項的歷時變化對於瞭解一個語言詞彙語義的演變具有重要意義，而且，語義參項方面的演變顯示的是一個語言詞彙語義内部結構組織形式的變化，這種變化相對於個别詞語的詞義變化來講更具有系統性的意義。

在不同的語義參項選擇的背後，主要有兩方面的動因。一是認知動因。人們面對同樣的事物和現象可能有不同的關注點，這種不同的關注點有可能帶來語言在詞彙類型上的差異。比如，Talmy(2004)根據位移動詞在詞彙化時的差異分出的動詞框架型語言與衛星框架型語言就是由於認知上的不同策略而産生的區分。另一方面是社會文化的動因。比如，古漢語對涉及不同社會地位的人的動作行爲或相關事物都可能有不同的詞彙化形式，這就是由社會文化所決定的，因爲古代中國是一個等級社會，尊卑分明；古代漢語詞彙對動物和植物的雌雄與長幼的較多關注則與當時所處的農業社會的文化有關。

初步的觀察表明，由某一語義參項所造成的區别越是可以通過外部的感知來確定就越容易詞彙化爲不同的詞語，而且在歷時發展中表現越穩定，越容易在後代保留下來。比如，洗滌普通東西與洗滌口腔有明顯的不同，可以通過觀察很容易地分辨出來，因此受事這一語義參項就保留在“洗”和“漱”這兩個動詞的分别上，而且古今保持穩定。

如果能在以後建立大規模的歷時詞義數據庫，借之對近義詞的語義進行系統的對比，可能對於語義參項類型及其變化的總結會更有幫助。對語義參項的跨語言對比及語言内部的歷時差異研究有很多的工作要做，還需要更多學者的參與。本文只是試圖説明這一研究的重要性，實屬抛磚引玉，更多工作期待在將來開展。

徵引書目

清・段玉裁《説文解字注》，上海古籍出版社，1988。
《十三經注疏》，中華書局，1980。

參考文獻

[1]蔣紹愚. 兩次分類[J]. 中國語文，1999(5).
[2]蔣紹愚. 詞義和概念化、詞化 [M]//語言學論叢(第 50 輯). 北京：商務印書館，2014 ：249-279.
[3]金石. “穿戴”語義場與語言的民族特點[J]. 漢語學習，1995(5).
[4]劉丹青.《紅樓夢》姨類稱謂的語義類型研究[J]. 中國語文，1997(4).
[5]施真珍.《後漢書》“羽”語義場及“羽、毛”的歷時演變[J]. 語言研究，2009(2).
[6]徐中舒主編. 甲骨文字典[M]. 成都：四川辭書出版社，1989.
[7]王力. 漢語史稿[M]. 北京：中華書局，1980.

[8]趙克勤. 古代漢語詞彙學[M]. 北京:商務印書館,1994.

[9][俄]李亮. 詞彙類型學視角的漢語物理屬性形容詞研究[D]. 北京大學博士論文,2015.

[10]Apresjan Ju, translated by Kevin Windle. Systematic Lexicography[M]. Oxford: Oxford University Press,2000.

[11]Bowerman, M., van Staden, M. and Booster, J. S. The semantic categories of "cutting and breaking" events across languages[J]. Cognitive Linguistics,2007,18(2): 133-152.

[12]Lehrer, Adrienne. A theory of vocabulary structure: Retrospectives and prospectives[A]. In Pütz, Manfred (ed.). Thirty Years of Linguistic Evolution[C]. Amsterdam: Banjamins, 1992:243-256.

[13]Maria, Kptjevskaja－Tamm, Martine Vanhove and Peter Koch. Typological approaches to lexical semantics[J]. Linguistic Typology 2007(11):159-185.

[14]Reznikova, T. E. Rakhilina & A. Bonch-Osmolovskaya. Towards a typology of pain predicates [J]. Linguistics,2012, 50(3): 421-465.

[15]Talmy, Leonard. Lexicalization patterns: Semantic structure in lexical forms[A]. In Shopen, Timothy (ed.). Language Typology and Syntactic Description. Vol. III: Grammatical Categories and the Lexicon[C]. Cambridge:Cambridge University Press, 1985.

[16]Wierzbicka, A. Lexicography and Conceptual Analysis[M]. Ana Arbor : Karoma, 1985.

Diachronic Changes of Semantic Parameters in Chinese Lexical System

Dong Xiufang

Abstract: Semantic parameters are factors that are used to subcategorize a concept. Semantic parameters can be different in different languages or different historical stages of a same language. In this paper, we explore changes of semantic parameters in verbs, nouns and adjectives during the history of Chinese language. It is found that some semantic parameters are used frequently throughout the history whereas some others became less frequently used overtime.

Key words: semantic parameters, lexical semantics, semantic change, lexical typology

通信地址:北京大學中文系
郵編:100871
E-mail: xdong@pku. edu. cn

“液體沸騰”義動詞“沸”“滚”“開”之歷時演變研究*

張美蘭　周瀅照

内容提要　漢語表達“液體沸騰”義的主導詞，經歷了動詞“沸”“滚”“開”的歷時興替。上古到唐宋時期主導詞是“沸”，元明清時期是“滚”，清末“開”逐漸多用成爲主導詞，“沸”“滚”在方言中保存。三詞的歷時興替變化折射出共時層面從南至北的地域分布特點。

關鍵詞　液體沸騰　沸/滚/開　歷時興替　地域分布

漢語表達“液體沸騰”義的主導詞經歷了“沸”“滚”“開”之間的歷時演變。“沸”是上古到唐宋的主導詞。“沸”從表示泉水翻涌，引申指水熱沸騰。《康熙字典》釋“沸”：“方味切，音芾。涫也。”

“滚”在元明時期成爲表達該義的主導詞。如元刊《老乞大》：“這伴當，你敢不會煮料的法度。你燒的鍋滚時，下上豆子。但滚的一霎兒，將這切了的草，豆子上蓋覆了，休燒火，氣休教走了，自然熟也。”《型世言》第四回：“相幫他把粥來扇滚了，自去。妙珍却將這碗粥來與祖母，拿到嘴邊。”上古、中古時期見“涫”。《春秋繁露》：“繭待繅以涫湯而後能爲絲。”《史記・龜策列傳》第六十八：“頭懸車軫，四馬曳行。寡人念其如此，腸如涫湯。”《藝文類聚》卷六一引三國魏・劉劭《趙都賦》：“清漳發源，濁滏汩越。湯泉涫沸，洪波漂厲。”（引自《漢語大詞典》）《説文解字》：“涫，鬻也。”段玉裁认为：“涫即滚，語之轉也。”本文從段説。《廣韻・换韻》：“涫，沸也，古玩切。”

“開”有“液體沸騰”之義，是較晚的事，在清代隨着使用數量的急劇增加，開始與“滚”形成競争，最後取代了“滚”成爲主導詞，“滚”退居於方言。本文以朱氏語料庫等爲基本背景語料，追溯“沸”“滚”“開”表“液體沸騰”義的來源及發展，並結合現代漢語方言的情況，考察近代漢語以來有關詞彙的分布特點。

一　“液體沸騰”義動詞“沸”“滚”“開”的産生及發展

（一）“沸”

“沸”最初指泉水翻涌。《詩・大雅・瞻卬》：“觱沸檻泉，維其深矣。”《詩・小雅・采菽》：

---

*　本文是國家社科基金重大項目“近代漢語常用詞詞庫與常用詞歷史演變研究”（項目編號：11&ZD125）的階段性成果。

“觱沸檻泉,言采其芹。”毛傳:“觱沸,泉出貌。”《説文》:“沸,滭沸濫泉。從水,弗聲。”段玉裁注:“《詩·小雅》《大雅》皆有‘觱沸檻泉’之語,傳云:‘觱沸,泉出皃。’”《玉篇·水部》:“沸,泉涌出皃。”《廣韻》:方味切,去未非。又《集韻》:分物切,微部。“沸”亦用於描述一般的河流湖泊翻涌,如《詩·小雅·十月之交》:“百川沸騰,山冢崒崩。”後液體受熱到一定温度時,内部發生氣泡,表面翻滚,也稱爲“沸”。如:

(1)及冬,則以火爨鼎水,而沸之而沃之。《周禮·夏官·挈壺氏》

(2)文王曰諮,諮女殷商。如蜩如螗,如沸如羹。(《詩·大雅·蕩》)

(3)夫以湯止沸,沸愈不止,去其火,則止矣。《吕氏春秋·盡數》

(4)以桀詐堯,譬之若以卵投石,以指撓沸。(《荀子·議兵》)

(5)今夫水之勝火亦明矣,然而釜鬵間之,水煎沸竭盡其上,而火得熾盛焚其下,水失其所以勝者矣。(《韓非子·備内》)

東漢開始“沸”漸漸多見,《論衡》有4例。而醫藥類書籍中因涉及中藥的煎製,常用到“沸”,因而略多一點。如《傷寒論》《金匱要略方論》《黄帝靈樞經》共有32例。在句中作謂語、定語,或在“煎+數詞+沸”結構中作臨時量詞。如:

(6)寒水沉人,尚不得生,況在沸湯之中,有猛火之烈乎?言其入湯不死,三虚也。(《論衡》卷7)

(7)世俗傳言:“周鼎不爨自沸;不投物,物自出。”(《論衡》卷8)

(8)火熾而釜沸,沸止而氣歇,以火爲主也。(《論衡》卷20)

(9)以水三升,煮取一升,去滓,内芒硝更上火微煮,令沸,少少温服。(《傷寒論》卷2)

(10)右二味,以麻沸湯二升漬之,須臾絞去滓,分温再服。(《傷寒論》卷2)

(11)若不能散服者,以水一升,煎七沸,内散兩方寸匕,更煎三沸,下火令小冷,少少咽之。(《傷寒論》卷2)

(12)上一味,以漿水一斗五升,煎三五沸,浸脚良。(《金匱要略方論》卷上)

(13)其湯方以流水千里以外者八升,揚之萬遍,取其清五升,煮之,炊以葦薪,火沸,置秫米一升,治半夏五合,徐炊,令竭爲一升半,去其滓,飲汁一小杯,日三,稍益,以知爲度。(《黄帝靈樞經·邪客》)

魏晉南北朝時期,“沸”在《抱朴子》中有19例、《古小説鉤沉》中有10例,《顔氏家訓》中有1例,尤其在農學專集《齊民要術》中數量較多,有82例,“沸”可作謂語、定語,常見於“V之+數詞+沸”結構。用例如下:

(14)湯泉涫沸。(三國魏·劉劭《趙都賦》)

(15)復加炭火上令沸,以此白銀内其中,多少自在,可六七沸,注地上凝,則成上色紫磨金也。(《抱朴子内篇》卷16)

(16)見屋中一大甖,試發,見一大蛇,便作沸湯,悉灌殺之。(《古小説鉤沉·靈鬼志》)

(17)作酸棗麨法:多收紅軟者,箔上日曝令乾。大釜中煮之,水僅自淹。一沸即漉出,盆研之。(《齊民要術》卷4)

(18)六七日,悉使烏熟,曝之,煮三四沸,去滓,内甕中,下麴。(《齊民要術》卷7)

(19)以向熟羊肚投臛裏,更煮,得兩沸便熟。(《齊民要術》卷8)

直到唐宋時期,仍爲表"液體沸騰"義的主導詞。唐代孫思邈《備急千金要方》、宋代孟顯《食療本草》、宋代張鋭《雞峰普濟方》、沈括《蘇沈良方》等醫書仍多用。如:

(20)凡朴硝、礬石,燒令汁盡,乃入丸散,芒硝、朴硝皆絞湯訖,内汁中,更上火兩三沸,烊盡乃服。(《備急千金藥方》卷1)

(21)蚶:主心腹腰腎冷風,可火上暖之,令沸,空腹食十數個,以飲壓之,大妙。(《食療本草》卷中)

(22)將芝麻研細入碱汁,煎數沸,搽之即愈。(《扁鵲心書·神方》)

(23)用時去殼,其法取麻子帛包,沸湯中浸,候湯冷,乃取懸井中,勿令著水。(《蘇沈良方》卷1)

也有"涫""沸"並用的例子,如:

(24)《漢書·五行志中之上》"《詩》云'如蜩如螗,如沸如羹。'"唐·顔師古注:"謂政無文理,虚言蹲遝,如蜩螗之鳴,湯之沸涫,羹之將孰也。"

除醫書存古外,元明時期"沸"使用較少,《西遊記》中僅有2例,《水滸傳》《型世言》中僅有1例,《金瓶梅詞話》《朴通事諺解》等作品中没有使用。

至清代除了"鼎沸""沸騰""沸沸揚揚""揚湯止沸""沸反揚天"等固定用法外,"沸"基本不再使用。

(二)"滚"

"涫",《説文解字》段注:"今江蘇俗語沸水曰滚水。涫即滚,語之轉也。"本文從段説。"滚"即"涫","涫"是"滚"的本字。"涫"先秦至今較少見。南方方言記字用"涫"。如"涫水",陳訓正《甬諺名謂籀記》卷一:"沸湯曰涫水。涫聲轉爲滚。"1916年《番禺縣志》:"廣州呼涫水爲滚水,東莞人仍呼涫水。"

"滚"爲後起字,唐宋時期才開始用以指液體温度達到沸點以上而翻騰。這一意義,《漢語大字典》《漢語大詞典》皆首引宋代龐元英《談藪》,如下:

(25)俗以湯之未滚者爲盲眼,初滚曰蟹眼,漸大曰魚眼。(《談藪·说郛三十》)

《朱子語類》中用例,如:

(26)譬之煎藥,須是以大火煮滚,然後以慢火養之,却不妨。(《朱子語類》卷10)

元明時期,"滚"在白話文小説中已廣泛使用,如:

(27)謊恩情如炭火上消冰,虚疼熱似滚湯中化雪。(元·無名氏《一枝花·盼望》套曲)

(28)他心罷,咱便舍,空擔着這場風月。一鍋滚水冷定也,再攛紅幾時得熱?(元·馬致遠《壽陽曲·洞庭秋月》)

(29)薛霸去燒一鍋百沸滚湯提將來,傾在脚盆内,叫道:"林教頭,你也洗了脚好睡。"(《水滸傳》第7回)

(30)我燒滚了一會,又添許多柴,看得好了才去,不曉得怎麽不滚?(《初刻拍案驚奇》卷31)

(31)衆人扶他到李家莊上坐了,那莊上人便去取了些滚湯。(《鼓掌絶塵》第16回)

"滚湯潑老鼠,一窩都是死""青菜見滚湯,一塌子軟了"等俗語在小説中多見。如:

(32)我們當在死中求活,還殺出去,破圍逃命,怎住在城裏,滚湯潑老鼠,一窠兒死。(《型世言》第72回)

(33)那女子都跳下水去,一個個躍浪翻波,負水頑耍。行者道:"我若打他啊,只消把這棍子往池中一攪,就叫做滚湯潑老鼠,一窩都是死。"(《西遊記》第72回)

(34)想顔良、文醜二將軍,在我冀州之時,稱爲上將。今日見了關爺,就是那青菜見滚湯,一塌子軟了。(無名氏《古城記》第十六折)

清代白話小説中,"滚"繼續使用,用例如下:

(35)頭一日先煮一滚,撩將出來泡在冷水盆内,次日然後下鍋,直待晌午方才與吃。(《醒世姻緣傳》第54回)

(36)宗大官笑哈哈,細尋思不聽他,鍋滚正等米來下。(《聊齋俚曲集·俊夜叉》)

(37)姑娘瞧瞧這個天,我怕水冷,巴巴的倒的是滚水,這還冷了。(《紅樓夢》第54回)

(38)太太忍氣吞聲,脱了錦緞衣服,繫上圍裙,走到廚下,把魚接在手内,拿刀刮了三四刮,拎著尾巴,望滚湯鍋裏一摜。(《儒林外史》第27回)

(39)冰梅醒了,不待吩咐,到廚下煮了一壺滚水,燙了一碗蓮粉,捧與紹聞。(《歧路燈》第26回)

(三)"開"

《説文》:"開,張也。從門,從开。"開古文爲雙手取去門閂,故原義應爲"開門",後引申爲"打開、張開"。"開"表"沸騰"之義較晚,《漢語大字典》《漢語大詞典》首例均引自清代語料,如:

(40)姑娘,吃藥去罷,開水又冷了。(《紅樓夢》第35回)

(41)老太太慌了,慌將幾口開水灌了過來。(《儒林外史》第3回)

(42)金陵居民,多市開水而飲,遂有專設爐灶賣水者。[①](《蟲鳴漫録》卷1)

"開"表"液體沸騰"義産生於清代中期,多用來表示"水沸騰"。其用例還有:

(43)船家正在躊躇,沖水的二爺道:"沖上些開水,再加點白糖,不就結了嗎。"(《官場現形記》第12回)

(44)問他泡茶時,堂倌還在那裏揉眼睛,答道:"水還没有開呢。"我只得惘惘而出。(《二十年目睹之怪現狀》第28回)

(45)李逵赢拳,張順吃酒;張順赢拳,李逵喝開水。(《品花寶鑒》第20回)

(46)那個跑堂兒的見這光景是個官派,便不敢進屋子,只提了壺開水在門外候著。(《兒女英雄傳》第38回)

還有"滚"和"開"連用的例子,如:

(47)那等熱天,他會把碗滚開的薑湯唏溜下去竟不怎的不算外,喝完了,還把那塊薑撈起來,擱在嘴裏嚼了嚼。(《兒女英雄傳》第37回)

(48)川椒三分,細辛二分(此味必須稱準,多則頭必牽引作痛),白芷、防風各一錢,

① 在早年南方一些地區的弄堂街道,可見到有專門的爐灶賣水店,俗謂老虎灶。

共以滚開水泡透,時時含水入口,片刻吐去再含。(《驗方新編》卷1)

二 近代漢語中"液體沸騰"義動詞的使用情況及分布

(一) 唐宋動詞"沸"的使用情況

表"液體沸騰"義的動詞唐宋時期主要是"沸",如唐代孫思邈《備急千金要方》中有"沸"40例,孟顯《食療本草》中有"沸"14例,宋代張鋭《雞峰普濟方》中有"沸"79例,沈括《蘇沈良方》中有沸22例。用例如下:

(49)凡丸散用膠,先炙,使通體沸起燥,乃可搗,有不沸處,更炙之。斷下湯直爾用之,勿炙。諸湯中用阿膠,皆絞湯畢,内汁中更上火兩三沸,令烊。(《備急千金要方》卷1)

(50)凡麥門冬、生薑入湯,皆切。三搗三絞,取汁,湯成去滓下之,煮五六沸,依如升數,不可共藥煮之,一法薄切用。(《備急千金要方》卷1)

(51)如中風賊風,口偏不能語者,取茱萸一升,美清酒四升,和煮四五沸,冷服之半升。(《食療本草》卷上)

(52)礬石於瓦上若鐵物中熬,令沸汁盡即止。(《新修本草》卷1)

(53)主療時行大熱狂走,解諸毒,宜用絶乾者,搗末,沸湯沃服之。(《新修本草》卷15)

(54)上八味同爲末,每服二錢,空心晚食前用小便一盞,烏梅一個,同煎三五沸,温服。(《博濟方》卷2)

(55)上件藥同研如粉入瓶中,以重抄油紙三重密固瓶口,重湯煮之常如魚眼沸,水耗即以熱水添之。(《雞峰普濟方》卷24)

(56)上先布鹽花半斤,於平底鐺中。次鋪硫黄末,又以餘鹽蓋之。蓋紙固縫,長令如魚目沸,七日七夜勿令絶。(《雞峰普濟方》卷24)

(57)上並搗細末,取多年米醋,於銚中煎,令魚眼沸,即下前件藥末,調如稀餳,以篦子塗,敷腫上,只當瘡頭留一指面地,勿令合,以出熱氣,如未膿,當内消。(《蘇沈良方》卷10)

在語法功能上,"沸"可充當謂語,如"使通體沸""不沸"等,可以充當定語,如"沸汁""沸湯",可以(與數詞連用)充當補語,如"煎三五沸""煮五六沸"等。

在語義搭配上也較爲豐富,表示"沸"次數有"兩三沸""三四沸""五六沸""十數沸""二十餘沸"等。表示"沸"的程度有"小沸""匝匝沸""微微沸""魚眼沸""魚目沸"等。表示"沸"的手段有"煮沸""煎沸""熬沸"等。"沸"的液體除了最常用的水之外,還可以是醋、油、酒等。

（二）宋元至清初動詞"滚"及其與動詞"沸"的興替

"滚"（涫）發源較早。宋代常用"滚"字。用例如下：

(58)譬之煎藥，須是以大火煮滚，然後以慢火養之，却不妨。(《朱子語類》卷10)

(59)那翠蓮聽得公公討茶，慌忙走到廚下刷洗鍋兒煎滚了茶。"(《清平山堂話本·快嘴李翠蓮記》)

(60)懸陰乾，浄掃地上燒爲灰，湯淋取濃汁，泥連二灶煉之，灰汁耗，即旋取傍釜中已滚灰汁益之。(《蘇沈良方》卷10)

(61)外用緑礬一斤入圊桶，以滚水沖入，扶其坐上，一刻而通。(《扁鵲心書》卷中)

(62)每服一丸，滚水下，連進二服立瘥。甚者灸中脘五十壯。(《扁鵲心書·神方》)

(63)有爲風寒所襲而聾者，有心氣不足而聾者，當服一醉膏，滚酒下，汗出而愈。(《扁鵲心書》卷下)

(64)每服四錢，滚酒下，連進二服，其痛即止。(《扁鵲心書·神方》)

"滚"具備了在語法成分中充當謂語、定語、補語等用法。宋代"滚"使用仍較少，元明時期數量劇增。如下表所示。

表1 元明時期表"液體沸騰"義動詞使用數量

朝代	文獻	方言背景	"液體沸騰"義動詞		
			沸	滚	開
元	新校元刊雜劇三十種	北方	0	1	0
	全元散曲	北方	2	2	0
明	水滸傳	江淮	1	8	0
	三遂平妖傳	江淮	0	1	0
	西遊記	江淮	2	26	0
	朴通事諺解	北方	0	1	0
	金瓶梅詞話	山東	0	3	0
	喻世明言	南方	2	1	0
	警世通言	南方	1	1	0
	醒世恒言	南方	1	9	0
	初刻拍案驚奇	南方	0	4	0
	二刻拍案驚奇	南方	0	0	0
	明民歌	吴語	1	3	0
	鼓掌絶塵	南方	0	3	0
	型世言	南方	1	1	0

從我們所統計的雜劇、散曲、小説、民歌、朝鮮漢語教材等語料可以看出，元明時期，"沸"的使用數量急劇減少，大部分作品中，"滚"的使用都超過了"沸"，特别是在《西遊記》《水滸

傳》等小説中。全元散曲中"沸"多用來表示"喧騰、喧囂"之義,如"沸池蛙,噪林鴉,牧笛聲裏牛羊下,茅舍竹籬三兩家";"笙歌鼎沸南湖蕩,今夜且休回畫舫";"鴛鴦驚起歌聲沸,雲錦離披"等。

調查元明時期的部分飲食類書籍和中醫藥類書籍,發現在飲食類書籍中"沸"與"滚"兩者的使用數量相當,大部分中醫藥類書籍中"沸"的數量多於"滚",明代的少部分中醫藥類書籍如《文堂集驗方》《名醫雜著》《大小諸證方論》中"滚"的數量多於"沸"。如下表所示。

表2 元明時期部分飲食及中醫藥類書籍中表"液體沸騰"義動詞使用數量

朝代	文獻	作者	"液體沸騰"義動詞		
			沸	滚	開
元	飲食須知	賈銘	5	5	0
	飲膳正要	忽思慧	8	6	0
	本草品匯精要	王好古	108	7	0
	敖氏傷寒金鏡録	杜本	4	2	0
	瑞竹堂經驗方	沙圖穆秀克	20	4	0
	丹溪治法心要	朱震亨	9	1	0
明	農政全書	徐光啟	19	3	0
	炮炙大法	繆希雍	33	4	0
	文堂集驗方	羅浮山人	28	51	0
	明醫雜著	王綸	3	7	0
	大小諸證方論	傅青主	3	5	0

統計顯示,元明時期,口語中"滚"占據明顯優勢,"沸"已基本不用,"開"還未出現。書面語特别是專業性較强的飲食及中醫藥書籍中,"沸"仍占有一席之地。

元明時期"滚"的使用有兩個特點。一是除了做謂語、定語、補語外,"滚"可以作狀語使用,如《金瓶梅詞話》第四十回:"伸手摸了摸褥子裏,説道:'到且是燒的滚熱的炕兒。'"《警世通言》第二十二卷:"宜春便將瓦罐子舀了一罐滚熱的茶。"二是與"沸"多做補語不同,"滚"用作定語較多,其中"滚湯"的數量較多,"滚水"也有一定的用例,如《金瓶梅詞話》第九十一回:"往地下只一墩,用大鍋燒上一鍋滚水。"《醒世恒言》第二十六卷:"元來做鮓的,最要刀快,將魚切得雪片也似薄薄的,略在滚水裏面一轉,便撈起來,加上椒料,潑上香油,自然鬆脆鮮美。"

(三)清代動詞"開"及其與動詞"滚"的競争

清代表示"液體沸騰"義的動詞"開"出現,其使用數量如下表所示。

表 3 清代表“液體沸騰”義動詞使用數量

朝代	文獻	方言背景	“液體沸騰”義動詞		
			沸	滚	開
清	醒世姻緣傳	山東	1	16	0
	聊齋俚曲集	山東	0	8	0
	《紅樓夢》前 80 回	北京	1	11	1
	《紅樓夢》後 40 回	北京	0	1	3
	儒林外史	江淮	0	7	5
	歧路燈	河南	1	7	4
	官場現形記	江淮	0	2	9
	老殘遊記	江淮	0	1	1
	二十年目睹之怪現狀	江淮	2	4	9
	品花寶鑒	北京	1	0	9
	兒女英雄傳	北京	0	8	12
	海上花列傳	吴語	0	3	6

從上表可以看出，清代“沸”的使用較少。在清代前期和中期的《醒世姻緣傳》《聊齋俚曲集》《紅樓夢》《儒林外史》《歧路燈》等作品中，“滚”的數量還是多於“開”，在清代末期的《官場現形記》《老殘遊記》《二十年目睹之怪現狀》《品花寶鑒》《兒女英雄傳》《海上花列傳》等作品中，“開”的數量多於“滚”。説明在清代後期，“開”的使用占了上風。

我們專門統計了明代小説《西遊記》“沸”“滚”“開”三詞的使用情況，發現在明代小説《西遊記》中，表達“液體沸騰”義的詞彙主要是“滚”，有 26 例，如：

(65)先燒半鍋滚水别用，却又將些山地榆葉子，著水煎作茶湯，然後將些黄粱粟米，煮起飯來。(《西遊記》第 13 回)

(66)行者放了國王，近油鍋邊，叫燒火的添柴，却伸手探了一把，呀！那滚油都冰冷，心中暗想道：“我洗時滚熱，他洗時却冷。(《西遊記》第 46 回)

(67)我那八戒、沙僧，還捱得兩滚，我那師父，只消一滚就爛。(《西遊記》第 77 回)

“沸”僅有 2 例，分别是“滚沸”“鼎沸”，用例如下：

(68)日乃太陽真火，落於西海之間，如火淬水，接聲滚沸。(《西遊記》第 59 回)

(69)一氣無冬夏，三秋永注春。炎波如鼎沸，熱浪似湯新。(《西遊記》第 72 回)

從小説《西遊記》到車王府曲本鼓詞《西遊記》中，有將“滚”改寫爲“開”①的用例，如：

(70)又見小妖來報：“湯滚了。”(《西遊記》第 77 回)→只見燒火的小妖來報：“水燒開咧。”(《車曲》28-94)②

① 清車王府藏曲本《西遊記》，它是以小説《西遊記》爲底本改編而成的一部長篇鼓詞。清代車王府鼓詞曲本《西遊記》與明代小説《西遊記》的對勘，反映了明清這組詞的興替關係。

② 小説《西遊記》，長春出版社 2006 年；清車王府藏曲本《西遊記》，學苑出版社 2001 年，第 28 册第 94 頁(《西遊記》分布在第 27 册、28 册中)。

"滚"的使用在這一時期有以下兩個特點:一是出現重疊式的用法。如《紅樓夢》第8回:"命人倒滚滚的茶來。"二是在表示"翻滚幾次"的概念時,清代以前常用"煮N滚""蒸N滚",如《文堂集驗方》卷1:"豆腐煮數滚。"《西遊記》第77回:"唐僧蒸了幾滚了?"有時也直接用"數詞+滚"的形式,如《西遊記》第25回:"師父不濟,他若到了油鍋裏,一滚就死,二滚就焦,到三五滚,他就弄做個稀爛的和尚了!"到清代出現了動詞重疊式"滚N滚"用法,如《隨園食單·羽族單》:"先將雞切塊,用菜油二兩,候滚熟,爆雞要透;先用酒滚一二十滚,再下水約二三百滚。"隨着動量詞"回""次"的泛化,也有"滚N回""滚N次"的用法,如《隨園食單·水族有鱗單》:"先將蝦米滚泡一個時辰,秋油一小杯,再滚一回,加糖一提,再滚一回,用細蔥半寸許長,一百二十段,緩緩起鍋。"《隨園食單·江鮮單》:"火腿切方塊,冷水滚三次,去湯瀝乾;將肉切方塊,冷水滚二次,去湯瀝乾;放清水煨,加酒四兩、蔥、椒、筍、香草。"三是"滚"作爲語素在雙音節中保存下來,可以修飾"熱""燙"等形容詞。如:温泉的水就是在冬天,也是滚熱。○摸着他身上滚熱,一點汗液没有。○他身上雖是滚熱,頭上確實汗露露的。(狄考文《官話類編》)

"開"從清代開始使用時,便體現出它的局限性。"開"與"沸""滚"相比,在語法功能和語義搭配上範圍都小,以清代醫書《驗方新編》爲例,來考察一下三者在語法功能上的特點。

表4 《驗方新編》中表"液體沸騰"義動詞語法功能

詞彙	充當謂語(比例)	充當定語(比例)	充當補語(比例)	充當狀語(比例)
沸	10(24%)	8(19%)	24(57%)	0(0%)
滚	4(2%)	187(70%)	72(27%)	2(1%)
開	0(0%)	122(98%)	3(2%)	0(0%)

從上表可以看出,"沸"在使用時主要是(與數詞連用)充當補語,如"煎數沸""煮數沸""熬一二沸",其次是謂語,如"油沸""蠟沸",充當定語的也占到一定比例,如"沸湯"。"滚"則大多數充當定語,占到了70%,其次是充當補語,占到了27%,充當謂語和狀語的情況較少。"開"基本上都是充當定語,如"開水""滚開水",充當補語的非常少,僅占2%,没有充當謂語和狀語的用法①。"開"在語法功能上與"滚"相似,但比"沸"和"滚"更爲單一。

在語義搭配上,"沸"和"滚"的對象都較爲豐富,可以是油、酒、醋,也可以是蠟、粥、茶等。而"開"的對象則非常單一,"開"作定語時,全部是修飾"水",使用最多的是"開水",其次是"滚開水"。"開"作補語時,僅有1例對象爲"油",如:"先用真麻油一斤,慢火熬開,再下銀黝四兩。"

在現代漢語中,"開水"已基本取代了"滚水",在民國早期的部分地方報刊中偶爾還能見到"滚",如:

(71)稻草和蕎麥稈子等燒成灰,用滚水泡發,再用粗布袋濾去渣滓,把此水再入鍋内熬乾,活像爛泥一様方才熄火,冷乾成白色粉,再把清水將此白粉調和,加生石灰,大火煮滚後,把鍋子拿開,那石灰稻草等灰沉在鍋底下,結成板,像石膏的不要,取其上面

① "開"在清代的其他語料中有作謂語的用法,如《老殘遊記》:"問他泡茶時,堂倌還在那裏揉眼睛,答道:'水還没有開呢。'我只得悯悯而出。"《品花寶鑒》:"寶珠見水開了,自己於博古廚内取出一個玉茶缸,配了四種名茶,自己親手泡好了,把蓋子蓋上。""開"作謂語的用例較少。

的湯,再另放鍋中熬乾,結成白色的,就叫做苛性曹達。(《安徽俗話報》)

(72)第八法,放入滚水略沸十二秒至十五秒之久。(《湘報》)

(73)華人飲水,都將水燒滚,微虫已死,似乎疾病可蠲,然仍有别種不潔之物存於其中。(《湘報》)

三 "沸""滚""開"在現代漢語方言中的分布

據許寶華、宫田一郎《漢語方言大詞典》(P6703)記載,"滚水"義爲"熱水"的用法,在晉語、西南官話、贛語、客話、閩語等方言區都有所使用。

據李榮等主編的《現代漢語方言大詞典》,在閩語區的雷州、海口等地,還使用"沸"表"液體沸騰""煮""加熱"等意義。在吴語區的崇明、蘇州等地,還是用"滚"表示"液體煮沸","滚水"等同於"開水"。

方言地理學假定:一個詞的方言形式在地理空間上横向的分布可以反映出各個形式在歷史時期上的縱向層次,簡而言之,共時分布體現歷時變化。從上文我們分析可見,"沸""滚""開"的分布情況,這三個詞大致從南到北(閩語區用"沸"——粤語、吴語、晉語、西南官話、贛語、客話等用"滚"——清末在北方用"開",再從北方影響到南方官話)的空間分布也體現出上古中古、近代漢語前期、近代漢語後期這三個詞的歷時替换關係。漢語史上該語義場的古老成分"沸"、較古成分"滚"在方言中得以保存。

四 小結

(一)上古時期"沸"就用來表"液體沸騰"義,直到唐宋都是主導詞。在句子中主要充當補語,有時也用作謂語和定語,與"沸"發生語義聯繫的液體較爲豐富。到元明時期"沸"基本不再使用,只保留在"沸騰""鼎沸"等固定用法中。

(二)"滚"爲後起字,宋代時表"液體沸騰"義,其本字爲"涫"。"滚"大部分用作定語,少部分充當補語,也有用作謂語和狀語的情況,但數量較少。"滚"在元明白話語料中的使用數量超過了"沸",在書面語中"沸"還占有一席之地。

(三)清代中期産生了表"液體沸騰"義動詞"開",絶大多數情況下充當定語,充當謂語和補語的情況較少。與"開"發生語義聯繫的液體基本上是"水",最常用的是"開水"一詞。清代後期的白話文小説中,"開"的使用數量超過了"滚"。

(四)在現代漢語中,"開"一直沿用,"沸"保留在閩語(雷州、海口)等方言區,"滚"保留在粤語、吴語(崇明、蘇州)、湘語、江淮官話、部分中原官話等方言區。

徵引書目

清・段玉裁《説文解字注》,上海古籍出版社,1981。

明・吴承恩《西遊記》,長春出版社,2006。

清·《清車王府藏曲本》,首都圖書館編輯,學苑出版社,2001。

參考文獻

[1][美]狄考文(Calvin Wilson Mateer). 官話類編(A Course of Mandarin Lessons)[M]. 上海:美華書館(American Presbyterian Mission Press),1902.
[2]李榮等主編. 現代漢語方言大詞典[M]. 南京:江蘇教育出版社,2002.
[3]許寶華,宮田一郎主編. 漢語方言大詞典[M]. 北京:中華書局,1999.
[4]漢語大詞典編纂處. 漢語大詞典[M]. 上海:漢語大詞典出版社,1993.

The Historical Development of Words with Meaning of Boiling in Chinese

Zhang Meilan, Zhou Yingzhao

Abstract: The dominant words with meaning of boiling change from *fei*(沸) to *gun*(滚) to *kai*(开). *Fei*(沸) dominated the periods from Pre-Qin to Song Dynasty, while *gun*(滚) the periods of Yuan and Ming and Qing Dynasty, and *kai*(开) the periods from late Qing till now respectively. *Fei*(沸) and *gun*(滚) are preserved in dialects. Diachronic replacement reflects synchronic distribution pattern from the South to the North in China.

Key words: words; boiling,(*fei*)沸/(*gun*)滚/(*kai*)開,diachronic replacement, synchronic distribution

通信地址:香港浸會大學中文系 香港九龍塘/清華大學中文系
郵編:100084
E-mail:zhangmeilan@mail. tsinghua. edu. cn

論出土文獻在漢語語法史研究中的價值*

龍國富　范曉露

内容提要　文章以量詞的使用爲例,對出土文獻在漢語語法史研究中的價值進行探討。出土文獻在漢語語法史研究中的價值表現爲:能更精準地把握語法現象的源頭;能更深入地挖掘新的語法意義;能充實語法史研究的材料;能發現新詞和新的詞類。

關鍵詞　價值　出土文獻　漢語語法史

〇　引言

目前,隨着先秦漢魏時期出土文獻的陸續刊布,出土文獻已廣泛涉及政治、經濟、哲學、宗教、軍事、醫學、數學、音樂、語言和文學等諸多領域。出土的傳抄古籍,如《老子》《緇衣》《窮達以時》《管子》《國語》《逸周書·大武》等①,與傳世文獻相比,更是具有可靠的語料價值;出土的失傳佚書,如《太一生水》《五行》《性自命出》《魯穆公問子思》《唐虞之道》《成之聞之》《六德》《孔子詩論》《樂禮》《魯邦大旱》《恒先》《子羔》《性情論》《墨子》等②,足以彌補研究資料的不足;出土的文書檔案資料,如法律文書、户籍檔案、遣策、卜筮等,能反映當時最真實的語言面貌。在漢語語法史研究中,出土文獻具有重要的使用價值。本文以量詞爲例,探討出土文獻在漢語語法史研究中的價值。

一　能更精準地把握語法現象的源頭

衆所周知,在漢語語法史研究中,尋找語法現象的源頭事關重大。由於傳世文獻語料在某些方面的相對局限,從而導致人們對某些詞法源頭的把握不够精准。而出土文獻的刊布,爲漢語語法史研究提供了更爲豐富的語料。無疑,利用出土文獻,勢必能更精准地把握語法現象産生的源頭。以量詞“下”爲例,王力先生(1989/2005:39)認爲,量詞“下”産生於南北朝,引北齊魏收《魏書》“被撻百下”爲證。而張顯成、李建平(2010:218)發現,量詞“下”産生於漢代出土文獻,共有 4 例。如《居延漢簡》123.58:“敞辭曰:“初□(欲)言,候擊敞數十下,

---

* 本文爲中國人民大學科學研究基金(中央高校基本科研業務費專項資金)項目“出土漢代文獻整理與語言研究”(項目編號:11XNJ010)成果之一。感謝《漢語史學報》匿名審稿專家的寶貴意見。

① 張春龍(2004:20)認爲,湖南慈利石板村 36 號漢墓出土的《國語》《逸周書·大武》《管子》,能和傳世本互相印證。

② 李學勤(2001)認爲,河南信陽長台關 10 號漢墓出土的《墨子》,可能是傳世《墨子》的佚篇。

脅痛，不耐言。”本文分别對“把”“口”“具”“梃”等量詞産生的源頭做如下探討：

把　量詞“把”由動詞“握”(《説文》“把，握也”)虚化而來，用於稱量像束狀的草本植物。在傳世文獻中，人們把量詞“把”産生的源頭確定爲三國時期。如《三國志・吴書・陸遜傳》中的“遜曰：‘吾已曉破之之術。’乃敕各持一把茅，以火攻拔之”。而通過對出土文獻的調查，發現有較三國時期更早的用例。主要出現在長沙馬王堆漢墓出土的《五十二病方》和《養生方》等文獻。在《五十二病方》和《養生方》這兩部文獻中，量詞“把”共有4例，都用於稱量草本植物(張俊之、張顯成2002)。如：

(1)傷者，以續[斷]根一把，獨□長枝者二梃，黄芩二梃，甘草□梃，秋烏喙二□。(《馬王堆漢墓帛書(肆)・五十二病方》17)

(2)傷痙者，擇薤一把，以淳酒半斗煮沸，[飲]之，即温衣夾坐四旁，汗出到足，乃□。(同上，43)

(3)□□□大牡兔，皮，去腸。取萆薢長四寸一把，術一把，烏喙十□□□，削皮細析。(《馬王堆漢墓帛書(肆)・養生方》121)

上例中，量詞“把”稱量的對象是“根”“萆薢”“薤”“術”等草本植物。據中醫研究院醫史文化研究室(1975)，鍾益研、淩襄(1975)，張俊之、張顯成(2002)和張顯成(2005)研究，發現《五十二病方》和《養生方》出現於秦漢時期。以此類推，量詞“把”産生的源頭應當提早到秦漢時期。

口　量詞“口”是由“人的器官”義(《説文》“口，人所以言食也”)虚化而來，最早用於稱量人和牲畜，後來發展到稱量器皿、釜等物件。基於傳世文獻，量詞“口”産生稱量人的用法應當確定在漢代。如《漢書・武帝紀》：“募民徙朔方十萬口。”而“口”産生稱量物件的用法則應確定在南北朝時期。如《水經注》卷六：“管涔王使小臣奉謁趙皇帝，獻劍一口。”(劉世儒1965)但是，據張顯成、李建平(2010：219)研究，發現在漢代出土文獻中，“口”就已經産生出稱量物件的量詞用法，《居延漢簡釋文合校》中就達14例之多。如：

(4)承六月餘官弩二張，箭八十八枚，釜一口，磑二合。(《居延漢簡釋文合校》128.1)

(5)▨□盗取性文書，筒二枚，錢一千，大刀一口。(《長沙東牌樓東漢簡牘》5)

上例中，量詞“口”稱量的對象是釜、刀等。據此，基於出土文獻，量詞“口”産生的源頭當追溯到漢代。

具　量詞“具”來源於名詞“器物”的虚化，用於稱量席、鼎、貝等。傳世文獻中，量詞“具”産生的源頭是漢代，如《史記・貨殖列傳》“旃席千具”。而通過對出土文獻資料的調查，我們發現，早在西周時期，量詞“具”就已經産生。如：

(6)戠，辛巳，王賜馭八貝一具，用作父己尊彝。(《殷周金文集成・馭卣》10.5380)

(7)函皇父作琱妘盤盉尊器鼎簋一具。自豕鼎降十又一，簋八、兩罍、兩壺，琱妘其萬年，子子孫孫永寶用。(《殷周金文集成・函皇父盤》16.10164)

例(6)中的“王賜馭八貝一具”意即王賞賜給駕車人八錢幣一具。鑒於用貝充當的錢幣由多件組成，於是用“具”來稱量。例(7)的大意指函皇父給夫人琱妘製作盤盉尊器鼎簋一具。同樣，鑒於生活器具由多件組合而成，於是用“具”來稱量。

在秦簡中，量詞“具”還有用作稱量人體器官的情況，睡虎地秦簡中共2例。如：

(8)祠固用心腎及它肢物，皆各爲一具。一具之臧不盈一錢，盗之當耐。(《睡虎地

秦墓竹簡·法律答問》25、26)

例(8)的大意爲“祭祀時固定要供奉的物品有牲畜的心、腎和前、後足,每一種供品各爲一具。如果有人偷竊了供品,那麽供品就成爲偷竊者偷盜的贓物。儘管每一具贓物價值不滿一文錢,但只要偷竊者盜竊了一具贓物,就要處以剃去鬢鬚的刑罰”。此例中,祭祀的供品由多件組合而成,用“具”來稱量。

在漢簡中,量詞“具”更是使用廣泛。如:

(9)護羌使者傳車一乘,黄銅五羡一具,伏兔兩頭,柅兩頭,亶帶二蒂…… 赤糉各兩少,銅鐐一具。(《敦煌懸泉漢簡釋粹》255)

(10)節衣一具,疏比一具,詘帶一,鄉橐四,手衣一具。(《尹灣二號漢墓木牘》一三反)

通過對出土文獻的調查,更精確地説,量詞“具”産生的源頭當提早到西周時期。

梃　量詞“梃”由名詞“挺直的樹幹”虚化而來,用於稱量挺而直的條塊狀物。傳世文獻中,量詞“梃”的語源産生於南北朝。如北齊魏收《魏書·李孝伯傳》:“駿遣人獻酒二器、甘蔗百梃,並請駱駝。”而在出土文獻中,早在秦漢時期,“梃”做量詞的用法就已經産生(張俊之、張顯成 2002)。如:

(11)傷者,以續[斷]根一把,獨□長枝者二廷(梃),黄芩二梃,甘草□梃,秋烏喙二□□□□□者二甌。(《馬王堆漢墓帛書(肆)·五十二病方》17)

(12)以水一斗煮葵種一斗,浚取其汁,以其汁煮膠一梃半,爲汁一参,而□。(同上,168)

毋庸置疑,量詞“梃”産生的源頭當推斷爲秦漢。

除了上文所探討的“把”“口”“具”“梃”以外,量詞“合(個體和量制單位)”“顆”“騎”“裁”“品”“積”“艘”“節”“丸”“器”“劑”等,産生的時間也都早於傳世文獻。(張顯成、李建平 2010)在漢語史語法研究中,研究量詞的目的是掌握漢語量詞的發展歷史,而其中最關鍵的一環需要尋找量詞産生的源頭。將出土文獻中量詞納入漢語語法史研究,最大的價值在於能够幫助我們更準確地把握量詞這一語法現象的源頭。由此及彼,將出土文獻中任一語法現象納入漢語語法史研究,都有助於我們準確把握語法現象産生的源頭。

二　能更深入地挖掘新的語法意義

出土文獻資料包羅萬象,不僅囊括諸多失傳的資料,而且還包括能反映不同時期、不同地域真實語言狀况的資料。在這些資料中,通常會存在一些罕爲人知的語法現象。而這些語法現象又通常能爲挖掘新的語法意義提供便利。如“顆”“斗”“石”。

顆　“顆”本義是“小頭”(《説文》“顆,小頭也”),《説文繫傳》:“今言物一顆,猶一頭也。”後虚化爲量詞。基於傳世文獻,傳統的觀點認爲,量詞“顆”早期的語義爲“稱量小而圓的物體”。如段玉裁《説文解字注》:“顆,引申爲凡小物一枚之稱,珠子曰顆,米粒曰顆是也。”如《傷寒論》卷三:“水上有珠子五六千顆相逐。”而我們通過對出土文獻的調查,發現早在秦漢量詞“顆”不僅用於稱量粒狀物,而且用於稱量塊狀物。如:

(13)嬰兒病癇方:取雷尾＜矢＞三顆,冶,以豬煎膏和之。(《馬王堆漢墓帛書(肆)·

五十二病方》48)

(14)取溺五斗,以煮青蒿大把二,鮒魚如手者七,冶桂六寸,乾薑二顆。(同上,248、249)

(15)取[烏]喙三顆,乾薑五。(《馬王堆漢墓帛書(肆)·養生方》164)

上例中,"果"是"顆"的古字。例(13)中的"顆",稱量雷尾矢,雷尾矢是小而圓的粒狀物①。例(14)中的"顆",稱量薑,薑是塊狀物。例(15)中"顆"稱量烏喙,烏喙是長形的塊狀物②。"顆"之所以能用來稱量塊狀物,究其原因,是"顆"有"土塊"義。《漢書·賈山傳》:"爲葬薶之侈至於此,使其後世曾不得蓬顆蔽冢而托葬焉。"顔師古注:"顆謂土塊。"清王先謙注:"快顆雙聲,故快亦爲顆。"《顔世家訓·書證》:"北土通呼物一塊,改爲一顆。"

關於量詞"顆"早期的用法,除了上文所論及的《説文》《説文繫傳》《説文解字注》以外,字典辭書也大都釋作粒狀物。如《漢語大字典》將其釋爲"稱量粒狀或圓形的物體"。但是,從以上用例看,例(13)中的量詞"顆"釋作"粒狀物",例(14)和(15)都釋作"塊狀物",可見,根據出土文獻中所提供的語料,量詞"顆"早期的語義當釋爲"稱量粒狀物和塊狀物"。相對傳世文獻而言,出土文獻中量詞"顆"的語義更透徹。

斗、石 "斗"和"石"都假借爲容量單位。《説文》:"斗,十升也。"《漢書·律曆志上》:"十合爲升,十升爲斗,十斗爲斛。"《漢志》:"十斗曰石。"以此爲據,傳世文獻中,一斗爲十升,一石爲十斗。但據我們調查,漢代出土文獻中,斗和石的容量是有所區分的。有關漢代斗和石的容量,既有十升爲斗、十斗爲石的情況,也有六升爲斗、六斗爲石的情況。如:

(16)☐受征和四六月簿餘穀小斗五斗二升爲☐入穈小石十一石六斗。始元五年十月辛☐。(《居延漢簡甲乙編》488.3、488.4)

(17)凡三人,用粟大石四石五斗,爲小石七石五斗,九月食。(《香港中文大學文物館藏簡牘·漢簡》奴婢廪食粟出入簿)

陳夢家(1980:150)和張顯成、李建平(2010:203-224)研究發現,在秦漢簡帛中,就已經有大斗、小斗之稱,且與大石、小石相對應。一小石爲 0.6 大石,一小斗爲 0.6 大斗。可見,自古就有大斗與小斗之分,且有大石與小石之别。出土文獻中的"斗" 和"石"的容量制反映的是漢代當時的實際容量制,比傳世文獻中的"十升爲斗、十斗爲石"的容量制更爲複雜。

關於量詞"斗"和"石"早期的用法,除了上述所提及的《説文》《漢書》《漢志》以及字典辭書(如《漢語大字典》)都將其釋爲"十升爲一斗、十斗爲一石"。而從出土文獻的材料來看,量詞"斗"的釋義應爲:容量單位,有十升爲一斗的大斗計法,也有六升爲一斗的小斗計法,大斗與小斗的關係是一小斗爲 0.6 大斗。量詞"石"的語義應爲:容量單位。有十斗爲一石的大石計法,也有六斗爲一石的小石計法,大石與小石的關係是一小石爲 0.6 大石。與傳世文獻相比,出土文獻中有關"斗"和"石"語義更爲完整。

除了上面所討論的"顆""斗""石"以外,還有量詞"步""畹""升""布""緎""斤"等。在漢語語法史研究中,出土文獻語料的出現,有利於更深入挖掘新的語法意義。

---

① 雷尾矢,即雷矢,形似圓狀菌類。《急就篇》卷四:"雷矢、雚菌、藎、兔盧。" 顔師古注:"雷矢,即雷丸也。又名雷實。"

② 烏喙,中藥附子的别稱,塊狀,以其形似烏觜而得名。《急就篇》卷四:"烏喙附子椒芫華。"顔師古注:"烏喙,形似烏之觜也。"

三　能充實漢語語法史研究的材料

出土文獻能充實漢語語法史研究中的材料。就量詞而言，一是能增補量詞在虛化的過程中某階段用例的不足，如“張”；二是能增補量詞用例的不足。如“𦱤”“橐”。

張　“張”的本義是“張弓”（《說文》“張，施弓弦也”），後虛化而成爲量詞。王力（1958）和劉世儒（1965）認爲，“張”虛化爲量詞以後，當從稱量弓弩擴大到稱量幄幕、琴和廚等。在傳世文獻中，量詞“張”早期只出現有稱量帷幕、琴和廚的用例，如《左傳·昭公十三年》：“子産以帷幕九張行。”而没有稱量弓弩的用例。而據調查，在出土文獻中，量詞“張”稱量弓弩的用例也有出現。如：

（18）承六月餘官弩二張，箭八十八枚，釜一口，磑二合。（《居延漢簡甲乙編》128.1）

（19）凡弩二張，箭八十八枚，釜一口，磑二合。（《居延漢簡甲乙編》128.1）

“張”稱量弓弩的用例，在《居延漢簡甲乙編》中出現 20 例，這爲“張”語法化爲量詞以後稱量弓弩提供了證據。

𦱤　“𦱤”的本義是“小束”（《說文》“𦱤，小束也”），後虛化而成爲量詞。《玉篇》：“𦱤，禾十把也。”“𦱤”做量詞時，稱量束狀物。在傳世文獻中，没有出現量詞“𦱤”的用法。而在出土文獻中，“𦱤”寫作“枅”，出現有做量詞的用法（張俊之、張顯成 2002），共 4 例。如：

（20）取贏牛二七，薤一𦱤，並以酒煮而飲之。（《馬王堆漢墓帛書（肆）·五十二病方》182）

（21）萆薢、牛膝各五𦱤，□莢、桔梗、厚□二尺，烏喙十顆，並治。（《馬王堆漢墓帛書（肆）·養生方》149）

上例中，量詞“𦱤”用於稱量成束的薤、萆薢、牛膝等草本植物。

橐　“橐”的本義指盛物的袋子（《說文》：“橐，囊也。”《詩·大雅·公劉》：“乃裹餱糧，于橐于囊。”毛傳：“小曰橐，大曰囊。”），後借用作量詞。“橐”做量詞時，稱量袋子所盛之物。“橐”做量詞的用法，在傳世文獻中没有出現，而在漢代出土文獻中却有使用，共有 4 例。如：

（22）責▨絮三橐，直百五十。（《居延新簡·甲渠候官》51·414）

（23）□□一橐。五采糸一橐。五采絹一橐。（《尹灣二號漢墓木牘》一反）

上例中，量詞“橐”稱量成袋的物，其對象有絮、糸、絹等。

上面新材料的出現，充實了“張”“𦱤”“橐”的量詞用例。可見出土文獻新的材料，能充實漢語語法史研究的語料。

四　能發現新詞和新的詞類

由於時代的變遷，傳世文獻材料難免不出現删減情況，因而有些詞和詞類的丢失也就在所難免。而出土文獻，由於具有保存語言原貌的優勢，因而便於發現新詞和新的詞類。以量詞爲例，具體表現是：傳世文獻中没有的詞，在出土文獻中有使用，並有做量詞的用法，如“䀇”“垿”；有的詞在傳世文獻中雖有出現，但没有量詞這一個詞類，在出土文獻中却有用作量詞的用法。如“絜”“捼”“資”“町”。

䑜 整理者認爲,“䑜”是器名,屬於簠的一種。用於盛裝食物,呈方形①。西周晚期開始出現,春秋戰國流行。《周禮・地官・舍人》:“凡祭祀,共簠、簋,實之陳之。”鄭玄注:“方曰簠,圓曰簋,盛黍稷稻粱器。”“䑜”做量詞,由盛食之器假借而來。“䑜”,在傳世文獻中未見,而在出土文獻馬王堆一號漢墓和三號漢墓遣策中却有出現,並且有做量詞的用法,共 11 例,稱量用方簠盛的食物。如:

(24)白魚五䑜。右方縈魚七䑜。(《馬王堆一號漢墓・遣策》49、50)

(25)筍廿䑜。楳(梅)十䑜。(《馬王堆三號漢墓・遣策》107、109)

出土文獻中,量詞“䑜”稱量的食物有梅、筍、白魚、鱝離鬵、鯉離鬵等。

堷 整理者認爲,“堷”爲器名,指用來盛食物的陶類器“具”②。“堷”做量詞,由盛食之器假借而來。“堷”,在傳世文獻中未見,而在出土文獻馬王堆三號漢墓遣策中却有出現,並且用作量詞,共 6 例,稱量用陶類器具盛的食物。如:

(26)藾菹一堷。元梅一堷。(《馬王堆三號漢墓・遣策》127、128)

(27)蕪荑一堷。醬醶一堷。(同上,130、131)

上例中,“堷”稱量以陶盛的物,包括藾菹、元梅、蕪荑、醬醶等。

絜 “絜”本指“一束麻”(《説文》:“絜,麻一耑(端)也。”段玉裁注:“一耑(端)猶一束也。……《人部》係下云絜束也。是知‘絜’爲‘束’也。”),後虚化爲量詞。“絜”做量詞時,用於稱量一束一束的物。如《説文》:“繆,枲之十絜也。”在傳世文獻中,“絜”做量詞的用法没有出現。而在漢代出土文獻中,“絜”却有做量詞的用法,共 2 例。如:

(28)出枲一絜,八月二日付掾繩席。(《居延漢簡甲乙編》203.5)

(29)九月十五日付司□□筍二合,五十四直百八,枲四絜,七直廿八。凡百卌六。(《湖北江陵鳳凰山十號漢墓竹簡考釋》122)

在《江陵鳳凰山十號墓漢簡》中,另有一例:十月七日付……五絜,四,凡廿。(《湖北江陵鳳凰山十號漢墓竹簡考釋》124)根據上面諸簡的行文格式,我們推斷,此簡中,“五絜”前一缺字當爲“枲”,“五絜”指枲五束。出土文獻中,量詞“絜”稱量成束的枲。

捼 量詞“捼”由表“兩手相切摩”義的動詞虚化而來。“捼”與“挼”同。《説文》:“挼,一曰兩手相切摩也。”《廣韻・戈韻》:“捼,捼莎,兩手相切摩也。”做量詞時,稱量兩手相切摩的物。傳世文獻中,未見“捼”做量詞的用法。而在出土文獻中,“捼”存在有做量詞的用法,共 2 例(張俊之、張顯成 2002:191-224)。如:

(30)治之以柳蕈一捼、艾二,凡二物。(《馬王堆漢墓帛書(肆)・五十二病方》266)

(31)治以蜀焦(椒)一委(捼)。(同上,殘 1)

出土文獻中,量詞“捼”,整理小組認爲疑當爲一倳,稱量柳蕈、艾葉、蜀椒等的數量。

資 唐蘭(1980:23)認爲,“資”本指硬陶器,後作“瓷”。《集韻》:“瓷,陶器之緻堅者。”後假借爲量詞,用於稱量用陶器盛的物。傳世文獻中,“資”未見做量詞的用法。而在漢代出土文獻中,“資”做量詞的用法却很常見。如:

(32)魚魫一資。肉魫一資。魚鮨一資。肉醬一資。雀醬一資。離然一資。𪊨鮨一

①② 參見湖南省博物館,湖南省文物考古研究所. 長沙馬王堆二、三號漢墓[M]. 北京:文物出版社,2004:54.

資。孝糃一資。(《長沙馬王堆一號漢墓·遣策》90-97)

(33)瓜醬一資。瓜菹一資。筍菹一資。(《長沙馬王堆三號漢墓·遣策》124-126)

出土文獻中,量詞"資"稱量用瓷器盛的魚魫、肉魫、魚鮨、麠鮨、肉醬、雀醬、瓜菹、筍菹、離然、孝糃等的數量。

町 "町"本用來表"土地單位"的名詞。《左傳·襄公二十五年》:"町原防,牧隰皋,井衍沃。"杜預注:"堤防間地不得方正如井田,别爲小頃町。"孔穎達疏引賈逵曰:"原防之地,九夫爲町,三町而當一井也。"由此"町"虛化爲量詞。傳世文獻中,没有"町"做量詞的用法。而在出土文獻中,"町"有做量詞的用法。做量詞時,用來稱量土地的個體單位。如①:

(34)盜田二町,當遺三程者□□□□□☑。(《雲夢龍崗秦簡》241)

(35)下伍丘男子五孫,田六町,凡十二畝,皆二年常限。(《長沙走馬樓三國吴簡·嘉禾吏民田家莂》5)

(36)下伍丘男子五常,田一町,凡三畝,皆二年常限。(同上,6)

(37)右區景妻田四町,合廿六畝。(《長沙走馬樓吴簡(一)》3370)

從上面的用例看,每町的數量都不同。例(35)中的"田六町,凡十二畝"指田六處,共十二畝,一町爲二畝。例(36)中的"田一町,凡三畝"指田一處,共三畝。例(37)中的"田四町,合廿六畝"指田四處,共二十六畝,一町就是六點五畝。"町"用於稱量田土的數量,相當於"處"的意思,一町指一處。"町"表示土地單位量詞的用法只出現在楚地出土文獻中,可能跟楚地方言有關。

由此看出,在出土文獻中,不僅出現有傳世文獻没有的詞,也出現有傳世文獻中没有的詞類。出土文獻中新發現的詞和詞類的挖掘,能增强漢語語法史的研究,推動漢語史語法研究的發展。

五 結語

從出土文獻量詞的研究來看,出土文獻對漢語語法史研究具有重要的價值,其價值表現爲:能更精準地把握漢語語法現象的源頭;能更深入地挖掘新的語法意義;能充實漢語語法史研究的用例;能發現新詞和新的詞類。近年來,隨着學術界對戰國秦漢等出土文獻的不斷關注,大量的出土文獻相繼面世,其釋讀和研究工作也進入新的里程。目前,學術界正如火如荼地展開漢語語法史專書研究和斷代研究。綜觀全域,在新的形勢下,將出土文獻納入漢語語法史研究範圍,必將給漢語歷史語法研究帶來新的氣象。

參考文獻

[1]陳夢家. 漢簡綴述[M]. 北京:中華書局,1980.

[2]劉世儒. 魏晉南北朝量詞研究[M]. 北京:中華書局,1965.

① 漢代徐勝買地鉛券:"陌田一町,賈(價)錢二萬五千。"(《漢代徐勝買地鉛券簡介》),參見《文物》1972年第5期。轉引自劉信芳,梁柱. 雲夢龍崗秦簡[M]. 北京:科學出版社,1997:58.

[3]李建平,張顯成. 先秦兩漢魏晉簡帛量詞研究[J]. 古漢語研究,2009(1).
[4]李豐娟,張顯成. 吴簡量詞研究[J]. 古漢語研究,2011(1).
[5]李學勤. 簡帛佚籍與學術史[M]. 南昌:江西教育出版社,2001.
[6]劉釗. 郭店楚簡校釋[M]. 福州:福建人民出版社,2003.
[7]龍仕平. 先秦兩漢魏晉簡帛文獻所見土地單位考[J]. 求索,2011(9).
[8]唐蘭. 長沙馬王堆軑侯辛追墓隨葬遣策考釋[J]. 文史(第十輯)[C]. 北京:中華書局,1980.
[9]王貴元. 漢代簡牘遣策的物量標記法和量詞[A]. 張顯成主編. 簡帛語言文字研究(一)[C]. 成都:巴蜀書社,2002. 144-161.
[10]王力. 漢語史稿[M]. 北京:科學出版社,1958.
[11]王力. 漢語語法史[M]. 北京:商務印書館,1989.
[12]張春龍. 慈利楚簡概述[A]. 艾蘭,邢文编. 新出簡帛研究[C]. 北京:文物出版社,2004. 4-11.
[13]張顯成. 馬王堆醫書中的新興量詞[A]. 陳建明主編. 湖南省博物館館刊(第 2 期)[C]. 長沙:嶽麓書社,2005. 51-60.
[14]張俊之,張顯成. 帛書《五十二病方》數量詞研究[A]. 張顯成主編. 簡帛語言文字研究(一)[C]. 成都:巴蜀書社,2002. 191-224.
[15]張顯成,李建平. 論簡帛量詞的研究價值[A]. 卜憲群主編. 簡帛研究 2008[C]. 桂林:廣西師範大學出版社,2010. 203-223.
[16]張萬起. 量詞"枚"的産生及其歷史演變[J]. 中國語文,1998(3).
[17]中醫研究院醫史文化研究室. 馬王堆帛書四種古醫學佚書簡介[J]. 文物,1975(6).
[18]鍾益研,淩襄. 我國現已發現的最古醫方——帛書《五十二病方》[J]. 文物,1975(9).

Values of the Unearthed Texts in the History of Chinese Grammar

Long Guofu Fan Xiaolu

Abstract: The paper studies the values of the unearthed texts in the history of Chinese grammar on the perspective of quantifier. The values of the unearthed texts in the history of Chinese grammar show four aspects: (1) can grasp the origin of grammatical phenomenon more accurately; (2) can excavate new grammar meaning more thoroughly; (3) can replenish examples of Chinese history of grammar; (4) can discover new words and word' function categories.

Key words: value, unearthed texts, history of Chinese grammar

通信地址:
龍國富 北京市海淀區中關村大街 59 號中國人民大學文學院
郵編:100872
E-mail: longgf216@163.com
範曉露 北京市海淀區中國村大街 59 號中國人民大學文學院
郵編:100872
E-mail: hangyouro@126.com

《金剛經》複合詞翻譯對等完整度的譯者差異*

王繼紅

内容提要　複合詞是梵語的重要特點之一，中國古代文獻將之稱爲六離合釋、六合釋或六釋。本文使用《金剛經》梵漢對勘和同經異譯語料，分析比較歷代異譯本六離合釋複合詞翻譯方法的異同。從梵漢對勘可知，《金剛經》梵文複合詞在六種漢譯本中的對應單位存在譯者差别，表現在梵漢翻譯對應單位完整度與選擇性兩個方面。梵漢語言的類型差異、中印文化的不同，以及譯者的原典語言分析能力、漢語（目的語言）的表達能力、翻譯風格的影響等，都會導致同經異譯本在複合詞翻譯對等單位的完整性和選擇性上存在差異。梵漢對勘與同經異譯是漢譯佛經文獻語言研究的重要方法。

關鍵字　六離合釋　譯者風格　翻譯策略　金剛經　玄奘

一　前言

複合詞（samāsa）是梵文中極有特色的一類詞，“是梵語的鮮明特色之一”（段晴，2001：415），印度古老的語法書《波你尼語法》對複合詞也曾詳加論述。“所有的複合詞，除相違釋（Dvandva）外，永遠只是由兩個部分組成：前部分和後部分。”“複合詞的前詞和末詞所指事物之間的不同的關係，或者是它們之間相互的關係，或者是與第三者的關係，也都可以按照規則用兩個或者更多的帶變格的詞彙來表現，或者通過從句得到表現（所謂對複合詞的分解）。”（A. F. 施坦茨勒，1869/2009：88-89）。根據複合詞前後部分語義關係的不同，印度古代語法書大多把複合詞分爲六類。因爲需要對複合詞分别解釋（離釋），然後再總合解釋（合釋）其義，故稱六離合釋。我國古代譯經將梵語複合詞稱爲六合釋，又作六離合釋、六釋等。第一爲依主釋，又作依士釋、屬主釋、即士釋。第二爲相違釋。第三爲持業釋，又作同依釋。第四爲帶數釋。上述四釋爲名詞性複合詞的解釋方法。第五爲鄰近釋，相當於不變詞。第六爲有財釋，又作多財釋。

本文使用《金剛經》梵漢對勘和同經異譯語料，分析比較歷代異譯本對六離合釋複合詞翻譯方法的異同。《金剛經》現存六種漢譯本。第一，後秦鳩摩羅什譯於 402 年，名爲《金剛般若波羅蜜經》；第二，北魏菩提流支譯於 509 年，名爲《金剛般若波羅蜜經》；第三，南朝陳真諦譯於 562 年，名爲《金剛般若波羅蜜經》；第四，隋代達磨笈多譯於 592 年，名爲《金剛能斷般若波羅蜜經》；第五，唐代玄奘譯於 648 年，名爲《能斷金剛般若波羅蜜多經》；第六，唐代義浄譯於 703 年，名爲《能斷金剛般若波羅蜜多經》。

從梵漢對勘可知，《金剛經》中入句充當句法成分的六離合釋複合詞共有 742 個，其中相

* 基金項目：北京外國語大學一流學科建設科研項目。

違釋複合詞 8 個，帶數釋複合詞 14 個，持業釋複合詞 299 個，依主釋複合詞 421 個。《金剛經》梵文複合詞在六種漢譯本中的對應單位存在譯者差别，這也是六種漢譯本最爲直觀的文本差異之一。譯者差别表現在梵漢翻譯對應單位完整度與選擇性兩個方面。"原作和譯作都是由從詞素到篇章的各個層次交織在一起的網路，而翻譯單位正是通觀這一網路後做出的綜合選擇，翻譯轉换單位可以小到音位和詞素，大到語篇。"（郭能，2010：139）梵語複合詞在漢譯本中的翻譯單位就是原典語言在譯語中具備對應物的最小的語言單位。影響複合詞梵漢對等單位的原因是多樣的。譯者的原典語言分析能力、漢語（目的語言）的表達能力、翻譯風格的影響等，都會導致同經異譯本在複合詞翻譯對等單位的完整性和選擇性上存在差異。

二 《金剛經》中複合詞的類型

（一）相違釋複合詞

相違釋複合詞由兩個或兩個以上的詞並列構成，各個構詞成員之間是並列關係，可以用"和"拆分和連接。例如：vāg-artha（字和義）。在《金剛經》中，有 7 個相違釋複合詞充當句法成分，共計出現 8 次。舉例説明如下：

相違釋複合詞śabda-gandha-rasa-spraṣṭavya-dharma（聲－香－色－觸－味－法）在六種異譯本中都譯爲"聲、香、味、觸、法"，與原典語序一致。例如：【玄】不住於色應生其心，不住非色應生其心，不住聲、香、味、觸、法應生其心，不住非聲、香、味、觸、法應生其心，都無所住應生其心。

相違釋複合詞 māyā-avaśyāya-budbuda 在《金剛經》各種譯本的翻譯方法如下：

（1）tat yathākāse tārakā timiraṃ dīpo māyāvaśyāyabudbudaṃ svapnaṃ ca vidyud abhraṃ ca evaṃ drasṭavyaṃ saṃskṛtaṃ tathā prakāśayet tenocyate saṃprakāśayee iti

【鳩】一切有爲法，如夢幻泡影，如露亦如電，應作如是觀。"

【菩】一切有爲法，如星、翳、燈、幻、露、泡、夢、電、雲，應作如是觀。"

【真】應觀有爲法，如暗、翳、燈、幻、露、泡、夢、電、雲。"

【笈】星、翳、燈、幻、露、夢、電、雲，如是此有爲者。

【玄】諸和合所爲，如星、翳、燈、幻、露、泡、夢、電、雲。應作如是觀。

【義】一切有爲法，如星、翳、燈、幻、露、泡、夢、電、雲，應作如是觀。

tat	yathā	ākāse	tārakā	timiram	dīpo
dem. pron. n. sg. N.	adv.	n. sg. L.	f. sg. N.	n. sg. N.	m. sg. N.
	如	虚空	星	翳	燈

māyā-vaśyāya-budbudaṃ	svapnaṃ	ca	vidyud	abhraṃ	ca
n. sg. N.	n. sg. N.	conj.	f. sg. N.	n. sg. N.	conj.
幻－露－泡	夢	又	電	雲	又

玄奘與菩提流支、真諦、笈多、義浄等的翻譯方法相同，譯爲“幻、露、泡”，共同充當像似動詞“如”的賓語。鳩摩羅什的翻譯方法略有不同，將 māyā（幻）譯爲“夢幻”，將 budbuda（泡）譯爲“泡影”。

（二）帶數釋複合詞

帶數釋複合詞又稱爲雙牛釋複合詞。例如：tri-loka（三一界）。它的前部分是數位，表示一定數量的事物，用中性單數形式。“帶數釋者，謂以數顯義。如説十地等，皆從數以顯義别也。”（唐法藏《華嚴經探玄記》）《金剛經》中的帶數釋複合詞 14 次獨立入句充當句法成分。

（2） api tu khalu punaḥ subhūte yasmin pṛthivī pradeśe ito dharaparyāyād antaśaś catuṣpādikām api gāthām udgṛhya bhāṣyeta vā saṃprakāśyeta vā sa pṛthivīpradeśaś caityabhūto bhavet sadevamānuṣā surasya lokasya kas punar vādo ya imaṃ dharmaparyāyaṃ sakalasamāptaṃ dhārayiṣyanti vācayiṣyanti paryavāpsyanti parebhyaś ca vistareṇa saṃprakāśayiṣyanti ｜ parameṇa te subhūte āścaryeṇa samanvāgatā bhaviṣyanti

【鳩】復次，須菩提！隨説是經，乃至四句偈等。當知此處一切世間天、人、阿修羅，皆應供養，如佛塔廟。

【菩】復次，須菩提！隨所有處，説是法門，乃至四句偈等。當知此處一切世間天、人、阿修羅皆應供養，如佛塔廟。

【真】復次，須菩提！隨所在處，若有人能從是經典，乃至四句偈等，讀誦講説。當知此處，於世間中即成支提，一切人、天、阿修羅等，皆應恭敬。

【笈】雖然復次，時，善實，此中地分，此法本乃至四句等偈，爲他等説若，分别若、廣説若。彼地分支帝，有天、人、阿修羅世。何復言，善實，若此法本，持當、讀當、誦當。

【玄】復次，善現，若地方所，於此法門，乃至爲他宣説、開示四句伽他。此地方所，尚爲世間諸天及人、阿素洛等之所供養，如佛靈廟。

【義】妙生！若國土中，有此法門，爲他解説，乃至四句伽他，當知此地，即是制底，一切天、人、阿蘇羅等，皆應右繞而爲敬禮。

此句意爲，須菩提啊！若某人少至只從這個法門取四句偈後，加以演説或闡明的地方，那地方就是天、人、阿修羅所住世界中的寶塔。帶數釋複合詞 catur-pādikā（四一句）在《金剛經》梵文原典中出現 6 次。pādikā 指每句由八個音節組成的四句偈頌。根據隋吉藏《百論疏》，“婆沙列四種偈，一者以八字爲一句，三十二字爲一偈。此是結偈法，名阿菟吒闡提，是經論數法，亦是計書寫數法。”《金剛經》六種異譯本均將 catur-pādikā 譯爲“四句”。

（3） yāni hi tāni bhagavan dvātriṃśanmahāpuruṣalakṣaṇāni tathāgatena bhāṣitāny alakṣaṇāni tāni bhagavaṃs tathāgatena bhāṣitāni ｜ tenocyante dvātriṃśatmahāpuruṣalakṣaṇānīti ‖

【鳩】如來説三十二相，即是非相，是名三十二相。

【菩】如來説三十二大人相，即是非相，是名三十二大人相。

【真】此三十二大人相，如來説非相，故説三十二大人相。

【笈】所有世尊三十二大丈夫相如來説，非相所有如來説。彼故説名三十二大丈夫相者。

【玄】世尊！三十二大士夫相，如來説爲非相，是故如來説名三十二大士夫相。”

【義】三十二相，佛説非相，是故説爲大丈夫相。

此名意爲，世尊啊！因爲如來説，三十二種偉人的身體特徵，那些不是三十二種偉人的身體特徵，所以是三十二種偉人的身體特徵。帶數釋複合詞 dvātriṃśat-mahat-puruṣa-lakṣaṇa（三十二一大一人一相）意指三十二種偉人的身體特徵。鳩摩羅什譯爲“三十二相”，菩提流支和真諦譯爲“三十二大人相”，笈多和義浄譯爲“三十二大丈夫相”，玄奘譯爲“三十二大士夫相”。

（三）持業釋複合詞

持業釋複合詞的前一部分對後一部分加以限定，但拆開以後兩部分同格。例如：megha-dūta（雲使）。《金剛經》中有 302 個持業釋複合詞入句充當句法成分。持業釋複合詞的前半部分與後半部分是定語與中心語關係。例如：

（4）bhagavān āha | tat kiṃ manyase subhūte | yāvat trisāhasramahāsāhasre lokadhātau pṛthivīrajaḥ kaccit tad bahu bhavet

【鳩】“須菩提！於意云何？三千大千世界所有微塵，是爲多不？”

【菩】“須菩提！於意云何？三千大千世界所有微塵，是爲多不？”

【真】佛告須菩提：“三千大千世界所有微塵，是爲多不？”

【笈】世尊言：“所有善實，三千大千世界地塵有多有？”

【玄】佛告善現：“乃至三千大千世界大地微塵寧爲多不？”

【義】“妙生！三千大千世界所有地塵是爲多不？”

此句意爲，世尊問：“須菩提啊！你認爲如何？在三千大千世界中塵土很多嗎？”持業釋複合詞 tri-sāhasra-mahat-sāhasra（三一千一大一千）。tri-sāhasra（三一千）是帶數釋複合詞，意爲千的三次方。mahat-sāhasra（大千）是形容詞關係的持業釋複合詞。tri-sāhasra（三一千）和 mahat-sāhasra（大千）共同構成形容詞關係的持業釋複合詞 tri-sāhasra-mahat-sāhasra，即三千大千世界。這是印度對無限進行描述時經常使用的一種化抽象爲具象的方法。古代印度的宇宙觀與中土相差極大。古代印度人以四大洲及日月諸天爲一小世界，合一千小世界爲小千世界；合一千小千世界爲中千世界；合一千中千世界爲大千世界。唐玄奘《瑜伽師地論》曾經記載：“三千大千世界俱成俱壞，即此世界有其三種。一小千界，謂千日月乃至梵世總攝爲一。二中千界，謂千小千。三大千界，謂千中千。合此名爲三千大千世界。如是四方上下無邊無際三千世界正壞正成，猶如天雨注，如車軸無間無斷。其水連注墮諸方分，如是世界遍諸方分。無邊無際正壞正成，即此三千大千世界名一佛土。”各個譯本都把 tri-sāhasra-mahat-sāhasra 譯爲“三千大千”。

持業釋複合詞大多修飾語在前，中心語在後。例如：

（5）sarve te subhūte 'prameyam asaṃkhyeyaṃ puṇya-skandhaṃ prasaviṣyanti pratigrahīṣyanti |

【鳩】是諸衆生得如是無量福德。

【菩】須菩提！是諸菩薩生如是無量福德聚，取如是無量福德。

【真】須菩提！是善男子、善女人生長無量福德之聚。

【笈】一切彼善實無量福聚生當取當。

【玄】一切有情當生無量無數福聚,當攝無量無數福聚。

【義】彼諸菩薩當生當攝無量福聚。

此句意爲,須菩提啊!他們全部都將生出,且都將擁有無量無數的福德。副詞關係持業釋複合詞 a-saṃkhyeya(不能計算)和 a-prameya(不能測量)是一組同義詞。否定前綴 a-意爲"無法、不能、難以",saṃkhyeya 是動詞 sam-khyā(計算)的未來被動分詞,prameya 是動詞 pra-mā(測量)的未來被動分詞。

(四)依主釋複合詞

依主釋又稱限定複合詞,即前一部分對後一部分進行限定。拆開以後,前後兩部分不同格,根據後一部分是名詞還是形容詞(分詞)來斷定整個複合詞的詞性。"例如梵語之 rāja-purusah,漢譯爲'王臣',係由梵語之 rājñah purusah(王之臣)所組成之複合詞,其中'王'爲所依,'臣'爲能依,則准此依主釋之規則,能依之臣依於所依之王,即成'王臣'一詞。"(《佛光大辭典》3052 頁)在《金剛經》梵文原典中,有 421 個充當句法成分的依主釋複合詞。複合詞的兩個組成部分之間的格位關係有五種類型,分别是業格關係依主釋複合詞(37 次)、具格關係依主釋複合詞(39 次)、爲格關係依主釋複合詞(47 次)、屬格關係依主釋複合詞(195 次)、依格關係依主釋複合詞(103 次)。

業格關係依主釋複合詞"A-B"中,B 是動作行爲,A 是 B 的支配對象。A 和 B 可以是各自獨立的一個詞,也可以由複合詞充當。譯爲漢語時,"A-B"一般譯爲"動作—支配對象"語義關係的短語或句子。例如:

(6) tad yathāpi nāma subhūte puruṣo 'ndhakārapraviṣṭo na kiṃcid api paśyet evaṃ vastupatito bodhisattvo draṣṭavyo yo vastupatito dānaṃ parityajati |

【鳩】須菩提!若菩薩心住於法,而行布施,如人入暗,則無所見。

【菩】須菩提!譬如有人入闇,則無所見。若菩薩心住於事,而行布施,亦復如是。

【真】須菩提!譬如有人,在於盲暗,如是當知菩薩墮相,行墮相施。

【笈】譬如,善實,丈夫闇舍入,不一亦見。如是事墮菩薩見應,若事墮施與。

【玄】善現!譬如士夫入於暗室,都無所見。當知菩薩,若墮於事,謂墮於事而行布施,亦復如是。

【義】妙生!若菩薩心住於事而行布施,如人入闇,則無所見。

此句意爲,須菩提啊!執著於事物而布施財物的菩薩,就像進入黑暗中而看不見任何東西的人。andhakāra-praviṣṭa(黑暗—進入)是業格關係的依主釋複合詞,意爲"進入黑暗"。六種譯者都將其譯爲動詞及其支配的賓語。又如:

(7) sacet punaḥ subhūte lakṣaṇasaṃpadā tathāgato draṣṭavyo 'bhaviṣyad rājāpi cakravartī tathāgato 'bhaviṣyat | tasmān na lakṣaṇasaṃpadā tathāgato draṣṭavyaḥ|

【鳩】須菩提!若以三十二相觀如來者,轉輪聖王則是如來。

【菩】須菩提!若以相成就觀如來者,轉輪聖王應是如來,是故非以相成就得見如來。

【真】若以具足相觀如來者,轉輪聖王應是如來,是故不以具足相應觀如來。

【笈】彼復善實,相具足如來見應有,彼王轉輪如來有。彼故不相具足如來見應。此相非相，故如來見應。

【玄】善現！若以諸相具足觀如來者，轉輪聖王應是如來，是故不應以諸相具足觀於如來。

【義】妙生！若以具相觀如來者，轉輪聖王應是如來。是故不應以具相觀於如來，應以諸相非相觀於如來。

此句意爲，須菩提啊！因爲如果能因如來的身體具有特徵而看見他，那麽轉輪王也可以就是如來了。所以不能因如來的身體具有特徵而看見他。cakra-vartin(輪一轉)是業格關係的依主釋複合詞，六位譯者都將 cakra-vartin 譯爲動賓短語，充當名詞 rājan(王)的定語，rājan cakra-vartin 就是"轉輪聖王"。

三　梵語複合詞翻譯的譯者差别

(一)翻譯對等單位的完整度

從翻譯對等單位的完整度看，如果梵文原典中有一個複合詞 A-B-C，它在漢譯本甲中譯爲 a-b1-c，在同經異譯本乙中譯爲 a-b2，那麽，

A-B-C 與 a-b1-c 屬於完整對應，梵語複合詞的每個部分在漢譯本中都有對應形式。

A-B-C 與 a-b2 屬於非完整對應，梵語複合詞的部分構詞成分在漢譯本中有對應形式。

例如：

(8) tad yathāpi nāma subhūte puruṣo bhaved ①upetakāyo ②mahākāyo yat tasya ③evaṃrūpa ④ātmabhāvaḥ syāt tad yathāpi nāma sumeruḥ⑤parvatarājaḥ| tat kiṃ manyase subhūte api nu mahān sa ātmabhāvo bhavet |

【玄】佛告善現："如有士夫①具身②大身，其③色④自體，假使譬如妙高⑤山王。善現！于汝意云何？彼之自體爲廣大不？"

【鳩】"須菩提！譬如有人②身如須彌⑤山王。於意云何？是身爲大不？"

【菩】"須菩提！譬如有人②身如須彌⑤山王。須菩提！於意云何？是身爲大不？"

【義】"妙生！譬如有人②身如妙高⑤山王。於意云何？是身爲大不？"

【真】"須菩提！譬如有人②體相勝大，如須彌⑤山。須菩提！汝意云何？如是體相爲勝大不？"

【笈】"譬如，善實，丈夫有此③如是色④我身有，譬如善高⑤山王。彼何意念？善實！雖然彼大我身有？"

tad	yathā	api
ind.	ind.	ind.
	如	

nāma	subhūte	puruṣo	bhaved	①upeta-kāyas	②mahā-kāyas
n. sg. Ac.	m. sg. V.	m. sg. N.	opt. 3. sg. P.	m. sg. N. 持業釋	m. sg. N. 持業釋
名字	須菩提	人	有	具身	大身

yat	tasya	③evaṃ-rūpa	④ātma-bhāvas	syāt
rel. pron. n. sg. N.	pers3. m. sg. G.	m. sg. N. 持業釋	m. sg. N. 依主釋	opt. 3. sg. P.
凡	他(的)	這樣的	自體	是

tad	yathā	api	nāma	sumeruḥ	⑤parvata-rājas
ind.	ind.	ind.	n. sg. Ac.	m. sg. N.	m. sg. N. 依主釋
	如		名字	妙高	山王

此句意爲,須菩提啊!譬如有男子具有身軀,身軀高大,像妙高山。須菩提啊!你認爲如何?他的身體真的很大嗎?梵文原典中出現了五個複合詞①upetakāyo、②mahākāyo、③evaṃ rūpa、④ātmabhāvaḥ、⑤parvatarājaḥ。

① 持業釋複合詞 upeta-kāya(具有一身體)。只有玄奘將 upeta-kāya 翻譯出來,譯爲“具身”。“具”對譯複合詞 upeta-kāya 的前半部分 upeta-(具有),“身”對譯複合詞 upeta-kāya 的後半部分-kāya(身體)。其他幾位譯者都没有翻譯複合詞 upeta-kāya。

② 持業釋複合詞 mahā-kāya(大一身體)。玄奘譯爲“大身”,完成依照梵本詞序翻譯,“大”在前半部分,“身”在後半部分。真諦譯爲“體相勝大”,詞序與梵文原典恰好相反。雖然二者詞序不同,但是都完整地將持業釋複合詞 mahā-kāya 的前後兩個部分譯出。鳩摩羅什、菩提流支和義浄都將 mahā-kāya 譯爲“身”,只譯出了-kāya(身體),没有翻譯 mahā-(大)。這是一種不完整的對應。

③ 持業釋複合詞 evaṃ-rūpa(如此一形狀)。玄奘譯爲“色”,没有翻譯複合詞的前半部分 evaṃ-,不完整對應。笈多譯爲“如是色”,與原典中的複合詞 evaṃ-rūpa 完整對應。鳩摩羅什、菩提流支、真諦和義浄等四位譯師没有翻譯 evaṃ-rūpa,譯本中没有 evaṃ-rūpa 的翻譯對等單位。

④ 依主釋複合詞 ātma-bhāva(自己一存在)。玄奘譯爲“自體”,笈多譯爲“我身”,都是完整翻譯。“自體”與“我身”的差別是翻譯對等單位的選擇性差異,笈多選擇翻譯梵語詞語的本義。鳩摩羅什、菩提流支、真諦和義浄等四位譯師没有翻譯 ātma-bhāva。

⑤ 依主釋複合詞 parvata-rāja(山一王)。鳩摩羅什、菩提流支、笈多、玄奘和義浄等五個譯本都譯爲“山王”,爲完整對應。真諦譯爲“山”,爲不完整對應。

又如:

(9) idam avocad bhagavān āttamanāh | sthavirasubhūtis te ca bhikṣubhikṣuṇyupāsakopāsikās te ca bodhisattvāh sadevamānuṣaasuragandharvaś ca loko bhagavato bhāṣitam abhyanandann iti ||

【鳩】佛説是經已,長老須菩提及諸比丘、比丘尼、優婆塞、優婆夷,一切世間天、人、阿修羅,聞佛所説,皆大歡喜,信受奉行《金剛般若羅蜜經》。

【菩】佛説是經已,長老須菩提及諸比丘、比丘尼、優婆塞、優婆夷、菩薩、摩訶薩、一切世間天、人、阿修羅、乾闥婆等,聞佛所説,皆大歡喜,信受奉行。

【真】爾時,世尊説是經已,大德須菩提,心進歡喜,及諸比丘、比丘尼、優婆塞、優婆夷,衆人、天、阿修羅等,一切世間,踴躍歡喜,信受奉行。

【笈】此語世尊歡喜,上座善實彼及比丘、比丘尼、優婆塞、優婆夷,彼天、人、阿修羅、乾闥婆等,聞世尊説,大歡喜。

【玄】時，薄伽梵説是經已，尊者善現及諸苾芻、苾芻尼、鄔波索迦、鄔波斯迦，並諸世間天、人、阿素洛、健達縛等，聞薄伽梵所説經已，皆大歡喜，信受奉行。

【義】爾時，薄伽梵説是經已，具壽妙生及諸菩薩、摩訶薩、苾芻、苾芻尼、鄔波索迦、鄔波斯迦，一切世間天、人、阿蘇羅等，皆大歡喜，信受奉行。

此句意爲，世尊説了此經，大德須菩提和那些比丘、比丘尼、優婆塞、優婆夷、那些菩薩，以及天、人、阿修羅、乾達婆所住世界的衆生，都對世尊所説，歡喜信受。持業釋複合詞 sa-deva-mānuṣa-asura-gandharva（有一天一人一阿修羅一乾達婆的）在《金剛經》異譯本的對應形式如下：

【鳩】天、人、阿修羅

【真】衆人、天、阿修羅

【義】天、人、阿蘇羅

【菩】天、人、阿修羅、乾闥婆

【笈】天、人、阿修羅、乾闥婆

【玄】天、人、阿素洛、健達縛

鳩摩羅什、真諦和義浄的譯本都没有翻譯 gandharva（乾達婆）。菩提流支和笈多將 gandharva 譯爲"乾闥婆"，玄奘譯爲"健達縛"。在漢譯佛經中，gandharva 的翻譯方法各種各樣，音譯有健達婆、犍達縛、健闥婆、乾逻和、乾逻婆、乾達婆、乾闥婆、健達縛、彦達縛、犍陀羅等。意譯有香神、嗅香、香陰、尋香行。gandharva 之所以有會如此衆多且繁雜的譯名，是因爲它是一個多義詞，且其所指對象對於中土人士來説是非常陌生的。在漢譯佛經中，gandharva 至少有四個含義：(1)與緊那羅同奉侍帝釋天而司奏雅樂之神。傳説不食酒肉，唯以香氣爲食。又作尋香神、樂神、執樂天。(2)欲界"中有"之身。中有指欲界衆生肉體死後，神識尚未覓得另一新肉體的過渡時期。在中有階段，衆生唯以香爲食，故有此稱。(3)西域之習俗，稱呼藝人爲乾闥婆。彼等不事王侯，不營生業，唯尋諸家飲食之香氣，便往其門作諸伎樂而乞求，故有此稱。(4)全稱栴檀乾闥婆神王，是束縛彌酬迦等十五鬼神並且能够守護胎兒及孩童之神。（《佛光大辭典》4371 頁）玄奘譯經用音譯形式的"健達縛"來表示欲界"中有"之身。

(10) yadā me subhūte kaliṅgarājā aṅgapratyaṅgamāṃsāny acchaitsīt tasmin samaya ātmasaṃjñā vā sattvasaṃjñā vā jīvasaṃjñā vā pudgalasaṃjñā vā nāpi me kācit saṃjñā vāsaṃjñā vā babhūva |

【鳩】須菩提！如我昔爲歌利王割截身體，我於爾時無我相，無人相，無衆生相，無壽者相。

【菩】須菩提！如我昔爲歌利王割截身體，我於爾時無我相，無衆生相，無人相，無壽者相。無相，亦非無相。

【真】須菩提！昔時我爲迦陵伽王斬斫身體，骨肉雖碎，我於爾時無有我想、衆生想、壽者想、受者想，無想非無想。

【笈】此時我善實惡王分別分肉割斷，不時我彼中時我想若、衆生想若、壽想若、人想若、不我有想、非想有。

【玄】善現！我昔過去世曾爲羯利王斷支節肉，我於爾時都無我想、或有情想、或命者想、或士夫想、或補特伽羅想、或意生想、或摩納婆想、或作者想、或受者想，我于爾時都無有想，亦非無想。

【義】如我昔爲羯陵伽王割截支體時，無我想、衆生想、壽者想、更來趣想，我無是想，亦非無想。

此句意爲，須菩提啊！當年我被歌利王割截身體各部位的肌肉時，我不抱持有關我、衆生、壽者、補特伽羅的概念。總之，不論是概念或非概念，我都不曾生起。相違釋複合詞 aṅga-pratyaṅga-māṃsa（大肢體－小肢體－肌肉）意爲身體的肢節、器官、肌肉。aṅga 和 pratya ṅga 的意思都是肢體，二者的差别在於，aṅga 意爲身體或大的肢體，如腿、手臂等。pratyaṅga 意爲小的肢體，如前額、鼻子、頬、手指、耳朵等。各家對此詞的翻譯有些差别。鳩摩羅什、菩提流支和義浄將其籠統譯爲“身體”或“支體”；玄奘和真諦譯本不但譯出“肢體”義，也譯出“肌肉”義；笈多將 aṅga-pratyaṅga-māṃsa 逐詞譯爲“分别－分－肉”。

（二）翻譯對等單位的選擇性

從翻譯對等單位的選擇性看，如果梵文原典中有一個複合詞 A-B-C，它在漢譯本甲中譯爲 a-b1-c，在同經異譯本乙中譯爲 a-b2，那麽，

（1）如果甲本和乙本中的 a-都是對譯原典複合詞 A-B-C 中構詞成分 A-，那麽甲乙兩種譯本對 A-翻譯對等單位的選擇性一致。

（2）如果原典複合詞 A-B-C 中構詞成分-B，在甲本中譯爲-b1，在乙本中譯爲-b2，那麽甲乙兩種譯本對 A-翻譯對等單位的選擇性不同。

（11）yāni ca teṣām subhūte sattvānāṃpaurva-janmikāni a-śubhāni karmāṇi kṛtāny

【鳩】是人先世罪業，應墮惡道。

【菩】是人先世罪業，應墮惡道。

【真】過去世中所造惡業，應感生後惡道果報。

【笈】所有彼衆生前生不善業作已，惡趣轉墮。

【玄】善現！是諸有情，宿生所造諸不浄業，應感惡趣。

【義】妙生！當知是人於前世中造諸惡業，應墮惡道。

此句意爲，須菩提啊，凡是在前生犯有惡業的衆生，應該墮入惡道。持業釋複合詞 paurva-janmika（前－生）在異譯本中翻譯方法不同。玄奘將 paurva-janmika 譯爲“宿生”，而没有沿用前代譯僧“先世”“過去世”“前生”等翻譯方法。可能的原因在於，“宿”指過去，而且强調對現在世之影響。在佛教文獻中，“宿”已經成爲一個構詞能力很强的語素，如“宿命”“宿根”“宿執”“宿善”“宿福”“宿意”“宿報”“宿債”“宿緣”“宿作”“宿因”“宿福”“宿習”等，所以玄奘仿照這種構詞方法而將 paurva-janmika 譯爲“宿生”。

（12）ya evam te sarva-sattvās tathāgatena bhāṣitās ta eva a-sattvās ｜

【鳩】又説一切衆生，則非衆生。

【菩】如來説一切衆生，即非衆生。

【真】如是一切衆生，如來説即非衆生。

【笈】若如是彼一切衆生如來説，彼如是非衆生。

【玄】一切有情，如來即説爲非有情。

【義】彼諸衆生，即非衆生。

此句意爲，凡那些被如來説爲一切衆生的，他們是非衆生。持業釋複合詞 sarva-sattva(一切一衆生)在異譯本中翻譯方法不同。sattva 音譯有多種形式，如“薩多婆”“薩埵嚩”“薩埵”等，舊譯爲“衆生”，即生存者。在鳩摩羅什、菩提流支、真諦、笈多和義浄譯本中都被譯爲“衆生”，唯有玄奘譯爲“有情”。“有情”首見於玄奘譯經。關於“有情”與“衆生”二種翻譯方法之單位的關係，有着不同看法。第一種看法是，“有情”指人類、諸天、餓鬼、畜生、阿修羅等有情識之生物；草木金石、山河大地等爲非情、無情。“衆生”包括有情及非情二類。第二種看法認爲，“有情”是“衆生”之異名，二者體一而名異，不但包括有情之生物，而且包括非情之草木等。(佛光大辭典，2441)

(13) bhagavān āhaevaṃ dakṣiṇapaścimottarāsv adha ūrdhvaṃ digvidikṣu samantād daśasu dikṣu sukaram ākāśasya pramāṇam udgrahītuṃ

【鳩】“須菩提！南、西、北方，四維、上下虚空，可思量不？”

【菩】佛言：“如是！須菩提！南、西、北方，四維、上下虚空，可思量不？”

【真】佛言：“如是！須菩提！南、西、北方，四維、上下，十方虚空，可數量不？”

【笈】世尊言：“如是！右、後、高、下、上方，順不正方，普十方可虚空量受取？”

【玄】善現！如是南、西、北方，四維、上下，周遍十方，一切世界虚空，可取量不？”

【義】“南、西、北方，四維、上下，十方虚空，可知量不？”

此句意爲，世尊問：“就像這樣，在南方、西方、北方等方向，以及四維、下方、上方，周遍十方的虚空容易測量嗎？”玄奘、鳩摩羅什、菩提流支、真諦和義浄等都將相違釋複合詞 dakṣiṇa-paścima-uttarā(南方一西方一北方)譯作“南西北方”，嚴格依照原典語序翻譯。笈多將 dakṣiṇa-paścima-uttarā(南方一西方一北方)譯爲“右後高”，與其他譯本不同。這是因爲笈多選擇使用梵語詞語的本義來翻譯。dakṣiṇa 的詞義有二：(1)右，與“左”相對。(2)南，南方，朝南的。兩個義項之間的關係是，如果一個人面朝東方站立，他的右方就是南方。paścima 的詞義有二：(1)後面的，後方的。(2)西，西方，朝西的。兩個義項之間的關係是，如果一個人面朝東方站立，他的後方就是西方。uttarā 是個多義詞，既有“高，更高”的義項，也有“北，北方，朝北的”義項。二者之間的關係在於，印度北部地方海拔更高，所以北方也用 uttara、uttarā 等詞來表達。如果只看本義的話，dakṣiṇa-paścima-uttarā 便是“右後高”。四方指東、南、西、北四個方向，四維指東南、東北、西北、西南四個方向。玄奘、鳩摩羅什、菩提流支、真諦和義浄等都將相違釋複合詞 dik-vidiś(四方一四維)譯爲“四維”，只有笈多將 dik-vidiś譯爲“順不正方”。東、南、西、北爲“順”，而東南、東北、西北、西南則爲“不正方”。

四　影響複合詞翻譯的因素

(一)梵漢語言差異

漢譯佛經的原典語言是梵語和其他古代印度語言，也有其他古代中亞語言。譯經的源頭語是印歐語系的語言。在漢語與屬於印歐語系的梵語等兩種不同類型語言之間進行翻譯，難度顯而易見，可想而知。“初步的研究表明，部分出於對原典的尊崇，爲了忠實原典，除了採用音譯，譯者還大量使用仿譯的方法翻譯那些漢語或譯者個人言語系統中没有適當對應方式的語言成分。這都使譯經的語言中存有大量的漢語原先没有的東西。"（朱慶之，2001）

複合詞是梵語中有特色的一類詞語。複合詞的分析方法有着各種規則，並且在語法書中多有論及。無論對於中土人士，還是域外譯僧而言，正確地拆分複合詞，並且能够準確地譯爲漢語，都是極有難度和挑戰的事情。玄奘留學印度十餘年，梵語的造詣深厚，對於梵語複合詞的理解準確。現以相違釋複合詞 pātra-cīvara（鉢一衣）爲例説明。

（14） atha khalu bhagavān pūrvāh ṇ akālasamaye nivāsya pātracīvaram ādāya śrāvastīṃ mahānagarīṃ piṇḍāya prāvikṣat。

【鳩】爾時，世尊食時，著衣持鉢，入舍衛大城乞食。

【菩】爾時，世尊食時，著衣持鉢，入舍婆提大城乞食。

【真】爾時，世尊於日前分，著衣持鉢，入舍衛大國而行乞食。

【義】爾時，世尊於日初分時，著衣持鉢，入城乞食。

【玄】爾時，世尊於日初分，整理裳服，執持衣鉢，入室羅筏大城乞食。

【笈】爾時，世尊前分時，上裙著已，器上給衣持，聞者大城摶爲入。

根據不同的梵語語法分析方法，此句有兩種不同的翻譯方法。相違釋複合詞 pātra-cīvara（鉢一衣）也相應地存在不同的漢語對應形式。第一種翻譯方法，鳩摩羅什、菩提流支、真諦和義浄將 pātra-cīvara 分别譯爲"鉢"與"衣"，前者受到原典中動詞獨立式 nivāsya（穿……後）的支配，即"著衣"；後者受到獨立式 nivāsya（持……後）的支配，即"持鉢"。在這種情況下，句子的意思是"有一天中午之前，世尊穿着僧衣拿着鉢，進入舍衛城乞食"。（許洋主，2014：9）第二種翻譯方法，複合詞 pātra-cīvara（鉢一衣）受到獨立式 nivāsya（持……後）的支配，充當動詞賓語。動詞獨立式 nivāsya（穿……後）所表示的穿衣這種行爲發生在 pātra-cīvaram ādāya（持衣鉢）之前。在這種情況下，句子的意思是"這天上午，世尊穿好衣服，拿上衣鉢，進入舍衛城乞食"。（黄寶生，2014：13）玄奘和笈多都是依照此種語法分析來翻譯的，前者譯爲"整理裳服，執持衣鉢"，後者譯爲"上裙著已，器上給衣持"。

pātra-cīvara 是集合類相違釋複合詞。集合類相違釋複合詞的詞義涉及複合詞的全部構詞成分，是所有構詞成分的上位義。例如 pāṇipādam（肢體、四肢），由 pāṇi（手）和 pāda（足）兩個部分組成，字面意思是"手和足"，"肢體，四肢"是一個上位類概念。

"衣鉢（pātra-cīvara）"在佛教中是一個重要的專用名詞，"指三衣及一鉢。三衣，指九條衣、七條衣、五條衣三種袈裟。鉢，乃修行僧之正式食器。爲出家衆所有物中最重要者，受戒時，三衣一鉢爲必不可少之物，亦爲袈裟、鐵鉢之總稱。"（佛光大辭典，2569）也就是説，集合類相違釋複合詞 pātra-cīvara 是"袈裟、鐵鉢之總稱"，不應該簡單地直接對應於"鉢和衣"，也應不可以分别受到兩個不同動詞的支配。由此可見，玄奘與笈多對於集合類相違釋複合詞 pātra-cīvara 的分析相當準確，翻譯更加符合原典本意。笈多是印度來華譯僧，精通古典梵文自不必説。玄奘西行求法，梵文造詣甚高。中印兩位譯師在 pātra-cīvara 翻譯上意見一致，相互印證。

（二）中印文化差異

文化背景的差異使得不同民族語言對其自然與社會生活環境中非語言經驗作出不同的

實際切分。"人們對物質世界的不同認識以及對世界映象的不同感受也在語言單位的劃分、句法結構的形式等方面有着程度不同的反映,造成了翻譯活動中'對應單位'的缺項、結構的錯位,給翻譯造成了實際的困難。"(許鈞,1998)

印度佛教文化與中土傳統文化存在巨大差異。印度佛典不僅僅是一種宗教載體,其中也涉及印度傳統文化和社會生活的各個方面,形成了内容龐大的佛教文化體系,是不同歷史時期印度文化的體現。"儘管中印在地理上相去不遠,但雙方的文化却是根本異質的,分屬於不同的文化圈。作爲印度佛典的漢語形式,漢譯佛典中勢必包含了大量漢文化所没有的内容。這些内容帶給語言上的異文化色彩可想而知。"(朱慶之 2001)中印文化差異給複合詞的理解與翻譯造成了困難,也會導致譯者之間的翻譯方法差異。例如:

(15) yaś ca khalu punaḥ subhūte strī vā puruṣo vā pūrvāhnakālasamaye gaṅgānadīvālukāsamān ātma bhāvān parityajet evaṃ madhyāhnakāla samaye gaṅgānadīvālu-kāsamān ātmabhāvān parityajet sāyāhṇ akālasamaye gaṅ gānadīvālukāsamān ātmabhāvān parityajet anena paryāyeṇa bahūni kalpakoṭiniyutaś atasahasrāṇy ātmabhāvān parityajet ……||

【鳩】須菩提!若有善男子、善女人,初日分以恒河沙等身布施,中日分復以恒河沙等身布施,後日分亦以恒河沙等身布施,如是無量百千萬億劫以身布施。……

【真】復次,須菩提!若有善男子、善女人,于日前分布施身命,如上所説諸河沙數;於日中分布施身命,於日後分布施身命,皆如上説諸河沙數,如是無量百千萬億劫以身命布施。……

【義】妙生!若有善男子、善女人,初日分以殑伽河沙等身布施,中日分復以殑伽河沙等身布施,後日分亦以殑伽河沙等身布施,如是無量百千萬億劫以身布施。……

【菩】須菩提!若有善男子、善女人,初日分以恒河沙等身布施,中日分復以恒河沙等身布施,後日分復以恒河沙等身布施,如是舍恒河沙等無量身,如是百千萬億那由他劫以身布施。……

【笈】若復時,善實,婦女若、丈夫若,前分時恒伽河沙等我身舍,如是中分時,如是晚分時,恒伽河沙等我身舍。以此因緣劫,俱致那由多百千我身舍。……

【玄】復次,善現,假使善男子或善女人,日初時分,以殑伽河沙等自體布施;日中時分,復以殑伽河沙等自體布施;日後時分,亦以殑伽河沙等自體布施,由此異門,經於俱胝那庾多百千劫以自體布施。……

此句意为,須菩提啊!如果有一位女子或男子,確實在早上,在中午,在黄昏,都能够施捨像恒河沙數那樣多的身命,且能以此方式於百千億兆劫間施捨無數的身命;……帶數釋複合詞 kalpa-koṭi-niyutaśata-sahasra(劫一俱胝一那庾多一百一千)極言時間之無限長。六位譯師的翻譯方法不盡相同,分别是【玄】俱胝那庾多百千劫、【笈】劫俱致那由多百千、【菩】百千萬億那由他劫、【鳩】百千萬億劫、【真】百千萬億劫、【義】百千萬億劫。從詞序上看,笈多完全依照梵文原典的語序,將 kalpa-koṭi-niyutaśata-sahasra 逐一譯爲"劫一俱致一那由多一百一千",而其他幾位譯者都將"劫(kalpa)"置於末尾。從 koṭi-niyuta 翻譯方法來看,鳩摩羅什、真諦和義浄採用的是意譯的方法,將其譯爲"萬億",以誇張的方法來説明時間的無限久遠。玄奘與笈多採用音譯的方法,將 koṭi-niyuta 譯爲"俱胝那庾多"或"俱致那由多"。菩提流支的翻譯方法比較繁冗,將 koṭi-niyuta 譯爲"萬億那由他"。

古代中國與印度的計數方法不盡相同。特别是印度哲學、宗教經常使用無限的概念,這些都爲佛經翻譯造成了一定的難度。koṭi 是印度古代數學系統中最大的數位,極言數量之巨大。根據《風俗通》等書可知,在中國傳統的計數法中,“十千曰萬,十萬曰億,十億曰兆,十兆曰京,十京曰垓”。koṭi 並非與中國數學中的哪個具體的數詞嚴格對應。譯經多將其翻爲“億”。例如:“第八重照一億世界。西國數法有三種億:一百萬、二千萬、三萬萬。下文百千百千名一俱胝。俱胝者此云億,是千萬爲億。此中據千萬爲一億。”(唐法藏《華嚴經探玄記》)漢譯佛經對 koṭi 的具體内涵解釋得並不清楚,而且意見也不一致。例如:

(16) 初言一百洛叉爲一俱胝者,是中等數洛叉是萬,俱胝是億故。光明覺品云過一億,梵本皆云俱胝故。若依俱舍,以洛叉爲億,則俱胝當兆也。若兼取一十百千萬等下等數法,則通有百三十七數。由前易故,略不説之。俱胝已下並是上等數法,倍倍變故。餘如光明覺品中説,其中多存梵音。(唐澄觀《大方廣佛華嚴經疏》卷四十七)

(17) 俱胝者,百萬也。那庾多者,萬萬也。一顆沙爲一俱胝那庾多。(唐窺基《大般若波羅蜜多經般若理趣分述贊》卷三)

(18) 洛叉當一億,度洛叉當十億,俱胝當百億。然西方有四種億:一十萬爲億,二百萬爲億,三千萬爲億,四萬萬爲億。今瑜伽顯揚,數百萬爲億。十億爲俱胝,故言百俱胝爲一佛土。(唐窺基《瑜伽師地論略纂》卷一)

梵語 niyuta 是印度數學中的一個表示極大量的單位,在中土没有與之準確對應的概念與表達。丁福保《佛學大辭典》指出,梵語 niyuta“當于此方之億。億有十萬,百萬,千萬三等。故諸師定那由多之數不同。本行經十二曰:‘那由他,隋言數千萬。’玄應音義三曰:‘那術,經文作述,同食事反,或言那由他,正言那庾多。當中國十萬也。光贊經云:億,那述劫是也”。正是因爲中國没有與 koṭi、niyuta 相對應的概念,漢語中也没有與 koṭi、niyuta 相對應的詞語,笈多與玄奘才採用音譯的方法,將 koṭi 譯爲“俱胝”“俱致”,將 niyuta 譯爲“那由多”,也有一些譯師將其音譯爲“那庾多,那由多,那術,那述”等。

帶數釋複合詞 koṭi-niyuta 譯爲“俱胝那庾多”的用例在大正藏中出現 833 次。首見於玄奘譯經,在全部玄奘譯經中出現 307 次,例如:

(19) 天帝釋言:“甚多,世尊! 難思,善逝! 百千俱胝那庾多劫亦不能説其福聚量。”(唐玄奘《説無垢稱經》卷六)

(20) 彼先爲諸業障所障,由此因緣,復爲如是業障所障,如是業障,初易施設,乃至齊於百千俱胝那庾多劫,無有出期。(唐玄奘《解深密經》卷二)

(21) 佛言:“諦聽! 極善思惟,吾今爲汝分别演説。何謂八名普密神呪? 一名功德寶藏,二名莊嚴象耳,三名善勇猛,四名勝諦雲,五名成熾然,六名微妙色,七名嚴飾,八名金剛。若有得聞此八名呪,於當來世經七俱胝那庾多百千大劫,不墮地獄傍生餓鬼。”(唐玄奘《八名普密陀羅尼經》)

“俱胝那庾多”不但出現在玄奘以後譯僧,如尸羅達摩、善無畏、菩提流志、菩提仙、不空、義浄等的漢譯佛經中,也出現在窺基、慧沼等中土僧侶的佛教注疏作品中。例如:

(22) 一時薄伽梵住補怛落伽山聖觀自在菩薩宫殿,與百千俱胝那庾多菩薩前後圍遶。(唐不空《八大菩薩曼荼羅經》)

(23) 如是我聞。一時薄伽梵在布怛落迦山聖觀自在菩薩宫中。其地有無量寶娑羅樹多摩羅樹、瞻博迦樹、阿輸迦樹、阿底目多迦等種種寶樹、周匝莊嚴。與大苾芻衆八

千人俱,菩薩摩訶薩九十九俱胝那庚多百千,及無量百千淨居天子、自在天子大自在天子。(唐菩提流志《不空羂索呪心經》)

(24) 假使十方於一一方,各有無邊世界微塵諸佛刹土,一一刹土得如是地菩薩,充滿如甘蔗、竹、稻麻、叢林,彼諸菩薩無量劫中,所引菩薩正行智慧,此比如來境界,百分不及一,千分、百千分、俱胝之分、百俱胝分、千俱胝分、百千俱胝分、百千俱胝那庚多分,不及其一,算數計喻乃至鄔波尼殺曇分亦不能及。(唐尸羅達摩《佛説十地經》卷九)

(25) 我於過去百千俱胝那庚多劫,修諸苦行,得阿耨多羅三藐三菩提,證一切智,今説是法。(義淨《金光明最勝王經》卷八)

(26) 八若諸有情供養恭敬尊重讚歎八十殑伽沙等俱胝那庚多佛。乃能具足聞此般若波羅蜜多甚深理趣。(唐窺基《大般若波羅蜜多經般若理趣分述贊》卷一)

帶數釋複合詞 koṭi-niyuta 譯爲"俱致那由多"的用例僅見於隋代笈多、闍那崛多和寶貴譯經,共 53 例。例如:

(27) 福聚邊,此前福聚,百上亦數不及,千上亦,百千上亦,俱致百千上亦,俱致那由多百千上亦,僧企耶亦,迦羅亦,算亦,譬喻亦,憂波泥奢亦,乃至譬喻亦不及。(隋笈多《金剛能斷般若波羅蜜經》)

(28) 彼世界寬廣有六十四俱致百千洲,一一四洲中有六十四俱致百千城。彼諸大城普廣三十二踰闍那,皆有七寶垣牆,有多俱致那由多百千衆生所住。(隋闍那崛多《觀察諸法行經》卷四)

(29) 爾時,信相菩薩與無量百千菩薩,及無量俱致那由多百千衆生,詣耆闍崛山釋迦牟尼如來、正遍知所。(隋寶貴《合部金光明經》卷一)

笈多、闍那崛多和寶貴對帶數釋複合詞 koṭi-niyuta 翻譯方法的一致並非偶然,而是他們在相同譯場從事譯經工作時所達成的共識。隋文帝時,長安大興善寺是譯經僧翻譯佛經的主要場所。隋煬帝即位後,在東都洛陽上林園設置譯經館作爲全國譯經的主要場所。闍那崛多、達摩笈多曾長期在大興善寺翻譯佛經,後又應隋煬帝之召前往洛陽譯經,闍那崛多爲主持人。公元 604 年,闍那崛多因故被遣流至東越之後,便由達摩笈多主持翻譯佛經。寶貴也與闍那崛多、達摩笈多,特别是闍那崛多在大興善寺多有合作。《金光明經》銀主陀羅尼品和囑累品便是闍那崛多應寶貴之請而據梵本新譯出的。寶貴又將北涼曇無讖譯《金光明經》,並南朝陳真諦所譯《三身分別》《業障滅》《陀羅尼最浄地》《依空滿願》等四品,並北周耶舍崛多所以譯《壽量品》《大辯天品》合編爲《金光明經(合本)》八卷。

(三)翻譯理論差異

"歷史上長達千年的佛經翻譯不僅造就了一批優秀的佛經翻譯家,同時也催生了我國古代的翻譯研究和相應的翻譯思想。這些翻譯思想,從三國時支謙的'因循本旨,不加文飾',到東晉道安的'五失本三不易',從六朝鳩摩羅什的'依華出實',到唐代玄奘的'五不翻',儘管多屬片言隻語,零篇殘什,但其中藴含着的豐富的翻譯思想彌足珍貴,仍然可以爲當今的譯學建設提供寶貴的思想資源。"(謝天振、王寧,2014:1)

在東漢到西晉的"古譯"階段,譯者往往採用硬譯的辦法。從鳩摩羅什譯經開始,意譯的方法盛行,優點是譯文更加流暢,但是又有遠離原典的極端結果。唐代,國家譯場人才濟濟,高僧赴印度求法成功,使得佛經翻譯理論有所突破。《金剛經》六種異譯本的譯者有着各自不同的翻譯風格。理念的不同也會導致梵語複合詞翻譯的譯者差别。以玄奘譯本爲例,玄奘對六離合釋複合詞的翻譯方法與他的"五不翻"理論是一致的。例如:

(30) idam avocad bhagavān āttamanāḥ | sthavirasubhūtis te ca bhikṣubhikṣuṇyupāsakopāsikās te ca bodhisattvāḥ sadevamānuṣaasuragandharvaś ca loko bhagavato bhāṣitam abhyanandann iti ||

【鳩】佛説是經已,長老須菩提及諸比丘、比丘尼、優婆塞、優婆夷,一切世間天、人、阿修羅,聞佛所説,皆大歡喜,信受奉行《金剛般若羅蜜經》。

【菩】佛説是經已,長老須菩提及諸比丘、比丘尼、優婆塞、優婆夷、菩薩、摩訶薩、一切世間天、人、阿修羅、乾闥婆等,聞佛所説,皆大歡喜,信受奉行。

【真】爾時,世尊説是經已,大德須菩提,心進歡喜,及諸比丘、比丘尼、優婆塞、優婆夷,衆人、天、阿修羅等,一切世間,踴躍歡喜,信受奉行。

【笈】此語世尊歡喜,上座善實彼及比丘、比丘尼、優婆塞、優婆夷,彼天、人、阿修羅、乾闥婆等,聞世尊説,大歡喜。

【玄】時,薄伽梵説是經已,尊者善現及諸苾芻、苾芻尼、鄔波索迦、鄔波斯迦,並諸世間天、人、阿素洛、健達縛等,聞薄伽梵所説經已,皆大歡喜,信受奉行。

【義】爾時,薄伽梵説是經已,具壽妙生及諸菩薩、摩訶薩、苾芻、苾芻尼、鄔波索迦、鄔波斯迦,一切世間天、人、阿蘇羅等,皆大歡喜,信受奉行。

相違釋複合詞 bhikṣu-bhikṣuṇī-upāsaka-upāsikā(比丘—比丘尼—優婆塞—優婆夷)的漢譯方法各有不同。鳩摩羅什、菩提流支、真諦、笈多將 bhikṣu-bhikṣuṇī-upāsaka-upāsikā 譯爲"比丘、比丘尼、優婆塞、優婆夷";玄奘、義浄譯爲"苾芻、苾芻尼、鄔波索迦、鄔波斯迦"。

"苾芻(bhikṣu)"一詞最早見於玄奘的譯經。其後,唐宋的譯者菩提流志、不空、般若,尸羅達摩、達摩流支、金剛智、義浄,以及宋代法賢、天息災等人沿用了這個音譯詞。玄奘將 bhikṣu 重新譯爲"苾芻"與其"五不翻"的翻譯理念密切相關。玄奘的"五不翻"理論對此類多義詞翻譯方法有所涉及。"五不翻"理論是對根據玄奘佛經翻譯實踐所概括出來的五種翻譯原則。宋代周敦義在《翻譯名義集》序中記載:"唐奘法師論五種不翻。一秘密故,如陀羅尼。二含多義故,如薄伽梵具六義。三此無故,如閻浄樹,中夏實無此木。四順古故,如阿耨菩提,非不可翻,而摩騰以來常存梵音。五生善故,如般若尊重,智慧輕淺。"

"薄伽梵(bhagavat)"是對佛陀的尊稱,爲佛陀十號之一。玄奘在《佛地經論》中提到:"薄伽梵者,謂薄伽聲依六義轉:一、自在義;二、熾盛義;三、端嚴義;四、名稱義;五、吉祥義;六、尊貴義。如有頌言:'自在熾盛與端嚴,名稱吉祥及尊貴,如是六種義差别,應知總名爲薄伽。'"(0292a24)像"薄伽梵"這類多義詞,即使在單一語境下仍同時具有豐富内涵和廣闊外延,譯師在目的語中無法找到能完整涵蓋其意義的對應詞。在玄奘之前,bhagavat 曾被音譯爲"婆伽婆、婆伽梵、婆誐嚩帝"等,又被意譯爲"有德、能破、世尊、尊貴"等。玄奘主張對於此類詞語採取音譯法。也就是説,"在一詞多義的情況下,有時即使依靠語境也難以確定源語文本所要表達的是何種單一意義或多種意義,在這種情況下應該採取'不翻'"(徐麗萍 2008)。因此,玄奘將 bhagavat 創造性地譯爲"薄伽梵",唐代的其他譯者,如善無畏、不空、金剛智、菩提流志、佛陀波利、地婆訶羅、阿質達霰、義浄等都沿用此種翻譯方法。至於玄奘的弟子,如窺基、圓測等更是將此種翻譯方法奉爲準則,在佛經義疏作品中使用。

bhikṣu 也是梵語的多義詞，有浄乞食、破煩惱、浄持戒和能怖魔等四個義項。根據鳩摩羅什譯《大智度論》，"如是清浄乞食活命，故名乞士。復次，'比'名破，'丘'名煩惱；能破煩惱，故名比丘。復次，出家人名比丘；譬如胡、漢、羌、虜，各有名字。復次，受戒時自言：我某甲比丘，盡形壽持戒，故名比丘。復次，'比'名怖，'丘'名能，能怖魔王及魔人民。當出家剃頭著染衣受戒，是時魔怖。何以故怖？魔王言：'是人必得入涅槃'；如佛説：'有人能剃頭著染衣，一心受戒，是人漸漸斷結，離苦入涅槃。'"法藏《華嚴經探玄記》也有記載："比丘者，梵有三名：或云比呼，或云苾芻，或云比丘。此無正譯，義翻有三：謂怖魔，破惡，及乞士。"玄奘對"苾芻（bhikṣu）"的翻譯也遵循多義詞"不翻"的理念。

又如：

（31） yaś ca khalu punaḥ subhūte strī vā puruṣo vā dine dine gaṅgā nadīvālukāsamān ātmabhāvān parityajet evaṃ parityajan gaṅgānadīvālukāsamān kalpāṃs tān ātmabhāvān parityajet

【鳩】若有善男子、善女人，以恒河沙等身命布施。

【菩】若有善男子、善女人，以恒河沙等身命布施。

【真】若有善男子、善女人，如諸恒河所有沙數，如是沙等身命舍以布施。

【笈】若復時，善實，婦女若、丈夫若，日日恒伽河沙等我身舍。如是舍恒伽河沙等劫所有我身舍。

【玄】假使若有善男子或善女人，于日日分，舍施殑伽河沙等自體，如是經殑伽河沙等劫數舍施自體。

【義】若有男子、女人以殑伽河沙等身命布施。

gaṅgā-nadi（恒伽一河）是佛經中經常出現的專有名詞。恒河是印度一條河流的名字，爲印度三大河流之一，被視爲聖河。隋笈多《起世因本經》曾有記載："阿耨達池東有恒河，從象口出，共五百河，流入東海；阿耨達池南有辛頭河，從牛口出，共五百河，流入南海；阿耨達池西有博叉河，從馬口出，共五百河，流入西海；阿耨達池北有斯陀河，從師子口出，共五百河，流入北海。" gaṅgā-nadi 在《金剛經》中翻譯方法分爲三類：鳩摩羅什和菩提流支譯爲"恒河"，真諦譯爲"恒河"或"恒伽"，笈多譯爲"恒伽河"或"恒伽大河"，玄奘與義浄譯爲"殑伽河"。

在佛教文獻中，"恒河"一詞使用最爲頻繁。"恒河"最早見於後漢支婁迦讖和安世高譯經。在三國、兩晉及其後譯經也很是常見。

（32）得是三昧精進學轉教人者，正使如恒河沙佛刹滿中珍寶，用布施甚多，不如學是三昧者。（後漢支婁迦讖《佛説般舟三昧經》）

（33）我一生已來，恒患熱渴，行見恒河，冀入其中以除熱渴。方入其中，身體焦爛，肌肉離骨；渴欲飲之一口入腹，五藏焦爛，痛不可言。（後漢安世高《佛説鬼問目連經》）

（34）佛在摩竭提國，將諸比丘，漸次遊行，到恒河側，見一故塔，毀落崩壞，無人修治。（吴支謙《撰集百緣經》卷三）

（35）佛告童子："西方去此，如恒河沙諸佛刹土，有世界名善選擇，其佛號金剛步跡如來、至真、等正覺，今現在説經法。"（西晉竺法護《佛説滅十方冥經》）

"恒伽大河"最早見於姚秦竺佛念《十住斷結經》卷六：

（36）恒伽大河者，車渠真寶以爲象身流出其水。

"恒伽大河"在佛教文獻中數量較少，僅 21 例，而且大多數爲隋代譯經。例如：

(37) 譬如恒伽大河所流行時,彼流行處潤此大地令其津澤,又彼流行逼地而去,凡諸塵土草木葉等,彼流行時悉攝將去。……譬如恒伽大河,有處流時作聲大聲,有處少聲有處無聲。……譬如恒伽大河增長滿時,於其兩岸草木枝葉皆漂將去,乃至於四大海。……譬如恒伽大河有時增長多沫,於中有多樹等,根莖葉果拔已將去,於中復有第二大樹,猶生而住。後時第二年中,恒伽大河更長過前,前者大樹更及諸木拔已將去。(隋闍那崛多譯《大集譬喻王經》卷上)

"殑伽河"在佛教文獻中出現445例,首見於玄奘譯經。唐代的其他譯師,如不空、達摩流支、菩提流志、義淨等沿用。唐代的佛教注疏者,如普光、法寶、圓暉、彦悰、道宣等以玄奘爲權威,也使用"殑伽河"一詞。但是,將 gaṅgā 譯爲"殑伽"並非玄奘首創。元魏瞿曇般若流支在《佛説一切法高王經》中將 gaṅgā-nadi 譯爲"殑伽大河",但是僅此一例。除此之外,只在唐玄奘之後的譯經中才有較多"殑伽河""殑伽大河""殑伽沙"等名詞出現。

(38) 殑伽大河五百眷屬流滿東海;辛頭大河五百眷屬流滿南海;博叉大河五百眷屬流滿西海;斯陀大河五百眷屬流滿北海。(元魏瞿曇般若流支譯《佛説一切法高王經》)

五　結語

六離合釋複合詞是梵語的突出特徵之一,在梵文原典中比比皆是。唐代的譯僧已經意識到梵語複合詞分析在佛經翻譯中的重要性。唐代從事佛經注疏工作的僧人可以運用六離合釋複合詞分析方法,對佛教名相做出層層剖析。唐法藏在《華嚴經探玄記》中分析了梵語複合詞分析方法在名相術語命名時的作用:"問:此六釋攝法盡不?答:凡諸法得名略有五例。一、離合得名,如此六釋。二、單法當體立名,如信等,此約直詮。三、無他受稱,如無明等,此約遮詮。四、譬類得名,如華嚴等,從喻彰名。五、相形立號。如大乘形小以立其名等。是故六釋但據初門。若於前六帖後四釋,總爲十釋,略攝諸法得名差別。"六離合釋複合詞翻譯方法是觀察譯者原典語言分析能力與目的語言表達能力的理想參項,可以藉以探尋各位譯者的翻譯策略與理論,也可以考察梵語複合詞的翻譯是否會對漢語造成影響。

《金剛經》六種異譯本中,六離合釋複合詞的翻譯方法存在譯者差別。許鈞(1998)從意願、現實與道德這三個層面,對翻譯活動中制約翻譯主體的諸多因素進行宏觀的考察與具體的分析。鳩摩羅什的譯經是伴隨着宣講佛經的過程,疑難之處在譯場可以進行辯論與回應。譯本行文語言的流暢是鳩摩羅什最爲關注的内容,並不會拘泥於與原典是否完整對應。玄奘作爲中土西行求法僧,對於原典語言與異域文化更爲關注,這些語言文化資訊不但不會在翻譯的過程中磨損,而且會成爲翻譯的重要目的與内容。笈多的譯本特色鮮明,不考察章法與句法的銜接與連貫,只著眼於詞語的嚴格對應,而且力圖將梵文原典詞語的本義譯出。

梵語複合詞譯爲漢語時,對應的漢語語言單位屬於不同層級。有些梵語複合詞可以譯爲漢語複合詞,如"佛法""佛眼""法門"等,有些梵語複合詞只能譯爲漢語短語,如"不可思議""不異語者""無量""三千大千"等,有些只能譯爲句法。梵語複合詞翻譯的對應單位完整度的研究只是六離合釋翻譯研究的前期工作而已。梵語六離合釋複合詞的翻譯是否有可能或者是如何對漢語詞法與句法産生影響,都是值得繼續探究的問題。

參考文獻

[1]施滕茨勒. 梵文基礎讀本[M]. 北京:北京大學出版社，1996.
[2]慈怡主編. 佛光大辭典[M]. 北京:北京圖書館出版社，1989.
[3]段晴. 波你尼語法入門[M]. 北京:北京大學出版社，2001.
[4]郭能. 翻譯單位研究述評[J]. 湖南第一師範學院學報，2010，10(2):139-141.
[5]黃寶生. 梵語佛經讀本[M]. 北京:中國社會科學出版社，2014.
[6]謝天振，王寧. "中國當代翻譯研究文庫"總序[A]. 王東風. 從翻譯出發:翻譯與翻譯研究[M]. 上海:復旦大學出版社，2014.
[7]徐麗萍. 玄奘"五不翻"理論解析[J]. 牡丹江師範學院學報:哲學社會科學版，2008(5):61-63.
[8]許鈞. 論翻譯活動的三個層面[J]. 外語教學與研究，1998(3):49-54.
[9]許洋主. 新譯梵文金剛般若波羅蜜經[M]. 臺北:如實出版社，1995.
[10]朱慶之. 佛教混合漢語初論 [M]//語言學論叢(第 24 輯). 北京:商務印書館,2001:1-33.
[11]朱慶之. 略論笈多譯《金剛經》的性質及其研究價值[J]. 普門學報,2006,(36).

Different Translator Styles and Translation Strategies in the Translation of Sanskrit Liuliheshi in the Diamond Sutra

Wang Jihong

Abstract: The compound (sat-samāsāh) is one of the most important features of Sanskrit, it is also called *Liuliheshi* 六離合釋,*Liuheshi* 六合釋 or *Liushi* 六釋 in ancient Chinese literature. This paper adopts the materials of the comparative Sanskrit-Chinese versions and the different Chinese versions of the Diamond Sutra to analyze and compare the similarities and differences of translation methods of *Liuliheshi* 六離合釋 compound in different Chinese versions in past dynasties. On the basis of the Sanskrit-Chinese comparative study,we find that in the six Chinese versions, there are corresponding units' translator differences of the Sanskrit compounds, which are shown in the corresponding units' integrity and selectivity of the Sanskrit-Chinese translation. The type differences of Sanskrit and Chinese, the cultural differences of the India and China, the original language analytical abilities of translators, the expressive abilities of Chinese (target language) and the influence of translators' style, will all lead to the corresponding units' integrity and selectivity differences of the compounds in the different versions. To analyze Sanskrit-Chinese versions comparatively and study different Chinese versions of the same sutra are two important methods of the Buddhist literature language research.

Key words: Liuliheshi, translator style, translation strategy, the Diamond Sutra, Xuanzang

通信地址:北京市北京外國語大學中國語言文學學院
邮编:100089
E-mail:wangjihong@bfsu.edu.cn

《南海寄歸内法傳》"分別"考

譚代龍

内容提要 唐義浄《南海寄歸内法傳》等作品中出現了一批用法特別的"分別"，其詞義應該解釋爲"説浄"或者"浄施"，而不是一般的"區別""區分"。這個義項是義浄從梵文單詞 vikalpa 直接移植而來的。文獻用例表明，這是義浄個人的創新。

關鍵詞 分別 説浄 義浄 移植

唐代高僧義浄(635—713)於公元 691 年寫成的《南海寄歸内法傳》一書，全文共四卷，是一部關於古代印度、東南亞佛教軌儀以及中國佛教史的著作，在中印佛教史、中印文化交流史等領域都具有重要的研究價值，受到海内外學術界的高度重視。但由於該書内容博大精深，語言方面深受上古漢語、唐時俗語乃至印度語言的多重影響，所以不少字詞句段的意義很不明確。隨着研究的深入，我們發現該書用語行文，常有特別之處。本文即討論其中"分別"一詞。

"分別"在該書中共出現三例，現列舉如下：

(1)十三種衣，出家開畜。既有定格，即須順教用之，不比自餘所有長物。此之十三，咸須別牒其事，點浄守持，隨得隨持，無勞揔足。餘外長衣，量事分別。若氈褥緂席之流，但須作其委付他心而受用也。(卷二)

(2)十二者何？一不分別衣，二離衣宿，三觸火，四足食，五害生種，六青草上棄不浄，七輒上高樹，八觸寶，九食殘宿食，十壞地，十一不受食，十二損生苗。(卷三)

(3)又復識相生時，體無分別。(卷四)

第三例"分別"詞義明顯，義爲"區別"。學術界對前二例"分別"則有兩種不同的處理意見。

日本學者高楠順次郎翻譯的英文版 1896 年在英國出版。該書對上面兩句話相應部分的英文翻譯是：

All other luxurious dress not mentioned above should be kept distinct from these necessaries,

One must distinguish (between legal and illegal) robes (Nissaggiyâ I—10).

中國學者華濤先生相應的現代漢語翻譯是：

所有其他衣物，應與上述衣物分開。

一是不准區分合乎與不合乎規範的法衣。

可以看出，他們都是把"分別"翻譯成了區別、區分，這是第一種處理意見。

第二種意見出自日本學者宮林昭彦、加藤榮司的《現代語譯南海寄歸内法傳》。該書在翻譯第一段話時，對"分別"一詞有一個詳細的解釋：

（この）十三種の衣は出家（者）が（私物として）畜えることが開（許）されている（ものである）。（これらは）既に（律蔵に）定格があるのであって、（必）須ず（釈迦の聖）教に順ってこれらを用いるべきなのであり、自余の所有る長物（本来律蔵の規定内の私的所有物ではないが、便法として分別＜＝浄施＝説浄－後述－＞さえすれば所有が許されている持ち物）とは比べることができない（、つまり十三資具とは、"長物"の範疇にはなく、分別＝説浄＝浄施＝梵 vi-kalpa、巴 vikappanaを必要としない本来の私有物なのである）。（102）

該書在翻譯第二句話"一不分別衣"後有一個補充説明：

＜＜訳者補＞＞律蔵により認められた三衣から薬資具衣までの十三資具に数えられている衣以外の衣、すなわち長衣の所持には、いわゆる「分別（vikalpana 説浄、浄施。苾芻には衣の所有制限があるが、それをかいくぐる便法として形式的に所有権を友人苾芻に移転し、実質的な使用権だけは確保せんとするもの）」が必要となるのだが、この不分別衣とは、求寂男・求寂女、正学女に限って、まだ一人前の苾芻・苾芻尼ではないので分別をなさずとも所持が可能である、ということ。（198）

宮林昭彦、加藤榮司的觀點是這兩個"分別"應解釋爲"説浄"或者"浄施"，並指出了其對應的梵語單詞。

這兩種意見顯然是不同的，那麽哪一種看法對呢？這是本文要討論的第一個問題。

我們認爲，第二種意見是對的。義浄翻譯的《根本説一切有部百一羯磨》中有這樣一段文字：

（4）十三衣外，自餘長衣，應於二師及餘尊類，而作委寄。應持其物對餘苾芻作如是説："具壽存念，我某甲有此長衣，未爲分別，是合分別（舊云説浄者，取意也）。我今於具壽前，而作分別，以鄔波馱耶作委寄者，我今持之。"（卷十，T24/498B）

"舊云説浄者，取意也"是義浄在"分別"下寫的一條註解（關於義浄作品中的註文情況，請參看譚代龍 2006），它告訴我們，這裏的"分別"，就是過去所説的"説浄"。"説浄"是一個佛教術語，丁福保《佛學大辭典》"説浄"條云：

（術語）又曰浄施。戒律之制，比丘有得衣鉢藥及金銀穀米者，不許自蓄之，必求所施主一旦施與之。而如衣鉢藥者，得更由施主還付，仍自護持，是爲浄貪著之意之法，故云浄施。能施者謂之施主，所施者謂之浄施者，對於施主説施與之言，謂之説浄。依此説浄之法，爲比丘者得蓄積諸長物。然施法有輾轉施與真實施之二法。如衣鉢藥者，於出家五衆中定施主，更以他一人爲紹介者，而施與彼施主，施與了，則直由其紹介者，轉還本人，名爲輾轉浄，如金銀米穀者，求浄信之白衣，定爲施主，直接對之真實施與，令彼保管，名爲真實浄。所謂浄人者，受此真實浄之白衣人也。輾轉浄之作法如下：比丘有長衣（三衣外之衣），欲説浄之，則至一比丘所，手取其長衣，口云："大德一心念，此是某甲長衣，未作浄，爲浄故施與大德，爲輾轉浄故。"此時受彼請者乃言："大德一心念，汝有此長衣，未作浄，爲浄故與我，我今受之。"而此語次應問曰："汝施與誰？"浄者答言："某甲（浄主名字）施主。"於是彼比丘對浄者言："大德一心念，汝是長衣，未作浄，爲浄故施與我，我今受之，汝於某甲（第三者浄主）與是衣，某甲（浄主）已有，汝爲某甲故善護持，著用隨因緣。"

慈怡《佛光大辭典》"浄施"條云：

梵語 vikalpana,巴利語 vikappana。又作説淨。若有一甲比丘,受乙之施與長物(允許比丘擁有三衣一鉢以外之物品),甲比丘不得直接受納,而須將該物逆施給乙;或假定將物品施與丙,然後再受乙或丙之返還,甲比丘始可獲得該物,即稱淨施,乙或丙則稱淨施者。復以甲比丘對淨施者解説施與之旨,故此淨施又稱説淨。淨施係爲除去比丘對財物之貪欲而行之權宜,表現出家人以少欲知足爲生活原則。(5/4703)

受此啓發,我們注意到義淨翻譯佛經中有一批特别的"分别",其語境與"説淨""淨施"完全一致,下面引出:

(5)若復苾芻作衣已竟,羯恥那衣復出,得長衣分别應畜。若不分别而畜者,泥薩祇波逸底迦。(《根本説一切有部毗奈耶》卷十七,T23/711B)

(6)若苾芻二十一日不得餘衣,乃至二十九日得餘衣,三十日内作衣,應持應捨,應作分别。若不持不捨,不作分别,三十一日明相出,泥薩祇波逸底迦。(《根本説一切有部毗奈耶》卷十七,T23/715B)

(7)時苾芻於十日内作衣,應持應捨應作分别。若不作法者,至十一日明相出時,泥薩祇波逸底迦。(《根本説一切有部毗奈耶》卷十七,T23/715B)

(8)若復苾芻畜長鉢過十日,不分别者,泥薩祇波逸底迦。……(中略,下同)若苾芻月一日得鉢,於十日内,應持應分别,應捨應與他。(《根本説一切有部毘奈耶》卷二十二,T23/744B)

(9)若苾芻尼二十一日不得餘衣,乃至二十九日得餘衣,三十日内作衣,應持應捨應作分别。(《根本説一切有部苾芻尼毘奈耶》卷八,T23/946C)

(10)一者長淨,二者隨意,三者持衣,四者捨三衣,五者分别長衣,六者捨别請。(《根本説一切有部毘奈耶雜事》卷五,T24/224C)

(11)時有苾芻,對彼苾芻分别衣物,忽爾身亡。……問彼,答曰:"對我分别,我取其衣。"(《根本説一切有部毘奈耶雜事》卷十九,T24/294B)

(12)時有苾芻,對彼分别衣,彼忽命過。此便持衣,捨與僧伽。大衆問曰:"此是誰物?"答言:"我物,對彼分别,彼遂身亡,我持此物捨與大衆。"苾芻白佛。佛言:"作法應爾,雖對分别,物不屬彼,當自取用。"(《根本説一切有部毘奈耶雜事》卷十九,T24/294C)

(13)復有苾芻,對他苾芻分别衣物。所對苾芻,忽然歸俗。後時憶念:"彼某甲苾芻,曾於我所,分别其衣,我雖還俗,彼物屬我,我宜就索。"既至彼已,報言:"聖者,仁曾對我分别衣物,今可與我。"苾芻白佛,佛作是念:"由諸苾芻以彼苾芻爲委寄者,即還對彼而作分别,有如是過。是故我今制諸苾芻,不應對彼委寄之人分别衣物,作者得越法罪。"(《根本説一切有部毘奈耶雜事》卷十九,T24/294C)

(14)復有苾芻,對他苾芻分别衣物。其所對者,是鬭諍人,常與苾芻諍競紛擾,既懷瞋忿,便欲出去。其分别衣人見去,啼泣報言:"勿去。"雖復苦留,而不肯住。諸人謂曰:"汝勿留此好爲鬭諍亂惱衆人。"答言:"如何我不留住?我常對此分别衣物,餘處無有委寄之人。"(《根本説一切有部毘奈耶雜事》卷十九,T24/294C)

(15)應於軌範師及親教師,而作委寄,分别持之。應如是分别,對一苾芻,作如是説:"具壽存念,我苾芻某甲,有此長衣,未爲分别,是合分别。我今於具壽前而爲分别,以鄔波馱耶作委寄者,我今持之。"(《根本説一切有部目得迦》卷八,T24/448A)

(16)言得長衣,齋十日不分别應畜。若過畜者,謂苾芻得長衣,不分别,不守持,至十一日明相出後,是名過畜。……謂月一日若得一衣,或得多衣,齊十日來,應分别,應守持,或棄捨。若不爾者,至十一日明相出時,便得捨墮。若月一日得衣,於第二日復得衣,乃至十日得衣,若初日,衣不分别,後所得衣及諸雜物,乃至鉢袋腰條等,至十一日皆犯捨墮。……衣極小量,謂縱横一肘者是,若已分别,作未分别想。但得墮罪,而不須捨。……雖不分别,用之無犯。若作是念:"此衣齊至某日,我當分别。"或至十日,我當分别者,中間無犯。若不生心,爲分齊者,於日日中得惡作罪,不憶者無犯。(《根本薩婆多部律攝》卷五,T24/554C)

(17)若苾芻有餘長衣,合分别者。或已成衣,或未成衣,應於阿遮利耶、鄔波馱耶處,作委寄意而分别之。……應如是説:"具壽存念,我苾芻某甲,有此長衣,未爲分别,是合分别。我今於鄔波馱耶處,而作分别。以鄔波馱耶作委寄者,我今持之。"第二第三,亦如是説。其委寄人,假令身在大海之外,遥爲委寄分别無犯。爲分别時,不應對彼委寄之人,應共餘者而爲分别。委寄之人不應取彼分别之物,又復不應見。……其委寄人雖復身死,未聞已來,並成分别。若聞死已,應指餘人爲委寄者。其委寄人不應言請,亦勿告知。若五條七條,有盈長者,並須分别。長僧伽胝,不應分别。直爾而畜,爲利他故。謂若見有受近圓人,無大衣者應與。(《根本薩婆多部律攝》卷五,T24/553C)

(18)若復苾芻,畜長鉢過十日不分别者,泥薩祇波逸底迦。言長鉢者,謂現有一守持鉢,更畜餘者,名之爲長。若不分别,日日得惡作罪。……若有兩鉢,應持好者,餘應分别。苾芻小鉢,於尼成大。其鉢量者,後當説之。其無犯者,若減量,若過量,若畜長鉢,擬與餘人。出家近圓,濟其所用。雖不分别,此亦無犯。(《根本薩婆多部律攝》卷七,T24/561C)

統觀以上"分别"用例,其對象均爲"長物"或"餘長"物,即多餘之物,具體爲"長衣""長鉢"等。文中記載,凡出家人得到此類"長物",都必須作"分别",並稱"作分别"爲"作法"。由此可見,這些"分别"與《南海寄歸内法傳》中的"分别"一樣,都應解釋爲"説净"或者"净施"。

那麽,這類"分别"與作"區别、分辨"講的"分别"是什麽關係呢?這是本文要討論的第二個問題。

《漢語大詞典》"分别"條下列有6個義項。爲便於觀察,全部列出:

1.區别;分辨。《荀子·王制》:"兩者分别,則賢不肖不雜,是非不亂。"漢王充《論衡·程材》:"雖孔墨之材,不能分别。"……

2.分頭;各自。《史記·魏其武安侯列傳》:"是時郎中令石建爲上分别言兩人事。"《後漢書·袁安傳》:"遂分别具奏。帝感悟,即報許,得出者四百餘家。"……

3.劃分。《漢書·西域傳下》:"後烏就屠不盡歸諸翎侯民衆,漢復遣長羅侯惠將三校屯赤谷,因爲分别其人民地界。"漢荀悦《漢紀·武帝紀六》:"此天地所以分别區域,隔絶内外也。"

4.差别;不同。南朝宋劉義慶《世説新語·容止》:"〔王夷甫〕恒捉白玉柄麈尾,與手都無分别。"……

5.離别。三國魏曹丕《與朝歌令吴質書》:"今果分别,各在一方。"晉陶潛《擬古九首》詩之三:"自從分别來,門庭日荒蕪。"……

6.佛教語。謂凡夫之虚妄計度。唐白居易《答次休上人》詩:"禪心不合生分别,莫愛餘霞嫌碧雲。"亦謂妄加區分。宋劉過《水調歌頭》詞:"未必古人皆是,未必今人俱錯,世事沐猴冠。老子不分别,内外與中間。"

這6個義項形成了一個詞義引伸系統。佛經中,"分别"是一個佛教術語,上舉《漢語大詞典》第6個義項即是。《佛光大辭典》"分别"條具體列有2個義項:

(一)梵語 Vikalpa。推量思惟之意。又譯作思惟、計度。即心及心所(精神作用)對境起作用時,取其相而思惟量度之意。……

(二)梵語 Vibhanga,vihajya。區分、類别、分析之意。即欲分類、分析教法,而由種種立場來研究考察之意。(2/1315—1316)

顯然,這與前舉義浄作品中的"分别"仍不相同。從《漢語大詞典》所列6個義項來看,從"區别、分辨"義項是不能引伸出"説浄"或"浄施"義項的。那麼,義浄作品中這些"分别"的"説浄"或"浄施"義項是從哪裏來的呢?

朱冠明(2008)認爲佛經翻譯中存在一種"移植"現象:

所謂"移植"(semantic/functional transfer),是指譯師在把佛經原典語梵文(源頭語)翻譯成漢語(目標語)的過程中存在的這樣一種現象:假定某個梵文詞S有兩個義項S_a、S_b,漢語詞C有義項C_a,且$S_a=C_a$,那麼,譯師在翻譯中由於類推心理機制的作用,可能會把S_b强加給C,導致C産生一個新的義項$C_b(=S_b)$,C_b與C_a之間不一定有引伸關係,且C_b在譯經中有較多的用例,這個過程我們便認爲發生了語義(包括用法)移植。

我們認爲,義浄作品中這些"分别"的"説浄"義項,就是從源頭語移植而來的。

前舉《佛光大辭典》指出,"分别"的梵語單詞是 vikalpa,"浄施"的梵語單詞是 vikalpana。荻原雲來《漢譯對照梵和大辭典》所列 vikalpa 一詞的漢譯有如下詞條:分,思,念,想,思惟,分别,能……分别,想作,計著,執著,異分别,虚分别,種種分别;易脱,差别;疑,妄想,虚妄分别;浄施。《漢譯對照梵和大辭典》所列 vikalpana 一詞的漢譯有如下詞條:分别,所分别,異分别;疑,妄想。vikalpa 與 vikalpana 顯然爲同源關係。

據此,我們推測,vikalpa 與"分别"的義項本來是這樣的:

vikalpa:[區别]+[説浄]

分别:[區别]

經過義浄移植之後,情況是這樣的:

vikalpa:[區别]+[説浄]

分别:[區别]+[説浄]

"説浄""浄施"在義浄之前的佛經中大量使用,在義浄之後的佛經也是隨處可見,這是佛教的一個重要制度。但有意思的是,在《南海寄歸内法傳》中,就出現了一例"説浄":

(19)律云應先嗢屈竹迦,譯爲蹲踞,雙足履地兩膝皆竪,攝斂衣服勿令垂地。即是持衣説浄常途軌式,或對别人而説罪、或向大衆而申敬、或被責而請忍、或受具而禮僧,皆同斯也。(卷三)

此"説浄"就是前面的"分别"。據我們調查,這是義浄200萬字作品中唯一的一例"説浄",其他均用的是"分别"(義浄作品中也有"浄施",但詞義與此有别)。這種情況表明,在寫作《南海寄歸内法傳》時,義浄對二者的態度是兩可,而在後來的翻譯中,則嚴格限定使用"分別"。用"分別"代替"説浄"和"浄施",我們目前在其他典籍中尚未見到類似用例,因此這可能是義浄的創新。文獻用例表明,這個創新是不成功的,因爲如此使用必然引起混淆。

參考文獻

[1]慈怡主編. 佛光大辭典[M]. 北京:北京圖書館出版社,1989.

[2]丁福保編纂. 佛學大辭典[M]. 北京:文物出版社,1984.

[3]漢語大詞典編纂處. 漢語大詞典[M]. 上海:漢語大詞典出版社,1986-1997.

[4]華濤. 南海寄歸内法傳(今譯)[M]. 臺北:佛光文化事業公司,1998.

[5]譚代龍. 義浄譯著中的注文及其作者之研究[J]. 青海師範大學學報(哲學社會科學版),2006(1).

[6]義浄著,王邦維注. 南海寄歸内法傳校注[M]. 北京:中華書局,1995.

[7]朱冠明. 移植:佛經翻譯影響漢語詞彙的一種方式 [M]//語言學論叢(第 37 輯). 北京:商務印書館,2008:169-182.

[8][日]荻原雲來. 漢譯對照梵和大辭典[M]. 臺北:新文豐出版股份有限公司,1988.

[9][日]高楠順次郎. A record of the Buddhist religion as practised in India and the Malay Archipelago: A. D. 671-695[J]. Journal of the Royal Asiatic Society,1966,29(2).

[10][日]宮林昭彦,加藤榮司. 現代語譯南海寄歸内法傳[M]. 京都:日本株式會社法藏館,2004.

A Study on the Chinese Word "*fenbie*" in *A Record of the Buddhist Religion as Practiced in India and the Malay Archipelago*

Tan Dailong

Abstract: Yijing was a Chinese Buddhist monk in Tang Dynasty. We found out that the Chinese word "*fenbie*" was differently used in his works, such as A Record of the Buddhist Religion as Practiced in India and the Malay Archipelago, which was probably explained as "*shuojing*" or "*shijing*" (referring to a kind of Buddhist convention or rule), instead of "*qubie*" or "*qufen*"(meaning "to distinguish"). This meaning was directly transferred from a Sanskrit word "vikalpa" by Yijing. Based on the facts in historical documents, it was very likely to be personal invention of Yijing's.

Key words: *fenbie*, *shuojing*, Yijing, transfer

通信地址:重慶市沙坪垻區四川外國語大學中文系
郵編:400031
E-mail:dltan@163. com

釋睡虎地秦簡《日書甲種・盜者》中的"疪在舌"

姚明輝

睡虎地秦簡《日書甲種・盜者》記載了當時人按照十二支搭配十二生肖占日捕盜的内容,描述了十二日名所對應的盜者的樣貌、行爲、身份、名字等特徵,原整理者將簡 74 背"巳"日占盜的簡文釋作:"巳,蟲也。盜者長而黑,蛇目,黄色,疪在足,臧(藏)於瓦器下。名西茝亥旦。"① 其中"疪在足"之"足"作上"止"下"口"形:

古文字中無論作爲偏旁還是單獨使用,從未見過這種寫法的"足"字。裘錫圭先生指出,"足""疋"當由一字分化,"止"(趾)象人脚,"疋"字則象連腿帶脚的整個下肢②。古文字偏旁上下位置互换往往無别,但"足"字本來就是靠"口"形與"止"形的位置來象"足"部之形,其上下兩部分位置並不能互换。商周金文中的"足"字作如下之形③:

足作父丙鼎	免簋	申簋蓋	瘐鐘

秦漢文字中的"足"字與上揭字形相比,除受到隸變影響書寫風格有所改變外,其基本構形並無太大變化④,所以《盜者》簡 74 中作上"止"下"口"形之字顯然不是"足"字。秦簡中的"舌"字作如下之形:

日乙 102"妻多舌"	日甲 74"妻多舌"	封診 66"舌出"	封診 69"舌出"

上部作類似"干"形,其横筆往往作彎曲狀,與"止"形相近。較爲標准的"舌"字中間豎筆多作貫穿之形,與下部"口"形相連,但也有如上揭第一例"舌"字那樣,最上面象"舌尖"的兩筆寫得較爲短小,未作貫穿狀的。對比可知,《盜者》簡 74 中舊釋爲"足"的這個字,其構形與上揭"舌"字基本相同,應該就是"舌"字異構。

從蛇無足似乎很容易聯繫到盜者足部有疾,所以研究者對原整理者釋"足"之説多無異議,如李學勤先生認爲,"巳蟲(蛇),睡虎地簡已明説盜者'長而黑,蛇目黄色',至於'疪在

---

① 睡虎地秦墓竹簡整理小組.睡虎地秦墓竹簡[M].北京:文物出版社,1990:219.

② 參看裘錫圭.文字學概要(修訂本)[M].北京:商務印書館,2013:118.

③ 所引字形參看董蓮池編.新金文编[M].北京:作家出版社,2011:225.

④ 有關戰國及秦漢"足"和从"足"之字的寫法,參看:湯餘惠.戰國文字编[M].福州:福建人民出版社,2005:125-126;王輝.秦文字編[M].北京:中華書局,2015:316-318.

足’，也是由蛇無足聯想的，放馬灘簡形容盜者的話，也是很像蛇”①。後來具有代表性的研究者如劉樂賢、王子今、吴小强等先生皆從此説②，新出《秦簡牘合集》中有關睡虎地秦墓竹簡的部分依然没有注意到《盜者》簡 74 中的“足”字實爲“舌”字誤釋的問題③。

蛇本無足，其無足而行，常被作爲優點，如《荀子・勸學》：“螣蛇無足而飛。”《楚辭・九懷》：“騰蛇兮後從。”以蛇本來就没有的身體部位來比擬盜者足部有疾，似乎也並不恰當。而“疵在舌”這種描述，則更能體現蛇的特徵與盜者身體特徵之間的關聯。舊以“蛇無足”爲説，往往忽略了蛇最顯著的一個特徵其實是“吐舌”；蛇最令人恐懼之處也是其口舌之毒，且常與人的口舌之禍相類比，如《論衡・言毒》：“故蝮、虵以口齰。毒或藏於首尾，故螫齰有毒；或藏於體膚，故食之輒懣；或附於脣吻，故舌鼓爲禍……故人夢見火，占爲口舌；夢見蝮、蛇，亦口舌。火爲口舌之象，口舌見於蝮、虵，同類共本，所稟一氣也。”《三國志・魏書・袁紹傳》：“卓遣執金吾胡母班、將作大匠吴脩齎詔書喻紹，紹使河内太守王匡殺之。”裴注引謝承《後漢書》曰：“班與匡書云：‘……足下獨囚僕于獄，欲以釁鼓，此悖暴無道之甚者也，僕與董卓有何親戚，義豈同惡？而足下張虎狼之口，吐長蛇之毒，恚卓遷怒，何其酷哉！’”皆其例。

此外，孔家坡漢簡《日書・盜者》簡 372 亦有“巳”日占盜的内容：“巳，虫也。盜者長而黑，虫目而黄色，臧（藏）瓦器下，其盜深目而鳥口、輕足。”④《説文・虫部》：“虫，一名蝮。”“蝮”即蛇的一種。簡文形容盜者特徵，也跟蛇有相似之處，如“長而黑，虫目而黄色”“輕足”等。古書中“輕足”多指行動迅捷，如《淮南子・齊俗》：“故江河決沉一鄉父子兄弟相遺而走，争升陵阪，上高邱，輕足先升，不能相顧也。”則簡文“輕足”當指盜者善走，這一特徵或是從蛇遊走敏捷附會而來，而非具體的足部特徵。

“疵在舌”當指舌上生有疾病。古代舌疾甚多，不贅言。王子今先生指出“‘疵在某’，不是一般的病，應是比較顯著的體貌特徵，如黑斑、痣、胎記、贅疣等”⑤，則“疵在舌”當爲舌有黑點，此症狀今亦常見，現代醫學以爲是淤血或軟組織損傷。

通信地址：上海市楊浦區邯鄲路 220 號復旦大學出土文獻與古文字研究中心
郵編：200433
E-mail：13110110015@fudan.edu.cn

① 李學勤《睡虎地秦簡〈日書〉盜者章研究》，原刊《慶祝饒宗頤教授七十五歲論文集》，香港中文大學出版社，1993 年。後收入李學勤．簡帛佚籍與學術史[M]．南昌：江西教育出版社，2001．今據後者 156 頁引。

② 劉樂賢．睡虎地秦簡日書研究[M]．北京：文津出版社，1994：270． 王子今．睡虎地秦簡《日書》甲種疏證[M]．武漢：湖北教育出版社，2003：448． 吴小强．秦簡日書集釋[M]．長沙：嶽麓書社，2000：152．

③ 陳偉主編．秦簡牘合集（第 1 册）[M]．武漢：武漢大學出版社，2014：478．

④ 湖北省文物考古研究所，随州市考古隊．隨州孔家坡漢墓簡牘[M]．北京：文物出版社，2006：175．

⑤ 王子今．睡虎地秦簡《日書》甲種疏證[M]．武漢：湖北教育出版社，2003：451．

漢代文賦校釋拾零

郜同麟

内容提要　雖然歷代學者對漢代文賦的校勘、注釋成果很多,但仍有部分問題没有解決。本文考察了十五組漢代文、賦中的字詞,糾正了前人的誤説,並做出了更爲合理的校勘和訓釋。

關鍵詞　漢賦　校勘　注釋

漢代文賦流傳至今已有兩千年左右,歷代學者的校釋成果至爲繁夥,但似乎仍有些問題没有解決。筆者在閱讀中對個别詞句提出了新的看法,現向各位方家請教。

【臘】

王褒《僮約》:"垂釣刈芻,結葦臘纑,汲水酪,佐醧醆。"①章樵注:"臘,緝治也。"汪維輝(2006)校"臘"作"躐",云:"蓋將麻類植物的莖幹變成絲縷狀的纖維需要浸泡踐踏(即所謂'漚麻'),故曰'躐纑'。"

按:章説雖句意可通,但似於故訓無徵。今檢各農書,未見有漚麻需踩踏之事②,汪説恐亦未當。另外,"纑"一般指麻縷,而非未漚的麻株。今疑"臘"當讀作"擸"。《説文·手部》:"擸,理持也。"《玉篇》:"擸,擇持也。"《史記·日者列傳》:"宋忠、賈誼瞿然而悟,獵纓正襟危坐。"索隱:"獵猶攬也。"彼"獵"即此處之"擸"。又作"躐",崔駰《達旨》:"當其無事,則躐纓整襟。"《後漢書》李賢注:"躐,踐也。此字宜從'手'。《廣雅》云:'擸,持也。'言持纓整襟,修其容止。"擸與正、整對文,是爲理治之義③。前揭《僮約》之文"擸纑"與"結葦"對文,擸亦當訓爲整治,或即指將麻紡成纑。

【闠】

揚雄《蜀都賦》:"萬端異類,崇戎總濃般旋,闠齊唶楚,而喉不感槩。"張震澤(1993)釋"闠"爲"市外門"。

按:張釋恐誤。漢賦一句之中,前後兩截往往意義相關。釋"闠"爲"市外門"不但意義上不可通,且與"唶"字亦不相關。從句意來看,"闠"當與"唶"一樣爲言語紛亂之貌,頗疑"闠"當作"嘳"。《説文·口部》:"嘳,大呼也。"《左傳·定公四年》"嘳有煩言",楊伯峻(1990)注:"忿怒而責備之義。"《荀子·正名》"愚者之言,芴然而粗,嘳然而不類,誻誻然而沸",楊倞注:"嘳,争言也。"又據此例可知"嘳"與"誻"義近。《管子》卷十八《桓公問》有"嘳室之議",房玄

① 《古文苑》卷十七,《四部叢刊》本。本文所引《古文苑》材料,主要依據二十一卷本,並參考了九卷本。

② 《東魯王氏農書》卷二十説麻苧漚浸之事甚詳,亦未見有踐踏之事。筆者曾以此事訪及鄉老,彼亦未聞漚麻需踩踏。

③ 金少華先生見示:"擸""臘""與""攝"韻部相同,其"緝治"義可能與"攝"字同源。

齡(尹知章)注:"謂議論者言語讙嘖。"蔡邕《短人賦》:"嚧嘖怒語,與人相距。"是自先秦至東漢末,"嘖"均有"争言"之義。而"責"旁、"貴"旁形近易訛,或"嘖"初誤爲"嘳",後人又以義不可通而改作"闠"。

【羅畏彌澥】

揚雄《蜀都賦》:"羅畏彌澥,蔓蔓沕沕。"朱謀㙔《駢雅》:"羅畏、彌澥,紛沓也。"張震澤(1993):"畏:疑爲罔字之訛。羅罔即羅網。彌:滿。《史記・司馬相如傳》《子虛賦》:'浮勃澥。'《索隱》:'海旁曰勃,斷水曰澥。'"林貞愛(2001):"彌澥:紛紜雜沓。"

按:恐諸説皆非。"畏"當讀作"隈",《説文・阜部》:"隈,水曲隩也。""澥"非指勃澥,而是指小水。張衡《西京賦》"擿漻澥,搜川瀆",薛綜注:"漻澥,小水别名。""羅畏彌澥",即指水中即便水曲、小水之處亦羅列彌滿。

【樛流】

揚雄《甘泉賦》:"覽樛流於高光兮,溶方皇於西清。"李善注:"樛流,高曲之貌也……方皇,即彷徨,觀名也。"張銑注:"樛流,長遠皃。"顔師古注:"樛流,屈折也。溶然,閑暇貌也。方皇,彷徨也。"胡紹煐《文選箋證》:"《漢書》顔注'樛流,曲折也',與善注合。而於'望崑崙而樛流'注'樛流,猶周流'。'周流'亦曲折之意。"王先謙《漢書補注》:"樛流與周流同意,方皇猶旁皇也。善注以方皇爲觀名,則文義不通。"

按:胡、王謂"樛流"與"周流"同意,其説是。而胡釋"周流"之義則稍有未當。"樛流"與"方皇"對文,義亦相近。班固《西都賦》:"既懲懼於登望,降周流以徬徨。""周流"猶"徬徨"。揚雄《長楊賦》:"馳騁秔稻之地,周流梨栗之林。""周流"與"馳騁"相對,正當釋作徘徊。揚雄《羽獵賦》:"章皇周流,出入日月,天與地沓。"李善注:"章皇,猶彷徨也。周流,周匝流行也。"其注"章皇"義是,注"周流"則非。"周流"與"章皇"義同。揚雄《甘泉賦》:"據軨軒而周流兮,忽坱圠而亡垠。"顔師古注:"周流,周視也。"其説是,"周流"既可形容行動之徘徊不定,又可指視綫之往返不定。李善注:"周流,流行周遍也。"分釋聯綿詞,其説非是。"樛流"又作"劉流",張衡《思玄賦》:"倚招摇攝提以低佪劉流兮,察二紀五緯之綢繆遹皇。""劉流"即低徊之貌。前揭"覽樛流"之"樛流"與"據軨軒而周流"之"周流"同,亦謂視綫流移不定,正與下"方皇"義近對偶。而胡紹煐所引揚雄《反離騷》"望崑崙而樛流"之"樛流"亦爲此義,用來形容前之"望"字。

【聊戾】

劉歆《遂初賦》:"遭陽侯之豐沛兮,乘數波以聊戾。"章樵注:"使已聊戾而莫前。"龔克昌、蘇瑞隆等(2011):"聊戾:指船在水中動盪不前。"

按:二説當非,水既豐沛,不當動盪不前。"聊戾"犹"漻戾""飂戾",皆疾貌。朱謀㙔《駢雅》:"漻戾,漂疾也。"張衡《南都賦》"長輸遠逝,漻淚淢汨",胡紹煐《文選箋證》:"漻、淚,皆急疾貌。'漻淚'猶'飂戾',本書《思玄賦》作'飄戾',《西征賦》'吐清風之漻戾',作'漻戾'。漻、飂音同。水急疾謂之漻淚,猶風急疾謂之飂戾,今俗猶呼水急疾爲戾矣。"胡説是,"飂戾"用例極多,除胡舉例外,又如鮑照《代櫂歌行》:"飂戾長風振,摇曳高帆舉。"《太平御覽》卷二十五引孫綽詩:"蕭瑟仲秋月,飂戾風雲高。"字又作"寥戾",王褒《四子講德論》:"故虎嘯而風寥戾,龍起而致雲氣。"又作"聊戾",胡舉潘岳《西征賦》例,六臣或本即作"聊戾"。劉歆賦之"聊戾"亦同此義,謂行疾也。

【旁】

張衡《東京賦》:“於是孟春元日,群后旁戾。”薛綜注:“旁,四方也。”

按:薛説非,“旁”當讀作“並”。古音旁、並皆並母陽部,音近可通。《道德經》“萬物並作,吾以觀其復”,馬王堆帛書甲乙本“並”皆作“旁”。《漢書·武帝紀》“遂北至琅邪並海”,顔師古注:“並讀曰傍。”是可證旁、並可通,此處“群后旁戾”即“群后並至”。

【軹】

張衡《思玄賦》:“撫軨軹而還睨兮,心灼藥其如湯。”李善注引《説文》曰:“軹,車輪小穿也。”張銑注:“軨軹,車牆間横木也。”胡紹煐《文選箋證》:“《説文》‘軹’訓‘車輪小穿’,謂轂末也,與‘軨’義不相屬。且就車言之,軹在車下,亦非及撫之處。‘軹’當爲‘軒’字之誤也。”

按:李、胡二説均非,張説差是。軨、軹分别爲車箱板之縱横木。《考工記·輿人》“參分較圍,去一以爲軹圍”,鄭玄注:“軹,輢之植者衡者也,與轂末同名。”又,“參分軹圍,去一以爲轛圍”,鄭司農注:“轛讀如繫綴之綴,謂車輿軨立者也。立者爲轛,横者爲軹。書‘轛’或作‘軨’。”是“軨”即“轛”。二注之義雖稍異,但“軹”指車箱板之木,正與“軨”相屬。《楚辭·九辯》“倚結軨兮長太息,涕潺湲兮下沾軾”,洪興祖《補注》:“軨,音零,車轖間横木。”《思玄賦》句意與此類似,“軨軹”義與“結軨”相近。

【偃蹇】【夭矯】

張衡《思玄賦》:“偃蹇夭矯婉以連卷兮,雜遝叢顇颯以方驤。戫汩飂戾沛以罔象兮,爛漫麗靡藐以迭逷。”李賢注首句曰:“並翱翔自恣之貌也。”《文選》李善本“婉”作“娩”,李善注:“偃蹇,驕傲之貌也。夭矯,自縱恣貌也。娩,跳也。連卷,長曲貌。”劉良注:“皆二紀五緯運行也。”胡紹煐《文選箋证》:“娩,當讀如‘婉娩’之娩……娩,曲也。連卷亦曲貌。此云‘娩以連卷’,蓋辭重語複以形容耳。”

按:胡紹煐説“娩”“連卷”之義皆是,然於全句猶未達一間。“偃蹇”“夭矯”皆曲貌。《楚辭·九歌·東皇太一》“靈偃蹇兮姣服,芳菲菲兮滿堂”,王逸注:“偃蹇,舞貌。”洪興祖《補注》:“偃蹇,委曲貌。”《淮南子·本經》:“偃蹇寥糾,曲成文章。”“偃蹇”“寥糾”皆曲貌。淮南小山《招隱士》:“桂樹叢生兮山之幽,偃蹇連蜷兮枝相繚。”“連蜷”猶前引《思玄賦》之“連卷”,亦與“偃蹇”連用,皆曲貌。揚雄《羽獵賦》“騰空虚,距連卷,踔夭蟜,娭澗門”,顔師古注:“夭蟜亦木枝曲也。”何晏《景福殿賦》“欒栱夭蟜而交結”,李善注:“夭蟜,欒栱長壯之貌。”恐亦非,“夭蟜”亦狀“欒栱”之曲。又作“蚴虬”,司馬相如《上林賦》:“青龍蚴蟉於東箱,象輿婉僤於西清。”“蚴蟉”亦狀青龍之屈曲。又作“伕僑”,《廣韻·小韻》:“伕,伕僑,不伸。”“不伸”即曲貌。可知“偃蹇”“夭矯”皆可訓曲。而《思玄賦》此處四句,每句皆説一義,如“雜遝叢顇颯以方驤”,李善注:“衆多之貌。”實皆衆多雜亂之貌。“戫汩飂戾沛以罔象”,李善注:“皆疾貌。”“爛漫麗靡藐以迭逷”,李善注:“分布遠馳之貌。”均一句以説一義,則首句亦然,偃蹇、夭矯、婉、連卷,皆屈曲之貌。

【暗藹】

張衡《思玄賦》:“據開陽而頫眄兮,臨舊鄉之暗藹。”李賢注:“暗藹,遠皃也。”

按:“暗藹”當指昏暗遮蔽視不明之貌。字又作“晻藹”,《離騷》“揚雲霓之晻藹兮”,王逸注:“晻藹,猶蓊鬱,陰貌也。”李周翰注:“晻藹,旌旗蔽日貌。”洪興祖《補注》:“晻藹,暗也,冥也。”謝靈運《征賦》:“冒沈雲之晻藹,迎素雪之紛霏。”又作“奄藹”,《藝文類聚》卷九一引王粲《鸚鵡賦》:“日奄藹以西邁,忽逍遥而既冥。”又作“掩藹”,《南史·后妃傳·高昭劉皇后》:“家人試察之，常見其上掩藹如有雲氣。”又作“闇藹”，《無上秘要》卷二十四《天瑞品》引《洞玄赤書經》：“是時無天無地，幽幽冥冥，靈文闇藹，無有祖宗。”《元始五老赤書玉篇真文天書經》則作“晻藹”。又作“晻靄”，陸雲《九愍·修身》：“山嵩高以藏景，雲晻靄而荒野。”朱謀㙔《駢雅》卷一：“晻靄，隐蔽也。”又作“晻曖”，王延壽《魯靈光殿賦》：“遂排金扉而北入，霄靄靄而晻曖。”是“暗藹”即視不分明之貌，張賦謂自天視舊鄉不分明，故云“臨舊鄉之暗藹”。

【暗曖】

張衡《思玄賦》：“雲菲菲兮繞余輪，風眇眇兮震余旟。繽連翩兮紛暗曖，儵眩眃兮反常閭。”吕延濟注：“繽連翩，盛下來貌。紛暗曖，猶恍忽閒也。”

按：“繽紛”“連翩”均盛多之貌，“暗曖”亦當與之同。“暗曖”同“暗藹”，除前文所説昏暗不明貌外，又有盛多之義。揚雄《甘泉賦》：“儐暗藹兮降清壇，瑞穰穰兮委如山。”李善注：“暗藹，衆盛貌也。”字又作“菴藹”，左思《蜀都賦》：“豐蔚所盛，茂八區而菴藹焉。”左思《魏都賦》：“權假日以餘榮，比朝華而菴藹。”又作“晻藹”，潘岳《藉田賦》：“瓊鈒入蘂，雲罕晻藹。”又作“晻薆”，司馬相如《上林賦》：“肸蠁布寫，晻薆咇茀。”顔師古注：“晻薆咇茀，皆芳香意也。”實即芳香盛貌。又作“闇藹”，揚雄《羽獵賦》：“車騎雲會，登降闇藹。”李善注：“闇藹，衆盛貌。”又作“晻曖”，張衡《南都賦》：“其香草則有薜荔蕙若，薇蕪蓀萇，晻曖蓊蔚，含芬吐芳。”《思玄賦》“暗曖”亦與此同，“繽連翩兮紛暗曖”一句皆狀雲、風之盛。

【并糧推命】

張衡《髑髏賦》：“子將并糧推命以夭逝乎？”張震澤(2009)：“并，并兼，并吞。推命，不要性命。”

按：張説不誤，但全句之義仍不可通。此實用左伯桃、羊角哀之典。劉孝標《廣絶交論》“庶羊左之徽烈”，李善注引《烈士傳》：“陽角哀、左伯桃爲死友，聞楚王賢，往尋之。道遇雨雪，計不俱全，乃并衣糧與角哀，入樹中死。”所謂“并糧推命以夭逝”，即指左伯桃。

【杪】

馬融《廣成頌》：“或輕訬趬悍，廋疏嶁領，犯歷嵩巒，陵喬松，履脩樠，踔攳枝，杪標端。”李賢注：“杪音亡少反，標音必遥反，並木末也。”

按：本文自“陵喬松”以下四句並列，“杪”當同“陵”“履”“踔”皆爲動詞，李賢釋爲木末，當非。“杪”當讀作“抄掠”之“抄”，謂“輕訬趬悍”之徒搜索禽獸及於標端。張衡《西京賦》“杪木末，擭獑猢”，薛綜注：“杪猶表也。……在木表擭，謂掘取之。”此“杪”與《廣成頌》之“杪”同，薛注雖釋爲動詞，似仍稍曲，當亦讀作“抄”。

【瀺】

馬融《长笛賦》：“頵淡滂流，碓投瀺穴。”李善注：“瀺，水注聲也……瀺穴，瀺注隙穴也。”

按：《文選》所選諸文，“瀺”字多用於“瀺灂”這一聯綿詞，義爲水聲，“瀺”字單用僅此一例。“瀺”字訓爲水注聲不但没有其他例證，且於此處亦不可通，故李善又轉訓爲“瀺注”，然似有過度引申之嫌。今疑“瀺”當讀作“攙”或“劖”，刺也。張衡《西京賦》“叉蔟之所攙捔”，薛綜注：“攙捔，貫刺之。”胡紹煐《文選箋證》：“攙、捔皆刺也。《説文》‘攙，刺也’……是攙爲刺也。”早期佛教翻譯作品中也好用“攙”字，如曇無讖譯《大般涅槃經》卷十一：“寧以鐵錐遍身攙刺，不以染心聽好音聲。”又或作“劖”字，如求那跋陀羅譯《雜阿含經》卷十四：“遍身四體，劖以百矛。”《长笛賦》之“瀺”亦刺義，謂水流如碓投而刺入穴中①。

---

① 胡紹煐謂“碓”讀作“堆”，“堆投”指“山水盛至而堆爲之擲”，恐未必是。

【寥壑】

蔡邕《述行賦》:"迫嵯峨以乖邪兮,廓巖壑以峥嵘。"鄧安生(2002)注:"此句費解,且'壑'字與上文'溪壑'之'壑'重複。活本、鈔本'廓巖壑'作'廓寥壑',亦費解。疑此三字當作'巖廓廖'。廓廖同'廖廓',高遠貌。"

按:鄧氏校改並無確據,且上句"迫"爲形容詞,若下句作"巖廓廖"與之不成對。今疑當從活字本作"廓寥壑","寥壑"猶"寥豁",廣大空曠貌。馬融《廣成頌》:"徒觀其坰場區宇,恢胎曠蕩,藐敻勿罔,寥豁鬱泱,騁望千里,天與地莽。"李賢注:"並廣大貌。"徐陵《册陳王九錫文》:"雙闕低昂,九門寥豁。"又猶"泬寥",《楚辭·九辯》"泬寥兮天高而氣清",王逸注:"泬寥,曠蕩空虛也。""來一曉"系聯綿詞多有廣大開闊之義,又如"寥窲",陸雲《晉故豫章内史夏府君誄》:"丘陵竦嶮,閟闥寥窲。"①又作"窲寥",《藝文類聚》卷七引潘岳《登虎牢山賦》:"崇嶺矗以崔崒,幽谷豁以窲寥。"蔡文之"寥壑"當亦同此義。

【窶】

蔡邕《短人賦》:"其餘尪幺,劣厥僂窶。"鄧安生(2002):"窶:相貌醜陋。"龔克昌、蘇瑞隆等(2011):"窶:貧寒缺乏教養。《詩·邶風·北門》:'終窶且貧。'毛傳:'窶者,無禮也。貧者困於財。'或釋'窶'爲窶數。劉熙《釋名》:'窶數猶局縮,皆小意也。'亦通。"

按:諸説似皆未爲的當。鄧釋"窶"爲"相貌醜陋",於故訓無徵。"劣厥僂窶"四字皆指外形,"劣"即弱、小;"厥"讀作"蹶",亦短也;"僂"即駝背。而龔、蘇二氏釋"窶"爲"貧寒缺乏教養",乃指道德,與其餘三字不相類。至於"窶數",文獻中也没有以之形容外貌的例子。今疑"窶"當作"嫢",《説文·女部》:"嫢,短面也。"《方言》卷十三"𪐴,短也",郭璞注:"蹶𪐴,短小皃。"《廣雅·釋詁》"𪐴,短也",王念孫疏證:"《説文》'嫢,短面也',《廣韻》'䫌,頭短也',《衆經音義》卷四引《聲類》云'𢡟,短氣貌',義亦與𪐴同……'𪐴'與'侏儒'語之轉也。"可知"嫢"即短,與尪、幺、劣、厥、僂均狀侏儒之貌。如此解,則此句方可讀。

徵引書目

《十三經注疏》,中華書局,1980。

戰國·荀卿《荀子》,唐·楊倞注,清·王先謙集解,中華書局,1988。

戰國·管仲《管子》,黎翔鳳校注,中華書局,2004。

西漢·劉安《淮南子》,何寧集釋,中華書局,1998。

西漢·司馬遷《史記》,中華書局,1959。

西漢·揚雄《方言》,華學誠匯證,中華書局,2006。

東漢·班固《漢書》,中華書局,1962。

東漢·王逸章句,宋·洪興祖補注,《楚辭補注》,中華書局,1983。

東漢·許慎撰,《説文解字》,中華書局,1963。

三國魏·張揖《廣雅》,清·王念孫疏證,中華書局,1983。

晉·陸雲《陸雲集》,中華書局,1988。

北凉·曇無讖譯,《大般涅槃經》,《中華大藏經》第14册。

南朝宋·范曄《後漢書》,中華書局,1965。

① "閟"原作"閎",係"閟"字訛體,今徑校改。

南朝宋・謝靈運《謝康乐集》,《續修四庫全書》第1304册。
南朝宋・鮑照《鮑參軍集》,錢仲聯增補集説校,上海古籍出版社,1980。
南朝宋・求那跋陀羅譯,《雜阿含經》,《中華大藏經》第32册。
南朝梁・顧野王《宋本玉篇》,中國書店,1983。
南朝梁・蕭統編,唐・李善注,《文選》,中華書局,1977。
南朝梁・蕭統編,唐・李善、吕延濟、劉良、張銑、吕向、李周翰注,《六臣注文選》,中華書局,2012。
南朝陳・徐陵《徐陵集》,許逸民校箋,中華書局,2008。
北周・宇文邕主纂,《無上秘要》,中華書局,2016。
唐・李延壽《南史》,中華書局,1975。
唐・歐陽詢編,《藝文類聚》,上海古籍出版社,1982。
宋・李昉編,《太平御覽》,中華書局,1960。
宋・章樵注,《古文苑》,《四部丛刊》初编本。
明・朱謀㙔《駢雅》,《叢書集成初編》第1174册,商務印書館,1936。
清・胡紹煐《文選箋證》,黄山書社,2014。
《馬王堆漢墓帛書(壹)》,文物出版社,1980。
《新校互注宋本廣韻》,余廼永校,上海辭書出版社,2000。

參考文獻

[1]楊伯峻. 春秋左傳注[M]. 北京:中華書局, 2009.
[2]張震澤校注. 揚雄集校注[M]. 上海:上海古籍出版社, 1993.
[3]林貞愛校注. 揚雄集校注[M]. 成都:四川大學出版社, 2001.
[4]鄧安生校注. 蔡邕集編年校注[M]. 石家莊:河北教育出版社, 2002.
[5]汪維輝. 《僮約》疏證[C]. 李浩,賈三强主編. 古代文獻的考證與詮釋[M]. 上海:上海古籍出版社, 2006.
[6]張震澤校注. 張衡詩文集校注[M]. 上海:上海古籍出版社, 1986.
[7]龔克昌,蘇瑞隆等. 兩漢賦評論[M]. 濟南:山東大學出版社, 2011.

A Collation and Exegesis for the Prose and Fu(賦) of Han Dynasty

Gao Tonglin

Abstract: Although the ancient scholars have a lot of collation and exegesis for the prose and fu of Han Dynasty, but there are still some problems are not resolved. This article examines fifteen groups of words in the prose and fu of Han Dynasty, to correct the misunderstanding of predecessors, and made a more reasonable collation and interpretation.

Key words: Han Dynasty, Fu, Collation, Exegesis

通信地址:北京市東城區建國門内大街5號中國社會科學院文學研究所
郵編:100732
E-mail:gaotl@cass.org.cn

敦煌雜字書疑難字詞輯釋*

孫幼莉

内容提要 本文在覈對原卷、考辨字形的基礎上，對敦煌雜字書中出現的"禓襖""膃肭臍""苛薹"等疑難語詞進行分析辨讀，以期對雜字書文獻的研究整理工作有所助益。

關鍵詞 敦煌 雜字書 語詞 名物

敦煌文書中有不少名爲"雜字"的抄卷，其中部分以"雜集時用要字"等命名的内容，似屬識字認詞用教材，其性質也已跳出"以往僅供檢索字詞意義與音注的字典或辭典類工具書"的框架。目前所見對這一類雜字書的研究多爲零星的校録成果，且多偏重於對其文獻價值、歷史價值及其對古代社會生活民俗文化的輔助性價值的探討，而對文本的關注顯得較爲單薄。綜合各家意見編著而成的《敦煌經部文獻合集》(中華書局，2008)第八册對幾十個敦煌雜字書卷子做了完備的綴合、定名、斷代和校録工作，可以説是目前最爲權威可信的整理成果。但由於全部整理工程量浩大，録文間有未出校及存疑俟考之處，值得深入探究。本文即以《合集》第八册内容爲研究對象，在覈對原卷、考辨字形的基礎上，對敦煌雜字書中出現的若干條疑難語詞作分析考辨，呈請批評指正①。

一 禓襖

斯 610 號《雜集時用要字(一)・衣服部》："羣(帬)帔。禓襖。袹複(腹)。褾袖。"(8/4145)

按："禓"，《合集》徑録作"禓"字，未出校。"禓"見於《廣雅・釋訓》："禓被，不帶也。"王念孫《疏證》："今人猶謂荷衣不帶曰被衣。"《玉篇・衣部》："禓，披衣不帶。"葉嬌據此以爲"禓襖"即"披襖"，引《事物紀原》卷三"衫子"下"又曰女子之衣與裳連，如披襖，短長與裙相似"語，謂"此服制乃是受西域袷袢的影響而來"②。然覈原卷可知其字形右半實作"曷"形，乃"曷"異體。《隸辨五・入聲》"曷"下引漢《鄭固碑》字形作"曷"，辨曰："《説文》曷從匃，匃從亾，碑變作匕，今俗因之。""曷"字此種變體在敦煌文書中時有出現，如伯 2609 號《俗務要名

---

* 本文在寫作過程中得到汪少華、張涌泉、張小豔等老師指導幫助，深表摯謝。

① 文中引用敦煌文獻於例句前注卷號、後括注出處，如"8/4152"表示該句出自《敦煌經部文獻合集》(簡稱《合集》)第八册第 4152 頁；"3884－32"，表示該處爲《合集》第 3884 頁第 32 處校記内容。

② 葉嬌. 唐代敦煌民衆服飾芻議：以敦煌文書《時用要字》和《俗務要名林》爲中心[J]. 敦煌研究，2011(5).

林·手部》"打搨"條:"上丁冷反,下當[illegible]反。"(7/3636)"搨"音之反切下字即爲"臈(臘)"異寫。"[illegible]襖"即褐襖,是指用葛、麻、獸毛製成的粗布襖,古時貧賤者所服,並非"披襖"。晚唐五代敦煌地區牧羊業十分發達,"褐"是普通百姓製作衣服的重要原料之一,而敦煌文書中"褐袋"又稱"毛袋",亦證明"褐"爲毛織品,可換旁作從毛之"毼"①。俄敦1131號+俄敦1139號B+俄敦1149號背《雜集時用要字(七)》有"布毡,紬絁,綾羅,錦繡"(8/4310),《合集》疑"毡"爲"毼(毼)"的訛變形、訓"毛布也"(4211-13),甚是,可惜未能於此處加以聯繫。日杏雨書屋羽41號R-1《雜字》一本中即有"[illegible](鞁一韓一韋)襖子,毼袍子"語,伯3644號《詞句摘抄》亦見"褐袋,袋子"(8/4284)。

二 膃訥齊

伯3391號《雜集時用要字(三)·雜藥部》:"膃訥齊。香附子。昌(菖)蒱(蒲)。"(8/4172)

按:"訥"上殘字《合集》未能識出。檢原卷實作[illegible]形,似爲"骨"殘字,可補。

"骨訥齊"蓋即"骨肭臍"。唐陳藏器《本草拾遺》有"骨肭獸":"骨肭獸,生西番突厥國,胡人呼爲阿慈勃他你,其狀似狐而大,長尾,臍似麝香,黄赤色,如爛骨。"

至南宋羅濬撰《寶慶四明志》卷六介紹當地對外貿易情況,有西域物產名"膃肭臍",與安息香、没石子(没食子)、阿魏等同列於日本進口"細色"貨物中。後世描述"膃肭獸"爲"獸形如狐,脚高如犬,走如飛"②,與"骨肭獸"亦吻合,學者考證即香狸、小靈猫(Viverricula Indica),"骨肭(膃肭)臍"指其會陰部具有的芳香腺囊,"其氣如麝"③。宋唐慎微《證類本草》引唐甄權語有異説,謂"膃肭臍是新羅國海内狗外腎也,連而取之",可入藥,具暖腎壯陽、益精補髓的功效,明李時珍《本草綱目·獸二》從之,今天的各大辭書詞典亦沿從這一解釋。

《本草圖經·獸禽部卷第二十三》之膃肭圖

李時珍以爲指稱海狗的"膃肭"或作"骨貀",訛爲"骨訥","皆番言也",可商。《玉篇·肉部》:"膃,膃肭,肥也。"字書中對"膃肭"的解釋始於唐慧琳《音義》卷七五《法觀經》音義"胇肭"條引《字書》"(肭,)膃肭也"的訓解[T54/797a]。聯綿詞"膃肭"形容動物肥軟的樣子,唐皮日休《二游詩·任詩》"猿眠但膃肭,鳧食時唼喋"句即狀猿眠爲"膃肭"態。海狗(Callorhinus Ursinus)是生活在海洋裏的四脚哺乳動物,成熟雄獸體長可達1.8米,體重逾200公斤,具

① 陳曉强.敦煌契約文書語言研究[M].北京:人民出版社,2012:92-94.

② [明]嚴從簡.殊域周咨録[M].北京:中華書局,1993:301.

③ 張箭.下西洋所見所引進之異獸考[J].社會科學研究,2005(1).

有厚厚的皮毛和皮下脂肪，加上前肢短小，岸上行動緩慢，頗顯肥胖笨拙，疑古人初見海狗時，即名之以形“膃肭”。宋元時小靈貓之名“骨肭”有異寫“膃肭”，適與海狗名“膃肭”同形——小靈猫比家猫略大，體型較纖長，行動敏捷，無論如何是算不上“膃肭”的。

靈猫與海狗皆屬域外物種，珍稀而難見。洪皓《松漠紀聞》介紹回鶻物産稱“藥有膃肭臍、硇砂，香有乳香、安息、篤耨”；元汪大淵《島夷志略》記波斯離（今伊拉克巴士拉地區）産駝毛、膃肭臍、没藥、萬年棗等，兩地皆屬西域内陸，基本可排除出産海狗之可能性。“骨肭齊”固然可寫作“膃肭齊（臍）”，然結合用字、所屬類目及上下文（與香附子、菖蒲等同列於“雜藥部”）、地域（西北内陸敦煌地區）以及年代（學者研究將此種雜字書斷爲唐末五代間的寫本），雜字書中的“骨訥齊”或可與《本草綱目》中的海狗腎區别，而應解讀爲靈猫的香腺，是名貴的香料和中藥材。《本草綱目》卷三下“陰㿗”分列“靈猫陰”“膃肭臍”，亦可見李時珍已有意識地加以區别。

又學者在對古籍中的鳥獸名稱作研究考訂時提到了《舊唐書·西戎傳·波斯》中的“活褥蛇”，“形類鼠而色青，身長八九寸，能入穴取鼠”，《本草綱目·鱗三·諸蛇》以爲蛇類，謂“能捕鼠”，《漢語大詞典》亦訓爲“一種能捕鼠的蛇”；“罽賓”有“褥特鼠”，“喙尖而尾赤，能食蛇”。研究認爲“活褥蛇”是音譯詞，指靈猫科的小獸，今名紅頰獴，“褥特鼠”是“活褥蛇”别名，“這種差異爲音譯詞中常見的‘丢音’現象”①。現在看來，所謂“活褥蛇”“褥特鼠”可能都是古籍中“骨肭（膃肭）”之音變。

三 苛薑

伯3391號《雜集時用要字（三）·菜蔬》：“諸君達（莙薘）。[illegible]薑葉，茄子。”（8/4170）

《合集》：“[illegible]”字底卷字形不太明晰，俟考。（4174—21）

按：學者或徑録作“苛薑葉”，謂“苛有細小之意，或指嫩薑葉”，援引《本草綱目》中薑“五月生苗如初生嫩蘆，而葉稍闊似竹葉，對生，葉亦辛香”語②。然而“苛”的小草義及由此引伸出的細小義，包括以“苛”描述植物幼嫩程度的用法，都缺乏文獻例證。或疑“[illegible]”乃“芓”，“芓薑葉”謂“子薑”的葉子，而“子薑”又稱“紫薑”“茈薑”，皆指嫩薑。然而該本雜字書中出現多處“子”，同“[illegible]”艸下的部分差别很多，字形羅列如下：

子（蓼子）子（菜子）子（缽子）

對此處校讀的疑問還體現在，薑固然可算得蔬中佳品，但食用價值主要集中在肥大的根莖部位，因其濃烈的刺激性與清辣味，主要被用作日常烹調的佐料，很少單獨食用。文獻中的例子僅見明彭大翼《山堂肆考》“波棱”後附“薑葉”，若僅憑《本草綱目》“葉亦辛香”語來佐證薑葉入菜之可能性，略嫌單薄。

比對卷子中的多處含“可”部件的字形，未識字録作“苛”似乎也不能完全吻合，字形羅列如下：

① 李海霞．古籍鳥獸名稱所指考16條[J]．重慶師範大學學報（哲學社會科學版），2014(1)．

② 余欣．園菜果瓜助米糧：敦煌蔬菜博物志[J]．蘭州學刊，2013(11)．

阿(阿磨勒)阿(阿魏)阿(阿魏根)荷(葍荷)訶(訶梨勒)

可以看出，苛字末筆的形態及其同左側“口”形的位置關係與“可”並不相像，艸下部件當爲“丐”。古寫本《三國志・韋曜傳》“乞匄其一等之罪”中“匄”寫成了“丐”，或釋作“可”，吴金華《〈三國志〉管窺》中認爲此字形爲“丐”草體，訓赦免①，是丐、可形近易訛混。敦煌寫卷甘博 4 號/4《賢愚經》“常行乞丐”之“丐”即作丐形。下字“薑”，原卷作藍，實爲“藍”字。所謂“苛薑”之“苛藍”當校録爲“芐藍”、讀作“芥藍”②。

芥藍等十字花科的植物原産地在地中海沿岸，由西域傳入中原，故而在唐五代的敦煌雜字書中出現是十分合理的。芥藍的莖和嫩葉可供食用，在古代是同諸君薘(甜菜)、茄子等蔬菜類似、時見於盤餐的“微物”之一，宋蘇軾《雨後行菜》詩即有“芥藍如菌蕈，脆美牙頰響”語；又以其味甘性辛，具備利水化痰、解毒祛風等功效，常見入藥。伯 3391《雜集時用要字(三)・雜藥部》有“阿魏根，�藍，只(質)汗，獨活煎”等(8/4172)，“匽”可讀爲“蓋”，或爲“芥”的音近借字，“匽藍”即芥藍的另一種異寫形式。

四　㺚拔

斯 3836 號背《雜集時用要字(四)》：“犛牛。老鼠。㺚拔。熊猫。猨猴。胡孫。”(8/4184)

合集：前一字筆畫不清，後一字疑爲“犮”的訛俗字。敦煌寫卷中“犮”或用作犬的增旁俗字。(4186－19)

按：未識字即“㺚拔”。“㺚”，同獺，“拔”讀作“鼥”：“㺚拔”即鼧鼥。唐杜佑《通典・食貨第六》列北庭都護府下金城郡貢物中有“麝香十顆、鼧鼥鼠六頭”，《新唐書・地理志》作“䶈鼥鼠”。“鼧鼥”音變作“土撥”。清王引之《經義述聞》第二十八“鼣(鼥)鼠”：“友、發聲相近，鼥之爲䶛，猶跋之爲蹳、蔽之爲撥、坺之爲發、鮁之爲發、滭泼之爲觱發、蛂蟥之爲發皇、公叔拔之爲公叔發等等。”此本敦煌雜字書抄寫於唐末五代間，是彼時當已有“㺚拔(鼧鼥)”之名。《正字通・鼠部》描述土撥鼠：“生西番山澤中，穴土爲窠，形似獺。”《本草綱目・獸三・土撥鼠》：“鼧鼥(音駝撥)，言其肥也，……俗訛爲土撥耳。蒙古人名塔喇巴噶……皮可爲裘，甚暖，濕不能透。”

“塔喇巴噶”，文獻中或作“塔剌不花”(《元史・祭祀志》)、“獺剌不花”(《元典章・地理門》)；《元史語解・地理門》又列舉了“塔爾巴噶”“塔剌罕”“答里不罕”“脱落不花”等多種變體。據考證，這些都是土撥鼠的蒙古語音譯，《黑龍江志略・地理志・風俗・方言・動物類》

---

① 肖瑜．敦煌吐魯番出土〈三國志〉古寫本疑難字形四例[J]．唐山師範學院學報，2009(3)．

② 介、丐(匄)音同，常見相通。《廣韻・蟹韻》苦蟹切有“芐”，訓戾也，從字形和字音看或爲(芥)之訛寫。《爾雅・釋詁上》：“介，善也。”《廣雅・釋詁一》：“戾，善也。”《漢書・諸侯王表》“介人惟藩”句顔師古注：“以善人爲之藩籬。”是芥(介)、戾皆可訓善，在獨特、特異等義上也多有重合。

有“旱獺”,蒙古語作“他爾巴乍”①。《本草綱目》中對“鮀鮍”的介紹實皆出於元忽思慧《飲膳正要·獸品》中“塔剌不花”下的內容,李時珍理解其語源爲“肥也”,亦非。

五 鸚吟 開闗

伯3644號《詞句摘抄》:“鵶(鷰)語雕梁聲猗狔,鸚吟淥樹韻開閇(闗)。”(8/4284)

《合集》:“鵶”,斯373號作“鷰”,“鷰”爲燕的增旁俗字,“鵶語”“鷰語”義皆可通,而古書以後者爲經見。(4291－43)……“淥”字《全唐詩續拾》校作“緑”,可從;《索引》徑録作“緑”,則欠妥。又“閇”字斯373號作“闗”,“閇”即“闗”的常見俗字。(4291－44)

按:下句中“鸚吟”與“鵶(鷰)語”相對,或可校讀爲“鶯吟”,鶯、鸚《廣韻》同音烏莖切。古詩文中常見以鶯燕並言,如唐喬知之《定情篇》:“鳧雁將子遊,鶯燕從雙栖。”宋鄭起《晚春即事》詩:“門外數枝楊柳薄,一春鶯燕不曾來。”蓋鶯善鳴,又有以“鶯韻”“鶯舌”“鶯弄(哢)”“鶯喉”“鶯歌”“鶯語”“鶯吟”“鶯語”等專指鶯啼,例多不贅。“開(原卷作開)闗”當校改爲“間闗”,與“猗狔(旖旎)”對言,古詩文中常見用以形容鳥鳴宛轉。敦煌雜字書中“鸚(鶯)吟淥(緑)樹韻開(間)闗”可視爲對李白《曉晴》詩“鶯吟緑樹低”與白居易《琵琶引》“間闗鶯語花底滑”兩句詩的雜糅化用。

參考文獻

[1]張涌泉. 敦煌經部文獻合集(第8册)[M]. 北京:中華書局,2008.
[2][宋]洪皓. 松漠紀聞[M]. 長春:吉林文史出版社,1986
[3][宋]羅濬. 寶慶四明志[M]. 景印文淵閣四庫全書487册. 臺北:臺灣商務印書館,1986.
[4][宋]蘇頌,尚志鈞輯校. 本草圖經[M]. 合肥:安徽科學技術出版社,1994.
[5][宋]唐慎微. 重修政和經史證類備用本草[M]. 北京:人民衛生出版社,1982.
[6][元]汪大淵,蘇繼廎校釋. 島夷志略[M]. 北京:中華書局,1981.
[7][明]李時珍. 本草綱目[M]. 北京:人民衛生出版社,2005.
[8][明]嚴從簡. 殊域周咨録[M]. 北京:中華書局,1993.
[9][清]顧藹吉. 隸辨[M]. 北京:中華書局,1986.
[10]陳曉强. 敦煌契約文書語言研究[M]. 北京:人民出版社,2012.
[11]方齡貴. 古典戲曲外來語考釋詞典[M]. 上海:漢語大詞典出版社,昆明:雲南大學出版社,2001.
[12]黄征,張涌泉. 敦煌變文校注[M]. 北京:中華書局,1997.
[13]李海霞. 古籍鳥獸名稱所指考16條[J]. 重慶師範大學學報(哲學社會科學版),2014(1).
[14]肖瑜. 敦煌吐魯番出土《三國志》古寫本疑難字形四例[J]. 唐山師範學院學報,2009(3).
[15]葉嬌. 唐代敦煌民衆服飾芻議:以敦煌文書《時用要字》和《俗務要名林》爲中心[J]. 敦煌研究,2011(5).
[16]余欣. 園菜果瓜助米糧:敦煌蔬菜博物志[J]. 蘭州學刊,2013(11).
[17]張箭. 下西洋所見所引進之異獸考[J]. 社會科學研究,2005(1).

① 方齡貴. 古典戲曲外來語考釋詞典[M]. 上海:漢語大詞典出版社,昆明:雲南大學出版社,2001:121-125.

Some Rectifying Collations on study of *Za Zi* Documents (雜字書) in Dun-Huang Scripts

Sun Youli

Abstract: *Za Zi* documents (雜字書) collected from Dun-Huang scripts are kind of classifying dictionaries compiling frequently used words in everyday life . This article enumerates several errors in proofreading, collating and explaining.

Key words: *Za Zi* documents(雜字書), Dun-Huang hand scripts, proofreading and collating, Names and descriptions(名物)

通信地址:上海市浦東新區浙橋路 289 號 1-2206
郵編:201206
E-mail:polyhymnia_2005@163. com

聯綿詞研究的回顧與展望*

付建榮

内容提要 聯綿詞是漢語詞彙裹獨具特色的一類詞，早在秦漢時期，學者們就開始了對聯綿詞的研究，從古到今積累了豐富的研究成果。按成果類型對聯綿詞研究作一個基本的回顧，總結過去的研究特點，並對未來的發展方向進行展望。

關鍵詞 聯綿詞 詞彙 研究成果 發展方向

聯綿詞是漢語詞彙裹比較特殊的一類詞，現在一般定義爲由兩個音節連綴成義的單純詞。據徐振邦(1988:1-6)介紹，聯綿詞早在西周中後期的金文裹就已被記録下來，並且具備了後世劃分的雙聲、疊韻、非雙聲疊韻、疊音四種類型。先秦典籍裹，聯綿詞已蔚爲大觀。自漢魏以來，隨着漢語詞彙複音化趨勢的加强，新型聯綿詞不斷産生。經過長時期的詞彙積累，聯綿詞成爲了漢語詞彙裹數量不可低估的一類單純詞，並占據着單純詞的優勢。

作爲一種特殊的語言現象，聯綿詞很早就受到了學者們的關注，從古到今積累了豐富的研究成果。本文分聯綿詞的考釋和理論研究兩大部分對這些研究成果進行梳理，總結過去的研究特點，並對未來的發展方向進行展望。不當之處，請專家讀者批評。

壹 回顧

一 聯綿詞的考釋

(一)古代的聯綿詞考釋

古代的聯綿詞考釋大致可分爲兩個階段：明代以前，學者們多是對單個聯綿詞進行孤立的解釋。從方以智開始，學者們注意到了聯綿詞之間音義的聯繫，開始有意識地系聯聯綿詞的變體，以求證個别詞語的含義，取得了比較突出的成就。

1. 孤立地解釋聯綿詞

古人對聯綿詞的研究開始於秦漢時期零星的訓釋工作。據(郭瓏 2006a:3，徐振邦 1998:173，郭瓏 2006b)統計，《爾雅·釋訓》收釋聯綿詞達 79 個，《説文解字》通過以字帶詞的方法，出篆的聯綿詞多達 409 例，《方言》收釋聯綿詞約 110 個左右，大部分是未見於《爾雅》的方言詞。古注裹散存着大量的聯綿詞訓釋成果，尤其是對詩騷賦等文學作品的注解。如

---

* 基金項目：國家社科基金項目“唐宋禪籍俗成語研究”(批准號：13XYY012)。

《詩・大雅・皇矣》:"無然畔換。"鄭箋:"畔換,猶跋扈。"《〈文選〉・東都賦》:"千乘雷起,萬騎紛紜。"李善注:"紛紜,亂貌。"不過,由於古人對聯綿詞性質認識的不足,出現了一些分訓聯綿詞的情况,受到了後人的批評。顏之推《顏氏家訓・書證篇》以"猶犬好豫在人前"、顏師古《漢書集注》以"猶性多疑"解釋"猶豫"就是比較典型的誤訓。

宋代開始出現了集中收釋聯綿詞的著作。宋張有《復古編》卷六專列《聯綿字》一章,目的是"根據《説文解字》,以辨俗體之訛"。張氏注重考求聯綿詞的本字,實開聯綿詞詞源研究之先河。不過《復古編》本是釋字之作,字頭之下分析形義,因而免不了出現對聯綿詞上下二字分説的解釋,如"劈歷,劈,破也,從刀辟,普擊切。歷,過也,從止厤,郎擊切。别作霹靂,非"。這裏不僅分訓"劈歷",而且對異體"霹靂"加以指責。古人的"聯綿字"不獨指單純性聯綿詞,《復古編・聯綿字》收釋了不少合成詞。

明朱謀㙔《駢雅》是第一部大量收釋聯綿詞的著作。朱氏自序揭示收詞的特點,"聯二爲一,駢異爲同。析之則秦越,合之則肝膽"。全書共分七卷,收集了大量的聯綿詞。如卷一《釋詁》:"蔘綏、恒慨、羗繹、漭沆、紛毋、洸潒、厖鴻、恢台、莽浪、聊浪、昧莫、瀾汗、盤礴、敞罔、沆瀁、寥宏、酆琅、扈扈、實實,廣大也。"朱書收詞只注重形式上兩兩相對的駢字,因而同一條目下羅列龐雜,"至少有一半的詞語不屬於單純性的聯綿詞,而是各種類型的合成詞、詞組"。(劉福根 1997:32)限於雅書體例,釋義僅用"某也"作釋,失之籠統。此外,明楊慎《古音駢字》《古音複語》、清程際盛《駢字分箋》、吴玉搢《别雅》等書中都有大量的聯綿詞訓釋成果。

2. 系聯變體求證詞義

通過系聯聯綿詞變體求證詞義的學者始自方以智。《通雅・釋詁》有"謰語"三卷,據沈懷興(2012:85)統計共收 534 组,方氏開篇明確地講,"此舉成例,列于左方,以便學者因聲知義,知義而得聲也"。方氏突破了字形的束縛,基本上以音義爲綫索,將具有音義關聯的聯綿詞系聯起來加以考證,取得了超越前人的成就。如"洸洋"條:"洸洋,一作潢洋、潢瀁、潢漾,通爲曠漾、罔養……皆潢瀁之聲所轉也。罔養,猶之罔象,是亦一義。"這種系聯同族聯綿詞的考釋方法,"事實上奠定了後世研究聯綿字的格局"。(劉福根 1997:33)

清人研究聯綿詞成就突出者當數王念孫。王氏提出的"聲近義通"説,使許多爲字形所掩蓋的詞語之間的音義聯繫得以顯露。這種方法同樣運用到了聯綿詞的考釋中,如《廣雅疏證・釋訓》"猶豫"條將"猶豫"的異體"猶與"及音變體"夷猶""容與"等系聯在一起加以解釋,被認爲是訓釋聯綿詞的範例。這種方法在《讀書雜志》《廣雅疏證》中有廣泛的運用。清人的著作如黄生《字詁》和《義府》、段玉裁《説文解字注》、郝懿行《爾雅義疏》、馬瑞辰《毛詩傳箋通釋》、王筠《毛詩雙聲疊韻説》等大都采用系聯聯綿詞變體的方式求證詞義,取得了比較突出的成就。

值得一提的是,清人已經開始了專門研究聯綿詞族的工作,代表人物是程瑶田。程氏《果贏轉語記》通過分析"果贏"一詞的語音流轉變化,列出了 200 多個與之相關的名稱,認爲都是"果贏"的轉語,目的是借"果贏"族聯綿詞的音義演變,闡明音義通轉和事物命名的理據。

近代以來,一方面,學者們繼續沿着方以智等人開闢的路子,在訓詁實踐中貫穿着因聲求義的方法解釋聯綿詞,代表性的有姜亮夫《詩騷謰語例釋》(《姜亮夫全集》八,雲南人民出版社,2002)、劉師培《駢詞無定字例釋》(《國粹學報》1907.33)、駱紹賓《楚辭連語釋例》(《湖南大學期刊》1933.8)、沈兼士《段硯齋讀書隨筆——"薢茩""解果""蟹堁""蟹蜾""果解""間介"》(《經世日報》1946.9.4)。另一方面,沿着程瑶田開闢的路子系聯同源聯綿詞族,王國維《肅霜滌場説》(《觀堂集林》第1册,中華書局,1984)、姜亮夫《踟躕馳驅轉語考》(《河南大學學報》1934.1)、蔡鳳圻《"混沌"——語源初稿之一節》(《説文月刊》1941.11)是這一時期"轉語記"的代表作。此外,朱起鳳的《辭通》(開明書店,1934)和符定一的《聯綿字典》(中華書局,1954)收釋了不少聯綿詞,但二書收詞範圍都非常寬泛,不限於聯綿詞。

(二)現代的聯綿詞考釋

20世紀中後期,聯綿詞的考釋工作有點沉寂。80年代以來,聯綿詞的訓釋研究出現了前所未有的新局面,取得了突出的成就,表現爲如下特點。

1.研究語料拓寬

前人研究聯綿詞,主要集中在富含聯綿詞語的詩騷作品。現代學者又挖掘出了漢魏以來蘊含聯綿詞的豐富寶藏——賦體著作、詩詞曲等文學作品,出現了一批可喜的成果。如郭瓏《〈文選·賦〉聯綿詞研究》(巴蜀書社,2006)第四章《〈文選·賦〉聯綿詞考釋》運用系聯變體的方式,集中考釋了225組聯綿詞。張小平《近代漢語反語騈詞研究——以〈元曲選〉爲中心》(浙大博論,2005)考釋了一批來自重疊音變和緩讀分音的反語騈詞,力求通過音義的系聯考求反語騈詞的詞源和衍生途徑。另外,漢魏以來口語文獻裏出現的聯綿詞也受到了關注,如闞童《"黜曳"解詁》(《古漢語研究》1994.4)、王鍈《近代漢語聯綿詞考(六則)》(《遵義師範學院學報》2005.1)、王文暉《再談"撲朔"》(《古漢語研究》2007.4)、忻麗麗《道經詞語"離羅"考釋》(《古漢語研究》2011.4)、付建榮《釋"播掿"——兼談"落"字族疊韻聯綿詞的孳乳》(《西南交通大學學報》2012.6)、曹海東《"蘭攙"釋義辨補》(《語言研究》2013.4)等文章考釋的聯綿詞語出自敦煌變文、禪宗語録、道教文獻及中古詩歌小説等文獻。

現代方言中使用的聯綿詞也受到了相應的重視,晉語使用的"嵌L詞"尤爲學者們關注。李葆瑞《關於"胡闌"和"曲連"》(《中國語文》1979.5)、趙秉璇《晉中話"嵌L詞"匯釋》(《中國語文》1979.6)、《太原方言裏的反語騈詞》(《語文研究》1984.1)、《晉中話反語騈詞集釋》(《山西大學學報》1993.3)、章也《釋"庫倫"——兼論上古漢語的複輔音問題》(《内蒙古社會科學》1989.5)、栗治國《伊蒙方言的"分音詞"》(《方言》1991.3)等是這方面的代表作,他們在解釋意義的基礎上,還嘗試着探求這類詞的來源。

2.研究視角多樣

新時期聯綿詞的考釋,既有解釋文獻裏疑難聯綿詞語的考釋文章,又有探源方言裏聯綿詞語的考釋文章;既有結合理論探索的考釋文章,又有結合辭書編纂實踐的考釋文章。如徐德庵《"呢訾、粟斯""突梯、滑稽"解》(《西南師範大學學報》1980.4)、晏炎吾《釋"趌趨"》(《語言研究》1981.0)、劉又辛《釋"蘧蒢"》(《語言研究》1984.1)、段觀宋《釋"勃籠"》(《古漢語研究》1992.4)、汪少華《"闌單"辨》(《古漢語研究》1995.3)、戴螢《"契闊"考釋》(《北京大學學報》1996.3)等都是考證文獻中疑難詞語的力作。江藍生《説"蹀躞"與"嘚瑟"》(《方言》2011.1)對疊韻聯綿詞"蹀躞"的語音、語義演變進行了歷史考察,認爲東北方言詞"嘚瑟"的源頭就是"蹀躞",文章勾勒了"蹀躞"到"嘚瑟"形音義的縱向發展變化,揭示了它們一脈相沿的歷史淵源。王雲路師《釋"零丁"與"伶俜"——兼談連綿詞的産生方式之一》(《古漢語研究》2007.3)在解釋"零丁""伶俜"的基礎上,討論了"零丁"從詞組到單純詞的成詞過程,説明雙音節實詞也是聯綿詞産生的一個根源。董志翹《同源詞研究與語文辭書編纂——以“了𠄏”“闌單”“郎當”“龍鍾”“潦倒”“落拓”爲例》(《語言研究》2010.2)指出同源詞研究對語文辭書的編纂有着至關重要的作用,它可以有效避免我們在義項分列、詞義解釋時的主觀性,使我們順利找到詞形、詞音、詞義變化的理據。結合辭書編纂的考釋文章還有趙宗乙《釋“籠蒙”》(《古漢語研究》2003.1)和馮濛濛、周掌勝《〈漢語大詞典〉收釋聯綿詞存在的問題》(《寧夏大學學報》2015.6)等。

3.研究方法有所創新

新時期聯綿詞的考釋,不僅取材範圍廣,而且詞義和理據並重,更注意系統性研究,使用方法更爲綜合。如張巍《派生構詞音義的歷時分析——以邋遢、落魄、垃圾及其同源詞族爲例》(《上海師範大學學報》2013.5)在釋義的基礎上,從漢語史的角度對這些同族聯綿詞詞形、語音及其語義演變軌迹進行歷史考察,分析了這些詞派生構詞的内在聯繫。蔡英傑《從同源關係看“窈窕”一詞的釋義》(《中國語文》2012.3)從現代詞源學的角度出發,重新解釋了“窈窕”的詞義和理據。把現代語言學理論運用到考釋過程中,也是新時期聯綿詞考釋的特色。如汪維輝《説“狼犺”》(《古籍整理研究學刊》1994.2)、張桃《“龍鍾”源流考》(《語文研究》2004.2)强調要扣住聯綿詞的核心詞義去釋義。金春梅《説“徘徊”》(《語言科學》2005.4)用義位微觀結構論分析了敦煌變文中“徘徊”三種用法的連續演變過程。

二 聯綿詞理論研究

(一)聯綿詞的名稱

聯綿詞的稱呼,舊時相應的術語有張有的“聯綿字”、楊慎的“駢字”、朱謀㙔的“駢雅”、方以智的“謰語”、王念孫的“連語”等。關於這些術語和今天的聯綿詞概念的關係,陳瑞衡《當今“聯綿字”:傳統名稱的“挪用”》(《中國語文》1989.4)認爲古今“聯綿字”的概念不同,當今“聯綿字”是傳統名稱的“挪用”。李運富《是誤解不是“挪用”——兼談古今聯綿字觀念上的差異》(《古漢語研究》1990.4)則認爲,“是誤解不是‘挪用’”。姚淦銘《王國維的聯綿字研究》(《古漢語研究》1990.4)將王念孫以後聯綿字觀念的變化概括爲:擴大化(王國維的聯綿字觀念)——再次擴大化(胡適、林語堂、符定一等學者的聯綿字觀念)——縮小化(當代學者聯綿字觀念)。這方面討論的文章還有闕童的《聯綿詞名義再認識》(《浙江大學學報》1995.6)、沈懷興的《聯綿字與語文學史上的相關名稱》(《古漢語研究》2007.3)等。蘭佳麗《聯綿詞觀念演變述評》(《中國文字研究》第2輯,2007)將學界研究古今聯綿詞名稱關係的不同意見做了較爲詳細的梳理。

(二)聯綿詞的性質

20世紀40年代,吕叔湘先生提出聯綿詞的性質是“單純性的複音詞”,這一觀點被大多數學者接受,人們在訓詁實踐中恪守着清人留下的遺訓——“凡連語之字,皆上下同義,不可分訓”。近年來聯綿詞單純性的特點受到了一些學者的質疑,這方面探討的文章集中在三個方面:第一,古人是否注意到了聯綿詞的單純性?第二,針對一些被人們認定爲單純性的聯綿詞進行辨釋,認爲是可以拆開解釋的。第三,質疑現代聯綿詞的核心理論“聯綿字——雙音單純詞”,認爲是特定歷史背景下虛構的産物。

學者們在探討古人是否注意到了聯綿詞的單純性時,都會舉到王念孫《讀書雜志・漢書第十六・連語》的話,“凡連語之字,皆上下同義,不可分訓。説者望文生義,往往穿鑿而失其本指。”方一新《試論〈廣雅疏證〉關於聯綿詞的解説部分的成就》(《杭州大學學報》1986.3)認爲,“王念孫在解説聯綿字方面的最大功績就在於他洞察到了聯綿字單純性的特點。所謂‘不可分訓’是指不能把聯綿字解釋成兩種意思。至於把聯綿詞拆開來解釋,則不屬於分訓的範圍。”王小莘《王氏父子“因聲求義”述評》(《華南師範大學學報》1988.4)也認爲,“王念孫雖然没有明確提出聯綿詞爲雙音節單純詞的概念,但對聯綿詞的單純性已經有了相當清楚的認識。”許惟賢《論聯綿字》(《南京大學學報》1988.2)則認爲,“所謂‘上下同義’也者,説的是上下二字意義相同或相近,‘不可分訓’也者,是説不可取‘同義之字而强爲區别’,也就是説不能將兩字分别作不同意義的訓釋。王氏絲毫没有聯綿字不可拆開來解的意思,他反對的只是望文而誤生字義。王氏之論不但不能證明聯綿字是單純詞,相反倒是説明前人所謂聯綿字者,不小的一部分是等義並列複合詞。”李運富《王念孫父子的“連語”觀及其訓詁實踐(上)》(《古漢語研究》1990.4)也認爲,“所謂‘上下同義’,就是指組成連語的前後兩個語素意義相同(實際上也包括相近和相類);‘不可分訓’者,是從反面來説明‘上下同義’的,即不能把同義的兩個語素分别訓解爲不同的意義。”李文考察了王念孫所舉的連語後,得出的結論是王念孫的“連語”是指“同義並列複合詞”。李國正《聯綿字芻議》(《厦門大學學報》1990.2)認爲,“古今學者對聯綿字的認識,其根本分界在於雙音詞與單純雙音詞的分界。一般地説,建國以前的學者所稱的聯綿字,是包括單純詞在内的雙音詞;建國後學者所稱的聯綿字,僅指單純雙音詞。”無可否認的是,王念孫所謂的“連語”並不完全是我們今天認爲的“雙音節單純詞”。筆者以爲李文的觀點總體上是不錯的,這裏面不僅涉及到古今聯綿字概念的差異,還涉及到從歷時演變的角度去判定同義並列合成詞與義合聯綿詞的界限問題,二者並没有不可逾越的鴻溝。正如張永言先生《關於詞的“内部形式”》(《語言研究》1981.1)所言,“一個合成詞由於語音和結構發生了大的變化而成了單純詞,它的内部形式也就從人們的語言意識裏消失了。”

20世紀70年代末,殷焕先《聯綿字的性質、分類及上下兩字的分合》(《山東大學文科論文集刊》1979.2)一文從詞源學的角度對聯綿字的構成方式提出了非常中肯的意見,並用大量典籍材料證明古漢語中所謂的聯綿字並非不容分割,好些聯綿字的上下兩字表現出相當大的自由度。這與人們對聯綿詞性質的認識很不一致,引起了學界的注意。楊建國《先秦漢語的狀態形容詞》(《中國語文》1979.6)也舉出了“參差”“滂沱”“婉孌”“睍睆”等幾個聯綿字單用分訓的例子。此後,韓振玉《聯綿詞乎?複合詞乎?》(《語文研究》,1989.1)、林海權《談“辟易”與“披靡”》(《福建師範大學學報》1991.3)、白平《釋“披靡”與“辟易”——聯綿字分釋舉例之一》(《山西大學學報》1994.4)、《漢語史研究新論》(書海出版社,2002,152—208頁)、劉萍《“蝴蝶”考》(《中國語文》1999.6)、沈懷興《關於“蝴蝶”的討論——〈“蝴蝶”考〉獻疑》(《中國語文》2002.2)、嚴修鴻《也談“蝴蝶”的命名理據》(《中國語文》2002.2)、劉毓慶《“窈窕”考》(《中國語文》2002.2)、沈懷興《“從容”釋略》(《漢字文化》2006.3)、張應斌《連綿詞獻疑》(《語文研究》2008.1)、龍慶榮《聯綿詞辨誤例談》(《山西師大學報》2011.S2)等文章考證了一些可以分訓的"聯綿詞",認爲這些詞都不是單純性的聯綿詞,而是各種類型的合成詞,由此引發了對聯綿詞單純性的反思。

近年來,沈懷興先生力主現代聯綿詞核心理論"聯綿字——雙音單純詞"及相關理論群不成立。作者在《聯綿字理論問題研究》(商務印書館,2013)一書中,對古今聯綿字觀念進行了詳盡的梳理和辨析,對現代聯綿字觀念進行了深入的反思和質疑,認爲"以'聯綿字——雙音單純詞'説爲核心理論的現代聯綿字觀念及相關理論是不成立的,信守派學人所見的'聯綿字/詞'實際上無異於一般雙音詞"。作者另在《雙聲疊韻構詞法説辨正》(《漢字文化》2004.1)、《現代聯綿詞觀念的來歷》(《中國語研究》2007,第49期)、《由"慨而慷"看"慷慨"構成——兼及現代"聯綿字"理論問題》(《漢字文化》2007.2)、《"聯綿詞不可分訓説"辯疑》(《漢字文化》2008.5)、《從王筠"連語"説看現代聯綿字理論》(《漢語史學報》2009,第8輯)、《"聯綿字——雙音單純詞"説產生的歷史背景——兼及先秦漢語構詞方式問題》(《漢字文化》2010.4)、《現代聯綿字理論負面影響研究》(中國社會科學出版社,2015)等系列論著中,從不同角度對聯綿詞的現代理論進行了深入反思,不少觀點很值得重視。

(三)聯綿詞的來源

聯綿詞的來源很複雜,經過學者們的努力探索,主要源頭已經找到,這爲聯綿詞構詞理據的分析奠定了理論基礎。不過有些來源學説,學界在觀點上存在着重大的分歧。

1.語音類化

這類詞主要指異音複詞内部音節經過語音類化而產生的聯綿詞。近人沈兼士在《聯綿詞音變略例》(《沈兼士學術論文集》,中華書局,1986)一文中指出,有些異音複詞上下二字本來不具有雙聲、疊韻或疊音的關係,後來其中一字受另一字的影響發生了語音的類化,變成了雙聲、疊韻或疊音聯綿詞。如"嘮呶,《説文》:'嘮,嘮呶,讙也,从口勞聲。''呶,讙聲也,从口奴聲。'《詩》曰:'載號載呶。'兼士案呶諧奴聲,本音在模韻,涉上文嘮字轉入肴韻。《小雅》之號呶,亦疊韻語也,其變如下式:微肴+泥模→微肴+娘肴。"沈氏總結聯綿詞的變例爲三種類型:第一,異音複詞中一字韻變而爲疊韻語。第二,異音複詞中一字聲變而爲雙聲連語。第三,異音複詞或疊韻連語中一字韻變或聲變而爲疊字連語。這種從語音角度考察聯綿詞音變條件並總結規律的做法,對後世研究聯綿詞的來源影響深遠。徐復《變音疊韻詞纂例》(《徐復語言文字學叢稿》,江蘇古籍出版社,1990)、《變音疊韻詞補例》(《徐復語言文字學晚稿》,江蘇教育出版社,2007)列舉了大量的例子,闡述通過變音而產生的疊韻聯綿詞,是對沈氏第一種變音類型的發揚光大。

2.贏縮變易

這類詞指的是由單音詞衍音而產生的雙聲或疊韻聯綿詞。段玉裁在《説文解字注》中用"單呼""纍呼"等術語描述這類衍音詞,黄侃在《聲韻説略》(《黄侃論學雜著》,上海古籍出版社,1980)中也提到過這種衍音現象,如"瓜之音衍長之,則曰瓜蓏"。蔣禮鴻《讀〈同源字論〉後記》(《蔣禮鴻集》第2卷,浙江教育出版社,2001)云:"所謂的贏縮,指的是一個字(詞)加上一個與之爲雙聲或疊韻的字爲頭或爲尾而變成雙音詞,拿去頭尾,依然成詞。如古代吴地稱'勾吴','勾'與'吴'爲雙聲;越地稱'於越','於'與'越'爲雙聲;春秋時的邾國稱'邾婁','邾婁'古音爲疊韻。再如'須臾'的'須'……前頭加上雙聲的'斯'變成'斯須',或後頭加上疊韻的'臾'變成'須臾',意義都一樣。"

3.重言演化

這類詞指的是由重言詞改變某個音節的聲母或韻母演化而成的聯綿詞。劉又辛《古聯綿詞音變規律初探》(《劉又辛語言學論文集》,商務印書館,2005)列舉了大量的語言事實,從歷史的角度考察聯綿詞語音的演化規律,認爲"古漢語的雙聲詞、疊韻詞和調聲詞,可能都是從較原始的重言詞演化出來的"。嚴承鈞《重言與同義聯綿詞"音轉字變"示例》(《湖北大學學報》1987.2)一文,從語音變化的角度詳細論證了"勿勿、密勿、密没"和"勉勉、閔勉、黽勉"兩組聯綿詞由重言詞演化的過程,爲重言演化聯綿詞提供了一個佳例。白平《雙聲聯綿詞成因淺探》(《山西大學學報》1982.1)結合晉中方言論證了重言詞連讀時首字通常要入聲化,演化出雙聲聯綿詞,進而引發了書寫形體的變異,令人耳目一新。

4.義合凝固

這類詞指的是同義複詞經過意義緊密凝固而生成的聯綿詞。胡正武《同義複詞是聯綿詞的一大來源例説》(《古典文獻與文化論叢》,中華書局,1996)一文對"崦嵫""鷫鷞""綢繆、纏綿""曖昧""婀娜、旖旎""巍峨"等聯綿詞的生成過程進行了詳細的分析和論證,認爲"聯綿詞與同義複詞之間有密切的關係,兩者不存在一條分明的界限,同義複詞的進一步緊密化,就有成爲聯綿詞的可能"。此後,胡氏又撰《同義複詞是聯綿詞的一大來源例説之二》(《台州師專學報》1997.2)一文,進一步論述了演進途徑,指出"同義複詞向聯綿詞的演進主要途徑是借助於詞形變化來實現的。詞形變化又以聯綿詞上下兩字的偏旁同化爲特色,從而把上下兩個字同化爲一個整體,這種詞形變化對詞的性質内涵有一定的影響,是同義複詞向聯綿詞演變過程中表現出來的意義所在"。相關的研究還有徐天雲《聯綿詞研究的歷史觀和非歷史觀》(《古漢語研究》2000.2)、蘇寶榮《論語素的大小與層級、融合與變異》(《中國語文》2007.3)等。

5.緩讀分音

這類詞指近似用反切原理分化單音詞音節而産生的聯綿詞。張崇《"嵌L詞"探源》(《中國語文》1993.3)一文以陝北方言的語音緩讀方式爲音理參照,詳細分析了"嵌L詞"語音分化的原因及條件,認爲"這類詞語來自單音詞的緩讀,是緩讀將一個字分化爲兩個音節的,第二音節的聲母L是從單音字聲母的送氣成分造成的舌根或小舌擦音[x]等轉化而來的"。

6.語源分化

"語源分化"説是建立在語音科學上的一個假説,即上古漢語曾經存在過複輔音聲母。漢語中那些難以定源的"異聲聯綿詞"也就成爲了複輔音聲母分化後的證據之一。董爲光《漢語"異聲聯綿詞"初探》(《語言研究》1986.2)一文,舉出了聲母格式爲 * P-L-、義根爲"分離"的"仳離""批離"等聯綿詞及親屬語言中的一些對應同源詞,如藏語 nbral-ba(被分開)、苗語 phlua(分開)、壯語 plak(劈裂)等,認爲"'仳離'等是漢藏語分家後上古漢語複輔音聲母 * PL-分立爲 * P-L-的語言記録"。這方面的代表作還有章也的《釋"庫倫"——兼論上古漢語的複輔音問題》(《内蒙古社會科學》1989.5)和徐振邦的《聯綿詞的一個重要來源——複輔音聲母的分立》(《社會科學戰綫》1997.5)。

7.模擬聲音

這類詞指的是通過模擬自然界及人類感嘆的聲音而産生的聯綿詞,徐振邦(1998:43—

54)將這類詞細分爲“動情的感嘆”和“聲音的模擬”兩類，前者如“唶唶”“殿屎”，後者如“關關”“砰磅”等。此外，外來詞也是聯綿詞的一個來源。

聯綿詞的來源問題，模擬聲音和外來詞音譯是學界公認的，而通過贏縮變易、義合凝固、緩讀分音、語源分化方式産生的聯綿詞，學界存在觀點上的重大分歧，如沈懷興先生在《與衍音説相關的幾個問題》(《語言研究》2011.3)、《衍音説平議》(《寧波大學學報》2013.1)、《再論語素融合説問題》(《寧波大學學報》2015.3)、《聯綿字理論問題研究》(商務印書館，2013)等系列論著裏就提出了質疑意見。王麗偉、張志毅《聯綿字諸説研究》(《語言研究》2011.3)認爲，“從‘聯綿字’名稱的提出到目前權威工具書對聯綿字的界定，可能有學術觀點的分歧，但作爲聯綿字這種語言現象在漢語詞彙發展過程中却一直是客觀存在的，分歧也只是對這種現象‘命名’的分歧。多數人都認爲聯綿字是‘兩個音節聯綴成義而不能分割的單純詞’，對於漢語中這類客觀存在的具有漢民族特色的詞彙形式也並不否認。詞彙總是處於不斷發展變化之中的，我們不但要從共時的角度去把握聯綿字的類型和特點，更應該從歷時的視角去審視聯綿字的發展規律。”應該説，對聯綿詞性質和來源問題的研究，是聯綿詞基礎理論研究中遇到的重大疑難問題，遠未達成共識，我們希望能有更多的學者參與進來深入辨明之。

(四)同源聯綿詞的理論研究

同源聯綿詞的理論研究，主要集中在語音特徵和判定方法兩個方面。

1. 語音特徵

20世紀80年代以來，學者們在大量同源聯綿詞個案研究的基礎上撰文指出，同族聯綿詞的語音特徵表現爲聲母格式的相同或相通，“保持聲式的穩定、屢變其韻”，是聯綿詞派生新詞的基本規律。這方面的代表文章有董爲光《漢語“異聲聯綿詞”初探》(《語言研究》1986.2)、杜冠章《聯綿詞音轉問題淺探》(《中州學刊》1989.5)、馮蒸《古漢語同源聯綿詞試探》(《寧夏大學學報》1987.1)、郭小武《試論疊韻連綿字的統諧規律》(《中國語文》1993.3)、殷焕先《聯綿字簡論》(《語海新探》第4輯，1999)等。

在韻母、聲調等方面展開討論的文章並不多。郭小武《試論疊韻連綿字的統諧規律》(《中國語文》1993.3)討論了六組疊韻聯綿字聲韻調的同一性問題，指出疊韻聯綿字上下兩字不僅韻部相同，兩字的調、等、呼也具有同一性。同時，疊韻同源詞族或詞群裏，詞族成員的上字與上字、下字與下字，在聲紐、聲調、等、呼方面都具有同一性。孫玉文《先秦聯綿詞的聲調研究》(《語言學論叢》第26輯)指出，“根據中古聲調來看先秦聯綿詞，其兩音節往往同調；尤其是具有疊韻關係的聯綿詞，兩音節之間幾乎完全同調。”

2. 判定方法

關於同源聯綿詞的判定方法，馮蒸《古漢語同源聯綿詞試探》(《寧夏大學學報》1987.1)闡述了四個條件：①在語音方面，同源的諸聯綿詞必須聲母一致。②在語義方面，同源的聯綿詞應有相同或相近的語義内涵。③在語法方面，同源聯綿詞當中没有不是同一類詞的。④在古文獻訓詁方面，同源聯綿詞應有文獻印證。關童《聯綿詞語源推闡模式芻議》(《浙江大學學報》1996.3)提出了系聯同源聯綿詞，探求語源的兩大模式：①語音模式——“音軌”之確立，②語義模式——“語象”推闡類例。關文提出的“音軌”指的是聯綿詞的聲紐模式，“語象”指的是同源聯綿詞的語源義。他指出“同源聯綿詞之論定，當以音義爲樞紐，據音以歸系，據義以定其同源關係”。

(五)綜合研究

還有些研究論著，涉及聯綿詞多方面的内容，屬於綜合研究。徐振邦《聯綿詞概論》(大衆文藝出版社，1998)共分“緒論”“聯綿詞特點”“聯綿詞來源”“同源聯綿詞”四章，是第一部研究聯綿詞的概論著作。郭瓏《〈文選・賦〉聯綿詞研究》(巴蜀書社，2006)取材富含聯綿詞的《文選・賦》作專題研究，主要内容包括“沿用舊詞情况分析”“新詞情况分析”“聯綿詞考釋”三部分。蘭佳麗《聯綿詞族叢考》(學林出版社，2012)是一部既有理論探索又有個案考釋的同源聯綿詞研究著作。綜合研究的論文比著作多一些，如王小莘《聯綿詞概説》(《社會科學探索》1989.6)、唐子恒《漢大賦聯綿詞研究》(《山東大學學報》2002.1)等。

上述内容是對聯綿詞研究歷時與現狀的基本回顧，我們通過比較聯綿詞研究時段的顯著特點，將其大致概括爲三個階段：第一階段爲兩漢迄明的孤立訓釋期，第二階段爲明末至近代的同源系聯期，第三階段爲新時期的理論探索期。總的來看，漢唐宋明多於解釋匯編，但又失之於孤；明清迄近重於因聲系聯，却又失之於濫；新時期長於理論探索，而又失之於拘。

貳　展望

聯綿詞變化莫測，時而形變，時而音轉，時而義變，形音義處於一種互相影響、互相促成的綜合變化狀態，讓人望而生畏。對於聯綿詞研究的難度，王寧(2006序：1)曾指出中肯的意見，“(聯綿詞)還有兩個更重要的研究角度：一個是古代漢語語音的面貌，一個是古代詞語的書寫形式，它是一個很典型的綜合的文獻語言文字學專題，‘小學’不精通，很難涉足”。雖然前人的研究取得了一定的成就，但聯綿詞研究的現狀並不樂觀，姑且不説文獻中大量的疑難詞語等待我們解釋，方言口語裏大量使用的聯綿詞值得我們探源，就拿大家普遍認可的聯綿詞派生規律來説，並不能涵蓋所有的情况，聯綿詞的倒言形式、重言形式是無法納入統一的聲式之下的，以至於有的學者主張“同源聯綿詞宜暫不包括重言和倒言”。這當然是違背事實的話。再如，學界對聯綿詞的單純性和來源問題的反思(參沈懷興2013)，説明有不少基礎理論問題還需要深入研究。

聯綿詞研究任重而道遠，如何研究好聯綿詞，值得我們深思。就我們所想，今後聯綿詞的研究至少有以下幾個方面的工作需要加强。

1. 做好聯綿詞的探源工作

不僅文獻中出現的疑難聯綿詞，方言口語裏使用的聯綿詞是我們探源的對象，那些似乎已有定論的聯綿詞、常用的聯綿詞也不應該忽略掉。這方面的工作，過去做得還很不够，一個常見的聯綿詞，我們未必就能够説出它的來源。考慮到聯綿詞來源的複雜性，不妨先有針對性地逐類搞專題研究。這方面的工作做好了，聯綿詞的來源問題也就迎刃而解了，對聯綿詞性質的認識也就會更深入。

2. 做好同源聯綿詞的系聯工作

前人雖然取得了一定的成就，但多數是出於訓釋個別聯綿詞的需要，仍停留在訓詁層面，系聯很不完備。這項工作頗有難度，文獻普查不到位，就會有遺漏，甚至丢掉家族的關鍵成員，造成鏈條斷裂的後果。最好的做法是對各時代、各類型的文獻（包括方言口語）進行大量普查，將聯綿詞的各種變體儘量網羅周全，以詞群爲單位逐個搞清楚來源與演變，進而説明詞族，推溯語源，最後整理出一部詳盡的《聯綿詞譜系辭典》。理想的《聯綿詞譜系辭典》除了具備一般聯綿詞詞典的功用外，還應能够反映出同源聯綿詞的派生關係。其便利遠不僅於此，對於疑難聯綿詞語，就可以根據其音義的特點及派生規律，對照《聯綿詞譜系辭典》找見其在相應家族中的位置。

3. 加强聯綿詞的理論探索

這方面需要做的工作很多，尤其是上面提到的關於聯綿詞性質與來源的基礎理論問題還需要深入研究。除此之外，對聯綿詞的産生與演變研究，無疑是當前亟需開展的工作。合成詞主要是通過語法構詞實現的，聯綿詞主要是通過音變構詞實現的。當前我們對合成詞的構詞法研究比較成熟了，而音變構詞的研究還很薄弱，學者們研究音變構詞又偏重於單音詞。其實，雙音節的音變構詞比單音節音變構詞更爲複雜，這一點從前人探索聯綿詞來源的類型就可以看出來。聯綿詞的音變構詞研究應該是描寫與解釋並重的，可以描寫音變構詞的類型，分析音變的條件，探索音變的原因，總結音變構詞的規律等。聯綿詞演變研究的基礎工作是對聯綿詞歷史演變的語言材料做全面的調查、細緻的描寫和深入的分析，這方面的工作必須加强，没有扎實的基礎研究，就談不上史的研究。在基礎研究的基礎上，還要加强理論探索，如分析形音義發展變化的動因與機制、解釋變化的原因、探索演變的類型和特點、總結演變的規律等等。這方面的工作幾乎還是個空白，這對構建完整的漢語詞彙史是十分不利的。

4. 注意系統的研究

聯綿詞是漢語詞彙裏系統性很强的一類詞。近年來有些學者選取富含聯綿詞的文獻搞專題研究，這種做法是可取的。但在處理的過程中，囿於語料限制，研究内容局限於材料中出現的對象，搞起了"封閉式"研究，這對聯綿詞系統的研究又很不利。聯綿詞有歷時傳承性的特點，無論是共時還是歷時分布的家族成員，在有限的語料中難以網羅周備。比較妥善的研究方式是立足於專類語料，但又不囿於專類語料。我們應該對研究材料中出現的聯綿詞進行探源溯流，盡可能地找出其他文獻裏分布的變體成員，實現系統研究。

時下，語言學科蓬勃發展，研究隊伍逐漸壯大，從事聯綿詞研究的學者却寥若晨星，聯綿詞研究的現狀又落後於合成詞的研究，因此研究隊伍亟需壯大。總之，今後要繼續發揚優點，改進不足，以期更準確、更全面地揭示出漢語聯綿詞的面貌，爲漢語詞彙史的研究奠定堅實的材料和理論基礎。

參考文獻

[1]徐振邦. 聯綿詞概論[M]. 北京：大衆文藝出版社，1998.

[2]郭瓏.《文選・賦》聯綿詞研究[M]. 成都：巴蜀書社，2006.

[3]郭瓏. 漢代訓詁著作中的聯綿詞觀[J]. 廣西教育學院學報，2006,(2):122-124.

[4]劉福根. 歷代聯綿字研究述評[J]. 語文研究，1997,(2):33-37.

[5]沈懷興. 方以智"謰語"問題辨察[J]. 語言研究，2015,(1):84-93.
[6]沈懷興. 聯綿字理論問題研究[M]. 北京:商務印書館，2013.
[7]王寧. 《〈文選・賦〉聯綿詞研究》序[A]. 郭瓏. 《文選・賦》聯綿詞研究 [M]. 成都:巴蜀書社，2006.

Review and Prospect of Research on Alliterative Words

Fu Jianrong

Abstract: Alliterative words is a unique kind of words in Chinese vocabulary. As early as in Qin and Han dynasties scholars have began to research the alliterative words. Since ancient times we have accumulated abundant results. According to the research results we make a basic review, summarize the research characteristics of the past, and make a prospect of the future development.

Key words: alliterative words, vocabulary, results ,development direction

通信地址:呼和浩特市玉泉區昭君路 24 號内蒙古大學文學與新聞傳播學院
郵編:010070
E-mail:fujianrong-1982@163.com

《新刻增校切用正音鄉談雜字大全》疑難詞語考釋三則*

張　瑩

内容提要　本文從《新刻增校切用正音鄉談雜字大全》"天文門"中選取"溓細涹涹下""一洊雨""渥溗"三條疑難詞語作出考釋。"溓細涹涹下"義爲小雨緩緩落下,其中"涹涹"義爲緩緩下落,"涹"本義爲小雨,後引申出緩緩下落、連綿不絶等義。"涹"的平緩義來自"綏"。"洊"有重、再義,"一洊雨"即一重雨、一層雨。"渥溗"義爲被雨水沾濕,"溗"本字應爲"濈"。

關鍵詞　溓細涹涹下　一洊雨　渥溗　閩方言

楊琳(2015):"《新刻增校切用正音鄉談雜字大全》是一部'鄉談'與'正音'相對照的詞語類編,國内没有傳本,古代典籍也未見記録。美國哈佛大學哈佛燕京圖書館藏有刻本一部,收入《美國哈佛大學哈佛燕京圖書館藏中文善本彙刊》(商務印書館、廣西師範大學出版社2003年影印)第32册。之後,李國慶編《雜字類函》(學苑出版社2009)、中國社會科學院歷史研究所文化室編《明代通俗日用類書集刊》(西南師範大學出版社、東方出版社2011)均據《彙刊》本影印收入。"

《正音鄉談》共二卷一册,明末刻本,所録爲某地之口語詞彙。全書按意義分爲十九門,各門下將"鄉談"與"正音"相對照,鄉談下有時兼舉官音,正音下多以直音法標註詞語讀音。"鄉談(鄉)"指方言詞語,一般認爲是閩方言。"正音(正)"指某一方言區通語中與"鄉談"對應的詞語。"官"指官話中與"鄉談"相對應的詞語,該官話可能是南京官話。

《正音鄉談》存世版本除燕京刻本外,還有多種古代日本人的手抄本。筆者已探明館藏地的共有12種,分别藏於早稻田大學圖書館,日本國立公文書館内閣文庫,東京大學文學部、法學部,日本國立國會圖書館,慶應大學圖書館,京都大學圖書館,岩瀨文庫,陽明文庫以及台灣大學圖書館。能看到的暫時只有兩種,可分别稱爲抄本甲、抄本乙。

抄本甲現藏於早稻田大學,爲上下卷一册裝,封面題名《正音鄉談褋字大全》。"鄉談"詞條旁有紅筆所作日語訓釋。

抄本乙現藏於早稻田大學,爲上下卷兩册裝。楊琳(2015):下卷首頁鈐有'迎暾閣圖書記''獻英樓圖書記''田安府芸臺印'三方印記。'獻英樓圖書記'是田安德川家第三代齊匡(なりまさ,1779—1848)的藏書印。無論抄本甲還是抄本乙,首頁題名、上卷末題名及下卷末題名都與燕京刻本一致,這表明這兩個抄本的底本與燕京刻本屬於同一印本,抄寫時代必然晚於燕京刻本。"

* 本文是山東省社會科學規劃項目"《辭源》編修百年史及其現實意義"(16DZWJ08)、山東省高等學校人文社會科學研究項目"王雲五系列語文辭書的釋義與對比研究"(J16YC03)的階段性成果。

前人對《正音鄉談》的研究大多集中在版本、作者、方言歸屬、學術價值以及零星的詞語梳理考釋上。研究成果主要有台灣學者吴守禮先生《〈什音全書〉中的閩南語資料研究》(從宜工作室,2006)、香港中文大學王晉光先生《〈新刻增校切用正音鄉談雜字大全〉所見粵語詞條》(《第十届國際粵方言研討會論文集》,2005)、浙江大學黄沚青《明清閩南方言文獻語言研究》(浙江大學博士學位論文,2014)、南開大學楊琳先生《〈新刻增校切用正音鄉談雜字大全〉考述》(《中國典籍與文化》,2015 年第 4 期)、日本學者樋口靖《清代閩南の官話について:〈正音鄉談雜字〉研究の一》(《漢意とは何か:大久保隆郎教授退官紀年論集》,2001)、《〈正音鄉談雜字〉與〈官話彙解便覽〉之關係——江户時代傳來日本的閩南語資料研究》("2004 年語文教育國際學術研討會"論文,2004)等。

本文考釋的三條疑難詞語均選自"天文門"。

一 溓細浽浽下

鄉:細雨漫落 正:溓細浽浽下

"細雨"即小雨,"漫落"義爲緩緩落下。"漫"有平緩義。《廣雅·釋訓六》:"漫漫,平也。"王念孫疏證:"司馬相如《子虛賦》'案衍壇曼',司馬彪注云:'壇曼,平博也。'曼與漫同。重言之,則曰漫漫。"明文震亨《長物志》卷五《書畫·裝璜》:"(裝裱)勿以熟紙,背必皺起;宜用白滑漫薄大幅生紙。""漫漫"重疊亦有平緩義。《文選》卷二十七南朝梁沈約《早發定山》:"歸海流漫漫,出浦水濺濺。"細雨漫落即小雨緩緩落下。明康海《對山集》卷十《十六夜次韻》:"登樓漫落千山雨,憶第空瞻萬里天。"

"溓"本义为薄冰。《説文·水部》:"溓,薄冰也。"後引申泛指薄。《玉篇·水部》:"溓,薄也。"《集韻·豏韻》:"溓,味薄也。""溓"在"溓細浽浽下"中表示薄雨、小雨。"廉纖"可形容細雨,唐韓愈《昌黎先生集》卷九《晚雨》:"廉纖晚雨不能晴,池岸草間蚯蚓鳴。"也可借指細雨,南宋趙蕃《章泉稿》卷三《衢州城外》:"纔得新晴半日强,廉纖又復蔽朝光。""廉"同"溓"。"細"亦爲小雨,"溓""細"同義連文。

"浽"本義爲小雨。《玉篇·水部》:"浽,小雨也。"《廣韻·脂韻》:"浽,浽溦,小雨。"小雨雨勢較緩,引申爲小雨緩緩落下的樣子。明彭大翼《山堂肆考》卷二百二十九《補遺·天文·霡霂》:"霡霂、浽溦、涳濛,皆小雨貌。""浽浽"重疊亦爲舒緩落下貌。明陳山毓《陳靖質居士文集》卷一《撰志賦》:"風瀏瀏兮繞余輪,雨浽浽兮漸余帷。"

小雨的特點是雨勢舒緩,舒緩義源自"綏"。明《洪武正韻·微韻》:"溦,浽溦,小雨。浽音綏。""綏"有舒緩義。《廣雅·釋詁四》:"綏,舒也。"王念孫疏證:"綏者,安之舒也。"《文選》卷十七漢王褒《洞簫賦》:"悲愴怳以惻惐兮,時恬淡以綏肆。""綏綏"重疊亦有舒緩義。《詩經·衛風·有狐》:"有狐綏綏,在彼淇梁,心之憂矣,之子無裳。"馬瑞辰通釋:"綏綏,爲舒行貌。"《釋名·釋天》:"雪,綏也。水下遇寒氣而凝,綏綏然也。"畢沅疏證:"《文選》注、《初學記》《廣韻》《太平御覽》皆引作'水下遇寒而凝,綏綏然下也'。"雪下落之勢舒緩,因而以其舒緩下落貌得名。明王思任《謔菴文飯小品》卷四《遊清遠禺峽飛來寺記》:"初則綏綏然如濕雪,稍進砰砰然雄雨之呼矣!"小雨也因下落之勢舒緩而得名"浽"。

小雨或雪落勢舒緩而又連續不斷,故"浽溦""綏綏"又引申出連綿不絕義。宋郭祥正《青山續集》卷三《春天》:“旋見大雪落交加,向晚綏綏尚不止。”明王思任《謔菴文飯小品》卷三《游天台記》:“壁頂掛一瀑,銀繩條落半墜潭時綏綏灑灑,似一束碎雨。”“灑灑”有連綿不絶義。元戴表元《剡源集》卷十四《贈曹子貞編修序》:“叩其談,引古今繩墨,灑灑然數千百言不止。”今有“洋洋灑灑”一詞,“灑灑”即連綿不絶。“綏綏”“灑灑”都用來形容瀑布落下時連綿不絶之貌。清鄧顯鶴《沅湘耆舊集》卷二十明龍膺《望石門霉雨潭短歌》:“巖阿雲水氣參錯,瀑水遥從雲際落。不斷浽溦日夜流,常驚濩渃風濤作。”清李瀚章等修《(光緒)湖南通志》卷二十三《地理志・山川十一》:“築讀書臺其上,山曰卧龍,臺曰萬壑,兩腋下各一洞,左飛瀑浽溦不斷,名曰龍湫。”“浽溦”也有作“綏微”的。清孫寶瑄《忘山廬日記・戊申》:“歸,雨綏微不絶。”浙江寧波方言有“溦溦浽浽”一詞(許寶華、宫田一郎 1999:6691),義爲小雨連綿。

二 一洊雨

鄉:一洊雨 正:一陣雨 一塲

“洊”爲“瀳”之異體。《説文・水部》:“瀳,水至也。”《玉篇・水部》:“瀳,水至也。洊,同瀳。”水至義與“一洊雨”不合。鄉談“一洊雨”與正音“一陣雨”“一塲(雨)”相對,“洊”應該也是個量詞。“洊”有重、再義。《廣韻・霰韻》:“洊,水荒曰洊。亦再也,《易》曰‘洊雷震’。”《文選》卷十四南朝宋鮑照《舞鶴賦》:“衆變繁姿,參差洊密。”李善注:“《字書》曰:‘洊,仍也。’”《文選》卷三十六南朝齊王融《永明九年策秀才文五首》:“下貧無兼辰之業,中産闕洊歲之貲。”張銑注:“洊歲,謂再歲也。”

“洊”與“荐”“薦”通。《集韻・霰韻》:“荐,一曰再也。通作洊。”《爾雅・釋詁下》:“薦,臻也。”郝懿行義疏:“薦者,瀳之叚音也。……又通作洊,《易》云:‘水洊至。’按,洊與瀳同,石經作洊,蓋瀳之或體,《爾雅》作薦,蓋瀳之省聲耳。”《詩經・大雅・雲漢》:“天降喪亂,饑饉薦臻。”毛傳:“薦,重。臻,至也。”孔穎達疏:“乃使上天下此喪亂之灾,使飢饉之害頻頻重至也。”

“洊”與“洅”音義相近。《説文・水部》:“洅,雷震洅洅也。”王紹蘭《段注訂補》:“《易・震》象曰:‘洊雷。’洊,同《坎》象‘水洊至’之洊,陸績解洊爲再。洅,从再得聲,與洊音義並相近。雷震洅洅,即是洊雷,謂雷聲重疊而震也。”

“荐”本義爲薦席。《説文・艸部》:“荐,薦席也。从艸,存聲。”古人席地而坐,尋常人家只鋪一重席,富貴人家鋪設多重,稱爲重席。《禮記・禮器》:“天子之席五重,諸侯之席三重,大夫再重。”荐通常鋪設在底層,其上還要鋪上質地較細的席,因此“荐”隱含有疊加義,並引申出再、重義。

“薦”本義爲薦草。《説文・艸部》:“薦,獸之所食艸。”“薦”与“荐”古通,《説文・艸部》“荐”字段注:“薦見《廌部》,艸也。不云艸席,云薦席者,取音近也。……薦席爲承藉,與所藉者爲二,故《釋言》云:‘荐,原,再也。’如且爲俎几,故亦爲加增之詞。……荐與薦同音,是以承藉字多假借爲之。如《節南山》傳:‘薦,重也。’《説文》云:‘且,薦也。’皆作荐乃合。《左傳》云‘戎狄荐居’,《外傳》‘荐處’服云:‘荐,艸也。’此謂荐同薦。韋云:‘荐,聚也。’此與《爾雅》‘再’訓近。”

《説文・水部》:“洅,从水,再聲。”又《冓部》:“再,一舉而二也。从一,冓省。”又《冓部》:

“冓,交積材也。象對交之形。”“冓”隱含疊加義,从冓省的“再”因此引申出重、仍義。《玉篇·冓部》:“再,重也,仍也。”“洅”从“再”得聲,因此訓爲“雷震洅洅也”。

“洊”與“荐”“薦”通,與“洅”音義相近,亦有重、再義。“洊雨”義爲雨重疊而下。唐釋皎然《晝上人集》卷八《唐湖州佛川寺故大師墖銘》:“中夜雷雨洊至,林摧瓦飛。”明王守仁《王文成公全書》卷十六《别録·公移一·勦捕漳寇方畧牌》:“若雨水洊至,瘴霧驟興,軍馬深入,實亦非便。”

“一洊雨”相當於“一重雨”“一層雨”。明吴稼竳《玄蓋副草》卷十《賦得桃花帶雨濃》:“巫峽一重雨,武陵千樹花。”清屈大均《屈翁山詩集》卷五《自中宿上韶陽道中有作》之九:“一重煙雨一重愁,深掩蓬牕聽瀑流。”賈平凹《秦腔》第十九章:“她離開了,我走過去,那塊地方被她唾得像落了一層雨,我就可憐起了她。”俗語也有“一場春雨一場暖,一層秋雨一層涼”的説法。“重”“層”都有疊加義。《廣韻·鍾韻》:“重,複也,疊也。”後發展出量詞用法。《莊子·天下》:“天子棺槨七重,諸侯五重,大夫三重,士再重。”《説文·尸部》:“層,重屋也。”段玉裁注:“曾之言重也。曾祖、曾孫皆是也,故从曾之層爲重屋。《考工記》‘四阿重屋’注曰:‘重屋,複笮也,後人因之作樓。’《木部》曰:‘樓,重屋也。’引伸爲凡重疊之稱。”後發展出量詞用法。唐王之涣《登鸛雀樓》:“欲窮千里目,更上一層樓。”

雖然“重”“層”與“陣”“場”意義有别,但“一重雨”與“一陣雨”表達的意思相近,所以“鄉談”以一洊雨對應“正音”一陣雨。

三　渥淡

鄉:渥淡(談) 正:陁温了(温音失)

《説文·水部》:“渥,霑也。”《玉篇·水部》:“渥,沾濡皃。”“渥”有沾濕義,“渥淡”應是指被雨水沾濕。抄本甲“渥淡”條旁日語注釋爲“シッポリトフル”,其中“シッポリ”爲副詞,義爲濕透,“ト”爲格助詞,表示動作的狀態,“フル”爲動詞,義爲降(雨等)。合起來意思大概是降雨(雨水)打濕(人或物)。

“淡”即“淡”字。依據有三:一是二者字形相似。二是“淡”下直音談,“談”爲定母談韻。《廣韻·談韻》:“淡,水皃。徒甘切。”二者讀音相同。三是周長楫編《厦門方言詞典》(2002:188)記有一個詞“tam[35]”,義爲濕,含水分多。吴守禮(2006:299)認爲“淡”即閩南方言中表濕潤義的[⊆tam]:“淡,今罕用但潮語十五音地甘切下平聲收‘淡’,又作‘湠、湁’。什音全書中不止出現一次,可知一時一地‘淡’字確是曾表‘[⊆tam]①潤’不乾的[⊆tam]。”根據語音對應規律,“徒甘切”的“淡”在現代閩南方言中應讀爲[⊆tam]。“淡”無濕義,“淡”在這裏只是一個記音字,所記録的詞可擬爲[dam]。

“[dam]”與“湛”“漸”“浸”“霑(沾)”“瀸”“霮”等詞同源。王力(1982:615－616)已證“漸”“浸”“霑(沾)”“瀸”“霮”等在漬義上同源,兹不贅述。“湛”本義爲没,《説文·水部》:“湛,没也。”中古澄母侵韻。“湛”有漬義。《周禮·考工記·鍾氏》“染羽以朱湛丹秫”,鄭玄注:“鄭司農云‘湛,漬也。’……玄謂湛讀如‘漸車帷裳’之漸。”《廣韻·寘韻》:“漬,侵潤。”“湛”的漬

① 吴守禮原文爲台語注音符號,引用時轉爲國際音標,下同。

義源自“漸”,《廣雅・釋詁一》:“漸,濕也。”《漢書・董仲舒傳》“漸民以仁”顔師古注:“漸,謂浸潤之。”“[dam]”“霑”定端旁紐,談部疊韻,且都有沾濕義。因此,“[dam]”“湛”與“漸”“浸”“霑(沾)”“瀸”“𩃟”亦爲同源詞。

“[dam]”在典籍中多用澹、淡等字記録。《文選》卷三十四西漢枚乘《七發》:“於是澡槩胷中,灑練五藏,澹澉手足,頮濯髮齒。”李善注:“毛萇《詩》傳曰:‘溉,滌也。’槩與溉同。練,猶汰也。澉澹,猶洗滌也。《説文》:‘頮,洗面也。’”張銑注:“澡溉、灑練、澹澉、頮濯,皆盥滌也。”《集韻・敢韻》:“澉,澹澉,洒滌也。”“澉”本義爲味淡。《玉篇・水部》:“澉,薄味也。”《廣韻・敢韻》:“澉,澉醬,無味。”其洒滌義是借“涵”而來。《説文・水部》:“涵,水澤多也。”段玉裁注:“所受潤澤多也。”朱駿聲《通訓定聲》:“字亦作澉。《七發》‘澉淡手足’,注:‘猶洗滌也。’亦疊韻連語。”説“澉”的潤澤義借自“涵”是正確的,但“澉淡”不應爲疊韻連語。例中澡溉、灑練、澹澉、頮濯兩兩相對,其中澡、溉、灑、練、頮、濯皆獨立成詞,則澹、澉也應是獨立成詞。且原文“澹澉”,李善注作“澉澹”,二者位置可互换,不應是連語。“澹(淡)”獨立成詞,也是濕潤義,“澉”“澹(淡)”同義連文。“澹”“涵”義爲潤澤、沾濕,洗滌義應是語境義。浙江《餘杭縣志》卷十《山水(四)・水・水總敘》:“滵汩滚𤏸夕,瀲灩南塘曉。頮濯既已宴,澹澉豈云早。”《黄帝素問靈樞經》卷十《五音五味第六十五》:“黄帝曰:‘婦人無鬚者,無血氣乎?’岐伯曰:‘……血氣盛則充膚熱肉,血獨盛則澹滲皮膚,生毫毛。今婦人之生,有餘於氣,不足於血,以其數脱血也,衝任之脉,不榮口脣,故鬚不生焉。’”這句是説,血旺盛則浸潤皮膚,故生出毫毛(髭鬚)。“澹”“滲”同義連文,“澹”亦“滲”也。西晋皇甫謐《鍼灸甲乙經》卷二《奇經八脈第二》引作“血獨盛則滲灌皮膚”,《廣雅・釋詁二》:“灌,漬也。”以“灌”對“澹”,可知“澹”亦爲“灌”。“澹滲”亦作“淡滲”。清張志聰《黄帝内經素問集註》卷七《骨空論篇第六十》:“其浮而外者,起于竅衝,循腹右上行,至胸中而散,淡滲于肌腠,充膚熱肉,生毫毛,此衝脈之血氣行于脈外也。”明王襞《新鐫東厓王先生遺集》卷上《從吾生焦竑書》:“小子方依依,左右甞相臨。未幾思魯在,嗟我更誰任。送别江之滸,淋淋淡滿襟。”這句是説,送别江邊,淚水淋淋沾濕衣襟。清陸弘定《爰始樓詩删・落花篇》:“春來風雨千郊足,樹底名花澹膏沃。”意即樹底的花被膏沃(雨水)沾濕。清梁章鉅《退菴詩存》卷二十《歸帆雜詠二十八首》之二十四:“鳳池澹澍來青潤①,我欲添成喜雨亭。”“澹澍”與“潤”對文,也爲濕潤義。《廣雅・釋詁二》:“澍,漬也。”《廣韻・隊韻》:“澍,漬也,濡也。”“澹”“澍”同義連文。清梁章鉅《退菴詩存》卷十二《長夏雨中武駿亭中丞招飲珍珠泉以詩督和同巢松學使步韻》:“飛流漱玉鏘雲璈,泠泠遠勝箏琶作。帶濕林花益澹澍,息機魚鳥不驚咢。”又卷十五《雨中望惠山不得上》:“如聞百重泉,瑽琤迸石壁。想見方沼底,益增澹澍色。”“澹澍”都是形容濕潤的樣子。“澍”又作“瀩”,《正字通・水部》:“瀩,《廣韻》作澍。”宋尤袤《梁谿遺稿》卷一《游張公洞》:“其南有空穴,澹瀩殷幽黑。”“澹瀩”形容洞穴潮濕。唐宋間人爲“[dam]”造了一個本字“湵”,《集韻・覃韻》:“湵,濕也。都含切。”但典籍中很少使用。“湵”爲端母,大約是濁音清化的結果。

“[dam]”在現代閩方言中仍在使用。下面是摘自許寶華、宮田一郎(1999:6680,1457,2764,5770,7292,2900)的資料:

湵:濕,潮濕。閩語。福建永春[tam²⁴]、福建厦門[tam²⁴]、大田前路[taŋ²⁴]、福州[laŋ²⁴²]、古田[laŋ³²⁴]、寧德[laŋ⁵²]、福鼎[taŋ²¹²]、壽寧[laŋ²⁴]、順昌[⊆tam]。廣東潮州

① 鳳池、來青皆亭名。

[tam^{55}]。廣東汕頭[tam^{55}]。廣東潮陽[tam^{55}]、海康[tam^{22}]。

澉澉侹侹:濕漉漉。閩語。廣東海康[tam^{22} tam^{22} tsek^{1} tsek^{1}]。

半干澉:半干不濕。澉,濕。閩語。廣東潮陽[puã$^{31-55}$ ta^{33} tam^{55}]。

身澉身滴:渾身濕淥淥的。閩語。廣東潮州[siŋ^{53} tam^{55} siŋ^{33} tiʔ^{2}]。

淡:濕。閩語。福建漳平永福[tam^{22}]。福建安溪。王成竹《關於雨底种种》:"干冬節,～年兜。"

澹:潮濕。閩語。廣東中山隆都[tam^{33}]。福建厦門[tam^{24}]。福建仙遊[tan^{24}]、寧德碗窯[⊆tam]。

澹濕:潮濕。閩語。福建厦門[tam^{24} sip^{32}]。

澹漉漉:濕淋淋。閩語。福建厦門[tam^{24} lok^{32} lok^{32}]。

沃澹:澆濕。閩語。福建厦門[ak^{32} tam^{24}]。

需要説明的是,福州[laŋ^{242}]、古田[laŋ^{324}]、寧德[laŋ^{52}]與"[dam]"聲韻調皆不相同,《漢語方言大詞典》不應將三者置於"澉"條下。據陳章太、李如龍(1991:100)的調查研究來看,三地方言詞本字應爲"濫"。"濫"有浸漬義。《説文·水部》:"濫,一曰濡上及下也。"《國語·魯語上》"宣公夏濫於泗淵",韋昭注:"濫,漬也。"《禮記·内則》:"飲……或以酏爲醴,黍酏,漿,水,醷,濫。"鄭玄注:"濫,以諸和水也。"陸德明《釋文》:"以諸,乾桃乾梅皆曰諸。""濫"表示以乾果浸漬于水中製成的飲料。唐駱賓王《駱丞集》卷一《靈泉頌》:"太夫人在遲暮之年,有温勞之疾,非濫漿不可以適口,非源泉不可以蠲痾。"後引申爲以鹽醃漬食物。明李實《蜀語》:"以鹽漬物曰濫。""濫"與"[dam]""湛""漸""浸""霑(沾)""瀸""雵"等也是同源詞。"濫"從"監"得聲,"監"上古見母談韻。《管子·地圖》"濫車之水",郭沫若等集校引陳奐云:"濫,當讀爲漸。《詩·衛風》:'淇水湯湯,漸車帷裳。'漸,漬也。"一部分閩東方言沿用了"濫",其他大部分閩方言繼承了"[dam]"。另外,秋谷裕幸(2000)提到,吴語處衢方言中開化[duã^{341}]、常山[duÃ^{341}]、江山[dõ^{313}]、雲和[duɛ^{423}]與"[dam]"是同源詞;温州[la^{22}]與"濫"是同一詞。

"温"下直音失,"温"應爲"濕"之形誤。古籍中多有"濕"誤作"温"者。王念孫《讀書雜志·漢書第七》"温餘水"條:"念孫案:温餘本作㶟餘,㶟省作漯,與濟濕之濕相亂,因訛而爲濕,又訛而爲温。"注:"濕字俗書作湿,溫字俗書作温,二形相似而誤。"《十三經注疏·尚書注疏》卷六校勘記"地泉濕"條:"古本濕作温。"《十三經注疏·禮記注疏》卷十六校勘記"謂塗溼也"條:"此本溼誤温,閩本同。"

"陁"應爲"沱",也聲字與它聲字古多相通。《十三經注疏·周易注疏》卷三校勘記"出涕沱若戚嗟若"條:"《釋文》:'沱,荀作池。一本作沲。'"《莊子·天運》"乃至委蛇"陸德明《釋文》:"蛇,又作施。"《集韻·哿韻》:"沱,水皃。或从陁。""沱"有大雨義。《廣韻·歌韻》:"沱,滂沱,大雨也。"唐韓愈《昌黎先生集》卷七《讀東方朔雜事》:"噫欠爲飄風,濯手大雨沱。"

"沱濕了"與"雨濕了""露濕了""淚濕了""汗濕了"結構一致。明釋德清《憨山老人夢遊集》卷三十五《咏龍》:"膏澤潤蒼生,滂沱霑下土。"清彭啓豐《芝庭詩稿》卷十三《送鄭炳也宫贊假歸嘉興三首》之三:"暑雨滂沱溼錦囊,潞河新水送歸航。"

參考文獻

[1]陳章太,李如龍. 閩語研究[M]. 北京:語文出版社,1991.

[2]黄沚青. 明清閩南方言文獻語言研究[D]. 浙江大學，2014.
[3]許寶華，宫田一郎主編. 漢語方言大詞典[M]. 北京：中華書局，1999.
[4]王力. 同源字典[M]. 北京：中華書局，2014.
[5]楊琳.《新刻增校切用正音鄉談雜字大全》考述[J]. 中國典籍與文化，2015(4).
[6]李榮主編. 厦門方言詞典[M]. 南京：江蘇教育出版社，1998.
[7]秋谷裕幸. 吴語處衢方言中的閩語詞——兼論處衢方言在閩語詞彙史研究中的作用[J]. 語言研究，2000(3).

Textual Research on Three Difficult Words and Phrases in *Xin Ke Zeng Jiao Qie Yong Zheng Yin Xiang Tan Za Zi Da Quan*

Zhang Ying

Abstract: We attempt textual research on three difficult words and phrases which are selected from Tian Wen Men(天文門) in *Xin Ke Zeng Jiao Qie Yong Zheng Yin Xiang Tan Za Zi Da Quan* (新刻增校切用正音鄉談雜字大全). They are *lianxisuisuixia*(溓細浽浽下), *yijianyu*(一洊雨) and *wodan*(渥澸). Then we find that *lianxisuisuixia*(溓細浽浽下) means drizzle raining slowly. The *sui's*(浽) original meaning is light rain and it has two extended meanings. One is raining slowly which is come from *sui*(綏) and the other is something is continuous. The *jian*(洊) means *chong*(重), so *yijianyu*(一洊雨) means *yichongyu*(一重雨). *wodan*(渥澸) means being bedewed by rain and the *dan's*(澸) original word is *dan*(湛).

Key words: lianxisuisuixia(溓細浽浽下), yijianyu(一洊雨), wodan(渥), Min dialect

通信地址：湖北省武漢市洪山區南李路 28 號湖北工業大學南區 900 套 42 棟 2 單元
郵編：430068
E-mail：zhangying120688@163.com

《蒼頡篇》“發傳約載”補論*

岳曉峰　徐　今

内容提要　《蒼頡篇》“發傳約載”中,“發傳”“約載”均爲動賓結構,前者訓作發送傳車,後者指置辦傳車,該句文意與秦漢傳遽律令有關。

關鍵詞　《蒼頡篇》　發傳　約載　律令　漢承秦制

《蒼頡篇》爲秦李斯所作,是我國現存最早的一部規範語言文字的識字教材。其書久佚,傳世古書引文多爲隻言片語。所幸各出土本《蒼頡篇》,尤其是保存字數最多的北大藏西漢簡《蒼頡篇》的出現,爲我們提供了大量了解該書的新材料。《蒼頡篇》有些内容可以和出土秦漢律令相互參看,本文即以“發傳約載”爲例闡述如下。

北大本《蒼頡篇》簡 6-7 云:“悉起臣僕,發傳約載。”此句英國國家圖書館藏削柹本《蒼頡篇》作“□起臣僕,發傳□□”;居延舊簡本、阜陽漢簡本均作“已起臣僕,發傳約載”;水泉子漢簡七言本爲“起臣僕毋老丁,發□□□□□□”①。其中“發傳約載”,北大簡整理者認爲“發”“傳”都是動詞,二者在布散義上有字義的聯繫;“約”“載”均爲名詞,契誓、契約義[1]。福田哲之認爲阜陽漢簡“發傳”中“後字相當於前字之補語”,“已起臣僕,發傳約載”是“文書發佈之狀況”。福田哲之當是將“發”“約”理解爲發佈義,“傳”“載”理解爲文書義[2]。秦樺林則認爲“發傳”“約載”應爲兩個並列式的動賓結構,與車駕有關。“發傳”指遣發傳車;“約載”爲準備車輛,相當於傳世文獻中的“約車”[3]。我們認爲,秦樺林之説更合適。不過,還可進一步結合秦漢律令來分析,“發傳”爲發送傳車,“約載”則爲置辦傳車。

張家山漢簡《二年律令・徭律》簡 415 原釋文云:“發傳送,縣官車牛不足,令大夫以下有貲者,以貲共出車牛及益,令其毋貲者與共出牛食、約、載具。”②《蒼頡篇》作爲秦朝規範語言文字的識字教材,自然帶有秦地語言特色,如林素清即曾指出,阜陽漢簡《蒼頡篇》中“楣”“榱”兩字爲秦方言字[4],而此兩字也見於北大簡本和水泉子七言本中。可見秦方言對出土本《蒼頡篇》的影響很大。尤其是阜陽漢簡本和北大簡本《蒼頡篇》,前者是以秦本爲底本的漢初抄本,後者雖已合《蒼頡》《爰歷》《博學》三篇秦代字書爲一,但大致保留了三篇字書的面

---

* 基金項目:杭州市哲學社會科學規劃課題(批准號:Z17JC037);浙江省教育廳一般科研項目(批准號:Y201635461)。本文寫作過程中得到了方一新先生的指正;匿名評審專家也提出了寶貴意見,在此一併致謝。

① 參北京大學出土文獻研究所(2015:156)及梁靜.出土《蒼頡篇》研究[M].北京:科学出版社,2015:84.

② 爲行文方便,本文出土文獻材料一律使用寬式釋文。

貌，在篇章結構與文句上未作太大的改動，文本形成年代也當在西漢初年①。張家山漢簡抄寫年代應爲西漢早期②，加上西漢律令有“漢承秦制”的特點，因此，《蒼頡篇》“發傳約載”與《二年律令·徭律》中的“發傳送”“約”“載具”等諸詞都與秦律令文書用字有關聯。《二年律令·徭律》句中“發”當爲“發送”義，如《墨子·尚同下》“國君亦爲發憲布令於國之衆”。“傳”，《説文》云：“遽也。从人，專聲。”“遽”指傳車，故“傳”也有傳車義，如張家山漢簡《二年律令·置吏律》簡 215 云：“郡守二千石官、縣道官言邊變事急者，及吏遷徙、新爲官、屬尉、佐以上毋乘馬者，皆得爲駕傳。”整理者注：“傳，由驛站供給的馬車。”[5]“送”訓爲發送義。“傳送”，秦簡牘中習見，如里耶秦簡（貳）2283 正“傳送委輸必先行☐”、2289 正“一人傳送酉陽”。漢承秦制，《二年律令》中也屢見“傳送”，如《徭律》簡 411-412 後文即有：“吏及宦皇帝者不與給傳送。事委輸，傳送重車重負日行五十里，空車七十里，徒行八十里。”《均輸律》簡 225 又云：“船車有輸，傳送出津關，而有傳嗇夫、吏，嗇夫、吏與敦長、方長各□□而□□□□發□出□置皆如關□。”以上諸例中，“傳送”即以傳車發送義。由此可見，《蒼頡篇》“發傳”當爲動賓結構，即發遣傳車。

《二年律令·徭律》的“約”，整理者云：“指駕牛用繩。”[5]此説可商。“約”確有繩約義，如《左傳》哀公十一年云：“公孫揮命其徒曰：‘人尋約，吴髮短。’”杜預注：“約，繩也。”然簡文的“約”當爲動詞，置辦、準備之義。前文云“出牛食”，“出”爲動詞，訓爲“拿出”。與之對應，“約載具”也可連讀，爲動賓結構，“約”爲置辦義。“載”指車輛，是常義，在律令中表傳車。簡文所謂“載具”，是指傳車上所備工具之類。如若“約”爲駕牛之繩，本來也已包含在載具之中，無需再與“載具”一詞並舉。傳世文獻中有“約車”之語，準備車輛義，如《戰國策·齊策》：“（馮諼）於是約車治裝，載券契而行。”《史記·魏公子列傳》：“（魏公子無忌）乃請賓客，約車騎百餘乘，欲以客往赴秦軍，與趙俱死。”然《蒼頡篇》“約載”與《齊策》所云“約車”尚有所區別，而與秦漢律令中的傳遽制度有關。另，《二年律令·津關令》簡 523 云“丞相上備塞都尉書，請爲夾谿河置關，諸漕上下河中者，皆發傳”，其中“傳”爲通關憑證，“發傳”即發放過關文書。《漢書·平帝紀》云：“徵天下通知逸經、古記、天文、曆算、鐘律、小學、《史篇》、方術、《本草》及以《五經》、《論語》、《孝經》、《爾雅》教授者，在所爲駕一封軺傳，遣詣京師。”如淳曰：“律，諸當乘傳及發駕置傳者，皆持尺五寸木傳信，封以御史大夫印章。其乘傳參封之。參，三也。”顔師古云：“以一馬駕軺車而乘傳。”郝樹聲等指出傳信的用途是“爲了乘傳及發駕置傳，即爲持傳人提供傳置車輛。”[6]然結合下文“約載”考慮，《蒼頡篇》“發傳約載”一句的内容與《二年律令·徭律》所云更接近，包含語義相關的兩方面内容：“發傳”義爲發送傳車，“約載”指準備傳車。

徵引書目

西漢·司馬遷《史記》，中華書局，1982 年第 2 版。

① 參胡平生，韓自强.《蒼頡篇》的初步研究[J]. 文物，1983(2). 北京大學出土文獻研究所（2015：176-177）；白軍鵬也指出北大本和阜陽漢簡本《蒼頡篇》所據底本應爲未經“斷章”的本子，含有更多的秦本特點。白氏之説見白軍鵬.《蒼頡篇》的兩種漢代版本及相關問題研究[J]. 文獻，2015(3).

② 參張家山二四七號漢墓竹簡整理小組（2001）“前言”部分。

西漢・劉向集録,范祥雍箋證,范邦瑾協校《戰國策箋證》,上海古籍出版社,2006 年。

東漢・班固《漢書》,中華書局,1962 年第 1 版。

東漢・許慎《説文解字》,中華書局,2013 年第一版。

清・阮元校刻《十三經注疏》(清嘉慶刊本),中華書局,2009 年。

吴毓江撰,孫啟治點校《墨子校注》,中華書局,2006 年第 2 版。

湖南省文物考古研究所編著《里耶秦簡(貳)》,文物出版社,2017 年。

參考文獻

[1]北京大學出土文獻研究所. 北京大學藏西漢竹簡(壹)[M]. 上海:上海古籍出版社,2015:76.

[2]福田哲之. 中國出土古文獻與戰國文字之研究[M]. 佐藤將之,王綉雯,合譯. 臺北:萬卷樓圖書股份有限公司,2005:50-51.

[3]秦樺林. 北大藏西漢簡《蒼頡篇》札記(二)[EB/OL]. (2015-11-15). http://www.bsm.org.cn/show_article.php? id=2356.

[4]林素清. 蒼頡篇研究[A],漢學研究(第五卷第一期)(抽印本),台北:漢學研究資料及服務中心,1987:61.

[5]張家山二四七號漢墓竹簡整理小組. 張家山漢墓竹簡(二四七號墓)[M]. 北京:文物出版社,2001:162、188.

[6]郝樹聲,張德芳. 懸泉漢簡研究[M]. 蘭州:甘肅文化出版社,2009:134.

More Disccussion on the word Fa Chuan Yue Zai(發傳約載) in Ts'ang Chieh P'ien

Yue Xiaofeng XuJin

Abstract: This article deals the meaning of"*Fa Chuan*(發傳)"and "*Yue Zai*(約載)" in "*Fa Chuan Yue Zai*(發傳約載)"of *Ts'ang Chieh P'ien*. "*Fa Chuan*(發傳)"and "*Yue Zai*(約載)"are both verb－object constructions. "*Fa Chuan*(發傳)"means dispatch a car ,"*Yue Zai*(約載)"means prepare a car. The meaning of this sentence is in relation to laws and decrees of Qin and Han Dynasties.

Key words: Ts'ang Chieh P'ien, Fa Chuan(發傳),Yue Zai(約載), laws and decrees, The following of Qin System by Han

通訊地址:岳曉峰,杭州西湖區余杭塘路 866 號浙江大學紫金港校區文化遺產研究院
郵編:310058
Email:ygx09@zju.edu.cn
徐今,大連市甘井子區淩工路 2 號大連理工大學人文與社會科學學部
郵編:116024
Email:xjin@dlut.edu.cn

《飛跎全傳》詞語瑣記

曹 嫄

内容提要 《飛跎全傳》是清代乾隆、嘉慶年間成書的一部白話小説，書中使用了大量的方言詞彙和俗諺俚語，是研究歷史方言的重要資料。本文討論其中"回債""盞飯"和"認草不真"三个詞語。

關鍵詞 明清漢語 《飛跎全傳》 方言詞語

《飛跎全傳》，4 卷 32 回，又名《揚州語繡像三教三蠻維揚佳話傳奇》《飛跎子書》，是一部清代白話小説。原書不署撰人。清乾隆、嘉慶時李斗《揚州畫舫録》卷 11《虹橋録》中説：當時評話稱絶技者，有鄒必顯之《飛跎傳》；[1]卷 9《小秦淮録》中又説：鄒必顯，江蘇興化人，"性温暾，寡言笑，偶一雅謔，舉座絶倒，時為打油詩《黄鶯兒》，人多傳之。""以揚州土語編輯成書，名之曰《揚州話》，又稱《飛跎子書》。"[2]清乾隆時揚州人董偉業《揚州竹枝詞》中也有類似説法："倒樹尋根鄒必顯，當場何苦説飛跎。"[3]根據這些材料，學術界普遍認為《飛跎全傳》一書，是在鄒必顯演説飛跎子故事的基礎上整理而成。

《飛跎全傳》，在揚州評話演説的基礎上整理而成，因此，其口語色彩十分濃厚，書中使用了大量揚州地區的方言詞彙和俗諺俚語，這些方言詞彙和俗諺俚語，不僅是研究揚州歷史方言的重要資料，對研究其他地區方言、完善大型歷史語文辭書和方言辭書等也具有重要的參考價值。如"望呆"一詞，有閑望、看熱鬧、發愣等義，是江淮方言的特徵詞。這個詞許寶華等《漢語方言大詞典》、李榮等《現代漢語方言大詞典》均收録。《漢語方言大詞典》："【望呆】閑望；看熱鬧。江淮官話。江蘇揚州。《揚州評話選》：'櫃檯上沒事，有個學生意的小孩子站在櫃檯裏望呆。'"[4]《現代漢語方言大詞典》："【望呆】揚州。"參見"賣呆"。[5]【賣呆】指發愣、看熱鬧。[6]又"【望呆】南京。不經意地呆呆地看着某個方向或不相干的事物。"[7]又"【望呆】丹陽。呆呆地看着某人、某物或某事。"[8]但"望呆"這個詞是何時出現的？上述二書沒有交代，《漢語大詞典》等歷時語文辭書均未收録這個詞，也解決不了這個問題。《飛跎全傳》為我們提供了目前所見的最早用例，如第 2 回："又見石个个兒穿條紅褲子，好相個小官，他在快望呆。""快"是"塊"的記音字。"他在快望呆"，即他在這裏看熱鬧。據此可知，"望呆"這個詞，至遲在清嘉慶時已經見於文獻之中。

本文討論《飛跎全傳》中"回債""盞飯"和"認草不真"3 個詞語。工作用書為上海古籍出版社 2005 年《古本小説集成》本嘉慶二十二年一笑軒刊本《飛跎全傳》。

回債

(1)圓和尚、扁長老道："不妨，不妨。脱空祖師有許多回債良方，可以説出一朵蓮花來，

只當他藕吃多了。”(第 8 回)

(2)跎子上前請問三人姓名,那人回道:“在下姓白,名賴,草字無恥,住通州謊縣一溜街。這就是兩個舍舅,一個叫莊麻龍子,一個叫莊麻虎子,同在脱空祖師門下,學了許多回債的方兒,今特歸家回債。還未請教先生尊姓大名。”跎子説了姓名,三人大吃一驚,道:“原來是個時人兒,失敬,失敬!”跎子道:“大哥何不將回債之方説與在下聽聽?”白賴説道:“家師有四句偈語道:不管海枯並石爛,休言滄海變桑田。任他來世為驢馬,主張拿定不還錢。”跎子一聽,點了一點頭,便與三人分别。白賴歸家回債,莊麻龍子、莊麻虎子前去投軍,跎子往逼上紅城。(第 8 回)

“回債”,《飛跎全傳》中共出現 5 次。這個詞,《漢語大詞典》、白維國等《近代漢語詞典》等大型歷史語文辭書未見收録,許寶華等《漢語方言大詞典》、李榮等《現代漢語方言大詞典》等大型方言辭書也未見收録。就目前所見,只有張丙釗《興化方言詞典》收録了這個詞。歷史上揚州方言區域比現在的揚州方言範圍要大,清代揚州府轄地區所説的方言都叫揚州方言或揚州話。現在的興化,屬泰州市轄,方言上屬於江淮官話泰如片,與現在所謂的揚州方言不屬於一個方言片。

《興化方言詞典》中釋“回債”為“糊弄索債的人”[9],這個釋義大體正確,但不夠準確。考“回”有回復、答復之義,如《二刻拍案驚奇》卷 11:“日後他來通消息時,好言回他。”清李漁《奈何天・逼嫁》:“你為甚麽不當面回他?”“回債”中的“回”,正是回復、答復之義。回債,即當債主索債時,用虚言巧語答復債主,以期延期還賬甚至賴賬。

考明清文獻,“回債”一詞的用例至遲在明末清初已經出現。如:

《增像全圖三國演義》第 66 回:“玄德曰:吾弟性急,極難與言。子瑜可暫回,容吾取了東川、漢中諸郡,調雲長往守之,那時方得交付荊州。”毛宗崗批評:“取了西川,又等東川,極似今人賴債的,最會回債。”

《增像全圖三國演義》第 112 回:“維至晚方回。次日又令人下戰書,責以失期之罪。艾以酒食相待,答曰:‘微軀小疾,有誤相持,明日會戰。’”毛宗崗批評:“卻像回債的。”

青蓮室主人輯《後水滸傳》第 13 回:“不期今日來了幾個有勢力的債主問我討索。我回他再過些時,他便著急發話道:‘你家恁好貨賺錢,怎比别家一般回債?’便鬧鬧吵吵。”

清康乾間人石成金《笑得好》二集中有一篇笑話,題目即叫《回債》,講述了一人欠銀多時,路遇銀主索債,百般托詞而不肯還錢的故事。

晚清民國文獻中,“回債”用例多見。如:

光緒《上海雜志》第八卷《空票摇會帶坍錢莊賦》:“累各莊之緊,緊如軍營之提餉;會友之窘,窘如年終之回債。”

李涵秋《廣陵潮》第 12 回:“春兒猛然聽見他母親要替他裹脚,知道又有一番磨難,哭道:‘娘呀,我明天再裹罷。’秦氏道:‘休要胡説。每逢要裹脚,你都是象回債一般,落後都有一場打。’”

李涵秋《愛克司光録》初集第 12 回:“邵先生臉上紅了一紅,隨即吐了一口吐沫,從他娘子額角一直淋到鼻子底下,指着他駡道:‘你敢是回債回昏了,連我説過的話一句兒都記不起。’”

姬文《市聲》第 16 回:“誰知他這一去,被幾處綢緞店、皮貨店都知道了汪步青的住處,要債的跟蹤而來,絡繹不絶。步青躲在樓上,只叫娘姨回債。要債的破口大駡,步青忍不住火冒，也不敢發作。”

海上漱石生《續海上繁華夢》二集第 5 回：“可憐婉兒是個女子，手頭有些首飾，前天早已一齊取出，此時再有什麼法想？一聞父親尚輸着一千塊錢，今天有人前來逼討，只急得淚下汍瀾，哭個不住。若説要她拿個主意回債，怎有念頭轉得出來。”

當代文獻中，“回債”用例比較少見。如：

胡玉庭口述本《岳州渡》：“農户乙：好好，你我去邀老伯伯一程，走走。農户甲：到了，老伯伯開門。農户丙：是誰叫門？農户甲乙：討錢的來了。農户丙：老伯伯不在家的。農户甲乙：那不是老伯伯説話嗎？農户丙：老伯伯人走了，留一張嘴在家裏回債。”

《揚州文史資料》第二輯《抗戰前後江都小教界罷課索薪的回憶》：“甚至有隨同到縣府去交涉的，不是代表大家索薪而是代縣長回債。”

費駿良等《伍子胥(揚州評話)》：“到了晚上，伍子胥一個人進宮，又來探問闔閭到底何時起兵？闔閭還是這幾句老話——談到起兵就談到誰人為將；談到誰人為將就是再容斟酌；最後還是明早再議。就這樣，早上推到晚上，晚上推到早上，就跟回債差不多。”

從上揭用例看：

(1)“回債”一詞，其意義一直未發生變化；

(2)“回債”一詞，民國之前用例多見，當代用例少見，在使用頻率上呈逐漸減少之勢(北京大學中國語言學研究中心的 CCL 現代漢語語料庫無用例)。

(3)“回債”一詞的使用區域，集中在揚州、蘇州、上海等地。如《笑得好》作者石成金、《廣陵潮》等作者李涵秋、《抗戰前後江都小教界罷課索薪的回憶》作者、《伍子胥》作者費駿良，均爲揚州人，這些文獻用的是江淮官話揚州話。評點《增像全圖三國演義》的毛宗崗，蘇州人；《后水滸傳》署名青蓮室主人輯，青蓮室主人，吴曉玲認為即天花藏主人，而天花藏主人，可能就是浙江嘉興人徐震；《續海上繁華夢》作者海上漱石生，本名孫家振，上海人；《市聲》作者姬文，儘管生平籍貫均不詳，但《市聲》以上海為背景，語言上用的是吴語，大約也是上海、蘇州一帶的人；這些是出現在吴語地區的。只有黄梅戲本子《岳州渡》是個例外，《岳州渡》由胡玉庭口述而成，胡玉庭，安徽望江人，是民國時期知名的黄梅戲演員，《岳州渡》使用的是江淮官話中的安慶方言。

(4)“回債”一詞是清代以來揚州、蘇州、上海地區使用的方言詞，在今天的揚州、興化、安慶等地口語中還在使用，當代大型方言詞典失收這個詞。

盞飯

(1)少頃，擺出飯來，卻是鄉里人不識盞飯，都是飯團子。(第 8 回)

(2)跎子道：“若不是二位長老在水中荅救，我也不得到此想心寺，況且做和尚就要剃了頭髮，打盞飯窮出主意來，光頭滑腦抓拿不住，還能跳跎子麼？”(第 8 回)

“盞飯”，《漢語大詞典》《近代漢語詞典》《漢語方言大詞典》《現代漢語方言大詞典》等辭書均未見收録。

考明清文獻，“盞飯”一詞，明代已經出現。如：

湯顯祖《南柯記》第四出《禪請》：“此穴中流傳有八萬四千户螻蟻。但是燃燈念佛之時，他便出來行走瞻聽。小沙彌到彼時分,施散盞飯與他為戲。今日熱油下注,壞了多生。”

李贄《寒燈小話・第三段》:“守庵僧每日齋皆取給於城内外人家供給盞飯,推其餘,乃以飯往來方僧道侶。”

馮夢龍《占花魁傳奇》第17出:“終日忙忙收盞飯,休教人鈹做牽頭。”

清代文獻中,用例較多。如:

弘歷《再迭李紳杭州天竺靈隱二寺詩韻》:“仍看撑船收盞飯。”

金堡《遍行堂續集・尺牘・與丹霞樂説辯和尚》:“不知此間真正叢林,稀粥盞飯,一日出三五次坡。”

孔尚任《雞鳴寺》:“此處鐘聲驚帝枕,當年盞飯出宫厨。”

李元度(民國王香餘增補)《南嶽志》:“王齋子,江西人。削髮祝聖寺,執盞飯之役,終日不語。”

從上揭用例可以看出,“盞飯”均出現在與佛家有關的語境中,指供佛、僧尼食用或提供給信衆所食的飯食。“盞飯”,即“齋飯”。

“盞飯”為何有齋飯之義?這與當時僧人出門化緣、信衆施捨米飯的方式有關。盞飯之盞,即小碗,現代方言中還在使用。如《漢語方言大詞典》:“盞,小碗。吴語。上海。浙江嘉興。江蘇無錫、蘇州、常熟。”[10]盞飯,即用盞盛的米或飯。葉大兵等《中國風俗辭典》説:“打齋飯,又稱‘打盞飯’。舊時漢族社會生活風俗。流行於江南地區,原為對僧道沿門索食的稱謂,宋《夷堅志》載稱‘將打回齋飯歸家’。後擴及民間,沿習為向每户人家取米一盞,有吃百家飯祈求平安康健之意。”[11]打盞飯,是古代僧人化緣的常見方式。如前舉李贄《寒燈小話》“守庵僧每日齋皆取給於城内外人家供給盞飯。”弘歷《再迭李紳杭州天竺靈隱二寺詩韻》“仍看撑船收盞飯”自注説:“靈隱僧每早撑船至錢塘門入城乞盞飯,歸施僧衆,日以為常。”清代杭州雲林寺還有專門收取盞飯、運送盞飯的“盞飯僧”與“盞飯船”。清張仲雅《金牛湖漁唱》:“蒲帆影裏千聲佛,知是雲林盞飯船。”王國平《西湖文獻集成》第11册《民國史志西湖文獻專輯》:“清時雲林寺之盞飯僧,來往城中者,其船亦用帆。每日色初晏,渡湖而歸,于船中齊宣梵唄。”

有人認為,“盞飯”其實是“齋飯”的另一種寫法。如俞樾在其《曲園雜纂》卷三六《小繁露》即説:“和尚打齋飯,宋時已有此風。《夷堅志》‘阿徐入冥’條云:‘問伯何事受苦,曰我做行者時,緣化施主錢修造鐘樓隱瞞入己。又將打回齋飯歸家,所以受罪。’今人或易之曰‘打盞飯’,轉失其語矣。”[12]在俞樾看來,“打盞飯”當寫作“打齋飯”,清人易“齋”為“盞”,所以出現了“盞飯”之語。但我們從文獻來看,“盞飯”之語,明代即已出現,并非清人易“齋”為“盞”的結果。二詞構詞理據也不一樣,“盞飯”强調的是盛放米飯的器具,“齋飯”强調的是米飯的性質。“齋飯”與“齋飯”二詞,明清文獻中一直并存。因此,俞樾清人易“齋”為“盞”之説并不可信。

“盞飯”一詞主要見於明清時期江蘇、浙江、江西、福建等南方地區的文獻中。該詞近現代以來用例罕見,且在語義和使用區域上有所變化。如:

劉善齡等《畫説上海生活細節・清末卷》:“元宵的夜晚婦女兒童相約出遊,叫‘走三橋’,信佛的人家還要在門前置上茶几,放上一只只盛滿米飯的碗盞,叫做‘盞飯’,專門施捨給窮人。”

宜昌市政協《三峽文史縱横》第四輯《近代宜昌佛教和各類寺廟》:“城裏有不少信衆,每天早餐先盛一碗飯供佛。寺裏安排有收供僧一人，每天挑起兩個布袋進城挨家收供。進門念一聲‘盞飯福’，自己走到佛前把飯倒進袋裏。每天收的飯，可供兩桌人吃一餐。”

前一例“盞飯”的施捨對象有所變化，由施給僧人，變成施給一般的窮人。後一例，描寫的是湖北宜昌地區的習俗。

認草不真

(1)那跎子心粗膽大，認草不真，後面鳴鼓收軍並未聽見，被哇番誘進葫蘆套。(第 14 回)

(2)跎子生怕熱血濺在身上，把硫黄馬一夾，隨後趕來。殺了許多家達子，殺得畦番四分五落，認草不真。(第 14 回)

“認草不真”，各種辭書中均未收録，文獻中用例也極為少見。除《飛跎全傳》2 例外，清道光時無名氏著《五美緣》中有 1 例，即：

《五美緣》第 38 回：“常大爺趕了一陣，不見個官兵，只得放開大步，認草不真，往前而去。”

根據上述 3 例，我們可以對“認草不真”作如下判斷：“認草不真”是清代初年出現的一個俗語詞，有糊塗莽撞、辨認事物不真切等義。例(1)説因為飛跎子糊塗莽撞，被誘進葫蘆套。例(2)説畦番達子被殺得分不清東南西北，四處逃竄。《五美緣》這一例説常大爺不辨方向，一味往前衝殺。

我們注意到，在《五美緣》中還有“認草不直”一詞，共出現兩例。

《五美緣》第 36 回：“黑夜之中並無月色，常大爺認草不直，那顧高低，飛跑而去。”

《五美緣》第 36 回：“那守門的軍士，不知劫法場之信，正來閉門，常公爺早已到了，認草不直，舉起刀來，一刀將門軍殺死，開了城門，也認不得路，竟往大路飛奔而去。”

這兩例“認草不直”，出現的語境和意義，與“認草不真”完全相同。“認草不直”頗為費解，而“直”與“真”字形相近，古籍中有相訛之例。因此，可以確定，《五美緣》中的“認草不直”，當是“認草不真”之訛。

“認草不真”中的“草”為何物？“認草不真”又為何有不明事理之義？因為在現存歷史文獻中用例少見，已很難得到解釋。我們注意到，今中原官話關中話的歇後語中出現的“認草不真”，能幫助我們解答上述疑問。

今中原官話關中話中有一組同義的歇後語：

《隴東方言》：“蕁麻擦尻子——認草不真。”[13]

《涇川縣志》：“蕁麻擦尻子哩——認草不真。”[14]

《彭陽縣志》：“拔的莧麻擦尻子——認草不真。”[15]

《崖堡村志》：“拔莧麻擦尻子——認草不真。”[16]

《寧縣志》：“仙麻擦屁股哩——認草不真。”[17]

這些歇後語，後半段完全相同，前半段在用字上略有變化，但均指用一種植物擦屁股。

“仙麻”“莧麻”是“蕁麻”的不同稱呼，今多稱蕁麻，是一種多年生草本植物，葉子上的蜇毛有毒性，觸及到人的皮膚就如蜂蟄般疼痛難忍。舊時貧窮人家出恭，沒有紙張揩擦，往往就地取材，用樹葉、草葉或軟草揩擦。但是如果分辨不清草葉，誤用蕁麻葉來揩擦的話，那就會因過敏而疼痛難忍了。因此，"蕁麻擦尻子"這一歇後語，也是嘲笑人糊塗莽撞、辨認事物不真切之義。這與《飛跎全傳》和《五美緣》中"認草不真"的意義是一致的。

《飛跎全傳》用的是清代的揚州方言，《五美緣》用的是清代的江浙方言，但現代揚州方言、江浙方言中未見"認草不真"的用例；反而在遠離江浙千里之外的現代關中話歇後語中出現，其中緣由，因文獻資料太少，目前還很難說得清楚。

參考文獻

[1]李斗．揚州畫舫錄[M]．南京：鳳凰出版社，2013：276.
[2]李斗．揚州畫舫錄[M]．南京：鳳凰出版社，2013：206.
[3]航羽．歷代竹枝詞選[M]．長沙：湖南文藝出版社，1987：184.
[4]許寶華等．漢語方言大詞典[M]．北京：中華書局，2005：5697.
[5]李榮等．現代漢語方言大詞典[M]．南京：江蘇教育出版社，2002：3998.
[6]李榮等．現代漢語方言大詞典[M]．南京：江蘇教育出版社，2002：5362.
[7]李榮等．現代漢語方言大詞典[M]．南京：江蘇教育出版社，2002：3998.
[8]李榮等．現代漢語方言大詞典[M]．南京：江蘇教育出版社，2002：3998.
[9]張丙釗．興化方言詞典[M]．北京：中國文史出版社，2005：221.
[10]李榮等．現代漢語方言大詞典[M]．南京：江蘇教育出版社，2002：4568.
[11]葉大兵等．中國風俗辭典[M]．上海：上海辭書出版社，1990：577.
[12]俞樾．春在堂全書，第4冊[M]．刻本(影印)．南京：鳳凰出版社，2010.
[13]雷兆傑．隴東方言[M]．西寧：青海人民出版社，2008：342.
[14]涇川縣縣志編纂委員會．涇川縣志[M]．蘭州：甘肅人民出版社，1996：666.
[15]彭陽縣地方志編纂委員會．彭陽縣志[M]．蘭州：甘肅文化出版社，2011：1093.
[16]崖堡村志編纂組．崖堡村志[M]．銀川：寧夏人民出版社，2014：109.
[17]寧縣志編委會．寧縣志[M]．蘭州：甘肅人民出版社，1988：222.

Interpretation on Some Words in *Feituo-Quanzhuan*(飛跎全傳)

Cao Yuan

Abstract: "*Feituo-Quanzhuan*" is a vernacular novel written in Qianlong and Jiaqing periods of Qing Dynasty. There are lots of dialect words and proverbs in the novel and it is very important for the study of historical dialect. This paper discusses three words and phrases: huizhai(回債), zhanfan(盞飯), rencaobuzhen(認草不真).

Key words: Chinese language in Ming and Qing Dynasty, *Feituo-Quanzhuan*, Dialect Words and Phrases

通信地址：江蘇省南京市棲霞區仙林大道163號南京大學文學院
郵編：210023
電子郵箱：caoyuan0824@126.com

編者的話

第十九輯馬上要和大家見面了，照例寫上幾句。

排在前面的是“中古漢語青年學者十人談”專欄，本專欄緣起於去年 11 月份在我校召開的一個小型的中古漢語研討會，會議由真大成副教授召集發起，國内相關高校共 11 位青年學者參加。這些論文，或討論詞語、構式的歷時演變，佛道文獻與中古漢語詞彙，或勾勒語音的發展，或考辨文字或詞形問題，涉及漢語史、文字學的諸多方面，大抵論證翔實，多有創見，一言以蔽之：後生可畏。需要説明的是，專欄中共收有 9 篇文章，參會的中國人民大學的朱冠明教授、我們中心的史文磊副教授兩位，因故未向專欄提交論文；另外，西南大學的胡波副教授提交了論文，因當時尚在美國，未克出席。

另外 15 篇文章，大抵分爲句法語音、語義、文獻、詞彙訓詁等版塊，既有張美蘭、董秀芳、龍國富、譚代龍這些知名教授，也有盛益民、葉玉英、王繼紅、施俊這樣的青年才俊，更有姚明輝、郜同麟、付建榮這樣的年輕的博士、博士後；“研究生論壇”裏的 3 篇文章，作者都是在讀的博士生。年輕学者、博士（生）和博士後，都是我們《漢語史學報》致力於發現、提攜的作者重點，在他們身上，承載着漢語史研究的未來。

因爲新换了排版部門等原因，本輯的排校延誤了時間，從三月份出一校以來，至今已逾半年，尚未面世出版，作爲執行主編，深感抱歉。本輯稿件的審定，依例仍延請學界多位知名學者擔任匿名審稿人，他們認真負責，盡心盡力，令我和同人們銘感不已；相關的聯繫、編輯和排校工作，由王誠博士與博士生劉芳共同承擔，兩位都付出了艱辛的勞動和大量時間；在此謹一併致以衷心的感謝！

方一新

2018 年 6 月 15 日

《漢語史學報》稿約

《漢語史學報》是教育部人文社會科學重點研究基地——浙江大學漢語史研究中心主辦的學術刊物，刊載海内外有關漢語史研究的學術論文，包括詞彙訓詁、語法、音韻、文字等方面，以及相關領域的學術評論。本刊由上海教育出版社一年出版兩輯，現爲中文社會科學引文索引(CSSCI)收録集刊，並被中國知網(CNKI)、萬方期刊、維普期刊三大全文數據庫收録。

一、來稿注意事項

1. 本刊對於投稿稿件擁有首刊權。來稿若不屬本刊範疇，或不合學術規範，或經查證一稿多投，將逕予退稿。

2. 稿件字數以不超過 10000 字爲宜。來稿請用繁體字，並且一律使用新字形。

3. 來稿逕寄本刊電子郵箱 hysxb@zju. edu. cn，請提供 Word 格式稿件，如有特殊字符等，請同時提供 PDF 格式稿件。投稿時請確認稿件已符合本刊規定格式。

4. 來稿請另頁注明作者信息，包括姓名、出生年份、工作單位、研究方向、聯繫方式以及學術簡歷等。

5. 本刊專設研究生論壇，歡迎在讀研究生投稿，來稿請注明導師信息。

二、稿件格式要求

1. 稿件内容

來稿請按如下順序撰寫：論文標題，作者姓名，内容提要，關鍵詞，正文，(徵引書目)，參考文獻，論文標題(英文)，作者姓名(英文)，内容提要(英文)，關鍵詞(英文)，通信地址，郵編，E-mail。作者介紹及其他個人信息另附文檔。

2. 題目、内容提要、關鍵詞

來稿題目限 20 個字以内，副標題不超過去 18 個字；内容提要字數在 300 字以内；關鍵詞一般爲 3 至 5 個。

英文標題需注意大小寫問題，英文關鍵詞統一小寫(本當大寫的單詞除外)。

3. 題注

來稿所關涉的課題及需要向有關人員表示致謝等，應以題注的形式標在稿件正文首頁下方，同時注明課題的批准編號。

4. 正文格式

正文中所有標題均占一行，題號用漢字(從"一"開始)，標題編排格式爲：一級標題用"一"(依次類推)，二級標題用"(一)"(依次類推)。

正文中例句排列採用(1)(2)(3)……的形式,如果例句下有多個句子,則採用(1)a、(1)b……的形式。序號後空半格,起行空四格,回行空兩格。全文例句連續編號。

正文中涉及西曆世紀、年代、年、月、日、時刻和計數、計量等,均使用阿拉伯數字。

正文中所使用的圖片(包括以圖片形式出現的自造字)應當準確清晰,大小適宜。

5. 注釋

行文中的注釋一律使用脚注,每頁連續編號,脚注符號用①②……,注釋應是對正文的附加解釋或者補充説明,僅是參考或引用的文獻等内容一般不作爲注釋出現。

6. 徵引書目

凡正文引及的古籍都作爲徵引書目列出,不放入參考文獻,列舉格式爲:作者時代、作者、書(篇)名、出版社、出版時間,示例如下:

南朝宋·范曄《後漢書》,中華書局,1965。

若古籍的今人整理本帶有“校注”“校釋”之類字樣者,則在書名後標出整理者姓名,示例如下:

東漢·應劭《風俗通義》,王利器校注,中華書局,1981。

若古籍的今人整理本有修訂、增訂者,應在書名後標明“修訂本”“增訂本”,示例如下:

北齊·顔之推《顔氏家訓》(增補本),王利器集解,中華書局,1993。

作者時代在漢代者,應標明“西漢”或“東漢”;在晉代者,應標明“西晉”或“東晉”;在宋代者,應標明“北宋”或“南宋”;在南北朝者,則標“南朝宋”“南朝齊”“南朝梁”“南朝陳”或“北魏”“北齊”“北周”。

7. 參考文獻

參考文獻以著者姓氏的拼音爲序,均另起一行排列。

從第十九輯開始,本刊參考文獻一律按照《中華人民共和國國家標準——信息與文獻 參考文獻著録規則》(GB/T 7714-2015)處理。

三、稿件處理

1. 本刊實行同行專家匿名審稿制度。編輯部一般在收到來稿后四個月内將審稿結果通過郵件告知作者。由於收稿量增多、審稿專家未及時返回意見等因素,編輯部未能如期處理稿件,作者在四個月内未收到通知,可以來信咨詢。如需撤稿,請及時告知編輯部。

2. 本刊不向作者收取版面費、審稿費等任何費用。稿件一經刊用,本刊將寄贈樣刊並支付薄酬。

3. 編輯部地址:浙江省杭州市天目山路148號浙江大學西溪校區漢語史研究中心

電話:0571-88273589

E-mail:hysxb@zju.edu.cn

圖書在版編目（CIP）數據

漢語史學報.第十九輯 / 王雲路主編.— 上海:
上海教育出版社, 2018.9
ISBN 978-7-5444-8746-7

Ⅰ.①漢… Ⅱ.①王… Ⅲ.①漢語史—叢刊
Ⅳ.①H1-09

中國版本圖書館CIP數據核字(2018)第198084號

責任編輯　徐川山
特約審讀　王瑞祥
封面設計　陸　弦

漢語史學報
第十九輯
王雲路　　主編

出版發行　上海教育出版社有限公司
官　　網　www.seph.com.cn
地　　址　上海市永福路123號
郵　　編　200031
印　　刷　上海葉大印務發展有限公司
開　　本　787×1092　1/16　印張 16.25　插頁 2
字　　數　385千字
版　　次　2018年9月第1版
印　　次　2018年9月第1次印刷
書　　號　ISBN 978-7-5444-8746-7/H·0303
定　　價　76.00 元

如發現質量問題，讀者可向本社調換　電話：021-64377165